中华人民共和国民法典

总则编条文要义

THE ESSENTIALS OF THE
GENERAL PROVISIONS
OF THE CIVIL CODE
OF P. R. CHINA

主　编　王　竹
副主编　刘召成　龚　健　罗素芬

图书在版编目(CIP)数据

《中华人民共和国民法典》总则编条文要义/王竹主编. —北京：北京大学出版社，2021.3

ISBN 978-7-301-31905-5

Ⅰ. ①中… Ⅱ. ①王… Ⅲ. ①民法—总则—法律解释—中国　Ⅳ. ①D923.15

中国版本图书馆 CIP 数据核字（2021）第 024499 号

书　　　名	《中华人民共和国民法典》总则编条文要义	
	《ZHONGHUA RENMIN GONGHEGUO MINFADIAN》 ZONGZE BIAN TIAOWEN YAOYI	
著作责任者	王　竹　主编	
策 划 编 辑	陆建华	
责 任 编 辑	陆建华　费　悦	
标 准 书 号	ISBN 978-7-301-31905-5	
出 版 发 行	北京大学出版社	
地　　　址	北京市海淀区成府路 205 号　100871	
网　　　址	http://www.pup.cn　http://www.yandayuanzhao.com	
电 子 信 箱	yandayuanzhao@163.com	
新 浪 微 博	@北京大学出版社　@北大出版社燕大元照法律图书	
电　　　话	邮购部 010-62752015　发行部 010-62750672　编辑部 010-62117788	
印 刷 者	三河市北燕印装有限公司	
经 销 者	新华书店	
	730 毫米×1020 毫米　16 开本　32 印张　580 千字	
	2021 年 3 月第 1 版　2021 年 3 月第 1 次印刷	
定　　　价	98.00 元	

未经许可，不得以任何方式复制或抄袭本书之部分或全部内容。
版权所有，侵权必究
举报电话：010-62752024　电子信箱：fd@pup.pku.edu.cn
图书如有印装质量问题，请与出版部联系，电话：010-62756370

编写说明

本书是《〈中华人民共和国民法总则〉编纂对照表与条文释义》(北京大学出版社2017年版)的"升级版"。我结合近年来的教学实践经验、学术研究成果和《民法典》①的编纂情况,特别是根据2020年底最高人民法院针对《民法典》的施行而对司法解释的批量废止、修改和新制定的情况,对本书进行了全面的修改和完善。

2017年《民法总则》的制定,实质上是在"编纂民法典"背景下对《民法通则》总则部分的全面更新,同时在编纂对象上又不限于《民法通则》和《民通意见》。《民法典时间效力司法解释》已经明确规定,民法典施行前的法律事实引起的民事纠纷案件,适用当时的法律、司法解释的规定。由于《民法总则》规定的诉讼时效为三年,因此2021年1月1日《民法典》生效之后,仍然会有适用《民法通则》和《民法总则》以及相关司法解释的实务需求。本书针对不同的读者群做了不同的侧重设计:对以《民法通则》为核心的原民商事法律体系较为熟悉的读者,通过"编纂对象反查《民法典》总则编条文对照表"能够快速、准确地把握《民法典》总则编与编纂对象的对应性和差异性,以便更快地掌握《民法典》总则编对原民商事法律体系的更新和完善情况。不太熟悉原民商事法律体系的读者,可以通过阅读"条文释义"简捷、清晰地了解《民法典》总则编的主要内容和条文意旨。本书的"关联法规",则为读者掌握《民法典》总则编各条文在法律体系中的相关规定提供了全面的指引。

为了更好地达到上述编写目的,本书分为如下三个部分:

第一部分:《民法典》总则编与编纂对象对照表

本部分按照《民法典》总则编的条文顺序,将《民法典》总则编条文所对应的《民法通则》等编纂对象的条文进行对照整理。为展示《民法典》总则编与现行法律规则体系的实际对应性,对照表对《民法典》总则编部分条文进行合并处理,并在必要情况下调整《民法典》总则编条文的前后顺序。

对照表涵盖了虽已废止、但曾经作为《民法典》编纂对象的《民法通则》《合同法》《物权法》《侵权责任法》《婚姻法》《继承法》等民事单行法以及《公司法》《合伙企业法》《个人独资企业法》《公益事业捐赠法》《慈善法》《网络安全法》

---

① 本书规范性法律文件的简全称对照可参见本书附录,下同。

《仲裁法》《环境保护法》《民事诉讼法》《城市居民委员会组织法》《村民委员会组织法》等共计24部法律法规和相关司法解释,完整地展示了《民法典》总则编的"编纂对象法规体系"。

第二部分:《民法典》总则编条文对照、条文释义和关联法规

本部分按照《民法典》总则编的条文顺序,将每个条文所直接对应的编纂对象精确到条、款、项,以表格形式列出,并根据立法本旨撰写"条文释义",再列出每个条文在现行法律体系中的"关联条文"。

本部分每个条文的"条文释义"简洁明了,"关联法规"全面涵盖了《宪法》《民法典》等251部法律、行政法规、司法解释和重要的部门规章以及其他规范性法律文件,根据近期最高人民法院对司法解释的批量废止、修改和新制定情况对《民法典》总则编的关联法规进行了全面的修订。

第三部分:编纂对象反查《民法典》总则编条文对照表

为方便读者更快地查找到既有民事法律相关条文所对应的《民法典》总则编具体条文,第三部分以第一部分"《民法典》总则编与编纂对象对照表"中涉及的《民法通则》《民通意见》等24部编纂对象的相关条文为索引制作反查对照表,以便读者反查对应的《民法典》总则编具体条文。

本书附录为"《民法典》总则编与编纂对象、关联法规简全称对照表",方便读者查阅。

本书同时是我主讲的《民法总则》("马工程"《民法学》教材配套慕课系列)指定参考书,读者可以在学习强国APP和中国大学MOOC、智慧树、学堂在线等平台学习该慕课。由于时间和水平所限,本书不免存在疏漏,欢迎广大读者添加"马工程民法学教材配套慕课"微信公众号(minfadian),在后台留言指正。本书出版之后,相关法律、规范性法律文件若还将作相应修改,我们也会在该公众号及时提供更新服务。

本书的出版得到了四川大学法学院"研究阐释党的十九届四中全会精神"专项研究课题资助,特此致谢。

王 竹

庚子年腊八节午于成都万象城

目 录

第一部分 《民法典》总则编与编纂对象对照表 …………………………… 001

第二部分 《民法典》总则编条文对照、条文释义和关联法规 …………… 038
  第一章 基本规定 …………………………………………………………… 038
    第一条 【立法目的】 …………………………………………………… 038
    第二条 【调整对象】 …………………………………………………… 039
    第三条 【合法权益受法律保护原则】 ………………………………… 042
    第四条 【平等原则】 …………………………………………………… 043
    第五条 【意思自治原则】 ……………………………………………… 046
    第六条 【公平原则】 …………………………………………………… 048
    第七条 【诚实信用原则】 ……………………………………………… 049
    第八条 【禁止违反法律和公序良俗原则】 …………………………… 051
    第九条 【生态文明原则】 ……………………………………………… 052
    第十条 【民法法源及顺序】 …………………………………………… 057
    第十一条 【特别法优先】 ……………………………………………… 059
    第十二条 【民法的地域效力】 ………………………………………… 060
  第二章 自然人 ……………………………………………………………… 061
    第一节 民事权利能力和民事行为能力 ……………………………… 061
      第十三条 【自然人民事权利能力的起止时间】 …………………… 061
      第十四条 【民事权利能力平等】 …………………………………… 062
      第十五条 【出生和死亡时间的认定】 ……………………………… 063
      第十六条 【胎儿的部分民事权利能力】 …………………………… 065
      第十七条 【成年时间】 ……………………………………………… 066
      第十八条 【完全民事行为能力人】 ………………………………… 067
      第十九条 【限制民事行为能力人的年龄标准及能力限制】 ……… 068
      第二十条 【无民事行为能力人的年龄标准及能力限制】 ………… 071
      第二十一条 【无民事行为能力人的心智标准及能力限制】 ……… 072
      第二十二条 【成年限制民事行为能力人的心智标准及能力
              限制】 …………………………………………………… 074

第二十三条　【非完全民事行为能力人的法定代理人】……………… 075

第二十四条　【成年人民事行为能力的认定及恢复】……………… 076

第二十五条　【自然人的住所】……………………………………… 079

第二节　监护……………………………………………………………… 080

第二十六条　【父母与子女之间的义务】…………………………… 080

第二十七条　【未成年人的监护人】………………………………… 084

第二十八条　【非完全民事行为能力成年人的监护人】…………… 085

第二十九条　【遗嘱指定监护】……………………………………… 087

第三十条　【协议监护】……………………………………………… 089

第三十一条　【监护争议解决程序】………………………………… 090

第三十二条　【公职监护人】………………………………………… 092

第三十三条　【意定监护】…………………………………………… 094

第三十四条　【监护职责及临时生活照料】………………………… 095

第三十五条　【履行监护职责应遵循的原则】……………………… 098

第三十六条　【监护人资格的撤销与重新指定】…………………… 100

第三十七条　【监护人资格撤销后的义务】………………………… 103

第三十八条　【监护人资格的恢复】………………………………… 105

第三十九条　【监护关系的终止】…………………………………… 106

第三节　宣告失踪和宣告死亡…………………………………………… 107

第四十条　【宣告失踪】……………………………………………… 107

第四十一条　【下落不明的起算时间】……………………………… 109

第四十二条　【财产代管人】………………………………………… 109

第四十三条　【财产代管人的职责】………………………………… 110

第四十四条　【财产代管人的变更】………………………………… 111

第四十五条　【失踪宣告的撤销】…………………………………… 112

第四十六条　【宣告死亡】…………………………………………… 113

第四十七条　【宣告失踪与宣告死亡请求的竞合】………………… 115

第四十八条　【死亡日期的确定】…………………………………… 116

第四十九条　【被宣告死亡人实际生存时的行为效力】…………… 117

第五十条　【死亡宣告的撤销】……………………………………… 117

第五十一条　【宣告死亡及其撤销后婚姻关系的效力】…………… 118

第五十二条　【死亡宣告撤销后子女被收养的效力】……………… 119

第五十三条　【死亡宣告撤销后的财产返还与赔偿责任】………… 122

第四节　个体工商户和农村承包经营户 122
　　　第五十四条　【个体工商户】 122
　　　第五十五条　【农村承包经营户】 124
　　　第五十六条　【"两户"的债务承担】 127
　第三章　法人 128
　　第一节　一般规定 128
　　　第五十七条　【法人的概念】 128
　　　第五十八条　【法人的成立】 129
　　　第五十九条　【法人的民事权利能力和民事行为能力】 132
　　　第六十条　【法人的责任财产】 133
　　　第六十一条　【法定代表人】 135
　　　第六十二条　【法定代表人职务行为的法律责任】 138
　　　第六十三条　【法人的住所】 140
　　　第六十四条　【法人的变更登记】 141
　　　第六十五条　【法人登记的对抗效力】 143
　　　第六十六条　【登记机关的公示义务】 145
　　　第六十七条　【法人合并、分立后的权利义务承担】 148
　　　第六十八条　【法人的终止】 150
　　　第六十九条　【法人的解散】 153
　　　第七十条　【清算义务人】 155
　　　第七十一条　【法人清算的法律适用】 159
　　　第七十二条　【清算的法律效果】 164
　　　第七十三条　【法人的破产终止】 167
　　　第七十四条　【法人的分支机构】 170
　　　第七十五条　【设立中的法人】 174
　　第二节　营利法人 176
　　　第七十六条　【营利法人的概念】 176
　　　第七十七条　【营利法人的成立】 178
　　　第七十八条　【营利法人的营业执照】 180
　　　第七十九条　【营利法人的章程】 181
　　　第八十条　【营利法人的权力机构】 182
　　　第八十一条　【营利法人的执行机构】 183
　　　第八十二条　【营利法人的监督机构】 185
　　　第八十三条　【营利法人出资人滥用权利的责任承担】 187

第八十四条　【滥用关联关系造成损失的赔偿责任】…………… 189
　　第八十五条　【营利法人出资人对瑕疵决议的撤销权】………… 191
　　第八十六条　【营利法人的社会责任】………………………………… 192
　第三节　非营利法人…………………………………………………………… 193
　　第八十七条　【非营利法人的概念】…………………………………… 193
　　第八十八条　【事业单位法人】………………………………………… 196
　　第八十九条　【事业单位法人的治理机构】…………………………… 197
　　第九十条　【社会团体法人】…………………………………………… 199
　　第九十一条　【社会团体法人的治理依据与治理机构】……………… 202
　　第九十二条　【捐助法人】……………………………………………… 205
　　第九十三条　【捐助法人的治理依据与治理机构】…………………… 208
　　第九十四条　【捐助人的权利】………………………………………… 210
　　第九十五条　【公益性非营利法人剩余财产的分配】………………… 212
　第四节　特别法人……………………………………………………………… 213
　　第九十六条　【特别法人的类型】……………………………………… 213
　　第九十七条　【机关法人】……………………………………………… 215
　　第九十八条　【机关法人终止后权利义务的承担】…………………… 215
　　第九十九条　【农村集体经济组织法人】……………………………… 217
　　第一百条　【合作经济组织法人】……………………………………… 219
　　第一百零一条　【基层群众性自治组织法人】………………………… 220
第四章　非法人组织……………………………………………………………… 223
　　第一百零二条　【非法人组织的概念】………………………………… 223
　　第一百零三条　【非法人组织的成立】………………………………… 224
　　第一百零四条　【非法人组织的债务承担】…………………………… 226
　　第一百零五条　【非法人组织的代表人】……………………………… 228
　　第一百零六条　【非法人组织的解散】………………………………… 229
　　第一百零七条　【非法人组织的清算】………………………………… 231
　　第一百零八条　【非法人组织的参照适用规定】……………………… 232
第五章　民事权利………………………………………………………………… 233
　　第一百零九条　【一般人格权】………………………………………… 233
　　第一百一十条　【具体人格权】………………………………………… 237
　　第一百一十一条　【个人信息权】……………………………………… 240
　　第一百一十二条　【身份权】…………………………………………… 248
　　第一百一十三条　【财产权受法律平等保护】………………………… 250

第一百一十四条　【物权的概念】 ………………………………… 252

　　第一百一十五条　【物权的客体】 ………………………………… 254

　　第一百一十六条　【物权法定】 …………………………………… 255

　　第一百一十七条　【物的征收与征用】 …………………………… 256

　　第一百一十八条　【债权的概念】 ………………………………… 262

　　第一百一十九条　【合同之债】 …………………………………… 263

　　第一百二十条　【侵权责任之债】 ………………………………… 264

　　第一百二十一条　【无因管理之债】 ……………………………… 265

　　第一百二十二条　【不当得利之债】 ……………………………… 265

　　第一百二十三条　【知识产权及其客体】 ………………………… 266

　　第一百二十四条　【继承权及其客体】 …………………………… 322

　　第一百二十五条　【投资性权利】 ………………………………… 325

　　第一百二十六条　【其他民事权益】 ……………………………… 335

　　第一百二十七条　【对数据和网络虚拟财产的保护】 …………… 336

　　第一百二十八条　【对弱势群体的特别保护】 …………………… 338

　　第一百二十九条　【民事权利的取得方式】 ……………………… 343

　　第一百三十条　【权利行使的自愿原则】 ………………………… 344

　　第一百三十一条　【权利人的义务履行】 ………………………… 345

　　第一百三十二条　【禁止权利滥用】 ……………………………… 346

第六章　民事法律行为 …………………………………………………… 347

　第一节　一般规定 ……………………………………………………… 347

　　第一百三十三条　【民事法律行为的概念】 ……………………… 347

　　第一百三十四条　【民事法律行为的成立】 ……………………… 348

　　第一百三十五条　【民事法律行为的形式】 ……………………… 351

　　第一百三十六条　【民事法律行为的生效】 ……………………… 354

　第二节　意思表示 ……………………………………………………… 356

　　第一百三十七条　【有特定相对人的意思表示的生效时间】 …… 356

　　第一百三十八条　【无相对人的意思表示的生效时间】 ………… 357

　　第一百三十九条　【公告的意思表示的生效时间】 ……………… 358

　　第一百四十条　【意思表示的形式】 ……………………………… 358

　　第一百四十一条　【意思表示的撤回】 …………………………… 359

　　第一百四十二条　【意思表示的解释】 …………………………… 360

　第三节　民事法律行为的效力 ………………………………………… 362

　　第一百四十三条　【民事法律行为的有效条件】 ………………… 362

第一百四十四条　【无民事行为能力人实施的民事法律行为】…… 364
　　第一百四十五条　【限制民事行为能力人实施的民事法律行为】… 365
　　第一百四十六条　【虚假表示与隐藏行为效力】………………… 367
　　第一百四十七条　【重大误解】…………………………………… 369
　　第一百四十八条　【欺诈】………………………………………… 371
　　第一百四十九条　【第三人欺诈】………………………………… 372
　　第一百五十条　【胁迫】…………………………………………… 373
　　第一百五十一条　【乘人之危导致的显失公平】………………… 374
　　第一百五十二条　【撤销权的消灭】……………………………… 376
　　第一百五十三条　【违反强制性规定；违背公序良俗】………… 377
　　第一百五十四条　【恶意串通】…………………………………… 381
　　第一百五十五条　【无效或者被撤销民事法律行为自始无效】… 383
　　第一百五十六条　【民事法律行为部分无效】…………………… 384
　　第一百五十七条　【民事法律行为无效、被撤销、不发生效力的法律
　　　　　　　　　　后果】………………………………………… 385
　第四节　民事法律行为的附条件和附期限……………………………… 387
　　第一百五十八条　【附条件的民事法律行为】…………………… 387
　　第一百五十九条　【条件成就或不成就的拟制】………………… 389
　　第一百六十条　【附期限的民事法律行为】……………………… 390
第七章　代理…………………………………………………………………… 391
　第一节　一般规定………………………………………………………… 391
　　第一百六十一条　【代理的适用范围】…………………………… 391
　　第一百六十二条　【代理的效力】………………………………… 394
　　第一百六十三条　【代理的类型】………………………………… 396
　　第一百六十四条　【不当代理的民事责任】……………………… 397
　第二节　委托代理………………………………………………………… 398
　　第一百六十五条　【委托代理授权的形式要求】………………… 398
　　第一百六十六条　【共同代理】…………………………………… 399
　　第一百六十七条　【违法代理的责任承担】……………………… 400
　　第一百六十八条　【禁止自己代理；禁止双方代理】…………… 401
　　第一百六十九条　【转委托代理】………………………………… 402
　　第一百七十条　【职务代理】……………………………………… 404
　　第一百七十一条　【无权代理】…………………………………… 405
　　第一百七十二条　【表见代理】…………………………………… 407

第三节　代理终止 ……………………………………………… 408
　　　第一百七十三条　【委托代理的终止】 …………………… 408
　　　第一百七十四条　【委托代理终止的例外】 ……………… 409
　　　第一百七十五条　【法定代理的终止】 …………………… 410

第八章　民事责任 …………………………………………………… 412
　　第一百七十六条　【民事义务的履行和民事责任的承担】 …… 412
　　第一百七十七条　【按份责任】 ……………………………… 414
　　第一百七十八条　【连带责任】 ……………………………… 415
　　第一百七十九条　【民事责任的承担方式】 ………………… 416
　　第一百八十条　【不可抗力】 ………………………………… 422
　　第一百八十一条　【正当防卫】 ……………………………… 426
　　第一百八十二条　【紧急避险】 ……………………………… 428
　　第一百八十三条　【见义勇为的侵权责任和补偿责任】 …… 429
　　第一百八十四条　【紧急救助的责任豁免】 ………………… 431
　　第一百八十五条　【英雄烈士人格利益的保护】 …………… 432
　　第一百八十六条　【违约责任与侵权责任的竞合】 ………… 436
　　第一百八十七条　【民事责任优先】 ………………………… 438

第九章　诉讼时效 …………………………………………………… 440
　　第一百八十八条　【普通诉讼时效】 ………………………… 440
　　第一百八十九条　【分期履行债务诉讼时效的起算】 ……… 447
　　第一百九十条　【对法定代理人请求权诉讼时效的起算】 … 448
　　第一百九十一条　【未成年人遭受性侵害的损害赔偿诉讼时效的
　　　　　　　　　　起算】 ……………………………………… 449
　　第一百九十二条　【诉讼时效届满的法律后果】 …………… 450
　　第一百九十三条　【诉讼时效援引的当事人主义】 ………… 453
　　第一百九十四条　【诉讼时效的中止】 ……………………… 453
　　第一百九十五条　【诉讼时效的中断】 ……………………… 456
　　第一百九十六条　【不适用诉讼时效的请求权】 …………… 460
　　第一百九十七条　【诉讼时效法定】 ………………………… 462
　　第一百九十八条　【仲裁时效的准用】 ……………………… 463
　　第一百九十九条　【除斥期间】 ……………………………… 465

第十章　期间计算 …………………………………………………… 468
　　第二百条　【期间的计算单位】 ……………………………… 468
　　第二百零一条　【期间的起算】 ……………………………… 468

第二百零二条　【期间到期日的确定】 …………………………… 469
　　第二百零三条　【期间计算的特殊规定】 …………………………… 470
　　第二百零四条　【期间计算方法的例外】 …………………………… 472

第三部分　编纂对象反查《民法典》总则编条文对照表 ………… 473
　　一、《民法通则》 ……………………………………………………… 473
　　二、《民通意见》 ……………………………………………………… 477
　　三、其他法律法规 ……………………………………………………… 478

附录　《民法典》总则编与编纂对象、关联法规简全称对照表 ………… 480

疫情突发莫等闲、正是收心读书时（代后记） ……………………… 493

第一部分
《民法典》总则编与编纂对象对照表

《民法典》总则编条文	编纂对象
第一章　基本规定	
第一条　【立法目的】①为了保护民事主体的合法权益,调整民事关系,<u>维护社会和经济秩序</u>,适应<u>中国特色</u>社会主义发展<u>要求</u>,<u>弘扬社会主义核心价值观</u>,根据宪法,制定本法。	《民法通则》 　　第一条　为了保障公民、法人的合法的民事权益,正确调整民事关系,适应社会主义现代化建设事业发展的需要,根据宪法和我国实际情况,总结民事活动的实践经验,制定本法。
第二条　【调整对象】民法调整平等主体的<u>自然人、法人和非法人组织</u>之间的<u>人身关系和财产关系</u>。	《民法通则》 　　第二条　中华人民共和国民法调整平等主体的<u>公民之间、法人之间、公民和法人之间</u>的财产关系和<u>人身关系</u>。
第三条　【合法权益受法律保护原则】<u>民事主体</u>的人身权利、财产权利以及其他合法权益受法律保护,任何组织<u>或者</u>个人不得侵犯。	《民法通则》 　　第五条　<u>公民</u>、法人的合法的民事权益受法律保护,任何组织<u>和</u>个人不得侵犯。
第四条　【平等原则】民事<u>主体</u>在民事活动中的<u>法律地位一律平等</u>。	《民法通则》 　　第三条　<u>当事人</u>在民事活动中的地位平等。
第五条　【意思自治原则】民事主体从事民事活动,应当遵循<u>自愿</u>原则,<u>按照自己的意思设立、变更、终止民事法律关系</u>。 **第六条**　【公平原则】民事主体从事民事活动,应当遵循<u>公平</u>原则,<u>合理确定各方的权利和义务</u>。 **第七条**　【诚实信用原则】民事主体从事民事活动,应当遵循<u>诚信</u>原则,<u>秉持诚实,恪守承诺</u>。②	《民法通则》 　　第四条　民事活动应当遵循<u>自愿、公平、等价有偿、诚实信用</u>的原则。 《合同法》 　　第五条　当事人应当遵循公平原则确定各方的权利和义务。 　　第六条　当事人行使权利、履行义务应当遵循<u>诚实信用原则</u>。

---

① 条文主旨为编者所加,下同。
② 说明:因体系对照需要,第5—7条合并处理。后文类似处理同此原因。

(续表)

《民法典》总则编条文	编纂对象
第八条 【禁止违反法律和公序良俗原则】民事主体从事民事活动,不得违反法律,不得违背公序良俗。	《民法通则》 第七条 民事活动应当尊重社会公德,不得损害社会公共利益,扰乱社会经济秩序。 《合同法》 第七条 当事人订立、履行合同,应当遵守法律、行政法规,尊重社会公德,不得扰乱社会经济秩序,损害社会公共利益。 《物权法》 第七条 物权的取得和行使,应当遵守法律,尊重社会公德,不得损害公共利益和他人合法权益。
第九条 【生态文明原则】民事主体从事民事活动,应当有利于节约资源、保护生态环境。	《环境保护法》 第四条 保护环境是国家的基本国策。 国家采取有利于节约和循环利用资源、保护和改善环境、促进人与自然和谐的经济、技术政策和措施,使经济社会发展与环境保护相协调。
第十条 【民法法源及顺序】处理民事纠纷,应当依照法律;法律没有规定的,可以适用习惯,但是不得违背公序良俗。	《民法通则》 第六条 民事活动必须遵守法律,法律没有规定的,应当遵守国家政策。
第十一条 【特别法优先】其他法律对民事关系有特别规定的,依照其规定。	《物权法》 第八条 其他相关法律对物权另有特别规定的,依照其规定。 《侵权责任法》 第五条 其他法律对侵权责任另有特别规定的,依照其规定。 《合同法》 第一百二十三条 其他法律对合同另有规定的,依照其规定。
第十二条 【民法的地域效力】中华人民共和国领域内的民事活动,适用中华人民共和国法律。法律另有规定的,依照其规定。	《民法通则》 第八条第一款 在中华人民共和国领域内的民事活动,适用中华人民共和国法律,法律另有规定的除外。

(续表)

《民法典》总则编条文	编纂对象
第二章 自然人	
第一节 民事权利能力和民事行为能力	
第十三条 【自然人民事权利能力的起止时间】自然人从出生时起到死亡时止,具有民事权利能力,依法享有民事权利,承担民事义务。	《民法通则》 第九条 公民从出生时起到死亡时止,具有民事权利能力,依法享有民事权利,承担民事义务。
第十四条 【民事权利能力平等】自然人的民事权利能力一律平等。	《民法通则》 第十条 公民的民事权利能力一律平等。
第十五条 【出生和死亡时间的认定】自然人的出生时间和死亡时间,以出生证明、死亡证明记载的时间为准;没有出生证明、死亡证明的,以户籍登记或者其他有效身份登记记载的时间为准。有其他证据足以推翻以上记载时间的,以该证据证明的时间为准。	《民通意见》 1.公民的民事权利能力自出生时开始。出生的时间以户籍证明为准;没有户籍证明的,以医院出具的出生证明为准。没有医院证明的,参照其他有关证明认定。
第十六条 【胎儿的部分民事权利能力】涉及遗产继承、接受赠与等胎儿利益保护的,胎儿视为具有民事权利能力。但是,胎儿娩出时为死体的,其民事权利能力自始不存在。	《继承法》 第二十八条 遗产分割时,应当保留胎儿的继承份额。胎儿出生时是死体的,保留的份额按照法定继承办理。
第十七条 【成年时间】十八周岁以上的自然人为成年人。不满十八周岁的自然人为未成年人。 第十八条 【完全民事行为能力人】成年人为完全民事行为能力人,可以独立实施民事法律行为。 十六周岁以上的未成年人,以自己的劳动收入为主要生活来源的,视为完全民事行为能力人。	《民法通则》 第十一条 十八周岁以上的公民是成年人,具有完全民事行为能力,可以独立进行民事活动,是完全民事行为能力人。 十六周岁以上不满十八周岁的公民,以自己的劳动收入为主要生活来源的,视为完全民事行为能力人。
第十九条 【限制民事行为能力人的年龄标准及能力限制】八周岁以上的未成年人为限制民事行为能力人,实施民事法律行为由其法定代理人代理或者经其法定代理人同意、追认;但是,可以独立实施纯获利益的民事法律行为或者与其年龄、智力相适应的民事法律行为。 第二十条 【无民事行为能力人的年龄	《民法通则》 第十二条 十周岁以上的未成年人是限制民事行为能力人,可以进行与他的年龄、智力相适应的民事活动;其他民事活动由他的法定代理人代理,或者征得他的法定代理人的同意。 不满十周岁的未成年人是无民事行为能力人,由他的法定代理人代理民事活动。

(续表)

《民法典》总则编条文	编纂对象
标准及能力限制】不满八周岁的未成年人为无民事行为能力人，由其法定代理人代理实施民事法律行为。	
第二十一条 【无民事行为能力人的心智标准及能力限制】不能辨认自己行为的成年人为无民事行为能力人，由其法定代理人代理实施民事法律行为。 八周岁以上的未成年人不能辨认自己行为的，适用前款规定。 第二十二条 【成年限制民事行为能力人的心智标准及能力限制】不能完全辨认自己行为的成年人为限制民事行为能力人，实施民事法律行为由其法定代理人代理或者经其法定代理人同意、追认；但是，可以独立实施纯获利益的民事法律行为或者与其智力、精神健康状况相适应的民事法律行为。	《民法通则》 第十三条 不能辨认自己行为的精神病人是无民事行为能力人，由他的法定代理人代理民事活动。 不能完全辨认自己行为的精神病人是限制民事行为能力人，可以进行与他的精神健康状况相适应的民事活动；其他民事活动由他的法定代理人代理，或者征得他的法定代理人的同意。
第二十三条 【非完全民事行为能力人的法定代理人】无民事行为能力人、限制民事行为能力人的监护人是其法定代理人。	《民法通则》 第十四条 无民事行为能力人、限制民事行为能力人的监护人是他的法定代理人。
第二十四条 【成年人民事行为能力的认定及恢复】不能辨认或者不能完全辨认自己行为的成年人，其利害关系人或者有关组织，可以向人民法院申请认定该成年人为无民事行为能力人或者限制民事行为能力人。 被人民法院认定为无民事行为能力人或者限制民事行为能力人的，经本人、利害关系人或者有关组织申请，人民法院可以根据其智力、精神健康恢复的状况，认定该成年人恢复为限制民事行为能力人或者完全民事行为能力人。 本条规定的有关组织包括：居民委员会、村民委员会、学校、医疗机构、妇女联合会、残疾人联合会、依法设立的老年人组织、民政部门等。	《民法通则》 第十九条 精神病人的利害关系人，可以向人民法院申请宣告精神病人为无民事行为能力人或者限制民事行为能力人。 被人民法院宣告为无民事行为能力人或者限制民事行为能力人的，根据他健康恢复的状况，经本人或者利害关系人申请，人民法院可以宣告他为限制民事行为能力人或完全民事行为能力人。
第二十五条 【自然人的住所】自然人以户籍登记或者其他有效身份登记记载的居所为住所；经常居所与住所不一致的，经常居所视为住所。	《民法通则》 第十五条 公民以他的户籍所在地的居住地为住所，经常居住地与住所不一致的，经常居住地视为住所。

(续表)

《民法典》总则编条文	编纂对象
第二节　监护	
第二十六条　【父母与子女之间的义务】父母对<u>未成年</u>子女负有<u>抚养</u>、<u>教育和保护</u>的义务。 　　<u>成年</u>子女对父母负有<u>赡养</u>、<u>扶助和保护</u>的义务。	《婚姻法》 　　**第二十一条第一款**　父母对子女有<u>抚养教育</u>的义务；子女对父母有<u>赡养扶助</u>的义务。 　　**第二十三条**　父母有保护和教育未成年子女的权利和义务。在未成年子女对国家、集体或他人造成损害时，父母有承担民事责任的义务。
第二十七条　【未成年人的监护人】父母是未成年<u>子女</u>的监护人。 　　未成年人的父母已经死亡或者没有监护能力的，由下列有监护能力的人<u>按顺序</u>担任监护人： 　　（一）祖父母、外祖父母； 　　（二）兄、姐； 　　（三）其他愿意<u>担任监护人</u>的<u>个人</u>或者组织，但是须<u>经</u>未成年人住所地的居民委员会、村民委员会<u>或者民政部门</u>同意。 　　**第二十八条　【非完全民事行为能力成年人的监护人】**无民事行为能力或者限制民事行为能力的<u>成年人</u>，由下列有监护能力的人<u>按顺序</u>担任监护人： 　　（一）配偶； 　　（二）<u>父母、子女</u>； 　　（三）其他近亲属； 　　（四）其他愿意<u>担任监护人</u>的<u>个人</u>或者组织，但是须经<u>被</u>监护<u>人</u>住所地的居民委员会、村民委员会<u>或者民政部门</u>同意。 　　**第三十一条　【监护争议解决程序】**对监护人的确定有争议的，由被监护人住所地的居民委员会、村民委员会<u>或者民政部门</u>指定<u>监护人</u>，有关当事人对指定不服的，<u>可以向人</u>民法院申请指定监护人；有关当事人也可以直接向人民法院申请指定监护人。 　　居民委员会、村民委员会、民政部门或者人民法院应当尊重被监护人的真实意愿，按照最有利于被监护人的原则在依法具有监护资格的人中指定监护人。	《民法通则》 　　**第十六条**　未成年人的父母是未成年<u>人</u>的监护人。 　　未成年人的父母已经死亡或者没有监护能力的，由下列人员中有监护能力的人担任监护人： 　　（一）祖父母、外祖父母； 　　（二）兄、姐； 　　（三）关系密切的其他亲属、朋友愿意承担监护责任，经未成年人的父、母的所在单位或者未成年人住所地的居民委员会、村民委员会同意的。 　　对担任监护人有争议的，由未成年人的父、母的所在单位或者未成年人住所地的居民委员会、村民委员会在近亲属中指定。对指定不服提起诉讼的，由人民法院裁决。 　　没有第一款、第二款规定的监护人的，由未成年人的父、母的所在单位或者未成年人住所地的居民委员会、村民委员会<u>或者民政部门担任监护人</u>。 　　**第十七条**　无民事行为能力或者限制民事行为能力的<u>精神病人</u>，由下列人员担任监护人： 　　（一）配偶； 　　（二）<u>父母</u>； 　　（三）<u>成年子女</u>； 　　（四）其他近亲属； 　　（五）关系密切的其他亲属、朋友愿意承担监护责任，经精神病人的所在单位或者住所地的居民委员会、村民委员会同意的。

(续表)

《民法典》总则编条文	编纂对象
依据本条第一款规定指定监护人前,被监护人的人身权利、财产权利以及其他合法权益处于无人保护状态的,由被监护人住所地的居民委员会、村民委员会、法律规定的有关组织或者民政部门担任临时监护人。 监护人被指定后,不得擅自变更;擅自变更的,不免除被指定的监护人的责任。 第三十二条 【公职监护人】没有依法具有监护资格的人的,监护人由民政部门担任,也可以由具备履行监护职责条件的被监护人住所地的居民委员会、村民委员会担任。①	对担任监护人有争议的,由精神病人的所在单位或者住所地的居民委员会、村民委员会在近亲属中指定。对指定不服提起诉讼的,由人民法院裁决。 没有第一款规定的监护人的,由精神病人的所在单位或者住所地的居民委员会、村民委员会或者民政部门担任监护人。
第二十九条 【遗嘱指定监护】被监护人的父母担任监护人的,可以通过遗嘱指定监护人。	(新增条文)②
第三十条 【协议监护】依法具有监护资格的人之间可以协议确定监护人。协议确定监护人应当尊重被监护人的真实意愿。	《民通意见》 15.有监护资格的人之间协议确定监护人的,应当由协议确定的监护人对被监护人承担监护责任。
第三十三条 【意定监护】具有完全民事行为能力的成年人,可以与其近亲属、其他愿意担任监护人的个人或者组织事先协商,以书面形式确定自己的监护人,在自己丧失或者部分丧失民事行为能力时,由该监护人履行监护职责。	《老年人权益保障法》 第二十六条 具备完全民事行为能力的老年人,可以在近亲属或者其他与自己关系密切、愿意承担监护责任的个人、组织中协商确定自己的监护人。监护人在老年人丧失或者部分丧失民事行为能力时,依法承担监护责任。 老年人未事先确定监护人的,其丧失或者部分丧失民事行为能力时,依照有关法律的规定确定监护人。
第三十四条 【监护职责及临时生活照料】监护人的职责是代理被监护人实施民事法律行为,保护被监护人的人身权利、财产权利以及其他合法权益等。 监护人依法履行监护职责产生的权利,受法律保护。 监护人不履行监护职责或者侵害被监护	《民法通则》 第十八条 监护人应当履行监护职责,保护被监护人的人身、财产及其他合法权益,除为被监护人的利益外,不得处理被监护人的财产。 监护人依法履行监护的权利,受法律保护。

---

① 说明:因体系对照需要,第27、28、31、32条合并处理,并调整了相应顺序。后文类似处理同此原因。
② 说明:本部分对照表右栏标注"(新增条文)"的,表示与其对照的《民法典》总则编条文为"新增条文",无可对照编纂对象,下同。

(续表)

《民法典》总则编条文	编纂对象
人合法权益的,应当承担**法律**责任。 　　因发生突发事件等**紧急情况**,监护人暂时无法履行监护职责,被监护人的生活处于无人照料状态的,被监护人住所地的居民委员会、村民委员会或者民政部门应当为被监护人安排必要的临时生活照料措施。 　　第三十五条　【履行监护职责应遵循的原则】监护人应当**按照最有利于**被监护人的原则履行监护职责。监护人除为维护被监护人利益外,不得处分被监护人的财产。 　　未成年人的监护人履行监护职责,在作出与被监护人利益有关的决定时,应当根据被监护人的年龄和智力状况,尊重被监护人的真实意愿。 　　成年人的监护人履行监护职责,应当最大程度地尊重被监护人的真实意愿,保障并协助被监护人实施与其智力、精神健康状况相适应的民事法律行为。对被监护人有能力独立处理的事务,监护人不得干涉。	监护人不履行监护职责或者侵害被监护人的合法权益的,应当承担责任;给被监护人造成财产损失的,应当赔偿损失。人民法院可以根据有关人员或者有关单位的申请,撤销监护人的资格。
第三十六条　【监护人资格的撤销与重新指定】监护人有下列情形之一的,人民法院根据有关个人或者组织的申请,撤销其监护人资格,安排必要的临时监护措施,并按照最有利于被监护人的原则依法指定监护人: 　　(一)实施严重损害被监护人身心健康的行为; 　　(二)怠于履行监护职责,或者无法履行监护职责且拒绝将监护职责部分或者全部委托给他人,导致被监护人处于危困状态; 　　(三)实施严重侵害被监护人合法权益的其他行为。 　　本条规定的有关个人、组织包括:其他依法具有监护资格的人,居民委员会、村民委员会、学校、医疗机构、妇女联合会、残疾人联合会、未成年人保护组织、依法设立的老年人组织、民政部门等。 　　前款规定的个人和民政部门以外的组织未及时向人民法院申请撤销监护人资格的,民政部门应当向人民法院申请。	(新增条文)

(续表)

《民法典》总则编条文	编纂对象
第三十七条 【监护人资格撤销后的义务】依法负担被监护人抚养费、赡养费、扶养费的父母、子女、配偶等，被人民法院撤销监护人资格后，应当继续履行负担的义务。	（新增条文）
第三十八条 【监护人资格的恢复】被监护人的父母或者子女被人民法院撤销监护人资格后，除对被监护人实施故意犯罪的外，确有悔改表现的，经其申请，人民法院可以在尊重被监护人真实意愿的前提下，视情况恢复其监护人资格，人民法院指定的监护人与被监护人的监护关系同时终止。	（新增条文）
第三十九条 【监护关系的终止】有下列情形之一的，监护关系终止： （一）被监护人取得或者恢复完全民事行为能力； （二）监护人丧失监护能力； （三）被监护人或者监护人死亡； （四）人民法院认定监护关系终止的其他情形。 监护关系终止后，被监护人仍然需要监护的，应当依法另行确定监护人。	（新增条文）
第三节　宣告失踪和宣告死亡	
第四十条 【宣告失踪】<u>自然人</u>下落不明满二年的，利害关系人可以向人民法院申请宣告<u>该自然人</u>为失踪人。 第四十一条 【下落不明的起算时间】<u>自</u>然人下落不明的时间自其失去音讯之日起计算。战争期间下落不明的，下落不明的时间<u>自</u>战争结束之日<u>或者有关机关确定的下落不明之日</u>起计算。	《民法通则》 　　第二十条　公民下落不明满二年的，利害关系人可以向人民法院申请宣告<u>他</u>为失踪人。 　　战争期间下落不明的，下落不明的时间<u>从</u>战争结束之日起计算。
第四十二条 【财产代管人】失踪人的财产由其配偶、<u>成年子女</u>、父母或者其他<u>愿意担任财产代管人的人</u>代管。 代管有争议，没有前款规定的人，或者前款规定的人<u>无代管能力</u>的，由人民法院指定的人代管。 第四十三条 【财产代管人的职责】财产代管人应当妥善管理失踪人的财产，维护	《民法通则》 　　第二十一条　失踪人的财产由<u>他</u>的配偶、父母、<u>成年子女</u>或者关系密切的其他亲属、朋友代管。代管有争议的，没有以上规定的人或者<u>以上</u>规定的人<u>无能力代管</u>的，由人民法院指定的人代管。 　　失踪人所欠税款、债务和应付的其他费用，由代管人从失踪人的财产中支付。

(续表)

《民法典》总则编条文	编纂对象
其财产权益。 　失踪人所欠税款、债务和应付的其他费用,由财产代管人从失踪人的财产中支付。 　财产代管人因故意或者重大过失造成失踪人财产损失的,应当承担赔偿责任。	
第四十四条 【财产代管人的变更】财产代管人不履行代管职责、侵害失踪人财产权益或者丧失代管能力的,失踪人的利害关系人可以向人民法院申请变更财产代管人。 　财产代管人有正当理由的,可以向人民法院申请变更财产代管人。 　人民法院变更财产代管人的,变更后的财产代管人有权请求原财产代管人及时移交有关财产并报告财产代管情况。	(新增条文)
第四十五条 【失踪宣告的撤销】失踪人重新出现,经本人或者利害关系人申请,人民法院应当撤销失踪宣告。 　失踪人重新出现,有权请求财产代管人及时移交有关财产并报告财产代管情况。	《民法通则》 　第二十二条 被宣告失踪的人重新出现或者确知他的下落,经本人或者利害关系人申请,人民法院应当撤销对他的失踪宣告。
第四十六条 【宣告死亡】自然人有下列情形之一的,利害关系人可以向人民法院申请宣告该自然人死亡: 　(一)下落不明满四年; 　(二)因意外事件,下落不明满二年。 　因意外事件下落不明,经有关机关证明该自然人不可能生存的,申请宣告死亡不受二年时间的限制。	《民法通则》 　第二十三条 公民有下列情形之一的,利害关系人可以向人民法院申请宣告他死亡: 　(一)下落不明满四年的; 　(二)因意外事故下落不明,从事故发生之日起满二年的。 　战争期间下落不明的,下落不明的时间从战争结束之日起计算。 《民事诉讼法》 　第一百八十四条 公民下落不明满四年,或者因意外事故下落不明满二年,或者因意外事故下落不明,经有关机关证明该公民不可能生存,利害关系人申请宣告其死亡的,向下落不明人住所地基层人民法院提出。 　申请书应当写明下落不明的事实、时间和请求,并附有公安机关或者其他有关机关关于该公民下落不明的书面证明。

（续表）

《民法典》总则编条文	编纂对象
第四十七条 【宣告失踪与宣告死亡请求的竞合】对同一自然人，有的利害关系人申请宣告死亡，有的利害关系人申请宣告失踪，符合本法规定的宣告死亡条件的，人民法院应当宣告死亡。	《民通意见》 29.宣告失踪不是宣告死亡的必须程序。公民下落不明，符合申请宣告死亡的条件，利害关系人可以不经申请宣告失踪而直接申请宣告死亡。但利害关系人只申请宣告失踪的，应当宣告失踪；同一顺序的利害关系人，有的申请宣告死亡，有的不同意宣告死亡，则应当宣告死亡。
第四十八条 【死亡日期的确定】被宣告死亡的人，人民法院宣告死亡的判决作出之日视为其死亡的日期；因意外事件下落不明宣告死亡的，意外事件发生之日视为其死亡的日期。	《民通意见》 第36条第1款① 被宣告死亡的人，判决宣告之日为其死亡的日期。判决书除发给申请人外，还应当在被宣告死亡的人住所地和人民法院所在地公告。
第四十九条 【被宣告死亡人实际生存时的行为效力】自然人被宣告死亡但是并未死亡的，不影响该自然人在被宣告死亡期间实施的民事法律行为的效力。 第五十条 【死亡宣告的撤销】被宣告死亡的人重新出现，经本人或者利害关系人申请，人民法院应当撤销死亡宣告。	《民法通则》 第二十四条 被宣告死亡的人重新出现或者确知他没有死亡，经本人或者利害关系人申请，人民法院应当撤销对他的死亡宣告。 有民事行为能力人在被宣告死亡期间实施的民事法律行为有效。
第五十一条 【宣告死亡及其撤销后婚姻关系的效力】被宣告死亡的人的婚姻关系，自死亡宣告之日起消除。死亡宣告被撤销的，婚姻关系自撤销死亡宣告之日起自行恢复。但是，其配偶再婚或者向婚姻登记机关书面声明不愿意恢复的除外。	《民通意见》 37. 被宣告死亡的人与配偶的婚姻关系，自死亡宣告之日起消灭。死亡宣告被人民法院撤销，如果其配偶尚未再婚的，夫妻关系从撤销死亡宣告之日起自行恢复；如果其配偶再婚后又离婚或者再婚后又死亡的，则不得认定夫妻关系自行恢复。
第五十二条 【死亡宣告撤销后子女被收养的效力】被宣告死亡的人在被宣告死亡期间，其子女被他人依法收养的，在死亡宣告被撤销后，不得以未经本人同意为由主张收养行为无效。	《民通意见》 38. 被宣告死亡的人在被宣告死亡期间，其子女被他人依法收养，被宣告死亡的人在死亡宣告被撤销后，仅以未经本人同意而主张收养关系无效的，一般不应准许，但收养人和被收养人同意的除外。
第五十三条 【死亡宣告撤销后的财产返还与赔偿责任】被撤销死亡宣告的人有权请求依照本法第六编取得其财产的民事主体返还财产；无法返还的，应当给予适当补偿。	《民法通则》 第二十五条 被撤销死亡宣告的人有权请求返还财产。依照继承法取得他的财产的公民或者组织，应当返还原物；原物不存在的，给予适当补偿。

---

① 说明：为了方便标示，在具体到款、项时，采用该种方式标明条、款、项等。后同。

(续表)

《民法典》总则编条文	编纂对象
利害关系人隐瞒真实情况,<u>致使他人被宣告死亡而取得其财产的,除应当返还财产外,还应当对由此</u>造成的损失<u>承担赔偿责任</u>。	《民通意见》 39.利害关系人隐瞒真实情况使他人被宣告死亡而取得其财产的,除应返还原物及孳息外,还应对造成的损失予以赔偿。
第四节　个体工商户和农村承包经营户	
第五十四条　【个体工商户】<u>自然人从事工商业经营</u>,经依法登记,为个体工商户。个体工商户可以起字号。	《民法通则》 第二十六条　公民在法律允许的范围内,<u>依法经核准登记,从事工商业经营的</u>,为个体工商户。个体工商户可以起字号。
第五十五条　【农村承包经营户】农村集体经济组织的成员,<u>依法取得农村土地承包经营权,从事家庭承包经营的</u>,为农村承包经营户。	《民法通则》 第二十七条　农村集体经济组织的成员,<u>在法律允许的范围内</u>,按照承包合同规定从事商品经营的,为农村承包经营户。
第五十六条　【"两户"的债务承担】个体工商户的债务,个人经营的,以个人财产承担;家庭经营的,以家庭财产承担;<u>无法区分的,以家庭财产承担</u>。 农村承包经营户的债务,以从事农村土地承包经营的农户财产承担;事实上由农户部分成员经营的,以该部分成员的财产承担。	《民法通则》 第二十九条　个体工商户、农村承包经营户的债务,个人经营的,以个人财产承担;家庭经营的,以家庭财产承担。
第三章　法人	
第一节　一般规定	
第五十七条　【法人的概念】法人是具有民事权利能力和民事行为能力,依法独立享有民事权利和承担民事义务的组织。 第五十九条　【法人的民事权利能力和民事行为能力】法人的民事权利能力和民事行为能力,从法人成立时产生,到法人终止时消灭。	《民法通则》 第三十六条　法人是具有民事权利能力和民事行为能力,依法独立享有民事权利和承担民事义务的组织。 法人的民事权利能力和民事行为能力,从法人成立时产生,到法人终止时消灭。
第五十八条　【法人的成立】法人应当依法成立。 法人应当有自己的名称、组织机构、住所、财产或者经费。法人成立的具体条件和程序,依照法律、行政法规的规定。 设立法人,法律、行政法规规定须经有关机关批准的,依照其规定。	《民法通则》 第三十七条　法人应当具备下列条件: (一)依法成立; (二)有必要的财产或者经费; (三)有自己的名称、组织机构和场所; (四)能够独立承担民事责任。

(续表)

《民法典》总则编条文	编纂对象
第六十条 【法人的责任财产】法人以其全部财产独立承担民事责任。	《民法通则》 第四十八条 全民所有制企业法人以国家授予它经营管理的财产承担民事责任。集体所有制企业法人以企业所有的财产承担民事责任。中外合资经营企业法人、中外合作经营企业法人和外资企业法人以企业所有的财产承担民事责任，法律另有规定的除外。
第六十一条 【法定代表人】依照法律或者法人章程的规定，代表法人从事民事活动的负责人，为法人的法定代表人。 法定代表人以法人名义从事的民事活动，其法律后果由法人承受。 法人章程或者法人权力机构对法定代表人代表权的限制，不得对抗善意相对人。	《民法通则》 第三十八条 依照法律或者法人组织章程规定，代表法人行使职权的负责人，是法人的法定代表人。
第六十二条 【法定代表人职务行为的法律责任】法定代表人因执行职务造成他人损害的，由法人承担民事责任。 法人承担民事责任后，依照法律或者法人章程的规定，可以向有过错的法定代表人追偿。	《民法通则》 第四十三条 企业法人对它的法定代表人和其他工作人员的经营活动，承担民事责任。
第六十三条 【法人的住所】法人以其主要办事机构所在地为住所。依法需要办理法人登记的，应当将主要办事机构所在地登记为住所。	《民法通则》 第三十九条 法人以它的主要办事机构所在地为住所。
第六十四条 【法人的变更登记】法人存续期间登记事项发生变化的，应当依法向登记机关申请变更登记。 第六十七条 【法人合并、分立后的权利义务承担】法人合并的，其权利和义务由合并后的法人享有和承担。 法人分立的，其权利和义务由分立后的法人享有连带债权，承担连带债务，但是债权人和债务人另有约定的除外。	《民法通则》 第四十四条 企业法人分立、合并或者有其他重要事项变更，应当向登记机关办理登记并公告。 企业法人分立、合并，它的权利和义务由变更后的法人享有和承担。 《合同法》 第九十条 当事人订立合同后合并的，由合并后的法人或者其他组织行使合同权利，履行合同义务。当事人订立合同后分立的，除债权人和债务人另有约定的以外，由分立的法人或者其他组织对合同的权利和义务享有连带债权，承担连带债务。

（续表）

《民法典》总则编条文	编纂对象
第六十五条 【法人登记的对抗效力】法人的实际情况与登记的事项不一致的,不得对抗善意相对人。	（新增条文）
第六十六条 【登记机关的公示义务】登记机关应当依法及时公示法人登记的有关信息。	（新增条文）
第六十八条 【法人的终止】有下列原因之一并依法完成清算、注销登记的,法人终止： （一）法人解散； （二）法人被宣告破产； （三）法律规定的其他原因。 法人终止,法律、行政法规规定须经有关机关批准的,依照其规定。	《民法通则》 第四十五条 企业法人由于下列原因之一终止： （一）依法被撤销； （二）解散； （三）依法宣告破产； （四）其他原因。
第六十九条 【法人的解散】有下列情形之一的,法人解散： （一）法人章程规定的存续期间届满或者法人章程规定的其他解散事由出现； （二）法人的权力机构决议解散； （三）因法人合并或者分立需要解散； （四）法人依法被吊销营业执照、登记证书,被责令关闭或者被撤销； （五）法律规定的其他情形。	《公司法》 第一百八十条 公司因下列原因解散： （一）公司章程规定的营业期限届满或者公司章程规定的其他解散事由出现； （二）股东会或者股东大会决议解散； （三）因公司合并或者分立需要解散； （四）依法被吊销营业执照、责令关闭或者被撤销； （五）人民法院依照本法第一百八十二条的规定予以解散。
第七十条 【清算义务人】法人解散的,除合并或者分立的情形外,清算义务人应当及时组成清算组进行清算。 法人的董事、理事等执行机构或者决策机构的成员为清算义务人。法律、行政法规另有规定的,依照其规定。 清算义务人未及时履行清算义务,造成损害的,应当承担民事责任；主管机关或者利害关系人可以申请人民法院指定有关人员组成清算组进行清算。	《民法通则》 第四十条 法人终止,应当依法进行清算,停止清算范围外的活动。 第四十七条 企业法人解散,应当成立清算组织,进行清算。企业法人被撤销、被宣告破产的,应当由主管机关或者人民法院组织有关机关和有关人员成立清算组织,进行清算。
第七十一条 【法人清算的法律适用】法人的清算程序和清算组职权,依照有关法律的规定；没有规定的,参照适用公司法律的有关规定。	（新增条文）

（续表）

《民法典》总则编条文	编纂对象
第七十二条 【清算的法律效果】清算期间法人存续,但是不得从事与清算无关的活动。 法人清算后的剩余财产,按照法人章程的规定或者法人权力机构的决议处理。法律另有规定的,依照其规定。 清算结束并完成法人注销登记时,法人终止;依法不需要办理法人登记的,清算结束时,法人终止。	《民法通则》 　第四十条　法人终止,应当依法进行清算,停止清算范围外的活动。 　第四十六条　企业法人终止,应当向登记机关办理注销登记并公告。 《公司法》 　第一百八十八条　公司清算结束后,清算组应当制作清算报告,报股东会、股东大会或者人民法院确认,并报送公司登记机关,申请注销公司登记,公告公司终止。
第七十三条　【法人的破产终止】法人被宣告破产的,依法进行破产清算并完成法人注销登记时,法人终止。	（新增条文）
第七十四条　【法人的分支机构】法人可以依法设立分支机构。法律、行政法规规定分支机构应当登记的,依照其规定。 分支机构以自己的名义从事民事活动,产生的民事责任由法人承担;也可以先以该分支机构管理的财产承担,不足以承担的,由法人承担。	《公司法》 　第十四条第一款　公司可以设立分公司。设立分公司,应当向公司登记机关申请登记,领取营业执照。分公司不具有法人资格,其民事责任由公司承担。
第七十五条　【设立中的法人】设立人为设立法人从事的民事活动,其法律后果由法人承受;法人未成立的,其法律后果由设立人承受,设立人为二人以上的,享有连带债权,承担连带债务。 设立人为设立法人以自己的名义从事民事活动产生的民事责任,第三人有权选择请求法人或者设立人承担。	（新增条文）
第二节　营利法人	
第七十六条　【营利法人的概念】以取得利润并分配给股东等出资人为目的成立的法人,为营利法人。 营利法人包括有限责任公司、股份有限公司和其他企业法人等。	《公司法》 　第三条　公司是企业法人,有独立的法人财产,享有法人财产权。公司以其全部财产对公司的债务承担责任。 　有限责任公司的股东以其认缴的出资额为限对公司承担责任;股份有限公司的股东以其认购的股份为限对公司承担责任。

(续表)

《民法典》总则编条文	编纂对象
第七十七条 【营利法人的成立】营利法人经依法登记成立。	《民法通则》 第四十一条 全民所有制企业、集体所有制企业有符合国家规定的资金数额,有组织章程、组织机构和场所,能够独立承担民事责任,经主管机关核准登记,取得法人资格。 　　在中华人民共和国领域内设立的中外合资经营企业、中外合作经营企业和外资企业,具备法人条件的,依法经工商行政管理机关核准登记,取得中国法人资格。
第七十八条 【营利法人的营业执照】依法设立的营利法人,由登记机关发给营利法人营业执照。营业执照签发日期为营利法人的成立日期。	《公司法》 第七条第一款 依法设立的公司,由公司登记机关发给公司营业执照。公司营业执照签发日期为公司成立日期。
第七十九条 【营利法人的章程】设立营利法人应当依法制定法人章程。	《公司法》 第十一条 设立公司必须依法制定公司章程。公司章程对公司、股东、董事、监事、高级管理人员具有约束力。
第八十条 【营利法人的权力机构】营利法人应当设权力机构。 　　权力机构行使修改法人章程,选举或者更换执行机构、监督机构成员,以及法人章程规定的其他职权。	(新增条文)
第八十一条 【营利法人的执行机构】营利法人应当设执行机构。 　　执行机构行使召集权力机构会议,决定法人的经营计划和投资方案,决定法人内部管理机构的设置,以及法人章程规定的其他职权。 　　执行机构为董事会或者执行董事的,董事长、执行董事或者经理按照法人章程的规定担任法定代表人;未设董事会或者执行董事的,法人章程规定的主要负责人为其执行机构和法定代表人。	(新增条文)
第八十二条 【营利法人的监督机构】营利法人设监事会或者监事等监督机构的,监督机构依法行使检查法人财务,监督执行机构成员、高级管理人员执行法人职务的行为,以及法人章程规定的其他职权。	(新增条文)

(续表)

《民法典》总则编条文	编纂对象
第八十三条 【营利法人出资人滥用权利的责任承担】营利法人的出资人不得滥用出资人权利损害法人或者其他出资人的利益;滥用出资人权利造成法人或者其他出资人损失的,应当依法承担民事责任。 营利法人的出资人不得滥用法人独立地位和出资人有限责任损害法人债权人的利益;滥用法人独立地位和出资人有限责任,逃避债务,严重损害法人债权人的利益的,应当对法人债务承担连带责任。	《公司法》 第二十条 公司股东应当遵守法律、行政法规和公司章程,依法行使股东权利,不得滥用股东权利损害公司或者其他股东的利益;不得滥用公司法人独立地位和股东有限责任损害公司债权人的利益。 公司股东滥用股东权利给公司或者其他股东造成损失的,应当依法承担赔偿责任。 公司股东滥用公司法人独立地位和股东有限责任,逃避债务,严重损害公司债权人利益的,应当对公司债务承担连带责任。
第八十四条 【滥用关联关系造成损失的赔偿责任】营利法人的控股出资人、实际控制人、董事、监事、高级管理人员不得利用其关联关系损害法人的利益;利用关联关系造成法人损失的,应当承担赔偿责任。	《公司法》 第二十一条 公司的控股股东、实际控制人、董事、监事、高级管理人员不得利用其关联关系损害公司利益。 违反前款规定,给公司造成损失的,应当承担赔偿责任。
第八十五条 【营利法人出资人对瑕疵决议的撤销权】营利法人的权力机构、执行机构作出决议的会议召集程序、表决方式违反法律、行政法规、法人章程,或者决议内容违反法人章程的,营利法人的出资人可以请求人民法院撤销该决议。但是,营利法人依据该决议与善意相对人形成的民事法律关系不受影响。	《公司法》 第二十二条第一款、第二款 公司股东会或者股东大会、董事会的决议内容违反法律、行政法规的无效。 股东会或者股东大会、董事会的会议召集程序、表决方式违反法律、行政法规或者公司章程,或者决议内容违反公司章程的,股东可以自决议作出之日起六十日内,请求人民法院撤销。
第八十六条 【营利法人的社会责任】营利法人从事经营活动,应当遵守商业道德,维护交易安全,接受政府和社会的监督,承担社会责任。	《公司法》 第五条第一款 公司从事经营活动,必须遵守法律、行政法规,遵守社会公德、商业道德,诚实守信,接受政府和社会公众的监督,承担社会责任。
第三节 非营利法人	
第八十七条 【非营利法人的概念】为公益目的或者其他非营利目的成立,不向出资人、设立人或者会员分配所取得利润的法人,为非营利法人。 非营利法人包括事业单位、社会团体、基金会、社会服务机构等。	(新增条文)

(续表)

《民法典》总则编条文	编纂对象
第八十八条 【事业单位法人】具备法人条件,为适应经济社会发展需要,提供公益服务设立的事业单位,经依法登记成立,取得事业单位法人资格;依法不需要办理法人登记的,从成立之日起,具有事业单位法人资格。 第九十条 【社会团体法人】具备法人条件,基于会员共同意愿,为公益目的或者会员共同利益等非营利目的设立的社会团体,经依法登记成立,取得社会团体法人资格;依法不需要办理法人登记的,从成立之日起,具有社会团体法人资格。	《民法通则》 　　第五十条第二款　具备法人条件的事业单位、社会团体,依法不需要办理法人登记的,从成立之日起,具有法人资格;依法需要办理法人登记的,经核准登记,取得法人资格。
第八十九条 【事业单位法人的治理机构】事业单位法人设理事会的,除法律另有规定外,理事会为其决策机构。事业单位法人的法定代表人依照法律、行政法规或者法人章程的规定产生。	(新增条文)
第九十一条 【社会团体法人的治理依据与治理机构】设立社会团体法人应当依法制定法人章程。 社会团体法人应当设会员大会或者会员代表大会等权力机构。 社会团体法人应当设理事会等执行机构。理事长或者会长等负责人按照法人章程的规定担任法定代表人。	(新增条文)
第九十二条 【捐助法人】具备法人条件,为公益目的以捐助财产设立的基金会、社会服务机构等,经依法登记成立,取得捐助法人资格。 依法设立的宗教活动场所,具备法人条件的,可以申请法人登记,取得捐助法人资格。法律、行政法规对宗教活动场所有规定的,依照其规定。	《慈善法》 　　第十条　设立慈善组织,应当向县级以上人民政府民政部门申请登记,民政部门应当自受理申请之日起三十日内作出决定。符合本法规定条件的,准予登记并向社会公告;不符合本法规定条件的,不予登记并书面说明理由。 　　本法公布前已经设立的基金会、社会团体、社会服务机构等非营利性组织,可以向其登记的民政部门申请认定为慈善组织,民政部门应当自受理申请之日起二十日内作出决定。符合慈善组织条件的,予以认定并向社会公告;不符合慈善组织条件的,不予认定并书面说明理由。 　　有特殊情况需要延长登记或者认定期限的,报经国务院民政部门批准,可以适当延长,但延长的期限不得超过六十日。

(续表)

《民法典》总则编条文	编纂对象
第九十三条 【捐助法人的治理依据与治理机构】设立捐助法人应当依法制定法人章程。 捐助法人应当设理事会、民主管理组织等决策机构，并设执行机构。理事长等负责人按照法人章程的规定担任法定代表人。 捐助法人应当设监事会等监督机构。	《慈善法》 第十二条 慈善组织应当根据法律法规以及章程的规定，建立健全内部治理结构，明确决策、执行、监督等方面的职责权限，开展慈善活动。 慈善组织应当执行国家统一的会计制度，依法进行会计核算，建立健全会计监督制度，并接受政府有关部门的监督管理。
第九十四条 【捐助人的权利】捐助人有权向捐助法人查询捐助财产的使用、管理情况，并提出意见和建议，捐助法人应当及时、如实答复。 捐助法人的决策机构、执行机构或者法定代表人作出决定的程序违反法律、行政法规、法人章程，或者决定内容违反法人章程的，捐助人等利害关系人或者主管机关可以请求人民法院撤销该决定。但是，捐助法人依据该决定与善意相对人形成的民事法律关系不受影响。	《公益事业捐赠法》 第二十一条 捐赠人有权向受赠人查询捐赠财产的使用、管理情况，并提出意见和建议。对于捐赠人的查询，受赠人应当如实答复。
第九十五条 【公益性非营利法人剩余财产的分配】为公益目的成立的非营利法人终止时，不得向出资人、设立人或者会员分配剩余财产。剩余财产应当按照法人章程的规定或者权力机构的决议用于公益目的；无法按照法人章程的规定或者权力机构的决议处理的，由主管机关主持转给宗旨相同或者相近的法人，并向社会公告。	《慈善法》 第十八条 慈善组织终止，应当进行清算。 慈善组织的决策机构应当在本法第十七条规定的终止情形出现之日起三十日内成立清算组进行清算，并向社会公告。不成立清算组或者清算组不履行职责的，民政部门可以申请人民法院指定有关人员组成清算组进行清算。 慈善组织清算后的剩余财产，应当按照慈善组织章程的规定转给宗旨相同或者相近的慈善组织；章程未规定的，由民政部门主持转给宗旨相同或者相近的慈善组织，并向社会公告。 慈善组织清算结束后，应当向其登记的民政部门办理注销登记，并由民政部门向社会公告。
第四节 特别法人	
第九十六条 【特别法人的类型】本节规定的机关法人、农村集体经济组织法人、城镇农村的合作经济组织法人、基层群众性自治组织法人，为特别法人。	（新增条文）

（续表）

《民法典》总则编条文	编纂对象
第九十七条 【机关法人】有独立经费的机关和承担行政职能的法定机构从成立之日起，具有机关法人资格，可以从事为履行职能所需要的民事活动。	《民法通则》 第五十条第一款 有独立经费的机关从成立之日起，具有法人资格。
第九十八条 【机关法人终止后权利义务的承担】机关法人被撤销的，法人终止，其民事权利和义务由继任的机关法人享有和承担；没有继任的机关法人的，由作出撤销决定的机关法人享有和承担。	《国家赔偿法》 第七条第五款 赔偿义务机关被撤销的，继续行使其职权的行政机关为赔偿义务机关；没有继续行使其职权的行政机关的，撤销该赔偿义务机关的行政机关为赔偿义务机关。
第九十九条 【农村集体经济组织法人】农村集体经济组织依法取得法人资格。 法律、行政法规对农村集体经济组织有规定的，依照其规定。	（新增条文）
第一百条 【合作经济组织法人】城镇农村的合作经济组织依法取得法人资格。 法律、行政法规对城镇农村的合作经济组织有规定的，依照其规定。	（新增条文）
第一百零一条 【基层群众性自治组织法人】居民委员会、村民委员会具有基层群众性自治组织法人资格，可以从事为履行职能所需要的民事活动。 未设立村集体经济组织的，村民委员会可以依法代行村集体经济组织的职能。	《城市居民委员会组织法》 第二条 居民委员会是居民自我管理、自我教育、自我服务的基层群众性自治组织。 不设区的市、市辖区的人民政府或者它的派出机关对居民委员会的工作给予指导、支持和帮助。居民委员会协助不设区的市、市辖区的人民政府或者它的派出机关开展工作。 《村民委员会组织法》 第二条 村民委员会是村民自我管理、自我教育、自我服务的基层群众性自治组织，实行民主选举、民主决策、民主管理、民主监督。 村民委员会办理本村的公共事务和公益事业，调解民间纠纷，协助维护社会治安，向人民政府反映村民的意见、要求和提出建议。 村民委员会向村民会议、村民代表会议负责并报告工作。

（续表）

《民法典》总则编条文	编纂对象
第四章　非法人组织	
第一百零二条　【非法人组织的概念】非法人组织是不具有法人资格，但是能够依法以自己的名义从事民事活动的组织。 非法人组织包括个人独资企业、合伙企业、不具有法人资格的专业服务机构等。 第一百零四条　【非法人组织的债务承担】非法人组织的财产不足以清偿债务的，其出资人或者设立人承担无限责任。法律另有规定的，依照其规定。	《个人独资企业法》 　第二条　本法所称个人独资企业，是指依照本法在中国境内设立，由一个自然人投资，财产为投资人个人所有，投资人以其个人财产对企业债务承担无限责任的经营实体。 《合伙企业法》 　第二条　本法所称合伙企业，是指自然人、法人和其他组织依照本法在中国境内设立的普通合伙企业和有限合伙企业。 　普通合伙企业由普通合伙人组成，合伙人对合伙企业债务承担无限连带责任。本法对普通合伙人承担责任的形式有特别规定的，从其规定。 　有限合伙企业由普通合伙人和有限合伙人组成，普通合伙人对合伙企业债务承担无限连带责任，有限合伙人以其认缴的出资额为限对合伙企业债务承担责任。
第一百零三条　【非法人组织的成立】非法人组织应当依照法律的规定登记。 设立非法人组织，法律、行政法规规定须经有关机关批准的，依照其规定。	（新增条文）
第一百零五条　【非法人组织的代表人】非法人组织可以确定一人或者数人代表该组织从事民事活动。	（新增条文）
第一百零六条　【非法人组织的解散】有下列情形之一的，非法人组织解散： （一）章程规定的存续期间届满或者章程规定的其他解散事由出现； （二）出资人或者设立人决定解散； （三）法律规定的其他情形。	（新增条文）
第一百零七条　【非法人组织的清算】非法人组织解散的，应当依法进行清算。	（新增条文）
第一百零八条　【非法人组织的参照适用规定】非法人组织除适用本章规定外，参照适用本编第三章第一节的有关规定。	（新增条文）

(续表)

《民法典》总则编条文	编纂对象
第五章　民事权利	
第一百零九条　【一般人格权】<u>自然人</u>的人身自由、人格尊严受法律保护。	《民法通则》 　　第一百零一条　公民、法人享有名誉权,公民的人格尊严受法律保护,<u>禁止用侮辱、诽谤等方式损害公民、法人的名誉</u>。
第一百一十条　【具体人格权】自然人享有<u>生命权</u>、**身体权**、健康权、姓名权、肖像权、名誉权、荣誉权、<u>隐私权</u>、婚姻自主权等权利。 　　<u>法人、非法人组织</u>享有名称权、名誉权和荣誉权。	《民法通则》 　　第九十八条　公民享有<u>生命健康权</u>。 　　第九十九条　公民享有姓名权,有权决定、使用和依照规定改变自己的姓名,禁止他人干涉、盗用、假冒。 　　<u>法人、个体工商户、个人合伙</u>享有名称权。企业法人、个体工商户、个人合伙有权使用、依法转让自己的名称。 　　第一百条　公民享有肖像权,未经本人同意,不得以营利为目的使用公民的肖像。 　　第一百零一条　<u>公民、法人</u>享有名誉权,公民的人格尊严受法律保护,禁止用侮辱、诽谤等方式损害公民、法人的名誉。 　　第一百零二条　<u>公民、法人</u>享有荣誉权,禁止非法剥夺公民、法人的荣誉称号。 　　第一百零三条　<u>公民</u>享有婚姻自主权,禁止买卖、包办婚姻和其他干涉婚姻自由的行为。
第一百一十一条　【个人信息权】自然人的个人信息受法律保护。任何组织或者个人需要获取他人个人信息的,应当依法取得并确保信息安全,不得非法收集、使用、加工、传输他人个人信息,不得非法<u>买卖</u>、提供或者公开他人个人信息。	《网络安全法》 　　第四十四条　任何个人和组织不得窃取或者以其他非法方式获取个人信息,不得非法<u>出售</u>或者非法向他人提供个人信息。
第一百一十二条　【身份权】自然人因婚姻家庭关系等产生的人身权利受法律保护。	《民法通则》 　　第一百零四条　婚姻、家庭、老人、母亲和儿童受法律保护。 　　残疾人的合法权益受法律保护。
第一百一十三条　【财产权受法律平等保护】<u>民事主体的财产权利受法律平等保护</u>。	《民法通则》 　　第七十五条　公民的个人财产,包括公民的合法收入、房屋、储蓄、生活用品、文物、图书资料、林木、牲畜和法律允许公民所有的生产资料以及其他合法财产。

(续表)

《民法典》总则编条文	编纂对象
	公民的合法财产受法律保护,禁止任何组织或者个人侵占、哄抢、破坏或者非法查封、扣押、冻结、没收。 《物权法》 　　第四条　国家、集体、私人的物权和其他权利人的物权受法律保护,任何单位和个人不得侵犯。
第一百一十四条　【物权的概念】民事主体依法享有物权。 　　物权是权利人依法对特定的物享有直接支配和排他的权利,包括所有权、用益物权和担保物权。 第一百一十五条　【物权的客体】物包括不动产和动产。法律规定权利作为物权客体的,依照其规定。	《民法通则》 　　第七十一条　财产所有权是指所有人依法对自己的财产享有占有、使用、收益和处分的权利。 《物权法》 　　第二条第二款、第三款　本法所称物,包括不动产和动产。法律规定权利作为物权客体的,依照其规定。 　　本法所称物权,是指权利人依法对特定的物享有直接支配和排他的权利,包括所有权、用益物权和担保物权。
第一百一十六条　【物权法定】物权的种类和内容,由法律规定。	《物权法》 　　第五条　物权的种类和内容,由法律规定。
第一百一十七条　【物的征收与征用】为了公共利益的需要,依照法律规定的权限和程序征收、征用不动产或者动产的,应当给予公平、合理的补偿。	《国有土地上房屋征收与补偿条例》 　　第二条　为了公共利益的需要,征收国有土地上单位、个人的房屋,应当对被征收房屋所有权人(以下称被征收人)给予公平补偿。
第一百一十八条　【债权的概念】民事主体依法享有债权。 　　债权是因合同、侵权行为、无因管理、不当得利以及法律的其他规定,权利人请求特定义务人为或者不为一定行为的权利。	《民法通则》 　　第八十四条　债是按照合同的约定或者依照法律的规定,在当事人之间产生的特定的权利和义务关系。享有权利的人是债权人,负有义务的人是债务人。 　　债权人有权要求债务人按照合同的约定或者依照法律的规定履行义务。
第一百一十九条　【合同之债】依法成立的合同,对当事人具有法律约束力。	《合同法》 　　第八条第一款　依法成立的合同,对当事人具有法律约束力。当事人应当按照约定履行自己的义务,不得擅自变更或者解除合同。

(续表)

《民法典》总则编条文	编纂对象
第一百二十条 【侵权责任之债】民事权益受到侵害的,被侵权人有权请求侵权人承担侵权责任。	《侵权责任法》 第二条第一款 侵害民事权益,应当依照本法承担侵权责任。 第三条 被侵权人有权请求侵权人承担侵权责任。
第一百二十一条 【无因管理之债】没有法定的或者约定的义务,为避免他人利益受损失而进行管理的人,有权请求受益人偿还由此支出的必要费用。	《民法通则》 第九十三条 没有法定的或者约定的义务,为避免他人利益受损失进行管理或者服务的,有权要求受益人偿付由此而支付的必要费用。
第一百二十二条 【不当得利之债】因他人没有法律根据,取得不当利益,受损失的人有权请求其返还不当利益。	《民法通则》 第九十二条 没有合法根据,取得不当利益,造成他人损失的,应当将取得的不当利益返还受损失的人。
第一百二十三条 【知识产权及其客体】民事主体依法享有知识产权。 知识产权是权利人依法就下列客体享有的专有的权利: (一)作品; (二)发明、实用新型、外观设计; (三)商标; (四)地理标志; (五)商业秘密; (六)集成电路布图设计; (七)植物新品种; (八)法律规定的其他客体。	《民法通则》 第九十四条 公民、法人享有著作权(版权),依法有署名、发表、出版、获得报酬等权利。 第九十五条 公民、法人依法取得的专利权受法律保护。 第九十六条 法人、个体工商户、个人合伙依法取得商标专用权受法律保护。 第一百一十八条 公民、法人的著作权(版权)、专利权、商标专用权、发现权、发明权和其他科技成果权受到剽窃、篡改、假冒等侵害的,有权要求停止侵害,消除影响,赔偿损失。
第一百二十四条 【继承权及其客体】自然人依法享有继承权。 自然人合法的私有财产,可以依法继承。	《民法通则》 第七十六条 公民依法享有财产继承权。
第一百二十五条 【投资性权利】民事主体依法享有股权和其他投资性权利。	(新增条文)
第一百二十六条 【其他民事权益】民事主体享有法律规定的其他民事权利和利益。	(新增条文)
第一百二十七条 【对数据和网络虚拟财产的保护】法律对数据、网络虚拟财产的保护有规定的,依照其规定。	(新增条文)

(续表)

《民法典》总则编条文	编纂对象
第一百二十八条 【对弱势群体的特别保护】法律对未成年人、老年人、残疾人、妇女、消费者等的民事权利保护有特别规定的,依照其规定。	(新增条文)
第一百二十九条 【民事权利的取得方式】民事权利可以依据民事法律行为、事实行为、法律规定的事件或者法律规定的其他方式取得。	(新增条文)
第一百三十条 【权利行使的自愿原则】民事主体按照自己的意愿依法行使民事权利,不受干涉。	(新增条文)
第一百三十一条 【权利人的义务履行】民事主体行使权利时,应当履行法律规定的和当事人约定的义务。	(新增条文)
第一百三十二条 【禁止权利滥用】民事主体不得滥用民事权利损害国家利益、社会公共利益或者他人合法权益。	(新增条文)
第六章　民事法律行为	
第一节　一般规定	
第一百三十三条 【民事法律行为的概念】民事法律行为是民事主体通过意思表示设立、变更、终止民事法律关系的行为。	《民法通则》 第五十四条　民事法律行为是公民或者法人设立、变更、终止民事权利和民事义务的合法行为。
第一百三十四条 【民事法律行为的成立】民事法律行为可以基于双方或者多方的意思表示一致成立,也可以基于单方的意思表示成立。 　　法人、非法人组织依照法律或者章程规定的议事方式和表决程序作出决议的,该决议行为成立。	(新增条文)
第一百三十五条 【民事法律行为的形式】民事法律行为可以采用书面形式、口头形式或者其他形式;法律、行政法规规定或者当事人约定采用特定形式的,应当采用特定形式。	《民法通则》 第五十六条　民事法律行为可以采用书面形式、口头形式或者其他形式。法律规定用特定形式的,应当依照法律规定。

(续表)

《民法典》总则编条文	编纂对象
第一百三十六条 【民事法律行为的生效】民事法律行为自成立时生效,但是法律另有规定或者当事人另有约定的除外。 行为人非依法律规定或者未经对方同意,不得擅自变更或者解除民事法律行为。	《民法通则》 第五十七条 民事法律行为从成立时起具有法律约束力。行为人非依法律规定或者取得对方同意,不得擅自变更或者解除。
第二节 意思表示	
第一百三十七条 【有特定相对人的意思表示的生效时间】以对话方式作出的意思表示,相对人知道其内容时生效。 以非对话方式作出的意思表示,到达相对人时生效。以非对话方式作出的采用数据电文形式的意思表示,相对人指定特定系统接收数据电文的,该数据电文进入该特定系统时生效;未指定特定系统的,相对人知道或者应当知道该数据电文进入其系统时生效。当事人对采用数据电文形式的意思表示的生效时间另有约定的,按照其约定。	《合同法》 第十六条 要约到达受要约人时生效。 采用数据电文形式订立合同,收件人指定特定系统接收数据电文的,该数据电文进入该特定系统的时间,视为到达时间;未指定特定系统的,该数据电文进入收件人的任何系统的首次时间,视为到达时间。
第一百三十八条 【无相对人的意思表示的生效时间】无相对人的意思表示,表示完成时生效。法律另有规定的,依照其规定。	(新增条文)
第一百三十九条 【公告的意思表示的生效时间】以公告方式作出的意思表示,公告发布时生效。	(新增条文)
第一百四十条 【意思表示的形式】行为人可以明示或者默示作出意思表示。 沉默只有在有法律规定、当事人约定或者符合当事人之间的交易习惯时,才可以视为意思表示。	《民通意见》 66. 一方当事人向对方当事人提出民事权利的要求,对方未用语言或者文字明确表示意见,但其行为表明已接受的,可以认定为默示。不作为的默示只有在法律有规定或者当事人双方有约定的情况下,才可以视为意思表示。
第一百四十一条 【意思表示的撤回】行为人可以撤回意思表示。撤回意思表示的通知应当在意思表示到达相对人前或者与意思表示同时到达相对人。	(新增条文)

(续表)

《民法典》总则编条文	编纂对象
第一百四十二条 【意思表示的解释】有相对人的意思表示的解释,应当按照所使用的词句,结合相关条款、行为的性质和目的、习惯以及诚信原则,确定意思表示的含义。 无相对人的意思表示的解释,不能完全拘泥于所使用的词句,而应当结合相关条款、行为的性质和目的、习惯以及诚信原则,确定行为人的真实意思。	《合同法》 第一百二十五条第一款 当事人对合同条款的理解有争议的,应当按照合同所使用的词句、合同的有关条款、合同的目的、交易习惯以及诚实信用原则,确定该条款的真实意思。
第三节 民事法律行为的效力	
第一百四十三条 【民事法律行为的有效条件】具备下列条件的民事法律行为有效: (一)行为人具有相应的民事行为能力; (二)意思表示真实; (三)不违反法律、行政法规的强制性规定,不违背公序良俗。	《民法通则》 第五十五条 民事法律行为应当具备下列条件: (一)行为人具有相应的民事行为能力; (二)意思表示真实; (三)不违反法律或者社会公共利益。
第一百四十四条 【无民事行为能力人实施的民事法律行为】无民事行为能力人实施的民事法律行为无效。 第一百四十六条 【虚假表示与隐藏行为效力】行为人与相对人以虚假的意思表示实施的民事法律行为无效。 以虚假的意思表示隐藏的民事法律行为的效力,依照有关法律规定处理。 第一百五十四条 【恶意串通】行为人与相对人恶意串通,损害他人合法权益的民事法律行为无效。	《民法通则》 第五十八条第一款第一项、第四项、第六项 下列民事行为无效: (一)无民事行为能力人实施的; …… (四)恶意串通,损害国家、集体或者第三人利益的; …… (六)以合法形式掩盖非法目的的。 《合同法》 第五十二条第二项、第三项 有下列情形之一的,合同无效: …… (二)恶意串通,损害国家、集体或者第三人利益; (三)以合法形式掩盖非法目的;
第一百四十五条 【限制民事行为能力人实施的民事法律行为】限制民事行为能力人实施的纯获利益的民事法律行为或者与其年龄、智力、精神健康状况相适应的民事法律行为有效;实施的其他民事法律行为经法定代理人同意或者追认后有效。	《合同法》 第四十七条 限制民事行为能力人订立的合同,经法定代理人追认后,该合同有效,但纯获利益的合同或者与其年龄、智力、精神健康状况相适应而订立的合同,不必经法定代理人追认。

（续表）

《民法典》总则编条文	编纂对象
相对人可以催告法定代理人**自收到通知之日起**三十日①内予以追认。法定代理人未作表示的，视为拒绝追认。民事**法律行为**被追认前，善意相对人有撤销的权利。撤销应当以通知的方式作出。	相对人可以催告法定代理人在一个月内予以追认。法定代理人未作表示的，视为拒绝追认。合同被追认之前，善意相对人有撤销的权利。撤销应当以通知的方式作出。
第一百四十七条 【重大误解】基于重大误解实施的民事**法律**行为，行为人有权请求人民法院或者仲裁机构予以撤销。 **第一百四十八条** 【欺诈】一方以欺诈手段，使对方在违背真实意思的情况下实施的民事法律行为，受欺诈方有权请求人民法院或者仲裁机构予以撤销。 **第一百五十条** 【胁迫】一方或者第三人以胁迫手段，使对方在违背真实意思的情况下实施的民事法律行为，受胁迫方有权请求人民法院或者仲裁机构予以撤销。 **第一百五十一条** 【乘人之危导致的显失公平】一方利用对方处于危困状态、缺乏判断能力等情形，致使民事**法律**行为成立时显失公平的，受损害方有权请求人民法院或者仲裁机构予以撤销。	《民法通则》 **第五十九条 第一款** 下列民事行为，一方有权请求人民法院或者仲裁机关予以变更或者撤销： （一）行为人对行为内容有重大误解的； （二）显失公平的。 《合同法》 **第五十四条** 下列合同，当事人一方有权请求人民法院或者仲裁机构变更或者撤销： （一）因重大误解订立的； （二）在订立合同时显失公平的。 一方以欺诈、胁迫的手段或者乘人之危，使对方在违背真实意思的情况下订立的合同，受损害方有权请求人民法院或者仲裁机构变更或者撤销。 当事人请求变更的，人民法院或者仲裁机构不得撤销。
第一百四十九条 【第三人欺诈】第三人实施欺诈行为，使一方在违背真实意思的情况下实施的民事法律行为，对方知道或者应当知道该欺诈行为的，受欺诈方有权请求人民法院或者仲裁机构予以撤销。	（新增条文）
第一百五十二条 【撤销权的消灭】有下列情形之一的，撤销权消灭： （一）当事人自知道或者应当知道撤销事由之日起一年内、**重大误解的当事人自知道或者应当知道撤销事由之日起九十日内**没有行使撤销权； （二）当事人受胁迫，自胁迫行为终止之日起一年内没有行使撤销权； （三）当事人知道撤销事由后明确表示或	《合同法》 **第五十五条** 有下列情形之一的，撤销权消灭： （一）具有撤销权的当事人自知道或者应当知道撤销事由之日起一年内没有行使撤销权； （二）具有撤销权的当事人知道撤销事由后明确表示或者以自己的行为放弃撤销权。

---

① 《民法典》将原民事相关法律规定中的"一个月"改为"三十日"，"三个月"改为"九十日"。

(续表)

《民法典》总则编条文	编纂对象
者以自己的行为**表明放弃撤销权**。 　　**当事人自民事法律行为发生之日起五年内没有行使撤销权的,撤销权消灭。**	**《婚姻法》** 　　第十一条　因胁迫结婚的,受胁迫的一方可以向婚姻登记机关或人民法院请求撤销该婚姻。受胁迫的一方撤销婚姻的请求,应当自结婚登记之日起一年内提出。被非法限制人身自由的当事人请求撤销婚姻的,应当自恢复人身自由之日起一年内提出。
第一百五十三条　【违反强制性规定;违背公序良俗】违反法律、行政法规的强制性规定的民事法律行为无效。但是,**该强制性规定不导致该民事法律行为无效的除外**。 　　**违背公序良俗的民事法律行为无效**。	**《合同法》** 　　第五十二条第四项、第五项 　　…… 　　(四)损害社会公共利益; 　　(五)违反法律、行政法规的强制性规定。 **《合同法司法解释二》** 　　第十四条　合同法第五十二条第(五)项规定的"强制性规定",是指效力性强制性规定。
第一百五十五条　【无效或者被撤销民事法律行为自始无效】无效的或者被撤销的**民事**法律行为自始没有法律约束力。	**《合同法》** 　　第五十六条　无效的合同或者被撤销的合同自始没有法律约束力。合同部分无效,不影响其他部分效力的,其他部分仍然有效。
第一百五十六条　【民事法律行为部分无效】民事**法律**行为部分无效,不影响其他部分效力的,其他部分仍然有效。	**《民法通则》** 　　第六十条　民事行为部分无效,不影响其他部分的效力的,其他部分仍然有效。
第一百五十七条　【民事法律行为无效、被撤销、不发生效力的法律后果】民事**法律**行为无效、被撤销**或者确定不发生效力**后,行为人因该行为取得的财产,应当予以返还;**不能返还或者没有必要返还的,应当折价补偿**。有过错的一方应当赔偿对方由此所受到的损失;各方都有过错的,应当各自承担相应的责任。**法律另有规定的,依照其规定**。	**《民法通则》** 　　第六十一条　民事行为被确认为无效或者被撤销后,当事人因该行为取得的财产,应当返还给受损失的一方。有过错的一方应当赔偿对方因此所受的损失,双方都有过错的,应当各自承担相应的责任。 　　双方恶意串通,实施民事行为损害国家、集体的或者第三人的利益的,应当追缴双方取得的财产,收归国家、集体所有或者返还第三人。 **《合同法》** 　　第五十八条　合同无效或者被撤销后,因该合同取得的财产,应当予以返还;不能返还或者没有必要返还的,应当折价补偿。有过错的一方应当赔偿对方因此所受到的损失,双方都有过错的,应当各自承担相应的责任。

(续表)

《民法典》总则编条文	编纂对象
第四节　民事法律行为的附条件和附期限	
第一百五十八条　【附条件的民事法律行为】民事法律行为可以附条件,但是根据其性质不得附条件的除外。附生效条件的民事法律行为,自条件成就时生效。附解除条件的民事法律行为,自条件成就时失效。 **第一百五十九条**　【条件成就或不成就的拟制】附条件的民事法律行为,当事人为自己的利益不正当地阻止条件成就的,视为条件已经成就;不正当地促成条件成就的,视为条件不成就。	《民法通则》 　第六十二条　民事法律行为可以附条件,附条件的民事法律行为在符合所附条件时生效。 《合同法》 　第四十五条　当事人对合同的效力可以约定附条件。附生效条件的合同,自条件成就时生效。附解除条件的合同,自条件成就时失效。 　当事人为自己的利益不正当地阻止条件成就的,视为条件已成就;不正当地促成条件成就的,视为条件不成就。
第一百六十条　【附期限的民事法律行为】民事法律行为可以附期限,但是根据其性质不得附期限的除外。附生效期限的民事法律行为,自期限届至时生效。附终止期限的民事法律行为,自期限届满时失效。	《合同法》 　第四十六条　当事人对合同的效力可以约定附期限。附生效期限的合同,自期限届至时生效。附终止期限的合同,自期限届满时失效。
第七章　代理	
第一节　一般规定	
第一百六十一条　【代理的适用范围】民事主体可以通过代理人实施民事法律行为。 　依照法律规定、当事人约定或者民事法律行为的性质,应当由本人亲自实施的民事法律行为,不得代理。 **第一百六十二条**　【代理的效力】代理人在代理权限内,以被代理人名义实施的民事法律行为,对被代理人发生效力。	《民法通则》 　第六十三条　公民、法人可以通过代理人实施民事法律行为。 　代理人在代理权限内,以被代理人的名义实施民事法律行为。被代理人对代理人的代理行为,承担民事责任。 　依照法律规定或者按照双方当事人约定,应当由本人实施的民事法律行为,不得代理。
第一百六十三条　【代理的类型】代理包括委托代理和法定代理。 　委托代理人按照被代理人的委托行使代理权。法定代理人依照法律的规定行使代理权。	《民法通则》 　第六十四条　代理包括委托代理、法定代理和指定代理。 　委托代理人按照被代理人的委托行使代理权,法定代理人依照法律的规定行使代理权,指定代理人按照人民法院或者指定单位的指定行使代理权。

（续表）

《民法典》总则编条文	编纂对象
第一百六十四条 【不当代理的民事责任】代理人不履行**或者不完全履行职责**，造成被代理人损害的，应当承担民事责任。 代理人和相对人恶意串通，损害被代理人合法权益的，代理人和相对人应当承担连带责任。 第一百七十一条 【无权代理】行为人没有代理权、超越代理权或者代理权终止后，仍然实施代理行为，未经被代理人追认的，对被代理人不发生效力。 相对人可以催告被代理人自收到通知之日起三十日内予以追认。被代理人未作表示的，视为拒绝追认。行为人实施的行为被追认前，善意相对人有撤销的权利。撤销应当以通知的方式作出。 行为人实施的行为未被追认的，善意相对人有权请求行为人履行债务或者就其受到的损害请求行为人赔偿。但是，赔偿的范围不得超过被代理人追认时相对人所能获得的利益。 相对人知道或者应当知道行为人无权代理的，相对人和行为人按照各自的过错承担责任。	《民法通则》 第六十六条 没有代理权、超越代理权或者代理权终止后的行为，只有经过被代理人的追认，被代理人才承担民事责任。未经追认的行为，由行为人承担民事责任。本人知道他人以本人名义实施民事行为而不作否认表示的，视为同意。 代理人不履行职责而给被代理人造成损害的，应当承担民事责任。 代理人和第三人串通、损害被代理人的利益的，由代理人和第三人负连带责任。 第三人知道行为人没有代理权、超越代理权或者代理权已终止还与行为人实施民事行为给他人造成损害的，由第三人和行为人负连带责任。
第二节 委托代理	
第一百六十五条 【委托代理授权的形式要求】委托代理授权采用书面形式的，授权委托书应当载明代理人的姓名或者名称、代理事项、权限和期限，并由被代理人签名或者盖章。	《民法通则》 第六十五条第二款 书面委托代理的授权委托书应当载明代理人的姓名或者名称、代理事项、权限和期间，并由委托人签名或盖章。
第一百六十六条 【共同代理】数人为同一代理事项的代理人的，应当共同行使代理权，但是当事人另有约定的除外。	（新增条文）
第一百六十七条 【违法代理的责任承担】代理人知道或者应当知道代理事项违法仍然实施代理行为，或者被代理人知道或者应当知道代理人的代理行为违法未作反对表示的，被代理人和代理人应当承担连带责任。	《民法通则》 第六十七条 代理人知道被委托代理的事项违法仍然进行代理活动的，或者被代理人知道代理人的代理行为违法不表示反对的，由被代理人和代理人负连带责任。

(续表)

《民法典》总则编条文	编纂对象
第一百六十八条 【禁止自己代理;禁止双方代理】代理人不得以被代理人的名义与自己实施民事法律行为,但是被代理人同意或者追认的除外。 代理人不得以被代理人的名义与自己同时代理的其他人实施民事法律行为,但是被代理的双方同意或者追认的除外。	(新增条文)
第一百六十九条 【转委托代理】代理人需要转委托第三人代理的,应当取得被代理人的同意或者追认。 转委托代理经被代理人同意或者追认的,被代理人可以就代理事务直接指示转委托的第三人,代理人仅就第三人的选任以及对第三人的指示承担责任。 转委托代理未经被代理人同意或者追认的,代理人应当对转委托的第三人的行为承担责任;但是,在紧急情况下代理人为了维护被代理人的利益需要转委托第三人代理的除外。	《民法通则》 第六十八条 委托代理人为被代理人的利益需要转托他人代理的,应当事先取得被代理人的同意。事先没有取得被代理人同意的,应当在事后及时告诉被代理人,如果被代理人不同意,由代理人对自己所转托的人的行为负民事责任,但在紧急情况下,为了保护被代理人的利益而转托他人代理的除外。
第一百七十条 【职务代理】执行法人或者非法人组织工作任务的人员,就其职权范围内的事项,以法人或者非法人组织的名义实施的民事法律行为,对法人或者非法人组织发生效力。 法人或者非法人组织对执行其工作任务的人员职权范围的限制,不得对抗善意相对人。	《民法通则》 第四十三条 企业法人对它的法定代表人和其他工作人员的经营活动,承担民事责任。 《合同法》 第五十条 法人或者其他组织的法定代表人、负责人超越权限订立的合同,除相对人知道或者应当知道其超越权限的以外,该代表行为有效。
第一百七十二条 【表见代理】行为人没有代理权、超越代理权或者代理权终止后,仍然实施代理行为,相对人有理由相信行为人有代理权的,代理行为有效。	《合同法》 第四十九条 行为人没有代理权、超越代理权或者代理权终止后以被代理人名义订立合同,相对人有理由相信行为人有代理权的,该代理行为有效。
第三节 代理终止	
第一百七十三条 【委托代理的终止】有下列情形之一的,委托代理终止: (一)代理期限届满或者代理事务完成; (二)被代理人取消委托或者代理人辞去委托; (三)代理人丧失民事行为能力;	《民法通则》 第六十九条 有下列情形之一的,委托代理终止: (一)代理期间届满或者代理事务完成; (二)被代理人取消委托或者代理人辞去委托;

（续表）

《民法典》总则编条文	编纂对象
（四）代理人**或者被代理人**死亡； （五）作为代理人或者被代理人的法人、**非法人组织**终止。	（三）代理人死亡； （四）代理人丧失民事行为能力； （五）作为被代理人或者代理人的法人终止。
第一百七十四条 【委托代理终止的例外】被代理人死亡后，有下列情形之一的，委托代理人实施的代理行为有效： （一）代理人不知道**且不应当知道**被代理人死亡； （二）被代理人的继承人予以承认； （三）授权中明确代理权在代理事务完成时终止； （四）被代理人死亡前已经**实施**，为了被代理人的继承人的利益继续**代理**。 **作为被代理人的法人、非法人组织终止的，参照适用前款规定。**	《民通意见》 82. 被代理人死亡后有下列情况之一的，委托代理人实施的代理行为有效：（1）代理人不知道被代理人死亡的；（2）被代理人的继承人均予承认的；（3）被代理人与代理人约定到代理事项完成时代理权止的；（4）在被代理人死亡前已经进行、而在被代理人死亡后为了被代理人的继承人的利益继续完成的。
第一百七十五条 【法定代理的终止】有下列情形之一的，法定代理终止： （一）被代理人取得或者恢复完全民事行为能力； （二）代理人丧失民事行为能力； （三）代理人或者被代理人死亡； （四）**法律规定的其他情形**。	《民法通则》 第七十条 有下列情形之一的，法定代理或者指定代理终止： （一）被代理人取得或者恢复民事行为能力； （二）被代理人或者代理人死亡； （三）代理人丧失民事行为能力； （四）指定代理的人民法院或者指定单位取消指定； （五）由其他原因引起的被代理人和代理人之间的监护关系消灭。
第八章　民事责任	
第一百七十六条 【民事义务的履行和民事责任的承担】民事主体依照法律规定或者按照当事人约定，履行民事义务，承担民事责任。	《民法通则》 第一百零六条第一款 公民、法人违反合同或者不履行其他义务的，应当承担民事责任。
第一百七十七条 【按份责任】二人以上依法承担按份责任，能够确定责任大小的，各自承担相应的责任；难以确定责任大小的，平均承担责任。	《侵权责任法》 第十二条 二人以上分别实施侵权行为造成同一损害，能够确定责任大小的，各自承担相应的责任；难以确定责任大小的，平均承担赔偿责任。

(续表)

《民法典》总则编条文	编纂对象
第一百七十八条 【连带责任】二人以上依法承担连带责任的,**权利人**有权请求部分或者全部连带责任人承担责任。 连带责任人的**责任份额**根据各自责任大小确定;难以确定责任大小的,平均承担责任。**实际承担责任超过自己责任份额的**连带责任人,有权向其他连带责任人追偿。 **连带责任,由法律规定或者当事人约定。**	《侵权责任法》 第十三条 法律规定承担连带责任的,**被侵权人**有权请求部分或者全部连带责任人承担责任。 第十四条 连带责任人根据各自责任大小确定相应的赔偿数额;难以确定责任大小的,平均承担赔偿责任。 支付超出自己赔偿数额的连带责任人,有权向其他连带责任人追偿。
第一百七十九条 【民事责任的承担方式】承担民事责任的方式主要有: (一)停止侵害; (二)排除妨碍; (三)消除危险; (四)返还财产; (五)恢复原状; (六)修理、重作、更换; **(七)继续履行;** (八)赔偿损失; (九)支付违约金; (十)消除影响、恢复名誉; (十一)赔礼道歉。 **法律规定惩罚性赔偿的,依照其规定。** **本条规定的**承担民事责任的方式,可以单独适用,也可以合并适用。	《民法通则》 第一百三十四条 承担民事责任的方式主要有: (一)停止侵害; (二)排除妨碍; (三)消除危险; (四)返还财产; (五)恢复原状; (六)修理、重作、更换; (七)赔偿损失; (八)支付违约金; (九)消除影响、恢复名誉; (十)赔礼道歉。 以上承担民事责任的方式,可以单独适用,也可以合并适用。 人民法院审理民事案件,除适用上述规定外,还可以予以训诫、责令具结悔过、收缴进行非法活动的财物和非法所得,并可以依照法律规定处以罚款、拘留。
第一百八十条 【不可抗力】因不可抗力不能履行民事义务的,不承担民事责任。法律另有规定的,**依照其规定**。 不可抗力是不能预见、不能避免**且**不能克服的客观情况。	《民法通则》 第一百零七条 因不可抗力不能履行合同或者造成他人损害的,不承担民事责任,法律另有规定的除外。 第一百五十三条 本法所称的"不可抗力",是指不能预见、不能避免并不能克服的客观情况。
第一百八十一条 【正当防卫】因正当防卫造成损害的,不承担民事责任。 正当防卫超过必要的限度,造成不应有的损害的,**正当防卫人**应当承担适当的民事责任。	《民法通则》 第一百二十八条 因正当防卫造成损害的,不承担民事责任。正当防卫超过必要的限度,造成不应有的损害的,应当承担适当的民事责任。

(续表)

《民法典》总则编条文	编纂对象
第一百八十二条 【紧急避险】因紧急避险造成损害的,由引起险情发生的人承担民事责任。 危险由自然原因引起的,紧急避险人不承担民事责任,**可以给予适当补偿**。 紧急避险采取措施不当或者超过必要的限度,造成不应有的损害的,紧急避险人应当承担适当的民事责任。	《民法通则》 第一百二十九条 因紧急避险造成损害的,由引起险情发生的人承担民事责任。如果危险是由自然原因引起的,紧急避险人不承担民事责任或者承担适当的民事责任。因紧急避险采取措施不当或者超过必要的限度,造成不应有的损害的,紧急避险人应当承担适当的民事责任。
第一百八十三条 【见义勇为的侵权责任和补偿责任】因保护他人民事权益使自己受到损害的,由侵权人承担民事责任,受益人可以给予适当补偿。**没有侵权人、侵权人逃逸或者无力承担民事责任,受害人请求补偿的,受益人应当给予适当补偿**。	《民法通则》 第一百零九条 因防止、制止国家的、集体的财产或者他人的财产、人身遭受侵害而使自己受到损害的,由侵害人承担赔偿责任,受益人也可以给予适当的补偿。
第一百八十四条 【紧急救助的责任豁免】因自愿实施紧急救助行为造成受助人损害的,救助人不承担民事责任。	(新增条文)
第一百八十五条 【英雄烈士人格利益的保护】侵害英雄烈士等的姓名、肖像、名誉、荣誉,**损害社会公共利益的**,应当承担民事责任。	《精神损害赔偿司法解释》(2001) 第三条 自然人死亡后,其近亲属因下列侵权行为遭受精神痛苦,向人民法院起诉请求赔偿精神损害的,人民法院应当依法予以受理: (一)以侮辱、诽谤、贬损、丑化或者违反社会公共利益、社会公德的其他方式,侵害死者姓名、肖像、名誉、荣誉; (二)非法披露、利用死者隐私,或者以违反社会公共利益、社会公德的其他方式侵害死者隐私; (三)非法利用、损害遗体、遗骨,或者以违反社会公共利益、社会公德的其他方式侵害遗体、遗骨。
第一百八十六条 【违约责任与侵权责任的竞合】因当事人一方的违约行为,损害对方人身**权益**、财产权益的,受损害方有权选择请求其承担违约责任或者侵权责任。	《合同法》 第一百二十二条 因当事人一方的违约行为,侵害对方人身、财产权益的,受损害方有权选择依照本法要求其承担违约责任或者依照其他法律要求其承担侵权责任。
第一百八十七条 【民事责任优先】民事主体因同一行为应当承担**民事责任**、行政责任和刑事责任的,**承担行政责任或者刑事责任**不影响承担民事责任;民事主体的财产不足以支付的,**优先**用于承担民事责任。	《侵权责任法》 第四条 侵权人因同一行为应当承担行政责任或者刑事责任的,不影响依法承担侵权责任。 因同一行为应当承担侵权责任和行政责任、刑事责任,侵权人的财产不足以支付的,先承担侵权责任。

(续表)

《民法典》总则编条文	编纂对象
第九章　诉讼时效	
第一百八十八条　【普通诉讼时效】向人民法院请求保护民事权利的诉讼时效期间为三年。法律另有规定的，依照其规定。 诉讼时效期间自权利人知道或者应当知道权利受到损害以及义务人之日起计算。法律另有规定的，依照其规定。但是，自权利受到损害之日起超过二十年的，人民法院不予保护，有特殊情况的，人民法院可以根据权利人的申请决定延长。	《民法通则》 　　第一百三十五条　向人民法院请求保护民事权利的诉讼时效期间为二年，法律另有规定的除外。 　　第一百三十七条　诉讼时效期间从知道或者应当知道权利被侵害时起计算。但是，从权利被侵害之日起超过二十年的，人民法院不予保护。有特殊情况的，人民法院可以延长诉讼时效期间。 　　第一百四十一条　法律对诉讼时效另有规定的，依照法律规定。
第一百八十九条　【分期履行债务诉讼时效的起算】当事人约定同一债务分期履行的，诉讼时效期间自最后一期履行期限届满之日起计算。	《民事案件诉讼时效规定》(2008) 　　第五条　当事人约定同一债务分期履行的，诉讼时效期间从最后一期履行期限届满之日起计算。
第一百九十条　【对法定代理人请求权诉讼时效的起算】无民事行为能力人或者限制民事行为能力人对其法定代理人的请求权的诉讼时效期间，自该法定代理终止之日起计算。	（新增条文）
第一百九十一条　【未成年人遭受性侵害的损害赔偿诉讼时效的起算】未成年人遭受性侵害的损害赔偿请求权的诉讼时效期间，自受害人年满十八周岁之日起计算。	（新增条文）
第一百九十二条　【诉讼时效届满的法律后果】诉讼时效期间届满的，义务人可以提出不履行义务的抗辩。 诉讼时效期间届满后，义务人同意履行的，不得以诉讼时效期间届满为由抗辩；义务人已经自愿履行的，不得请求返还。	《民法通则》 　　第一百三十八条　超过诉讼时效期间，当事人自愿履行的，不受诉讼时效限制。
第一百九十三条　【诉讼时效援引的当事人主义】人民法院不得主动适用诉讼时效的规定。	《民事案件诉讼时效规定》(2008) 　　第三条　当事人未提出诉讼时效抗辩，人民法院不应对诉讼时效问题进行释明及主动适用诉讼时效的规定进行裁判。
第一百九十四条　【诉讼时效的中止】在诉讼时效期间的最后六个月内，因下列障碍，不能行使请求权的，诉讼时效中止： （一）不可抗力；	《民法通则》 　　第一百三十九条　在诉讼时效期间的最后六个月内，因不可抗力或者其他障碍不能行使请求权的，诉讼时效中止。从中止时

(续表)

《民法典》总则编条文	编纂对象
（二）无民事行为能力人或者限制民事行为能力人没有法定代理人，或者法定代理人死亡、丧失民事行为能力、丧失代理权； （三）继承开始后未确定继承人或者遗产管理人； （四）权利人被义务人或者其他人控制； （五）其他导致权利人不能行使请求权的障碍。 自中止时效的原因消除之日起满六个月，诉讼时效期间届满。	效的原因消除之日起，诉讼时效期间继续计算。 《民事案件诉讼时效规定》(2008) 第二十条 有下列情形之一的，应当认定为民法通则第一百三十九条规定的"其他障碍"，诉讼时效中止： （一）权利被侵害的无民事行为能力人、限制民事行为能力人没有法定代理人，或者法定代理人死亡、丧失代理权、丧失行为能力； （二）继承开始后未确定继承人或者遗产管理人； （三）权利人被义务人或者其他人控制无法主张权利； （四）其他导致权利人不能主张权利的客观情形。
第一百九十五条 【诉讼时效的中断】有下列情形之一的，诉讼时效中断，从中断、有关程序终结时起，诉讼时效期间重新计算： （一）权利人向义务人提出履行请求； （二）义务人同意履行义务； （三）权利人提起诉讼或者申请仲裁； （四）与提起诉讼或者申请仲裁具有同等效力的其他情形。	《民法通则》 第一百四十条 诉讼时效因提起诉讼、当事人一方提出要求或者同意履行义务而中断。从中断时起，诉讼时效期间重新计算。
第一百九十六条 【不适用诉讼时效的请求权】下列请求权不适用诉讼时效的规定： （一）请求停止侵害、排除妨碍、消除危险； （二）不动产物权和登记的动产物权的权利人请求返还财产； （三）请求支付抚养费、赡养费或者扶养费； （四）依法不适用诉讼时效的其他请求权。	（新增条文）
第一百九十七条 【诉讼时效法定】诉讼时效的期间、计算方法以及中止、中断的事由由法律规定，当事人约定无效。 当事人对诉讼时效利益的预先放弃无效。	《民事案件诉讼时效规定》(2008) 第二条 当事人违反法律规定，约定延长或者缩短诉讼时效期间、预先放弃诉讼时效利益的，人民法院不予认可。

(续表)

《民法典》总则编条文	编纂对象
第一百九十八条 【仲裁时效的准用】法律对仲裁时效有规定的,依照其规定;没有规定的,适用诉讼时效的规定。	《仲裁法》 第七十四条 法律对仲裁时效有规定的,适用该规定。法律对仲裁时效没有规定的,适用诉讼时效的规定。
第一百九十九条 【除斥期间】法律规定或者当事人约定的撤销权、解除权等权利的存续期间,除法律另有规定外,自权利人知道或者应当知道权利产生之日起计算,不适用有关诉讼时效中止、中断和延长的规定。存续期间届满,撤销权、解除权等权利消灭。	《合同法》 第九十五条 法律规定或者当事人约定解除权行使期限,期限届满当事人不行使的,该权利消灭。 法律没有规定或者当事人没有约定解除权行使期限,经对方催告后在合理期限内不行使的,该权利消灭。
第十章 期间计算	
第二百条 【期间的计算单位】民法所称的期间按照公历年、月、日、小时计算。 第二百零一条 【期间的起算】按照年、月、日计算期间的,开始的当日不计入,自下一日开始计算。 按照小时计算期间的,自法律规定或者当事人约定的时间开始计算。 第二百零三条 【期间计算的特殊规定】期间的最后一日是法定休假日的,以法定休假日结束的次日为期间的最后一日。 期间的最后一日的截止时间为二十四时;有业务时间的,停止业务活动的时间为截止时间。	《民法通则》 第一百五十四条 民法所称的期间按照公历年、月、日、小时计算。 规定按照小时计算期间的,从规定时开始计算。规定按照日、月、年计算期间的,开始的当天不算入,从下一天开始计算。 期间的最后一天是星期日或者其他法定休假日的,以休假日的次日为期间的最后一天。 期间的最后一天的截止时间为二十四点。有业务时间的,到停止业务活动的时间截止。
第二百零二条 【期间到期日的确定】按照年、月计算期间的,到期月的对应日为期间的最后一日;没有对应日的,月末日为期间的最后一日。	《民通意见》 198. 当事人约定的期间不是以月、年第一天起算的,一个月为三十日,一年为三百六十五日。 期间的最后一天是星期日或者其他法定休假日,而星期日或者其他法定休假日有变通的,以实际休假日的次日为期间的最后一天。
第二百零四条 【期间计算方法的例外】期间的计算方法依照本法的规定,但是法律另有规定或者当事人另有约定的除外。	(新增条文)

第二部分　《民法典》总则编条文对照、条文释义和关联法规

第一章　基本规定

第一条　【立法目的】①

为了保护民事主体的合法权益,调整民事关系,维护社会和经济秩序,适应中国特色社会主义发展要求,弘扬社会主义核心价值观,根据宪法,制定本法。

【条文对照】②

《民法典》总则编	《民法通则》
第一条　为了**保护民事主体**的合法权益,调整民事关系,**维护社会和经济秩序**,适应<u>中国特色</u>社会主义发展要求,<u>弘扬社会主义核心价值观</u>,根据宪法,制定本法。	**第一条**　为了~~保障公民、法人~~的合法<u>的民事</u>权益,<u>正确</u>调整民事关系,适应社会主义<u>现代化建设事业</u>发展<u>的需要</u>,根据宪法~~和我国实际情况,总结民事活动的实践经验~~,制定本法。

【条文释义】

本条作为《民法典》总则编的立法目的条款,包括如下几个方面的内容：

第一,确立了民事主体的概念。《民法典》总则编规定的民事主体类型较之《民法通则》有所增加,除了自然人和法人之外还包括其他非法人组织,甚至胎儿在特殊情况下也可以作为民事主体,因此本条使用民事主体这一概念更为准确。

第二,确立了我国民法的立法本位。"为了保护民事主体的合法权益"强调对民事主体合法权益的保护,体现的是我国民法的权利本位;"调整民事关系,维护社会和经济秩序,适应中国特色社会主义发展要求"兼顾了不特定第三人权益、社会秩序和公共利益,体现的是我国民法的社会本位。因此,我国民法的立法本位是以权利本位为主、社会本位为辅。

---

① 条文主旨为编者所加,下同。
② 此部分表格中左栏黑体部分为增加的内容,右栏删除线部分为删除的内容,两栏下划线部分为修改的内容,下同。

第三，确定了我国民法的基本价值取向。社会主义核心价值观的内涵十分丰富，包括富强、民主、文明、和谐、自由、平等、公正、法治、爱国、敬业、诚信、友善12个方面的内容，涉及公法和私法的内容。《民法典》总则编的立法目的条文强调"弘扬社会主义核心价值观"，在功能上能够通过第4条到第9条的基本原则，统摄总则编和分则各编具体规定的立法设计和解释适用。

第四，强调了宪法为立法依据。在2005年的《物权法（草案）》"违宪风波"中，"违宪说"的理由之一就是《物权法（草案）》未规定"根据宪法，制定本法"。其实根据《立法法》第3条的规定："立法应当遵循宪法的基本原则，以经济建设为中心，坚持社会主义道路、坚持人民民主专政、坚持中国共产党的领导、坚持马克思列宁主义毛泽东思想邓小平理论、坚持改革开放。"依据宪法制定法律是不言而喻的事情。法律中是否明确规定"依据宪法，制定本法"并不影响法律的合宪性。但由于我国大部分重要的法律都规定了类似条款，亦为了避免在未来再次引发不必要的合宪性争议，因此《民法典》总则编在立法目的条款对立法依据进行了明确。

第二条 【调整对象】

民法调整平等主体的自然人、法人和非法人组织之间的人身关系和财产关系。

【条文对照】

《民法典》总则编	《民法通则》
第二条 民法调整平等主体的自然人、法人和非法人组织之间的<u>人身关系和财产关系</u>。	第二条 中华人民共和国民法调整平等主体的公民之间、法人之间、公民和法人之间的财产关系和<u>人身关系</u>。

【条文释义】

本条规定了民法的调整对象。本条包含两层含义：

第一，民法调整两种社会关系，即人身关系和财产关系。人身关系，是指民事主体之间基于人格和身份形成的无直接物质利益因素的民事法律关系，包括人格关系和身份关系。财产关系，是指民事主体之间基于物质利益而形成的民事法律关系。梁慧星教授主张，人格权是存在于主体自身的权利，不是存在于人与人之间的权利；只有人格权受侵害时才涉及主体与他人之间的关系，但此种关系为侵权责任关系，性质上属于债权关系，并不存在所谓的"人格权关系"。因此人身关系仅指身份关系。实际上，人格权作为一种对世权，任何人都负有不得侵犯这种权利的义务。当人格权被侵犯时，侵权人即须承担侵权责任，亦即债权关系。但此处的债权关系并不等同于财产关系。因为除了赔偿损失,我国民事责任的承担方式还包括停止侵害、排除妨碍、消除影响、恢复名誉以及赔礼道歉等。若我国民法仅调整身份关系和财产关系,则并不能反映出人格权的对世权内涵,亦不能完整反映出人格权侵权中责任承担方式的多样性,存在重大遗漏。因此,人身关系应指人格关系与身份关系。

第二,民法调整的是"平等"主体之间的关系,体现其私法本质。平等主体包括自然人、法人和非法人组织。相较于《民法通则》,《民法典》总则编除了增加非法人组织作为新的民事主体类型,还将《民法通则》中的"公民"改为"自然人",更符合民法的私法精神和国外的通行做法。

【关联法规】

《民法典》合同编

第四百六十四条　合同是民事主体之间设立、变更、终止民事法律关系的协议。

婚姻、收养、监护等有关身份关系的协议,适用有关该身份关系的法律规定;没有规定的,可以根据其性质参照适用本编规定。

《民事诉讼法》

第三条　人民法院受理公民之间、法人之间、其他组织之间以及他们相互之间因财产关系和人身关系提起的民事诉讼,适用本法的规定。

《民法典时间效力司法解释》

第一条　民法典施行后的法律事实引起的民事纠纷案件,适用民法典的规定。

民法典施行前的法律事实引起的民事纠纷案件,适用当时的法律、司法解释的规定,但是法律、司法解释另有规定的除外。

民法典施行前的法律事实持续至民法典施行后,该法律事实引起的民事纠纷案件,适用民法典的规定,但是法律、司法解释另有规定的除外。

第二条　民法典施行前的法律事实引起的民事纠纷案件,当时的法律、司法解释有规定,适用当时的法律、司法解释的规定,但是适用民法典的规定更有利于保护民事主体合法权益,更有利于维护社会和经济秩序,更有利于弘扬社会主义核心价值观的除外。

第三条　民法典施行前的法律事实引起的民事纠纷案件,当时的法律、司法解释没有规定而民法典有规定的,可以适用民法典的规定,但是明显减损当事人合法权益、增加当事人法定义务或者背离当事人合理预期的除外。

第四条　民法典施行前的法律事实引起的民事纠纷案件,当时的法律、司法解释仅有原则性规定而民法典有具体规定的,适用当时的法律、司法解释的规定,但是可以依据民法典具体规定进行裁判说理。

第五条 民法典施行前已经终审的案件,当事人申请再审或者按照审判监督程序决定再审的,不适用民法典的规定。

第二十八条 本规定自2021年1月1日起施行。

本规定施行后,人民法院尚未审结的一审、二审案件适用本规定。

《票据纠纷案件规定》

第六十二条 人民法院审理票据纠纷案件,适用票据法的规定;票据法没有规定的,适用《中华人民共和国民法典》等法律以及国务院制定的行政法规。

中国人民银行制定并公布施行的有关行政规章与法律、行政法规不抵触的,可以参照适用。

《最高人民法院关于军队离退休干部腾退军产房纠纷法院是否受理的复函》

天津市高级人民法院:

你院津高法〔1990〕68号《关于中国人民解放军某部队诉林学华等五人军产腾房案是否受理的请示报告》收悉。经研究认为,因军队离退休干部安置、腾迁、对换住房等而发生的纠纷,属于军队离退休干部转由地方安置管理工作中的遗留问题,由军队和地方政府通过行政手段解决为妥。故我们同意你院审判委员会的倾向性意见,即此类纠纷人民法院不宜受理。

《最高人民法院民事审判庭关于翟忠元与巴彦淖尔盟运输公司宅基地纠纷案的电话答复》

内蒙古自治区高级法院:

你院请示的翟忠元与巴彦淖尔盟运输公司宅基地纠纷一案,经研究并征求有关部门意见,提出如下处理意见:

首先,要理顺本案的法律关系,把民事法律关系和行政法律关系分开,把已经能够形成诉讼的民事关系和尚未形成诉讼的民事关系分开。其次,目前第二审只宜判决:①双方争议宅基地归盟运输公司使用;②翟忠元赔偿损坏运输公司厕所、油库等设施的维修费五十元;③撤销第一审其他判决内容。再次,告知第一审法院、运输公司、翟忠元、临河城建局、临河供电局:①征地拆迁问题,按国家征地拆迁法规由有关部门处理,对于处理决定不服依法可以起诉的,法院可立案受理;②房屋买卖尚未涉及诉讼,法院可不处理;③临河城建局工作失误造成运输公司、翟忠元的损失,由受损失人向上级城建部门申请解决,对于上级主管部门处理决定不服,依法可以向人民法院提起行政诉讼的,由行政审判庭受理。

第三条　【合法权益受法律保护原则】

民事主体的人身权利、财产权利以及其他合法权益受法律保护,任何组织或者个人不得侵犯。

【条文对照】

《民法典》总则编	《民法通则》
第三条　民事主体的人身权利、财产权利以及其他合法权益受法律保护,任何组织或者个人不得侵犯。	第五条　公民、法人的合法的民事权益受法律保护,任何组织和个人不得侵犯。

【条文释义】

本条规定了类似传统民法的私权神圣原则。民法对民事权益的保护是宪法上公民基本权利保护的具体化,不仅保护民事权益免受其他平等主体的侵害,还保护民事权益免受国家公权力机关的侵害。

凡是非法侵犯民事主体合法权益的,都构成侵权责任。民法对合法民事权益提供了作为事前防御性保护的排除妨害请求权、防止妨害请求权等以及作为事后救济性保护的损害赔偿请求权。合法民事权益受保护原则最初规定在《民法总则(草案)》第9条中,立法机关最终决定将其规定在第3条,是为了突出强调民事权利及其他合法权益受法律保护的基本精神和重要地位,实现统领整部民法典和各民商事特别法的作用。

本条将《民法通则》第5条规定的"民事权益"细化为"人身权利""财产权利"和"其他合法权益",强调其他合法权益区别于人身权利和财产权利的独立性,更加有利于对这些民法并未列明但却有必要予以保护的合法权益的保护。胎儿利益、死者人格利益、物权法上的占有利益、侵权法上的纯粹经济利益等都是当前法律认可并予以保护的利益形态。

【关联法规】

《宪法》

第八条　农村集体经济组织实行家庭承包经营为基础、统分结合的双层经营体制。农村中的生产、供销、信用、消费等各种形式的合作经济,是社会主义劳动群众集体所有制经济。参加农村集体经济组织的劳动者,有权在法律规定的范围内经营自留地、自留山、家庭副业和饲养自留畜。

城镇中的手工业、工业、建筑业、运输业、商业、服务业等行业的各种形式的合作经济,都是社会主义劳动群众集体所有制经济。

国家保护城乡集体经济组织的合法的权利和利益,鼓励、指导和帮助集体经济的发展。

第十一条 在法律规定范围内的个体经济、私营经济等非公有制经济,是社会主义市场经济的重要组成部分。

国家保护个体经济、私营经济等非公有制经济的合法的权利和利益。国家鼓励、支持和引导非公有制经济的发展,并对非公有制经济依法实行监督和管理。

第十三条 公民的合法的私有财产不受侵犯。

国家依照法律规定保护公民的私有财产权和继承权。

国家为了公共利益的需要,可以依照法律规定对公民的私有财产实行征收或者征用并给予补偿。

《民法典》总则编

第一百零九条 自然人的人身自由、人格尊严受法律保护。

第一百一十一条 自然人的个人信息受法律保护。任何组织或者个人需要获取他人个人信息的,应当依法取得并确保信息安全,不得非法收集、使用、加工、传输他人个人信息,不得非法买卖、提供或者公开他人个人信息。

第一百一十二条 自然人因婚姻家庭关系等产生的人身权利受法律保护。

第一百一十三条 民事主体的财产权利受法律平等保护。

第一百二十七条 法律对数据、网络虚拟财产的保护有规定的,依照其规定。

第一百二十八条 法律对未成年人、老年人、残疾人、妇女、消费者等的民事权利保护有特别规定的,依照其规定。

《民法典》物权编

第二百零七条 国家、集体、私人的物权和其他权利人的物权受法律平等保护,任何组织或者个人不得侵犯。

《民法典》合同编

第四百六十五条 依法成立的合同,受法律保护。

依法成立的合同,仅对当事人具有法律约束力,但是法律另有规定的除外。

第四条【平等原则】

民事主体在民事活动中的法律地位一律平等。

【条文对照】

《民法典》总则编	《民法通则》
第四条　民事主体在民事活动中的**法律地位一律平等**。	第三条　**当事人**在民事活动中的地位平等。

【条文释义】

平等原则作为民法的基本原则之一,渗透于整部民法中,是民法的基础,也是"公民在法律面前一律平等"的宪法原则在民法中的具体化。平等原则的含义是指,参加民事活动的民事主体,无论是自然人还是法人,无论其所有制性质如何,无论其经济实力强弱,无论性别、民族、年龄等自然特征有何差别,其在法律地位上一律平等,任何一方不得将自己的意志强加给对方,除法律对劳动者、消费者等特殊群体提供特别保护外,法律对参加民事活动的主体双方提供平等的保护。

值得强调的是,平等原则要求的并非经济地位或经济实力的平等,而专指法律地位的平等。而且,只有实现了民事主体之间法律地位的平等性,才能保证民事主体参与民事活动的自愿性,保证民事主体能够自主决定民事活动的权利义务内容,从而实现真正的意思自治。

【关联法规】

《宪法》

第三十三条　凡具有中华人民共和国国籍的人都是中华人民共和国公民。

中华人民共和国公民在法律面前一律平等。

国家尊重和保障人权。

任何公民享有宪法和法律规定的权利,同时必须履行宪法和法律规定的义务。

《民法典》总则编

第十四条　自然人的民事权利能力一律平等。

第一百一十三条　民事主体的财产权利受法律平等保护。

《民法典》物权编

第二百零六条　国家坚持和完善公有制为主体、多种所有制经济共同发展,按劳分配为主体、多种分配方式并存,社会主义市场经济体制等社会主义基本经济制度。

国家巩固和发展公有制经济,鼓励、支持和引导非公有制经济的发展。

国家实行社会主义市场经济,保障一切市场主体的平等法律地位和发展权利。

《民法典》婚姻家庭编

第一千零四十一条　婚姻家庭受国家保护。

实行婚姻自由、一夫一妻、男女平等的婚姻制度。

保护妇女、未成年人、老年人、残疾人的合法权益。

《民法典》继承编

第一千一百二十六条　继承权男女平等。

《证券法》

第三条　证券的发行、交易活动,必须遵循公开、公平、公正的原则。

《义务教育法》

第四条　凡具有中华人民共和国国籍的适龄儿童、少年,不分性别、民族、种族、家庭财产状况、宗教信仰等,依法享有平等接受义务教育的权利,并履行接受义务教育的义务。

第二十九条　教师在教育教学中应当平等对待学生,关注学生的个体差异,因材施教,促进学生的充分发展。

教师应当尊重学生的人格,不得歧视学生,不得对学生实施体罚、变相体罚或者其他侮辱人格尊严的行为,不得侵犯学生合法权益。

《妇女权益保障法》

第二条　妇女在政治的、经济的、文化的、社会的和家庭的生活等各方面享有同男子平等的权利。

实行男女平等是国家的基本国策。国家采取必要措施,逐步完善保障妇女权益的各项制度,消除对妇女一切形式的歧视。

国家保护妇女依法享有的特殊权益。

禁止歧视、虐待、遗弃、残害妇女。

第三十条　国家保障妇女享有与男子平等的财产权利。

第三十二条　妇女在农村土地承包经营、集体经济组织收益分配、土地征收或者征用补偿费使用以及宅基地使用等方面,享有与男子平等的权利。

第三十四条　妇女享有的与男子平等的财产继承权受法律保护。在同一顺序法定继承人中,不得歧视妇女。

丧偶妇女有权处分继承的财产,任何人不得干涉。

第三十六条　国家保障妇女享有与男子平等的人身权利。

第四十三条　国家保障妇女享有与男子平等的婚姻家庭权利。

第四十七条　妇女对依照法律规定的夫妻共同财产享有与其配偶平等的占有、使用、收益和处分的权利,不受双方收入状况的影响。

夫妻书面约定婚姻关系存续期间所得的财产归各自所有，女方因抚育子女、照料老人、协助男方工作等承担较多义务的，有权在离婚时要求男方予以补偿。

第四十九条　父母双方对未成年子女享有平等的监护权。

父亲死亡、丧失行为能力或者有其他情形不能担任未成年子女的监护人的，母亲的监护权任何人不得干涉。

《消费者权益保护法》

第四条　经营者与消费者进行交易，应当遵循自愿、平等、公平、诚实信用的原则。

《合伙企业法》

第五条　订立合伙协议、设立合伙企业，应当遵循自愿、平等、公平、诚实信用原则。

《1958年消除就业和职业歧视公约》

第一条

一、就本公约而言，"歧视"一词包括：

（一）基于种族、肤色、性别、宗教、政治见解、民族血统或社会出身等原因，具有取消或损害就业或职业机会均等或待遇平等作用的任何区别、排斥或优惠；

（二）有关会员国经与有代表性的雇主组织和工人组织（如存在此种组织）以及其他适当机构协商后可能确定的、具有取消或损害就业或职业机会均等或待遇平等作用的其他此种区别、排斥或优惠。

二、对一项特定职业基于其内在需要的任何区别、排斥或优惠不应视为歧视。

三、就本公约而言，"就业"和"职业"二词所指包括获得职业培训、获得就业和特定职业，以及就业条款和条件。

第二条

凡本公约生效的会员国，承诺宣布和遵循一项旨在以符合国家条件和惯例的方法促进就业和职业机会均等和待遇平等的国家政策，以消除这方面的任何歧视。

第五条　【意思自治原则】

民事主体从事民事活动，应当遵循自愿原则，按照自己的意思设立、变更、终止民事法律关系。

【条文对照】

《民法典》总则编	《民法通则》
第五条　民事主体从事民事活动,应当遵循自愿原则,按照自己的意思设立、变更、终止民事法律关系。	第四条　民事活动应当遵循<u>自愿</u>、公平、<u>等价有偿、诚实信用</u>的原则。

【条文释义】

　　我国的立法,从来没有明确采用过"意思自治原则"的表述。但意思自治原则是民法的核心,是私法的本质所在;如果没有了意思自治,民法也就难以称为民法,难以与公法作出区分。然而,由于《民法通则》以及其他民商事单行法规定的都是自愿原则,广大人民群众已普遍接受自愿原则的表达,因此立法机关最后还是采用了"自愿原则"的用法来表达"意思自治原则"。

　　意思自治原则的价值基础在于人格自主和自我决定,是宪法中的自由权在民法中的具体体现。其基本含义是指,民事主体可以按照自己的意思自主决定自己的权利义务,包括设立、变更和终止民事权利义务关系。意思自治原则在债权法中表现为契约自由原则,在合同法中占据极为重要的地位,是债权法尤其是合同法的基本原则。

　　意思自治原则包括如下内涵:民事主体有权自愿从事民事活动;民事主体有权自主决定民事法律关系的内容;民事主体有权自主决定民事法律关系的变动;民事主体应自觉承担相应的法律后果。

　　平等是意思自治的基础和前提。当事人之间不具有平等地位的话,意思自治将无从实现。《民法典》总则编在第4条规定了作为民法前提的平等原则后,随即在第5条规定了作为民法核心的意思自治原则,体现了严谨的逻辑关系。

【关联法规】

《民法典》婚姻家庭编

　　第一千零四十六条　结婚应当男女双方完全自愿,禁止任何一方对另一方加以强迫,禁止任何组织或者个人加以干涉。

《证券法》

　　第四条　证券发行、交易活动的当事人具有平等的法律地位,应当遵守自愿、有偿、诚实信用的原则。

《反不正当竞争法》

　　第二条　经营者在生产经营活动中,应当遵循自愿、平等、公平、诚信的原则,遵守法律和商业道德。

本法所称的不正当竞争行为,是指经营者在生产经营活动中,违反本法规定,扰乱市场竞争秩序,损害其他经营者或者消费者的合法权益的行为。

本法所称的经营者,是指从事商品生产、经营或者提供服务(以下所称商品包括服务)的自然人、法人和非法人组织。

《对外贸易法》

第四条 国家实行统一的对外贸易制度,鼓励发展对外贸易,维护公平、自由的对外贸易秩序。

第六条 【公平原则】

民事主体从事民事活动,应当遵循公平原则,合理确定各方的权利和义务。

【条文对照】

《民法典》总则编	《民法通则》《合同法》
第六条 民事主体从事民事活动,应当遵循公平原则,合理确定各方的权利和义务。	《民法通则》 第四条 民事活动应当遵循自愿、公平、等价有偿、诚实信用的原则。 《合同法》 第五条 当事人应当遵循公平原则确定各方的权利和义务。

【条文释义】

公平原则,是指民事主体应以社会公认的公平观念实施民事法律行为,合理设定民事权利义务,实现民事主体之间的利益均衡,并依法承担相应的民事责任。此处的"公平"是指实质平等、结果平等,而非形式上平等,否则无法将公平原则与平等原则作出明确区分。

公平原则目前在我国民法中主要适用于合同法和侵权法领域。在合同法领域,公平原则要求民事主体享有的权利和承担的义务具有对应性,不得显失公平,不得出现民事主体之间的权利义务严重失衡的情况。在侵权法领域,公平原则要求在受害人和行为人对损害的发生都没有过错时,双方合理分担责任。

需要注意的是,民法以追求形式公平为原则,以追求实质公平为例外。因此追求实质公平的公平原则的适用,必须在显失公平、公平分担损失等法律明确规定的情况下才能适用。在法律明确规定之外,滥用公平原则,会造成对法律体系的破坏。

【关联法规】

《民法典》合同编

第四百九十六条 格式条款是当事人为了重复使用而预先拟定,并在订立合同时未与对方协商的条款。

采用格式条款订立合同的,提供格式条款的一方应当遵循公平原则确定当事人之间的权利和义务,并采取合理的方式提示对方注意免除或者减轻其责任等与对方有重大利害关系的条款,按照对方的要求,对该条款予以说明。提供格式条款的一方未履行提示或者说明义务,致使对方没有注意或者理解与其有重大利害关系的条款的,对方可以主张该条款不成为合同的内容。

《民法典》侵权责任编

第一千一百八十六条　受害人和行为人对损害的发生都没有过错的,依照法律的规定由双方分担损失。

《证券法》

第三条　证券的发行、交易活动,必须遵循公开、公平、公正的原则。

《公司法》

第一百二十六条　股份的发行,实行公平、公正的原则,同种类的每一股份应当具有同等权利。

同次发行的同种类股票,每股的发行条件和价格应当相同;任何单位或者个人所认购的股份,每股应当支付相同价额。

《拍卖法》

第四条　拍卖活动应当遵守有关法律、行政法规,遵循公开、公平、公正、诚实信用的原则。

第七条　【诚实信用原则】

民事主体从事民事活动,应当遵循诚信原则,秉持诚实,恪守承诺。

【条文对照】

《民法典》总则编	《民法通则》《合同法》
第七条　民事主体从事民事活动,应当遵循诚信原则,秉持诚实,恪守承诺。	《民法通则》 　第四条　民事活动应当遵循自愿、公平、等价有偿、诚实信用的原则。 《合同法》 　第六条　当事人行使权利、履行义务应当遵循诚实信用原则。

【条文释义】

诚实信用原则,简称诚信原则,是指民事主体在行使民事权利、履行民事义务时,应该诚实、善意、信守承诺。诚实信用原则是民法外价值进入民法从而对民事活动予以调整的重要通道性条款,不但在补充法律漏洞和法律解释上具有指导作用,而且还具有补充当事人约定不明确或疏漏的作用,常被认为是民法的"帝王条款"。

需要强调的是,诚实信用原则仅仅规范权利如何行使,是权利行使的界限,其并不否定权利的效力。权利的行使违反诚实信用原则的后果,是权利的行使不产生相应的法律效果,但产生权利的法律行为效力不受影响;在权利的行使方式调整为符合诚实信用原则后,该权利仍可继续行使。若权利的行使以损害他人为主要目的,当然违反诚实信用原则,并构成权利滥用。因此,诚实信用原则要求在权利行使领域禁止权利的滥用。

另外,正如拉伦茨所说,诚实信用原则也并非能够涵盖民法的全部领域,而是仅适用于当事人存在特别关联之时。

【关联法规】

《民法典》合同编

第四百六十六条　当事人对合同条款的理解有争议的,应当依据本法第一百四十二条第一款的规定,确定争议条款的含义。

合同文本采用两种以上文字订立并约定具有同等效力的,对各文本使用的词句推定具有相同含义。各文本使用的词句不一致的,应当根据合同的相关条款、性质、目的以及诚信原则等予以解释。

第五百条　当事人在订立合同过程中有下列情形之一,造成对方损失的,应当承担赔偿责任:

(一)假借订立合同,恶意进行磋商;

(二)故意隐瞒与订立合同有关的重要事实或者提供虚假情况;

(三)有其他违背诚信原则的行为。

第五百零九条　当事人应当按照约定全面履行自己的义务。

当事人应当遵循诚信原则,根据合同的性质、目的和交易习惯履行通知、协助、保密等义务。

当事人在履行合同过程中,应当避免浪费资源、污染环境和破坏生态。

《反不正当竞争法》

第二条　经营者在生产经营活动中,应当遵循自愿、平等、公平、诚信的原则,遵守法律和商业道德。

本法所称的不正当竞争行为,是指经营者在生产经营活动中,违反本法规定,扰乱市场竞争秩序,损害其他经营者或者消费者的合法权益的行为。

本法所称的经营者,是指从事商品生产、经营或者提供服务(以下所称商品包括服务)的自然人、法人和非法人组织。

《拍卖法》

第四条　拍卖活动应当遵守有关法律、行政法规,遵循公开、公平、公正、诚实信用的原则。

《保障中小企业款项支付条例》

第六条　机关、事业单位和大型企业不得要求中小企业接受不合理的付款期限、方式、条件和违约责任等交易条件,不得违约拖欠中小企业的货物、工程、服务款项。

中小企业应当依法经营,诚实守信,按照合同约定提供合格的货物、工程和服务。

《最高人民法院民事审判第三庭关于转发〔2004〕民三他字第10号函的通知》

二、对违反诚实信用原则,使用与他人注册商标中的文字相同或者近似的企业字号,足以使相关公众对其商品或者服务的来源产生混淆的,根据当事人的诉讼请求,可以依照民法通则有关规定以及反不正当竞争法第二条第一、二款规定,审查是否构成不正当竞争行为,追究行为人的民事责任。

第八条　【禁止违反法律和公序良俗原则】

民事主体从事民事活动,不得违反法律,不得违背公序良俗。

【条文对照】

《民法典》总则编	《民法通则》《合同法》《物权法》
第八条　民事主体从事民事活动,不得违反法律,不得违背公序良俗。	《民法通则》 第七条　民事活动应当尊重社会公德,不得损害社会公共利益,扰乱社会经济秩序。 《合同法》 第七条　当事人订立、履行合同,应当遵守法律、行政法规,尊重社会公德,不得扰乱社会经济秩序,损害社会公共利益。 《物权法》 第七条　物权的取得和行使,应当遵守法律,尊重社会公德,不得损害公共利益和他人合法权益。

【条文释义】

与诚实信用原则相同,公序良俗原则也是民法以外的价值进入民法从而对民事活动予以调整的重要通道。不同的是,诚实信用原则主要从正面补充确定民事活动的内容,而公序良俗原则主要从反面来否定民事活动的效力从而达到划定民事活动边界的作用。与诚实信用原则规范权利的行使与义务的履行不同,禁止违反法律和公序良俗原则直接规范权利或行为的效力问题,违反禁止违反法律和公序良俗原则将导致权利或行为无效。

本原则中的法律,应作限缩性解释,只能是法律的强制性规定;违反法律的任意性规定,并不影响权利或行为的效力。本原则中的公序良俗,是公共秩序和善良风俗的简称。公共秩序,又称社会公共利益,是指与国家和社会整体利益相关的政治、经济、文化等领域的基本秩序和根本理念,这种基本秩序和根本理念往往体现在宪法的基本权利价值体系中;善良风俗,又称社会公共道德,是指全体社会成员所普遍认可、遵守的道德准则。

由于人类理性的局限性,立法机关不可能预见到所有损害社会公共利益、违反社会公共道德的行为,从而作出详尽的禁止性规定。因此,公序良俗原则作为一种高度抽象、弹性的准则,可以起到弥补制定法不足的重要作用。

【关联法规】

《民法典》总则编

第十条　处理民事纠纷,应当依照法律;法律没有规定的,可以适用习惯,但是不得违背公序良俗。

《公司法》

第五条　公司从事经营活动,必须遵守法律、行政法规,遵守社会公德、商业道德,诚实守信,接受政府和社会公众的监督,承担社会责任。

公司的合法权益受法律保护,不受侵犯。

《妇女权益保障法》

第五条　国家鼓励妇女自尊、自信、自立、自强,运用法律维护自身合法权益。

妇女应当遵守国家法律,尊重社会公德,履行法律所规定的义务。

《保险法》

第四条　从事保险活动必须遵守法律、行政法规,尊重社会公德,不得损害社会公共利益。

第九条　【生态文明原则】

民事主体从事民事活动,应当有利于节约资源、保护生态环境。

【条文对照】

《民法典》总则编	《环境保护法》
第九条　民事主体从事民事活动,应当有利于节约资源、保护生态环境。	第四条　保护环境是国家的基本国策。 国家采取有利于节约和循环利用资源、保护和改善环境、促进人与自然和谐的经济、技术政策和措施,使经济社会发展与环境保护相协调。

【条文释义】

本条是《民法典》总则编回应社会发展以及社会价值变化新增加的民法基本原则,体现了立法者的绿色环保精神,《民法通则》对此并未予以规定,是民法社会化的表现。

进入21世纪以来,随着气候变化以及自然环境的恶化,倡导人与自然和谐相处,保护生态环境的意识日益高涨,节约资源、低碳发展、保护生态环境不但成为国家发展的基本方略,也成为社会公众行为的内在自觉和整个社会的共识。正是在这种背景下,本条将有利于节约资源、保护生态环境的环保要求作为民事主体从事民事活动的基本原则。这就要求民事主体在从事民事活动时,应当具有环保意识,尽量采取节省资源以及不影响生态环境的方式实施民事活动。

需要强调的是,生态环境保护原则不是裁判规范,仅能在法律解释和漏洞补充领域发挥作用。

【关联法规】

《宪法》

第九条　矿藏、水流、森林、山岭、草原、荒地、滩涂等自然资源,都属于国家所有,即全民所有;由法律规定属于集体所有的森林和山岭、草原、荒地、滩涂除外。

国家保障自然资源的合理利用,保护珍贵的动物和植物。禁止任何组织或者个人用任何手段侵占或者破坏自然资源。

《民法典》物权编

第三百四十六条　设立建设用地使用权,应当符合节约资源、保护生态环境的要求,遵守法律、行政法规关于土地用途的规定,不得损害已经设立的用益物权。

《民法典》合同编

第五百零九条　当事人应当按照约定全面履行自己的义务。

当事人应当遵循诚信原则,根据合同的性质、目的和交易习惯履行通知、协助、保密等义务。

当事人在履行合同过程中,应当避免浪费资源、污染环境和破坏生态。

第五百五十八条　债权债务终止后,当事人应当遵循诚信等原则,根据交易习惯履行通知、协助、保密、旧物回收等义务。

《民法典》侵权责任编

第一千二百二十九条　因污染环境、破坏生态造成他人损害的,侵权人应当承担侵权责任。

《森林法》

第三条　保护、培育、利用森林资源应当尊重自然、顺应自然,坚持生态优先、保护优先、保育结合、可持续发展的原则。

《土地管理法》

第三十九条　国家鼓励单位和个人按照土地利用总体规划,在保护和改善生态环境、防止水土流失和土地荒漠化的前提下,开发未利用的土地;适宜开发为农用地的,应当优先开发成农用地。

国家依法保护开发者的合法权益。

《环境噪声污染防治法》

第七条　任何单位和个人都有保护声环境的义务,并有权对造成环境噪声污染的单位和个人进行检举和控告。

《野生动物保护法》

第六条　任何组织和个人都有保护野生动物及其栖息地的义务。禁止违法猎捕野生动物、破坏野生动物栖息地。

任何组织和个人都有权向有关部门和机关举报或者控告违反本法的行为。野生动物保护主管部门和其他有关部门、机关对举报或者控告,应当及时依法处理。

《大气污染防治法》

第七条　企业事业单位和其他生产经营者应当采取有效措施,防止、减少大气污染,对所造成的损害依法承担责任。

公民应当增强大气环境保护意识,采取低碳、节俭的生活方式,自觉履行大气环境保护义务。

《节约能源法》

第九条　任何单位和个人都应当依法履行节能义务,有权检举浪费能源的行为。

新闻媒体应当宣传节能法律、法规和政策,发挥舆论监督作用。

《防沙治沙法》

第六条 使用土地的单位和个人,有防止该土地沙化的义务。

使用已经沙化的土地的单位和个人,有治理该沙化土地的义务。

《循环经济促进法》

第十条 公民应当增强节约资源和保护环境意识,合理消费,节约资源。

国家鼓励和引导公民使用节能、节水、节材和有利于保护环境的产品及再生产品,减少废物的产生量和排放量。

公民有权举报浪费资源、破坏环境的行为,有权了解政府发展循环经济的信息并提出意见和建议。

《土壤污染防治法》

第四条 任何组织和个人都有保护土壤、防止土壤污染的义务。

土地使用权人从事土地开发利用活动,企业事业单位和其他生产经营者从事生产经营活动,应当采取有效措施,防止、减少土壤污染,对所造成的土壤污染依法承担责任。

《海洋环境保护法》

第四条 一切单位和个人都有保护海洋环境的义务,并有权对污染损害海洋环境的单位和个人,以及海洋环境监督管理人员的违法失职行为进行监督和检举。

《水污染防治法》

第十一条第一款 任何单位和个人都有义务保护水环境,并有权对污染损害水环境的行为进行检举。

《固体废物污染环境防治法》

第十二条 各级人民政府对在固体废物污染环境防治工作以及相关的综合利用活动中做出显著成绩的单位和个人,按照国家有关规定给予表彰、奖励。

第三十一条第一款 任何单位和个人都有权对造成固体废物污染环境的单位和个人进行举报。

第一百条第一款 国家鼓励单位和个人购买、使用综合利用产品和可重复使用产品。

《煤炭法》

第十一条 开发利用煤炭资源,应当遵守有关环境保护的法律、法规,防治污染和其他公害,保护生态环境。

《水法》

第八条 国家厉行节约用水,大力推行节约用水措施,推广节约用水新技术、新工艺,发展节水型工业、农业和服务业,建立节水型社会。

各级人民政府应当采取措施,加强对节约用水的管理,建立节约用水技术开发推广体系,培育和发展节约用水产业。

单位和个人有节约用水的义务。

《环境保护法》

第六条 一切单位和个人都有保护环境的义务。

地方各级人民政府应当对本行政区域的环境质量负责。

企业事业单位和其他生产经营者应当防止、减少环境污染和生态破坏,对所造成的损害依法承担责任。

公民应当增强环境保护意识,采取低碳、节俭的生活方式,自觉履行环境保护义务。

《草原法》

第五条 任何单位和个人都有遵守草原法律法规、保护草原的义务,同时享有对违反草原法律法规、破坏草原的行为进行监督、检举和控告的权利。

第三十三条 草原承包经营者应当合理利用草原,不得超过草原行政主管部门核定的载畜量;草原承包经营者应当采取种植和储备饲草饲料、增加饲草饲料供应量、调剂处理牲畜、优化畜群结构、提高出栏率等措施,保持草畜平衡。

草原载畜量标准和草畜平衡管理办法由国务院草原行政主管部门规定。

第三十四条 牧区的草原承包经营者应当实行划区轮牧,合理配置畜群,均衡利用草原。

《清洁生产促进法》

第十八条 新建、改建和扩建项目应当进行环境影响评价,对原料使用、资源消耗、资源综合利用以及污染物产生与处置等进行分析论证,优先采用资源利用率高以及污染物产生量少的清洁生产技术、工艺和设备。

第十九条 企业在进行技术改造过程中,应当采取以下清洁生产措施:

(一)采用无毒、无害或者低毒、低害的原料,替代毒性大、危害严重的原料;

(二)采用资源利用率高、污染物产生量少的工艺和设备,替代资源利用率低、污染物产生量多的工艺和设备;

(三)对生产过程中产生的废物、废水和余热等进行综合利用或者循环使用;

(四)采用能够达到国家或者地方规定的污染物排放标准和污染物排放总量控制指标的污染防治技术。

第二十条 产品和包装物的设计,应当考虑其在生命周期中对人类健康和环境的影响,优先选择无毒、无害、易于降解或者便于回收利用的方案。

企业对产品的包装应当合理,包装的材质、结构和成本应当与内装产品的质量、规格和成本相适应,减少包装性废物的产生,不得进行过度包装。

第二十三条 餐饮、娱乐、宾馆等服务性企业,应当采用节能、节水和其他有利于环境保护的技术和设备,减少使用或者不使用浪费资源、污染环境的消费品。

第二十四条 建筑工程应当采用节能、节水等有利于环境与资源保护的建筑设计方案、建筑和装修材料、建筑构配件及设备。

建筑和装修材料必须符合国家标准。禁止生产、销售和使用有毒、有害物质超过国家标准的建筑和装修材料。

第二十五条 矿产资源的勘查、开采,应当采用有利于合理利用资源、保护环境和防止污染的勘查、开采方法和工艺技术,提高资源利用水平。

《水土保持法》

第八条 任何单位和个人都有保护水土资源、预防和治理水土流失的义务,并有权对破坏水土资源、造成水土流失的行为进行举报。

《矿产资源法》

第三十二条 开采矿产资源,必须遵守有关环境保护的法律规定,防止污染环境。开采矿产资源,应当节约用地。耕地、草原、林地因采矿受到破坏的,矿山企业应当因地制宜地采取复垦利用、植树种草或者其他利用措施。开采矿产资源给他人生产、生活造成损失的,应当负责赔偿,并采取必要的补救措施。

第十条 【民法法源及顺序】

处理民事纠纷,应当依照法律;法律没有规定的,可以适用习惯,但是不得违背公序良俗。

【条文对照】

《民法典》总则编	《民法通则》
第十条 处理民事纠纷,应当依照法律;法律没有规定的,可以适用习惯,但是不得违背公序良俗。	第六条 民事活动必须遵守法律,法律没有规定的,应当遵守国家政策。

【条文释义】

本条是关于民法法源及顺序的规定。

本条所称"法律",应当是适用于民事纠纷处理的广义法律。根据《最高人民法院关于裁判文书引用法律、法规等规范性法律文件的规定》(法释〔2009〕14号)第4条的规定,广义法律包括全国人民代表大会及其常委会制定的狭义法律、国务院制定的行政法规以及法律解释、司法解释、地方性法规、自治条例和单行条例等。需要强调的是,《宪法》调整的是国家与公民之间的关系,并非调整平等主体之间的人身和财产关系,《宪法》条款亦不能直接成为民事案件的裁判依据。因此《宪法》不属于本条的"法律"范畴,不是民法的法源。

习惯,是指在一定地域和行业范围内长期为一般人所确信并普遍遵守的民间习惯或交易习惯。习惯的适用受到两个方面的限制:其一,法律有明文规定的事项,不得适用习惯;其二,习惯的适用不得违反法律的强制性规定和公序良俗原则。

除以上法律明确规定的两项法源外,本条还需注意以下两点:(1)《民法典》总则编删除了《民法通则》关于国家政策可以作为法源的规定,国家政策在未经立法程序被纳入法律或行政法规之前,只是一种权宜性规定,不能作为裁判规范。(2)司法解释已被纳入广义法律的范畴,其作为法源自不待言;另外,在我国司法实践中,指导性案例和法理在事实上亦充当着法源的角色。

【关联法规】

《民法典》物权编

第二百八十九条　法律、法规对处理相邻关系有规定的,依照其规定;法律、法规没有规定的,可以按照当地习惯。

《民法典》合同编

第四百六十六条　当事人对合同条款的理解有争议的,应当依据本法第一百四十二条第一款的规定,确定争议条款的含义。

合同文本采用两种以上文字订立并约定具有同等效力的,对各文本使用的词句推定具有相同含义。各文本使用的词句不一致的,应当根据合同的相关条款、性质、目的以及诚信原则等予以解释。

第四百八十条　承诺应当以通知的方式作出;但是,根据交易习惯或者要约表明可以通过行为作出承诺的除外。

第四百八十四条　以通知方式作出的承诺,生效的时间适用本法第一百三十七条的规定。

承诺不需要通知的,根据交易习惯或者要约的要求作出承诺的行为时生效。

第五百零九条　当事人应当按照约定全面履行自己的义务。

当事人应当遵循诚信原则,根据合同的性质、目的和交易习惯履行通知、协助、保密等义务。

当事人在履行合同过程中,应当避免浪费资源、污染环境和破坏生态。

第五百一十条　合同生效后,当事人就质量、价款或者报酬、履行地点等内容没有约定或者约定不明确的,可以协议补充;不能达成补充协议的,按照合同相关条款或者交易习惯确定。

第五百五十八条　债权债务终止后,当事人应当遵循诚信等原则,根据交易习惯履行通知、协助、保密、旧物回收等义务。

第五百九十九条　出卖人应当按照约定或者交易习惯向买受人交付提取标的物单证以外的有关单证和资料。

第八百一十四条　客运合同自承运人向旅客出具客票时成立，但是当事人另有约定或者另有交易习惯的除外。

第八百九十一条　寄存人向保管人交付保管物的，保管人应当出具保管凭证，但是另有交易习惯的除外。

《证券法》

第五条　证券的发行、交易活动，必须遵守法律、行政法规；禁止欺诈、内幕交易和操纵证券市场的行为。

《公司法》

第五条　公司从事经营活动，必须遵守法律、行政法规，遵守社会公德、商业道德，诚实守信，接受政府和社会公众的监督，承担社会责任。

公司的合法权益受法律保护，不受侵犯。

《裁判文书引用法律、法规等规范性法律文件的规定》

第四条　民事裁判文书应当引用法律、法律解释或者司法解释。对于应当适用的行政法规、地方性法规或者自治条例和单行条例，可以直接引用。

第十一条　【特别法优先】

其他法律对民事关系有特别规定的，依照其规定。

【条文对照】

《民法典》总则编	《物权法》《侵权责任法》《合同法》
第十一条　其他法律对民事关系有特别规定的，依照其规定。	《物权法》 第八条　其他相关法律对物权另有特别规定的，依照其规定。 《侵权责任法》 第五条　其他法律对侵权责任另有特别规定的，依照其规定。 《合同法》 第一百二十三条　其他法律对合同另有规定的，依照其规定。

【条文释义】

民法典是适用于一个国家的全部地域，适用于所有民事主体，关于民事活动一般事项的法律，居于私法的一般法地位。民法典以外，还存在适用于特定地域或适用于特殊主体或关于特别事项的单行法律,这些单行法律相对于民法典来说为特别法。因适用于一切领域和一切民事主体的一般事项,一般法往往比特别法更加抽象,无法顾及特殊领域、特殊主体的特殊需求。因此当同一位阶的一般法与特别法的规定冲突时,特别法的规定因其更加具体、针对性更强、更加符合立法机关的本意,比一般法更加具有适应性。因此我国《立法法》第92条前段明确规定:同一机关制定的法律、行政法规、地方性法规、自治条例和单行条例、规章,特别规定与一般规定不一致的,适用特别规定。本条即是《立法法》第92条的规范效力在民法领域的反映。

【关联法规】

《立法法》

第九十二条 同一机关制定的法律、行政法规、地方性法规、自治条例和单行条例、规章,特别规定与一般规定不一致的,适用特别规定;新的规定与旧的规定不一致的,适用新的规定。

第九十四条 法律之间对同一事项的新的一般规定与旧的特别规定不一致,不能确定如何适用时,由全国人民代表大会常务委员会裁决。

行政法规之间对同一事项的新的一般规定与旧的特别规定不一致,不能确定如何适用时,由国务院裁决。

《涉外民事关系法律适用法》

第二条 涉外民事关系适用的法律,依照本法确定。其他法律对涉外民事关系法律适用另有特别规定的,依照其规定。

本法和其他法律对涉外民事关系法律适用没有规定的,适用与该涉外民事关系有最密切联系的法律。

《票据法》

第九十六条 票据债务人的民事行为能力,适用其本国法律。

票据债务人的民事行为能力,依照其本国法律为无民事行为能力或者为限制民事行为能力而依照行为地法律为完全民事行为能力的,适用行为地法律。

第十二条 【民法的地域效力】

中华人民共和国领域内的民事活动,适用中华人民共和国法律。法律另有规定的,依照其规定。

【条文对照】

《民法典》总则编	《民法通则》
第十二条　中华人民共和国领域内的民事活动,适用中华人民共和国法律。法律另有规定的,依照其规定。	第八条第一款　在中华人民共和国领域内的民事活动,适用中华人民共和国法律,法律另有规定的除外。

【条文释义】

本条规定了民法的地域效力,明确了民法的属地法特征,并对涉外民事关系中准据法的适用进行了规定。

根据国际法相关规定,中华人民共和国领域包括中华人民共和国领土、领空、领海以及我国驻外使馆、国籍为中国的船舶、航空器等。"法律另有规定的",主要是指《涉外民事关系法律适用法》。

【关联法规】

《涉外民事关系法律适用法》

第三条　当事人依照法律规定可以明示选择涉外民事关系适用的法律。

《票据法》

第九十六条　票据债务人的民事行为能力,适用其本国法律。

票据债务人的民事行为能力,依照其本国法律为无民事行为能力或者为限制民事行为能力而依照行为地法律为完全民事行为能力的,适用行为地法律。

第二章　自然人

第一节　民事权利能力和民事行为能力

第十三条　【自然人民事权利能力的起止时间】

自然人从出生时起到死亡时止,具有民事权利能力,依法享有民事权利,承担民事义务。

【条文对照】

《民法典》总则编	《民法通则》
第十三条　自然人从出生时起到死亡时止,具有民事权利能力,依法享有民事权利,承担民事义务。	第九条　公民从出生时起到死亡时止,具有民事权利能力,依法享有民事权利,承担民事义务。

【条文释义】

民事权利能力，是指民事主体享有民事权利、承担民事义务的法律资格，是否具有民事权利能力是判断是否能够成为民事主体的前提性条件。本条关于自然人民事权利能力的规定包含以下内容：

第一，确立了自然人民事权利能力的起止时间，自然人民事权利能力始于出生、终于死亡。关于出生，通说认为必须满足胎儿身体与母体完全分离，且分离时胎儿为生存状态。关于死亡，医学实践通常根据呼吸是否断绝、脉搏是否消失、心跳是否停止等因素进行综合判断。需要注意的是，本条规定的死亡，不包括宣告死亡，仅指自然死亡。

第二，确立了自然人具有民事权利能力的普遍性原则。所有的人不论其性别、民族、宗教和身份等因素，自其出生时起就具有民事权利能力。

需要注意的是，民事权利能力只是赋予民事主体一种法律上的抽象资格，只是民事主体享有民事权利的前提，具有民事权利能力并不意味着民事主体享有任何具体的权利。民事权利能力不等同于具体的权利，只是一种法律资格。人们要享有具体的权利，仍需依赖于一定的法律事实。

【关联法规】

《民法典》继承编

第一千一百二十一条　继承从被继承人死亡时开始。

相互有继承关系的数人在同一事件中死亡，难以确定死亡时间的，推定没有其他继承人的人先死亡。都有其他继承人，辈份不同的，推定长辈先死亡；辈份相同的，推定同时死亡，相互不发生继承。

《涉外民事关系法律适用法》

第十一条　自然人的民事权利能力，适用经常居所地法律。

第十四条　【民事权利能力平等】

自然人的民事权利能力一律平等。

【条文对照】

《民法典》总则编	《民法通则》
第十四条　<u>自然人</u>的民事权利能力一律平等。	第十条　<u>公民</u>的民事权利能力一律平等。

【条文释义】

本条是对《民法典》总则编第4条在民事主体领域的具体落实，民法典的平等原则首先体现在自然人的权利能力平等方面。只有民事权利能力的一律平等才能够确保民事主体法律地位的一律平等,若无民事权利能力的平等,民事主体法律地位的平等则无从谈起。

民事权利能力一律平等,意味着自然人从出生时起即作为平等的民事主体而存在,具有平等的民事权利能力,不因性别、种族、阶级、财富、宗教等因素的差别而受到歧视性对待。需要强调的是,民事权利能力平等,是指自然人平等享有权利和负担义务的资格,而不是所有的人平等享有所有权利、平等负担所有义务。

【关联法规】

《宪法》

第三十三条第二款 中华人民共和国公民在法律面前一律平等。

《民法典》总则编

第四条 民事主体在民事活动中的法律地位一律平等。

第十五条 【出生和死亡时间的认定】

自然人的出生时间和死亡时间,以出生证明、死亡证明记载的时间为准;没有出生证明、死亡证明的,以户籍登记或者其他有效身份登记记载的时间为准。有其他证据足以推翻以上记载时间的,以该证据证明的时间为准。

【条文对照】

《民法典》总则编	《民通意见》
第十五条 自然人的出生时间和死亡时间,以出生证明、死亡证明记载的时间为准;没有出生证明、死亡证明的,以户籍登记或者其他有效身份登记记载的时间为准。有其他证据足以推翻以上记载时间的,以该证据证明的时间为准。	1.公民的民事权利能力自出生时开始。出生的时间以户籍证明为准;没有户籍证明的,以医院出具的出生证明为准。没有医院证明的,参照其他有关证明认定。

【条文释义】

本条对出生和死亡时间的认定规则进行了规定。

出生和死亡均是法律事件,能够引起一定的法律关系的产生、变更或消灭。出生和死亡的确切时间关系到自然人权利能力的开始和终止,并会因此影响到权利保护和继承法律关系,因而是一个重要的问题。《民法通则》并未规定出生和死亡时间如何认定,最高人民法院在总结司法实践经验的基础上在《民通意见》中对此问题予以了规定。《民通意见》将户籍登记所载明的时间作为出生时间的首要认定标准,没有户籍证明时以出生证明为准,如果没有出生证明的以其他有关证明予以认定。

《民法典》总则编对《民通意见》的上述规定进行了调整:(1)统一以出生证明为准认定出生时间,以死亡证明为准认定死亡时间;(2)在没有出生证明、死亡证明的情况下,才以户籍登记或者有效身份登记记载的时间为准予以认定。

当然,无论是出生证明、死亡证明还是户籍登记都只是一种通常的认定标准,如果有充分的证据足以推翻这些文件所记载的出生或死亡时间,应当以证据所证明的时间作为出生或死亡的时间。

【关联法规】

《母婴保健法》

第二十三条 医疗保健机构和从事家庭接生的人员按照国务院卫生行政部门的规定,出具统一制发的新生儿出生医学证明;有产妇和婴儿死亡以及新生儿出生缺陷情况的,应当向卫生行政部门报告。

《执业医师法》

第二十一条 医师在执业活动中享有下列权利:

(一)在注册的执业范围内,进行医学诊查、疾病调查、医学处置、出具相应的医学证明文件,选择合理的医疗、预防、保健方案;

(二)按照国务院卫生行政部门规定的标准,获得与本人执业活动相当的医疗设备基本条件;

(三)从事医学研究、学术交流,参加专业学术团体;

(四)参加专业培训,接受继续医学教育;

(五)在执业活动中,人格尊严、人身安全不受侵犯;

(六)获取工资报酬和津贴,享受国家规定的福利待遇;

(七)对所在机构的医疗、预防、保健工作和卫生行政部门的工作提出意见和建议,依法参与所在机构的民主管理。

第二十三条 医师实施医疗、预防、保健措施,签署有关医学证明文件,必须亲自诊查、调查,并按照规定及时填写医学文书,不得隐匿、伪造或者销毁医学文书及有关资料。

医师不得出具与自己执业范围无关或者与执业类别不相符的医学证明文件。

《户口登记条例》

第七条 婴儿出生后一个月以内,由户主、亲属、抚养人或者邻居向婴儿常住地户口登记机关申报出生登记。

弃婴,由收养人或者育婴机关向户口登记机关申报出生登记。

第八条　公民死亡,城市在葬前,农村在一个月以内,由户主、亲属、抚养人或者邻居向户口登记机关申报死亡登记,注销户口。公民如果在暂住地死亡,由暂住地户口登记机关通知常住地户口登记机关注销户口。

公民因意外事故致死或者死因不明,户主、发现人应当立即报告当地公安派出所或者乡、镇人民委员会。

《医疗机构管理条例》

第三十二条　未经医师(士)亲自诊查病人,医疗机构不得出具疾病诊断书、健康证明书或者死亡证明书等证明文件;未经医师(士)、助产人员亲自接产,医疗机构不得出具出生证明书或者死产报告书。

第十六条　【胎儿的部分民事权利能力】

涉及遗产继承、接受赠与等胎儿利益保护的,胎儿视为具有民事权利能力。但是,胎儿娩出时为死体的,其民事权利能力自始不存在。

【条文对照】

《民法典》总则编	《继承法》
第十六条　涉及遗产继承、**接受赠与**等胎儿利益保护的,胎儿视为具有民事权利能力。但是,胎儿<u>娩出</u>时为死体的,其民事权利能力自始不存在。	**第二十八条**　遗产分割时,应当保留胎儿的继承份额。胎儿出生时是死体的,<u>保留的份额按照法定继承办理</u>。

【条文释义】

本条是关于胎儿民事权利能力的规定。

本条将胎儿的民事权利能力范围限定于"涉及遗产继承、接受赠与等胎儿利益保护的"方面,意味着胎儿不具有义务负担方面的法律资格,因而不具有完全的民事权利能力。这种受限制的民事权利能力违反了《民法典》总则编第13条关于自然人的民事权利能力的规定,法律并未对后者的范围或内容予以特别限定。因而,胎儿所具有的民事权利能力在教义学构造上不同于自然人所具有的民事权利能力,两者必须加以区分。由于胎儿仅在事关其利益保护的个别(或部分)法律关系中被赋予民事权利能力,因而是一种部分的民事权利能力。而传统的民事权利能力则普遍适用于所有的法律关系,因而是一种全面的民事权利能力或一般性的民事权利能力。传统的民事权利能力着眼于一般和全部方面,考量作为整个法律秩序承担者的能力;而部分的民事权利能力着眼于特别和个别方面,仅考量作为具体的法律关系承担者的能力。

《民法典》总则编将胎儿的部分民事权利能力的内容限于遗产继承、接受赠与等与胎儿利益保护相关的法律关系。需要注意的是,这里的遗产继承、接受赠与为不完全列举。除此之外,胎儿遭受人身侵害的损害赔偿请求权、法定抚养人被侵害致死时的抚养费赔偿请求权等都属于与胎儿利益保护相关的法律关系,应该纳入"等胎儿利益"予以保护。除了内容和范围上的限定,胎儿的民事权利能力同时附有解除条件:当胎儿娩出时为死体的,则其民事权利能力自始不存在。

【关联法规】

《民法典》总则编

第十三条 自然人从出生时起到死亡时止,具有民事权利能力,依法享有民事权利,承担民事义务。

《民法典继承编司法解释一》

第三十一条 应当为胎儿保留的遗产份额没有保留的,应从继承人所继承的遗产中扣回。

为胎儿保留的遗产份额,如胎儿出生后死亡的,由其继承人继承;如胎儿娩出时是死体的,由被继承人的继承人继承。

第十七条 【成年时间】

十八周岁以上的自然人为成年人。不满十八周岁的自然人为未成年人。

【条文对照】

《民法典》总则编	《民法通则》
第十七条 十八周岁以上的自然人为成年人。不满十八周岁的自然人为未成年人。	第十一条第一款 十八周岁以上的公民是成年人,具有完全民事行为能力,可以独立进行民事活动,是完全民事行为能力人。

【条文释义】

本条规定了成年时间,成年人和未成年人从而得以区分和界定。本条第1句继承了《民法通则》第11条第1款的部分内容,第2句为新增规定。《民法典》总则编仍然以18周岁作为成年人的年龄标准,未满18周岁则为未成年人,与当今绝大多数国家或地区的规定基本一致。

成年人和未成年人的界定结果,影响到自然人民事行为能力的判定,决定其是否可以独立实施民事法律行为,确保与未成年人进行交易的相对人的交易安全,具有重要意义。

【关联法规】

《宪法》

第三十四条　中华人民共和国年满十八周岁的公民,不分民族、种族、性别、职业、家庭出身、宗教信仰、教育程度、财产状况、居住期限,都有选举权和被选举权;但是依照法律被剥夺政治权利的人除外。

《未成年人保护法》

第二条　本法所称未成年人是指未满十八周岁的公民。

第十八条　【完全民事行为能力人】

成年人为完全民事行为能力人,可以独立实施民事法律行为。

十六周岁以上的未成年人,以自己的劳动收入为主要生活来源的,视为完全民事行为能力人。

【条文对照】

《民法典》总则编	《民法通则》
第十八条　成年人为完全民事行为能力人,可以独立实施民事法律行为。 十六周岁以上的未成年人,以自己的劳动收入为主要生活来源的,视为完全民事行为能力人。	第十一条　十八周岁以上的公民是成年人,具有完全民事行为能力,可以独立进行民事活动,是完全民事行为能力人。 十六周岁以上不满十八周岁的公民,以自己的劳动收入为主要生活来源的,视为完全民事行为能力人。

【条文释义】

本条规定了完全民事行为能力的界定标准。民事行为能力是指民事主体独立实施民事活动,以自己的行为取得民事权利、承担民事义务的能力,其主要判断标准是民事主体的辨识能力和判断能力。成年人已经年满18周岁,智力发育已经成熟,具有充分的辨识能力和判断能力,能够充分认识自己行为的意义及其将产生的法律后果。因此,成年人具有完全民事行为能力,能够独立实施各种民事法律行为。

16周岁以上的未成年人被视为完全民事行为能力人的标准在于是否"以自己的劳动收入为主要生活来源"。这个标准包括两个方面的内容:(1)具有一定的劳动收入,即依靠自己的劳动获得了一定的收入,并且这种收入应当是固定的,而不是临时的、不确定的。(2)其劳动收入构成其主要生活来源,也就是其劳动收入能够维持其生活,不需要借助其他人的经济资助,也可以维持当地群众的一般生活水平。

【关联法规】

《民法典》总则编

第十七条　十八周岁以上的自然人为成年人。不满十八周岁的自然人为未成年人。

《民法典》侵权责任编

第一千一百九十条　完全民事行为能力人对自己的行为暂时没有意识或者失去控制造成他人损害有过错的,应当承担侵权责任;没有过错的,根据行为人的经济状况对受害人适当补偿。

完全民事行为能力人因醉酒、滥用麻醉药品或者精神药品对自己的行为暂时没有意识或者失去控制造成他人损害的,应当承担侵权责任。

《劳动法》

第十五条　禁止用人单位招用未满十六周岁的未成年人。

文艺、体育和特种工艺单位招用未满十六周岁的未成年人,必须遵守国家有关规定,并保障其接受义务教育的权利。

《预防未成年人犯罪法》

第十二条　对于已满十六周岁不满十八周岁准备就业的未成年人,职业教育培训机构、用人单位应当将法律知识和预防犯罪教育纳入职业培训的内容。

第十九条　【限制民事行为能力人的年龄标准及能力限制】

八周岁以上的未成年人为限制民事行为能力人,实施民事法律行为由其法定代理人代理或者经其法定代理人同意、追认;但是,可以独立实施纯获利益的民事法律行为或者与其年龄、智力相适应的民事法律行为。

【条文对照】

《民法典》总则编	《民法通则》
第十九条　八周岁以上的未成年人为限制民事行为能力人,实施民事法律行为由其法定代理人代理或者经其法定代理人同意、追认;但是,可以独立实施纯获利益的民事法律行为或者与其年龄、智力相适应的民事法律行为。	第十二条第一款　十周岁以上的未成年人是限制民事行为能力人,可以进行与他的年龄、智力相适应的民事活动;其他民事活动由他的法定代理人代理,或者征得他的法定代理人的同意。

【条文释义】

本条规定了限制民事行为能力人的年龄标准以及民事行为能力的限制。《民法通则》规定"十周岁"以上的未成年人是限制民事行为能力人,本条将年龄标准从"十周岁"调低到了"八周岁"。

由于年龄的限制,未成年人缺乏实施某些或全部民事法律行为所必备的心智条件和判断能力。民法为了保护未成年人的利益免受损害,因此设置了限制民事行为能力制度和无民事行为能力制度。按照这一立法目的,在与未成年人的心智条件和判断能力相适应的范围内,未成年人应当能够实施相应的民事法律行为。那些纯粹受益的民事法律行为,根本不存在损害未成年人利益的可能性,因此民法承认未成年人具有实施该类民事法律行为的能力。需要注意的是,纯获利益的判断应当采用法律意义上的标准而非实质价值标准。也就是说,此类行为的特点是只享有法律上的权利或利益而不额外承担法律上的义务。只要未成年人需要承担法律上的义务,即使根据实质价值标准某些民事法律行为使未成年人获得利益,该行为也不是本条规定的纯获利益的行为。至于是否与未成年人年龄、智力相适应,通常通过行为与本人日常生活相关联的程度、本人的智力能否理解其行为并预见其行为的相应后果以及行为标的的数额大小等因素来判断。

除了法律允许从事的纯获利益民事法律行为或者与其年龄、智力相适应的民事法律行为外,8周岁以上的未成年人不能独立实施其他民事法律行为。实施这些民事法律行为必须由其法定代理人代理,或者事前经过法定代理人的同意,或者事后经过法定代理人的追认。

【关联法规】

《民法典》总则编

第一百四十五条 限制民事行为能力人实施的纯获利益的民事法律行为或者与其年龄、智力、精神健康状况相适应的民事法律行为有效;实施的其他民事法律行为经法定代理人同意或者追认后有效。

相对人可以催告法定代理人自收到通知之日起三十日内予以追认。法定代理人未作表示的,视为拒绝追认。民事法律行为被追认前,善意相对人有撤销的权利。撤销应当以通知的方式作出。

《民法典》婚姻家庭编

第一千一百零四条 收养人收养与送养人送养,应当双方自愿。收养八周岁以上未成年人的,应当征得被收养人的同意。

第一千一百一十四条 收养人在被收养人成年以前,不得解除收养关系,但是收养人、送养人双方协议解除的除外。养子女八周岁以上的,应当征得本人同意。

收养人不履行抚养义务,有虐待、遗弃等侵害未成年养子女合法权益行为的,送养人有权要求解除养父母与养子女间的收养关系。送养人、收养人不能达成解除收养关系协议的,可以向人民法院提起诉讼。

《民法典》继承编

第一千一百四十三条　无民事行为能力人或者限制民事行为能力人所立的遗嘱无效。

遗嘱必须表示遗嘱人的真实意思,受欺诈、胁迫所立的遗嘱无效。

伪造的遗嘱无效。

遗嘱被篡改的,篡改的内容无效。

《广告法》

第三十三条　广告主或者广告经营者在广告中使用他人名义或者形象的,应当事先取得其书面同意;使用无民事行为能力人、限制民事行为能力人的名义或者形象的,应当事先取得其监护人的书面同意。

《公证法》

第三十一条　有下列情形之一的,公证机构不予办理公证:

(一)无民事行为能力人或者限制民事行为能力人没有监护人代理申请办理公证的;

(二)当事人与申请公证的事项没有利害关系的;

(三)申请公证的事项属专业技术鉴定、评估事项的;

(四)当事人之间对申请公证的事项有争议的;

(五)当事人虚构、隐瞒事实,或者提供虚假证明材料的;

(六)当事人提供的证明材料不充分或者拒绝补充证明材料的;

(七)申请公证的事项不真实、不合法的;

(八)申请公证的事项违背社会公德的;

(九)当事人拒绝按照规定支付公证费的。

《保险法》

第三十九条　人身保险的受益人由被保险人或者投保人指定。

投保人指定受益人时须经被保险人同意。投保人为与其有劳动关系的劳动者投保人身保险,不得指定被保险人及其近亲属以外的人为受益人。

被保险人为无民事行为能力人或者限制民事行为能力人的,可以由其监护人指定受益人。

《婚姻登记条例》

第十二条　办理离婚登记的当事人有下列情形之一的,婚姻登记机关不予受理：

（一）未达成离婚协议的；

（二）属于无民事行为能力人或者限制民事行为能力人的；

（三）其结婚登记不是在中国内地办理的。

第二十条　【无民事行为能力人的年龄标准及能力限制】

不满八周岁的未成年人为无民事行为能力人，由其法定代理人代理实施民事法律行为。

【条文对照】

《民法典》总则编	《民法通则》
第二十条　不满八周岁的未成年人为无民事行为能力人，由其法定代理人代理实施民事法律行为。	第十二条第二款　不满十周岁的未成年人是无民事行为能力人，由他的法定代理人代理民事活动。

【条文释义】

本条规定了无民事行为能力人的年龄标准以及民事行为能力的限制。无民事行为能力，是指民事主体完全不具有独立实施民事法律行为、通过民事法律行为取得民事权利和承担民事义务的能力。《民法通则》规定不满"十周岁"的未成年人是无民事行为能力人，本条将年龄标准从"十周岁"调低到了"八周岁"。

不满8周岁的自然人年龄尚小，处于生长发育的最初阶段，虽然也能达到一定的智力程度，但尚不具有充分的辨识能力和判断能力足以支撑其理性地实施民事法律行为。如果法律认可其实施民事法律行为的效力，则既容易使他们遭受损害，也不利于交易的安全。因此，法律规定他们为无民事行为能力人。他们如果需要实施民事法律行为，不能由他们自己实施，而应由他们的法定代理人进行。

需要注意的是，本条在关于不满8周岁的无民事行为能力人是否可以独立实施纯获利益的民事法律行为上对以往的司法实践有所改变。按照体系解释的方法可知，本条不承认无民事行为能力人具有独立实施纯获利益民事法律行为的能力。而根据《民通意见》第6条的规定，无民事行为能力人接受奖励、赠与、报酬所实施的法律行为是有效的。

《民法典》总则编在制定过程中，曾经尝试将无民事行为能力人的年龄标准降为6周岁以下，但《民法典》总则编最后将年龄标准确定为8周岁。编者认为，由于6周岁以下的儿童比8周岁儿童更容易为普通人所辨识，《民法典》总则编的立场实际上不利于民事法律关系的一方对相对方的年龄进行判断，增大了法律关系效力的不确定性。同时,随着社会发展,未成年人的认知能力与心理承受能力逐步提高。因此,《民法典》总则编应将这一年龄标准下调为6周岁,才比较符合现实需求。

【关联法规】

《民法典》总则编

第一百四十四条　无民事行为能力人实施的民事法律行为无效。

《票据纠纷案件规定》

第四十五条　票据的背书人、承兑人、保证人在票据上的签章不符合票据法以及《票据管理实施办法》规定的,或者无民事行为能力人、限制民事行为能力人在票据上签章的,其签章无效,但不影响人民法院对票据上其他签章效力的认定。

《民事诉讼法执行程序司法解释》

第二十四条　被执行人为单位的,可以对其法定代表人、主要负责人或者影响债务履行的直接责任人员限制出境。

被执行人为无民事行为能力人或者限制民事行为能力人的,可以对其法定代理人限制出境。

第二十一条　【无民事行为能力人的心智标准及能力限制】

不能辨认自己行为的成年人为无民事行为能力人,由其法定代理人代理实施民事法律行为。

八周岁以上的未成年人不能辨认自己行为的,适用前款规定。

【条文对照】

《民法典》总则编	《民法通则》
第二十一条　不能辨认自己行为的<u>成年人</u>为无民事行为能力人,由其法定代理人<u>代理实施民事法律行为</u>。 八周岁以上的未成年人不能辨认自己行为的,适用前款规定。	第十三条第一款　不能辨认自己行为的<u>精神病人</u>是无民事行为能力人,由<u>他</u>的法定代理人代理民事<u>活动</u>。

【条文释义】

本条规定了无民事行为能力人的心智标准及能力限制。年满18周岁的成年人,因为心智丧失等原因完全不具有辨识能力和判断能力的,无法辨认和理解自己行为的法律意义和后果,法律否定其具有民事行为能力,应当由其法定代理人代理实施民事法律行为。

8周岁以上不满18周岁的未成年人,由于疾病等原因导致其心智丧失,不能辨认和理解自己行为的法律后果,同样不具有民事行为能力,亦应当由其法定代理人代理实施民事法律行为。

需要注意的是,本条第1款扩大了《民法通则》规定的成年的无民事行为能力人的范围:由不能辨认自己行为的"精神病人"扩大为不能辨认自己行为的"成年人"。

【关联法规】

《民法典》总则编

第一百四十四条　无民事行为能力人实施的民事法律行为无效。

《民法典》继承编

第一千一百四十三条　无民事行为能力人或者限制民事行为能力人所立的遗嘱无效。

遗嘱必须表示遗嘱人的真实意思,受欺诈、胁迫所立的遗嘱无效。

伪造的遗嘱无效。

遗嘱被篡改的,篡改的内容无效。

《精神卫生法》

第八十三条　本法所称精神障碍,是指由各种原因引起的感知、情感和思维等精神活动的紊乱或者异常,导致患者明显的心理痛苦或者社会适应等功能损害。

本法所称严重精神障碍,是指疾病症状严重,导致患者社会适应等功能严重损害、对自身健康状况或者客观现实不能完整认识,或者不能处理自身事务的精神障碍。

本法所称精神障碍患者的监护人,是指依照民法通则的有关规定可以担任监护人的人。

《民政部办公厅关于如何确定离婚当事人李玲是否具有民事行为能力的复函》

山东省民政厅:

你厅《关于如何确定离婚当事人李玲是否具有民事行为能力的请示》收悉。经研究,答复如下:

一、《中华人民共和国民法通则》第十三条规定,不能辨认自己行为的精神病人是无民事行为能力人,由他的法定代理人代理民事活动。不能完全辨认自己行为的精神病人是限制民事行为能力人,可以进行与他的精神健康状况相适应的民事活动,其他民事活动由他的法定代理人代理,或征得法定代理人同意。

二、确认离婚当事人是否是无民事行为能力人或限制民事行为能力人,应由其利害关系人依法向司法机关申请确认,由司法机关出具其是否是无民事行为能力人或限制民事行为能力人的司法文件。

三、婚姻登记管理机关受理当事人的离婚证登记申请后,到颁发离婚证之前的审查期间,当事人的利害关系人,对当事人的民事行为能力提出异议的,利害关系人能够提供经司法机关出具的、能证明当事人此期间是无民事行为能力人或限制民事行为能力人的司法鉴定的,婚姻登记管理机关应依据司法机关的司法鉴定,终止办理离婚登记。如利害关系人未提供司法鉴定的,应由利害关系人依法向司法机关申请确认,待司法机关出具司法鉴定后,婚姻登记管理机关可依据司法鉴定作出是否办理离婚登记的决定。如果利害关系人在一定期限内不向司法机关申请确认,婚姻登记管理机关未发现离婚当事人有民事行为障碍的,则可办理离婚登记。在李玲离婚案中,李玲的父母在李与贾申请离婚登记10天后,到济南市婚姻登记管理机关反映李玲患心因性精神病,并出示1996年1月16日《交通道路事故损害赔偿责任书》复印件。在离婚当事人的利害关系人提出异议的情况下,济南市婚姻登记管理处应告知当事人提供司法机关出具的司法文件,请你们根据以上原则,妥善处理,做好善后工作。

第二十二条 【成年限制民事行为能力人的心智标准及能力限制】

不能完全辨认自己行为的成年人为限制民事行为能力人,实施民事法律行为由其法定代理人代理或者经其法定代理人同意、追认;但是,可以独立实施纯获利益的民事法律行为或者与其智力、精神健康状况相适应的民事法律行为。

【条文对照】

《民法典》总则编	《民法通则》
第二十二条 不能完全辨认自己行为的<u>成年人</u>为限制民事行为能力人,<u>实施民事法律行为由其法定代理人代理</u>或者<u>经其法定代理人同意、追认</u>;但是,可以独立实施<u>纯获利益的民事法律行为</u>或者与其<u>智力、精神健康状况相适应的民事法律行为</u>。	第十三条第二款 不能完全辨认自己行为的<u>精神病人</u>是限制民事行为能力人,可以进行与他的精神健康状况相适应的民事活动;<u>其他民事活动由他的法定代理人代理</u>,或者<u>征得他的法定代理人的同意</u>。

【条文释义】

本条规定了成年限制民事行为能力人的心智标准和能力限制。有些人虽然已经成年,但是由于疾病、生理发育等原因导致其辨识能力和判断能力均有欠缺,不能完全辨认自己行为的,是限制民事行为能力人。

成年的限制民事行为能力人与8周岁以上不满18周岁的未成年人一样,同为限制民事行为能力人,可以独立实施纯获利益的民事法律行为以及与其智力、精神健康状况相适应的民事法律行为。除此之外的其他民事法律行为,均不得由成年的限制民事行为能力人独立实施,须由其法定代理人代理,或者由其法定代理人事前同意或者事后追认。

【关联法规】

《民法典》总则编

第一百四十五条　限制民事行为能力人实施的纯获利益的民事法律行为或者与其年龄、智力、精神健康状况相适应的民事法律行为有效;实施的其他民事法律行为经法定代理人同意或者追认后有效。

相对人可以催告法定代理人自收到通知之日起三十日内予以追认。法定代理人未作表示的,视为拒绝追认。民事法律行为被追认前,善意相对人有撤销的权利。撤销应当以通知的方式作出。

《精神卫生法》

第八十三条　本法所称精神障碍,是指由各种原因引起的感知、情感和思维等精神活动的紊乱或者异常,导致患者明显的心理痛苦或者社会适应等功能损害。

本法所称严重精神障碍,是指疾病症状严重,导致患者社会适应等功能严重损害、对自身健康状况或者客观现实不能完整认识,或者不能处理自身事务的精神障碍。

本法所称精神障碍患者的监护人,是指依照民法通则的有关规定可以担任监护人的人。

第二十三条　【非完全民事行为能力人的法定代理人】

无民事行为能力人、限制民事行为能力人的监护人是其法定代理人。

【条文对照】

《民法典》总则编	《民法通则》
第二十三条　无民事行为能力人、限制民事行为能力人的监护人是<u>其</u>法定代理人。	第十四条　无民事行为能力人、限制民事行为能力人的监护人是<u>他</u>的法定代理人。

【条文释义】

无民事行为能力人和限制民事行为能力人不具有完全的民事行为能力。无民事行为能力人不能独立实施全部的民事法律行为,限制民事行为能力人只能实施与其年龄、智力、精神健康状况相适应的民事法律行为。

无民事行为能力人和限制民事行为能力人不能独立实施的民事法律行为,需要他们的代理人代理实施,以保护他们的合法权益。因此,法律专门为无民事行为能力人和限制民事行为能力人设定了监护人,由监护人对他们的人身和财产予以保护,监护人作为法定代理人对外代理实施民事法律行为。

【关联法规】

《民法典》总则编

第三十四条　监护人的职责是代理被监护人实施民事法律行为,保护被监护人的人身权利、财产权利以及其他合法权益等。

监护人依法履行监护职责产生的权利,受法律保护。

监护人不履行监护职责或者侵害被监护人合法权益的,应当承担法律责任。

因发生突发事件等紧急情况,监护人暂时无法履行监护职责,被监护人的生活处于无人照料状态的,被监护人住所地的居民委员会、村民委员会或者民政部门应当为被监护人安排必要的临时生活照料措施。

《民法典》婚姻家庭编

第一千零六十八条　父母有教育、保护未成年子女的权利和义务。未成年子女造成他人损害的,父母应当依法承担民事责任。

《民事诉讼法》

第五十七条　无诉讼行为能力人由他的监护人作为法定代理人代为诉讼。法定代理人之间互相推诿代理责任的,由人民法院指定其中一人代为诉讼。

第二十四条 【成年人民事行为能力的认定及恢复】

不能辨认或者不能完全辨认自己行为的成年人,其利害关系人或者有关组织,可以向人民法院申请认定该成年人为无民事行为能力人或者限制民事行为能力人。

被人民法院认定为无民事行为能力人或者限制民事行为能力人的,经本人、利害关系人或者有关组织申请,人民法院可以根据其智力、精神健康恢复的状况,认定该成年人恢复为限制民事行为能力人或者完全民事行为能力人。

本条规定的有关组织包括:居民委员会、村民委员会、学校、医疗机构、妇女联合会、残疾人联合会、依法设立的老年人组织、民政部门等。

【条文对照】

《民法典》总则编	《民法通则》
第二十四条　不能辨认或者不能完全辨认自己行为的成年人，其利害关系人或者有关组织，可以向人民法院申请认定该成年人为无民事行为能力人或者限制民事行为能力人。 被人民法院认定为无民事行为能力人或者限制民事行为能力人的，经本人、利害关系人或者有关组织申请，人民法院可以根据其智力、精神健康恢复的状况，认定该成年人恢复为限制民事行为能力人或者完全民事行为能力人。 本条规定的有关组织包括：居民委员会、村民委员会、学校、医疗机构、妇女联合会、残疾人联合会、依法设立的老年人组织、民政部门等。	第十九条　精神病人的利害关系人，可以向人民法院申请宣告精神病人为无民事行为能力人或者限制民事行为能力人。 被人民法院宣告为无民事行为能力人或者限制民事行为能力人的，根据他健康恢复的状况，经本人或者利害关系人申请，人民法院可以宣告他为限制民事行为能力人或者完全民事行为能力人。

【条文释义】

根据法律的规定，年满18周岁的成年人即被推定具有完全的民事行为能力。因而如果因辨识能力或判断能力的欠缺导致其不能辨认或者不能完全辨认自己行为的法律后果，那么成年人的民事行为能力则需要通过一定的程序予以特别认定。具体来说，需要特定利害关系人向人民法院提出申请，由法院宣告该成年人为限制民事行为能力人或无民事行为能力人。一般来说，利害关系人包括配偶、父母、成年子女等近亲属以及与其有财产上关系的合伙人、债务人、债权人等。

被法院宣告为无民事行为能力人或限制民事行为能力人的成年人，如果其辨识能力和判断能力有所恢复或改善，则可以由其本人、利害关系人或有关组织向人民法院提出申请，将其行为能力恢复为限制民事行为能力或完全民事行为能力。至于恢复为限制民事行为能力还是完全民事行为能力，则要根据该成年人的智力、精神健康恢复的具体情况由法院予以具体认定。

《民法典》总则编特别明确规定了"有关组织"包括居民委员会、村民委员会、学校、医疗机构、妇女联合会、残疾人联合会、依法设立的老年人组织、民政部门等，较之《民法通则》和相关规定的范围更宽，更符合实际需求。

【关联法规】

《民事诉讼法》

第一百八十七条　申请认定公民无民事行为能力或者限制民事行为能

力,由其近亲属或者其他利害关系人向该公民住所地基层人民法院提出。

申请书应当写明该公民无民事行为能力或者限制民事行为能力的事实和根据。

第一百八十八条 人民法院受理申请后,必要时应当对被请求认定为无民事行为能力或者限制民事行为能力的公民进行鉴定。申请人已提供鉴定意见的,应当对鉴定意见进行审查。

第一百八十九条 人民法院审理认定公民无民事行为能力或者限制民事行为能力的案件,应当由该公民的近亲属为代理人,但申请人除外。近亲属互相推诿的,由人民法院指定其中一人为代理人。该公民健康情况许可的,还应当询问本人的意见。

人民法院经审理认定申请有事实根据的,判决该公民为无民事行为能力或者限制民事行为能力人;认定申请没有事实根据的,应当判决予以驳回。

第一百九十条 人民法院根据被认定为无民事行为能力人、限制民事行为能力人或者他的监护人的申请,证实该公民无民事行为能力或者限制民事行为能力的原因已经消除的,应当作出新判决,撤销原判决。

《民事诉讼法司法解释》

第三百五十二条 申请认定公民无民事行为能力或者限制民事行为能力的案件,被申请人没有近亲属的,人民法院可以指定经被申请人住所地的居民委员会、村民委员会或者民政部门同意,且愿意担任代理人的个人或者组织为代理人。

没有前款规定的代理人的,由被申请人住所地的居民委员会、村民委员会或者民政部门担任代理人。

代理人可以是一人,也可以是同一顺序中的两人。

《军事法院管辖民事案件规定》

第二条 下列民事案件,地方当事人向军事法院提起诉讼或者提出申请的,军事法院应当受理:

(一)军人或者军队单位执行职务过程中造成他人损害的侵权责任纠纷案件;

(二)当事人一方为军人或者军队单位,侵权行为发生在营区内的侵权责任纠纷案件;

(三)当事人一方为军人的婚姻家庭纠纷案件;

(四)民事诉讼法第三十三条规定的不动产所在地、港口所在地、被继承人死亡时住所地或者主要遗产所在地在营区内,且当事人一方为军人或者军队单位的案件;

(五)申请宣告军人失踪或者死亡的案件;

(六)申请认定军人无民事行为能力或者限制民事行为能力的案件。

第二十五条 【自然人的住所】
自然人以户籍登记或者其他有效身份登记记载的居所为住所;经常居所与住所不一致的,经常居所视为住所。

【条文对照】

《民法典》总则编	《民法通则》
第二十五条 <u>自然人</u>以户籍登记<u>或者其他有效身份登记记载</u>的居所为住所;经常<u>居所</u>与住所不一致的,经常<u>居所</u>视为住所。	第十五条 <u>公民</u>以他的户籍<u>所在地</u>的<u>居住地</u>为住所,经常<u>居住地</u>与住所不一致的,经常<u>居住地</u>视为住所。

【条文释义】
本条是关于自然人住所的认定规则。

住所,是指自然人长期居住、生活的地点,是自然人所参与的各种法律关系发生的中心地域。住所对于确定自然人的民事主体状态,具有重要意义:宣告失踪或者宣告死亡,都以自然人离开住所地下落不明为前提条件;债务人清偿债务,在没有其他条件确定债务履行地的时候,可以用债务人的住所地来确定债务清偿地;自然人结婚应当进行登记,其婚姻登记地亦是根据自然人的住所来确定;法院决定民事纠纷案件的诉讼管辖以及司法文书的送达地址,也根据自然人的住所来确定。

住所的认定,以自然人的户籍、身份证等登记的居所为判断标准。如果自然人经常居住的居所与登记的住所不一致的,经常居所应为其所参与的各种法律关系发生的中心地域,因此应当以其经常居住的居所为住所。

【关联法规】

《民事诉讼法》

第二十一条 对公民提起的民事诉讼,由被告住所地人民法院管辖;被告住所地与经常居住地不一致的,由经常居住地人民法院管辖。

对法人或者其他组织提起的民事诉讼,由被告住所地人民法院管辖。

同一诉讼的几个被告住所地、经常居住地在两个以上人民法院辖区的,各该人民法院都有管辖权。

第二十二条 下列民事诉讼,由原告住所地人民法院管辖;原告住所地与经常居住地不一致的,由原告经常居住地人民法院管辖:

（一）对不在中华人民共和国领域内居住的人提起的有关身份关系的诉讼；

（二）对下落不明或者宣告失踪的人提起的有关身份关系的诉讼；

（三）对被采取强制性教育措施的人提起的诉讼；

（四）对被监禁的人提起的诉讼。

《反家庭暴力法》

第二十九条　人身安全保护令可以包括下列措施：

（一）禁止被申请人实施家庭暴力；

（二）禁止被申请人骚扰、跟踪、接触申请人及其相关近亲属；

（三）责令被申请人迁出申请人住所；

（四）保护申请人人身安全的其他措施。

《最高人民法院印发〈关于进一步加强民事送达工作的若干意见〉的通知》

九、依第八条规定仍不能确认送达地址的，自然人以其户籍登记的住所或者在经常居住地登记的住址为送达地址，法人或者其他组织以其工商登记或其他依法登记、备案的住所地为送达地址。

《最高人民法院、香港特别行政区政府关于内地与香港特别行政区法院相互认可和执行婚姻家庭民事案件判决的安排》

第四条　申请认可和执行本安排规定的判决：

（一）在内地向申请人住所地、经常居住地或者被申请人住所地、经常居住地、财产所在地的中级人民法院提出；

（二）在香港特别行政区向区域法院提出。申请人应当向符合前款第一项规定的其中一个人民法院提出申请。向两个以上有管辖权的人民法院提出申请的，由最先立案的人民法院管辖。

第六条　申请书应当载明下列事项：

（一）当事人的基本情况，包括姓名、住所、身份证件信息、通讯方式等；

（二）请求事项和理由，申请执行的，还需提供被申请人的财产状况和财产所在地；

（三）判决是否已在其他法院申请执行和执行情况。

第二节　监　护

第二十六条　【父母与子女之间的义务】

父母对未成年子女负有抚养、教育和保护的义务。

成年子女对父母负有赡养、扶助和保护的义务。

【条文对照】

《民法典》总则编	《婚姻法》
第二十六条　父母对未成年子女负有抚养、教育和保护的义务。 成年子女对父母负有赡养、扶助和保护的义务。	第二十一条第一款　父母对子女有抚养教育的义务；子女对父母有赡养扶助的义务。 第二十三条　父母有保护和教育未成年子女的权利和义务。在未成年子女对国家、集体或他人造成损害时，父母有承担民事责任的义务。

【条文释义】

本条第1款单独规定了父母对未成年子女的抚养、教育和保护的法定义务。父母应当照顾保护未成年子女，向其提供生活所需和教育条件，保护其人身安全，代为保管其财产。本款规定将父母与其他监护人的监护区分开来，一定程度上确立了亲权制度。

本条第2款规定的是成年子女对父母负有赡养、扶助和保护的义务。成年子女应在物质上和经济上为父母提供必要的生活条件，对父母在精神上与物质生活上进行帮助、照料、关怀和慰藉，保护父母的人身财产安全。

不同于《民法典》婚姻家庭编和《老年人权益保障法》，《民法典》总则编还规定了成年子女对父母的保护义务。《民法典》总则编规定成年子女对父母保护义务的出发点是希望成年子女能够更好地保护父母的权益尤其是人身安全。但如果完全比照父母对未成年子女的保护义务，则可能在特定情况下产生不公平的后果。例如，父母被他人侵害，侵权人则可能主张成年子女未尽保护义务而减轻责任。因此，建议明确成年子女对父母的保护义务限缩为成年子女对丧失或者部分丧失民事行为能力的父母的保护义务。

本条规定的父母与子女之间基于家庭关系的对内义务与《民法典》总则编第112条规定的对外的身份权相互配合，形成了完整的身份权利义务关系体系，体现了社会主义核心价值观的内涵。

【关联法规】

《宪法》

第四十九条　婚姻、家庭、母亲和儿童受国家的保护。

夫妻双方有实行计划生育的义务。

父母有抚养教育未成年子女的义务，成年子女有赡养扶助父母的义务。

禁止破坏婚姻自由，禁止虐待老人、妇女和儿童。

《民法典》总则编

第一百一十二条　自然人因婚姻家庭关系等产生的人身权利受法律保护。

《民法典》婚姻家庭编

第一千零四十三条　家庭应当树立优良家风,弘扬家庭美德,重视家庭文明建设。

夫妻应当互相忠实,互相尊重,互相关爱;家庭成员应当敬老爱幼,互相帮助,维护平等、和睦、文明的婚姻家庭关系。

第一千零五十八条　夫妻双方平等享有对未成年子女抚养、教育和保护的权利,共同承担对未成年子女抚养、教育和保护的义务。

第一千零六十七条　父母不履行抚养义务的,未成年子女或者不能独立生活的成年子女,有要求父母给付抚养费的权利。

成年子女不履行赡养义务的,缺乏劳动能力或者生活困难的父母,有要求成年子女给付赡养费的权利。

第一千零六十八条　父母有教育、保护未成年子女的权利和义务。未成年子女造成他人损害的,父母应当依法承担民事责任。

《老年人权益保障法》

第十三条　老年人养老以居家为基础,家庭成员应当尊重、关心和照料老年人。

第十四条　赡养人应当履行对老年人经济上供养、生活上照料和精神上慰藉的义务,照顾老年人的特殊需要。

赡养人是指老年人的子女以及其他依法负有赡养义务的人。

赡养人的配偶应当协助赡养人履行赡养义务。

第十五条　赡养人应当使患病的老年人及时得到治疗和护理;对经济困难的老年人,应当提供医疗费用。

对生活不能自理的老年人,赡养人应当承担照料责任;不能亲自照料的,可以按照老年人的意愿委托他人或者养老机构等照料。

第十六条　赡养人应当妥善安排老年人的住房,不得强迫老年人居住或者迁居条件低劣的房屋。

老年人自有的或者承租的住房,子女或者其他亲属不得侵占,不得擅自改变产权关系或者租赁关系。

老年人自有的住房,赡养人有维修的义务。

第十七条　赡养人有义务耕种或者委托他人耕种老年人承包的田地,照管或者委托他人照管老年人的林木和牲畜等,收益归老年人所有。

第十八条　家庭成员应当关心老年人的精神需求,不得忽视、冷落老年人。

与老年人分开居住的家庭成员,应当经常看望或者问候老年人。

用人单位应当按照国家有关规定保障赡养人探亲休假的权利。

第十九条　赡养人不得以放弃继承权或者其他理由,拒绝履行赡养义务。

赡养人不履行赡养义务,老年人有要求赡养人付给赡养费等权利。

赡养人不得要求老年人承担力不能及的劳动。

第二十条　经老年人同意,赡养人之间可以就履行赡养义务签订协议。赡养协议的内容不得违反法律的规定和老年人的意愿。

基层群众性自治组织、老年人组织或者赡养人所在单位监督协议的履行。

第二十一条　老年人的婚姻自由受法律保护。子女或者其他亲属不得干涉老年人离婚、再婚及婚后的生活。

赡养人的赡养义务不因老年人的婚姻关系变化而消除。

第二十二条　老年人对个人的财产,依法享有占有、使用、收益和处分的权利,子女或者其他亲属不得干涉,不得以窃取、骗取、强行索取等方式侵犯老年人的财产权益。

老年人有依法继承父母、配偶、子女或者其他亲属遗产的权利,有接受赠与的权利。子女或者其他亲属不得侵占、抢夺、转移、隐匿或者损毁应当由老年人继承或者接受赠与的财产。

老年人以遗嘱处分财产,应当依法为老年配偶保留必要的份额。

第二十三条　老年人与配偶有相互扶养的义务。

由兄、姐扶养的弟、妹成年后,有负担能力的,对年老无赡养人的兄、姐有扶养的义务。

第二十四条　赡养人、扶养人不履行赡养、扶养义务的,基层群众性自治组织、老年人组织或者赡养人、扶养人所在单位应当督促其履行。

第二十五条　禁止对老年人实施家庭暴力。

第三十三条　国家建立和完善老年人福利制度,根据经济社会发展水平和老年人的实际需要,增加老年人的社会福利。

国家鼓励地方建立八十周岁以上低收入老年人高龄津贴制度。

国家建立和完善计划生育家庭老年人扶助制度。

农村可以将未承包的集体所有的部分土地、山林、水面、滩涂等作为养老基地,收益供老年人养老。

第三十六条　老年人可以与集体经济组织、基层群众性自治组织、养老机构等组织或者个人签订遗赠扶养协议或者其他扶助协议。

负有扶养义务的组织或者个人按照遗赠扶养协议,承担该老年人生养死葬的义务,享有受遗赠的权利。

《教育法》

第五十条　未成年人的父母或者其他监护人应当为其未成年子女或者其他被监护人受教育提供必要条件。

未成年人的父母或者其他监护人应当配合学校及其他教育机构,对其未成年子女或者其他被监护人进行教育。

学校、教师可以对学生家长提供家庭教育指导。

《未成年人保护法》

第十条　父母或者其他监护人应当创造良好、和睦的家庭环境,依法履行对未成年人的监护职责和抚养义务。

禁止对未成年人实施家庭暴力,禁止虐待、遗弃未成年人,禁止溺婴和其他残害婴儿的行为,不得歧视女性未成年人或者有残疾的未成年人。

第十二条　父母或者其他监护人应当学习家庭教育知识,正确履行监护职责,抚养教育未成年人。

有关国家机关和社会组织应当为未成年人的父母或者其他监护人提供家庭教育指导。

《残疾人教育条例》

第八条　残疾人家庭应当帮助残疾人接受教育。

残疾儿童、少年的父母或者其他监护人应当尊重和保障残疾儿童、少年接受教育的权利,积极开展家庭教育,使残疾儿童、少年及时接受康复训练和教育,并协助、参与有关教育机构的教育教学活动,为残疾儿童、少年接受教育提供支持。

第二十七条　【未成年人的监护人】

父母是未成年子女的监护人。

未成年人的父母已经死亡或者没有监护能力的,由下列有监护能力的人按顺序担任监护人:

(一)祖父母、外祖父母;

(二)兄、姐;

(三)其他愿意担任监护人的个人或者组织,但是须经未成年人住所地的居民委员会、村民委员会或者民政部门同意。

【条文对照】

《民法典》总则编	《民法通则》
第二十七条　父母是未成年子女的监护人。 未成年人的父母已经死亡或者没有监护能力的,由下列有监护能力的人**按顺序**担任监护人: (一)祖父母、外祖父母; (二)兄、姐; (三)其他愿意担任监护人的**个人**或者组织,但是须经未成年人住所地的居民委员会、村民委员会**或者民政部门**同意。	第十六条第一款、第二款　未成年人的父母是未成年人的监护人。 未成年人的父母已经死亡或者没有监护能力的,由下列人员中有监护能力的人担任监护人: (一)祖父母、外祖父母; (二)兄、姐; (三)关系密切的其他亲属、朋友愿意承担监护责任,经未成年人的父、母的所在单位或者未成年人住所地的居民委员会、村民委员会同意的。

【条文释义】

法定监护人,是指依照法律规定确定的监护人。法定监护应依照法律规定的监护顺序,以顺序在先者为监护人,在前一顺序的法定监护人缺位或没有监护能力时,依次由后一顺序的法定监护人担任。

未成年人的法定监护人首先是其父母,在父母缺位或没有监护能力的情况下,其监护人顺序如下:(1)祖父母、外祖父母;(2)兄、姐;(3)其他愿意担任监护人的个人或者有关组织。其中其他愿意担任监护人的个人或者有关组织,需要经过居委会、村委会或民政部门的同意。

《民法典》总则编改变了《民法通则》在同一条款规定自然人监护人、指定监护和单位监护人制度的立法模式,在第 31 条统一规定了监护争议指定制度,在第 32 条统一规定了单位监护人制度。

【关联法规】

《民法典》总则编

第三十二条　没有依法具有监护资格的人的,监护人由民政部门担任,也可以由具备履行监护职责条件的被监护人住所地的居民委员会、村民委员会担任。

第二十八条　【非完全民事行为能力成年人的监护人】

无民事行为能力或者限制民事行为能力的成年人,由下列有监护能力的人按顺序担任监护人:

(一)配偶;
(二)父母、子女;

（三）其他近亲属；
（四）其他愿意担任监护人的个人或者组织，但是须经被监护人住所地的居民委员会、村民委员会或者民政部门同意。

【条文对照】

《民法典》总则编	《民法通则》
第二十八条　无民事行为能力或者限制民事行为能力的成年人，由下列有监护能力的人按顺序担任监护人： （一）配偶； （二）父母、子女； （三）其他近亲属； （四）其他愿意担任监护人的个人或者组织，但是须经被监护人住所地的居民委员会、村民委员会或者民政部门同意。	第十七条第一款　无民事行为能力或者限制民事行为能力的精神病人，由下列人员担任监护人： （一）配偶； （二）父母； （三）成年子女； （四）其他近亲属； （五）关系密切的其他亲属、朋友愿意承担监护责任，经精神病人的所在单位或者住所地的居民委员会、村民委员会同意的。

【条文释义】

　　成年人因为疾病、年老、意外事故等原因导致其辨识能力或判断能力有欠缺，从而成为无民事行为能力人或者限制民事行为能力人的，同样需要监护人的保护，其监护人设置的法理与未成年人监护人的设置相同。

　　但是由于与成年人关系密切的人与未成年人有所不同，因此其监护人顺序与未成年人的监护人顺序亦有所不同。第一顺位是配偶，第二顺位是父母和成年子女，第三顺位是其他近亲属，第四顺位是其他愿意担任监护人的个人或组织。根据体系解释可知，第四顺位的个人或组织不包括村委会、居委会和民政部门。

　　需要注意的是，前三顺位的人都有法定的监护义务，而第四顺位的人不具有法定监护义务，是自愿监护人。自愿监护人也叫无因监护人，是指不负有法定监护义务的人自愿担任监护人并经主管组织同意。自愿监护人与法定监护人的最大区别，就在于自愿监护人不是根据法律的规定承担监护义务。自愿监护人应以主管组织同意为必要，非经同意，不能作为监护人。

【关联法规】

《民法典》总则编

　　第三十一条　对监护人的确定有争议的，由被监护人住所地的居民委员会、村民委员会或者民政部门指定监护人，有关当事人对指定不服的，可以向人民法院申请指定监护人；有关当事人也可以直接向人民法院申请指定监护人。

　　居民委员会、村民委员会、民政部门或者人民法院应当尊重被监护人的真实意愿,按照最有利于被监护人的原则在依法具有监护资格的人中指定监护人。

依据本条第一款规定指定监护人前,被监护人的人身权利、财产权利以及其他合法权益处于无人保护状态的,由被监护人住所地的居民委员会、村民委员会、法律规定的有关组织或者民政部门担任临时监护人。

监护人被指定后,不得擅自变更;擅自变更的,不免除被指定的监护人的责任。

第三十二条　没有依法具有监护资格的人的,监护人由民政部门担任,也可以由具备履行监护职责条件的被监护人住所地的居民委员会、村民委员会担任。

《最高人民法院民事审判庭关于监护责任两个问题的电话答复》

(1990年5月4日)

吉林省高级人民法院:

你院〔89〕51号"关于监护责任两个问题的请示"收悉。

关于对患精神病的人,其监护人应从何时起承担监护责任的问题。经我们研究认为,此问题情况比较复杂,我国现行法律无明文规定,也不宜作统一规定。在处理这类案件时,可根据《民法通则》有关规定精神,结合案件具体情况,合情合理地妥善处理。

我们原则上认为:成年人丧失行为能力时,监护人即应承担其监护责任。监护人对精神病人的监护责任是基于法律规定而设立的,当成年人因患精神病,丧失行为能力时,监护人应按照法律规定的监护顺序承担监护责任。如果监护人确实不知被监护人患有精神病的,可根据具体情况,参照《民法通则》第一百三十三条规定精神,适当减轻民事责任。

精神病人在发病时给他人造成的经济损失,如行为人个人财产不足补偿或无个人财产的,其监护人应适当承担赔偿责任。这样处理,可促使监护人自觉履行监护责任,维护被监护人和其他公民的合法权益,也有利于社会安定。

关于侵权行为人在侵权时不满18周岁,在诉讼时已满18周岁,且本人无经济赔偿能力,其原监护人的诉讼法律地位应如何列的问题。

我们认为:原监护人应列为本案第三人,承担民事责任。因原监护人对本案的诉讼标的无独立请求权,只是案件处理结果同本人有法律上的利害关系,因此,系无独立请求权的第三人。

第二十九条　【遗嘱指定监护】

被监护人的父母担任监护人的,可以通过遗嘱指定监护人。

【条文对照】

本条为《民法典》总则编"新增条文",无可对照编纂对象。

【条文释义】

本条新增了遗嘱指定监护人制度。顾名思义，遗嘱监护人是指通过遗嘱指定的监护人。

由于父母是未成年子女的法定监护人，基于父母的自然本能和情感，其能够竭尽全力教育未成年子女、维护未成年子女的利益，其自然会选择最有利于未成年子女权益的人在其死亡后担任监护人。因此《民法典》总则编新增本条规定，准许父母通过遗嘱指定子女的监护人。父母通过遗嘱选定的监护人，应当具备以下资格：(1)遗嘱人须是亲权人。遗嘱指定监护人，遗嘱人必须是父或母。非亲权人不得以遗嘱指定监护人。即使曾经是亲权人，但如果亲权已丧失或者被剥夺的，也不能通过遗嘱指定监护人。(2)遗嘱人须是后去世的亲权人。由于尚有其他亲权人在世，因此先去世的亲权人无权指定监护人。(3)遗嘱须符合法律要求。违反法律要求的遗嘱，不发生遗嘱指定监护人的效力。

需要强调的是，有效的遗嘱指定监护，主要表现为遗嘱监护的优先效力，即遗嘱指定的监护人相较于其他法定监护人处于在先顺位。有效的遗嘱指定监护，并不会使被指定人在遗嘱人死亡后直接成为监护人，只有在被指定人同意承担监护职责后，才会成为监护人。

【关联法规】

《民法典》总则编

第二十七条　父母是未成年子女的监护人。

未成年人的父母已经死亡或者没有监护能力的，由下列有监护能力的人按顺序担任监护人：

（一）祖父母、外祖父母；

（二）兄、姐；

（三）其他愿意担任监护人的个人或者组织，但是须经未成年人住所地的居民委员会、村民委员会或者民政部门同意。

第二十八条　无民事行为能力或者限制民事行为能力的成年人，由下列有监护能力的人按顺序担任监护人：

（一）配偶；

（二）父母、子女；

（三）其他近亲属；

（四）其他愿意担任监护人的个人或者组织，但是须经被监护人住所地的居民委员会、村民委员会或者民政部门同意。

第三十二条　没有依法具有监护资格的人的，监护人由民政部门担任，也可以由具备履行监护职责条件的被监护人住所地的居民委员会、村民委员会担任。

《民法典》继承编

第一千一百二十三条　继承开始后,按照法定继承办理;有遗嘱的,按照遗嘱继承或者遗赠办理;有遗赠扶养协议的,按照协议办理。

第三十条　【协议监护】

依法具有监护资格的人之间可以协议确定监护人。协议确定监护人应当尊重被监护人的真实意愿。

【条文对照】

《民法典》总则编	《民通意见》
第三十条　依法具有监护资格的人之间可以协议确定监护人。**协议确定监护人应当尊重被监护人的真实意愿。**	15. 有监护资格的人之间协议确定监护人的,**应当由协议确定的监护人对被监护人承担监护责任。**

【条文释义】

本条是关于通过协议确定监护人的规定。《民法通则》对此并无规定,而由最高人民法院通过对司法实践经验的吸收规定在《民通意见》中。

多人对无民事行为能力人或者限制民事行为能力人具有监护资格的,无论其顺位如何,可以不按照顺位确定监护人,而由这些具有监护资格的人通过协议确定监护人。协议确定监护人制度,主要是为了克服法定监护顺序僵化的固有缺陷,通过引入意思自治因素,根据实际情况和监护双方的主观意愿,作出最合理的监护人选安排,最大限度保障被监护人的利益。

【关联法规】

《民法典》总则编

第二十七条　父母是未成年子女的监护人。

未成年人的父母已经死亡或者没有监护能力的,由下列有监护能力的人按顺序担任监护人:

(一)祖父母、外祖父母;

(二)兄、姐;

(三)其他愿意担任监护人的个人或者组织,但是须经未成年人住所地的居民委员会、村民委员会或者民政部门同意。

第二十八条　无民事行为能力或者限制民事行为能力的成年人,由下列有监护能力的人按顺序担任监护人:

（一）配偶；

（二）父母、子女；

（三）其他近亲属；

（四）其他愿意担任监护人的个人或者组织，但是须经被监护人住所地的居民委员会、村民委员会或者民政部门同意。

第三十一条 【监护争议解决程序】

对监护人的确定有争议的，由被监护人住所地的居民委员会、村民委员会或者民政部门指定监护人，有关当事人对指定不服的，可以向人民法院申请指定监护人；有关当事人也可以直接向人民法院申请指定监护人。

居民委员会、村民委员会、民政部门或者人民法院应当尊重被监护人的真实意愿，按照最有利于被监护人的原则在依法具有监护资格的人中指定监护人。

依据本条第一款规定指定监护人前，被监护人的人身权利、财产权利以及其他合法权益处于无人保护状态的，由被监护人住所地的居民委员会、村民委员会、法律规定的有关组织或者民政部门担任临时监护人。

监护人被指定后，不得擅自变更；擅自变更的，不免除被指定的监护人的责任。

【条文对照】

《民法典》总则编	《民法通则》
第三十一条 对监护人的确定有争议的，由被监护人住所地的居民委员会、村民委员会或者民政部门指定监护人，有关当事人对指定不服的，可以向人民法院申请指定监护人；有关当事人也可以直接向人民法院申请指定监护人。 居民委员会、村民委员会、民政部门或者人民法院应当尊重被监护人的真实意愿，按照最有利于被监护人的原则在依法具有监护资格的人中指定监护人。 依据本条第一款规定指定监护人前，被监护人的人身权利、财产权利以及其他合法权益处于无人保护状态的，由被监护人住所地的居民委员会、村民委员会、法律规定的有关组织或者民政部门担任临时监护人。 监护人被指定后，不得擅自变更；擅自变更的，不免除被指定的监护人的责任。	第十六条第三款 对担任监护人有争议的，由未成年人的父、母的所在单位或者未成年人住所地的居民委员会、村民委员会在近亲属中指定。对指定不服提起诉讼的，由人民法院裁决。 第十七条第二款 对担任监护人有争议的，由精神病人的所在单位或者住所地的居民委员会、村民委员会在近亲属中指定。对指定不服提起诉讼的，由人民法院裁决。

【条文释义】

本条是关于监护争议解决程序的规定,具有法定监护资格的人对监护人的确定有争议时,由相关机关或组织指定监护人。指定的基本规则是,首先由被监护人住所地的居委会、村委会或者民政部门在具有法定监护资格的人中指定一人或数人担任监护人。如果具有法定监护资格的人、被指定人以及其他利害关系人对指定不服的,可以向人民法院提出申请,由人民法院指定。需要注意的是,被监护人住所地的居委会、村委会的指定并非人民法院指定的必要前置程序,当事人也可以不经居委会、村委会指定而直接向人民法院提出指定监护人的申请。

人民法院指定监护人时,可以将法律关于祖父母、外祖父母、兄、姐、配偶、父母、成年子女、其他个人或组织的规定作为指定监护人的顺序。前一顺序有监护资格的人无监护能力或者对被监护人明显不利的,人民法院可以根据对被监护人有利的原则,从后一顺序有监护资格的人中择优确定。被监护人有识别能力和判断能力的,应视情况征求被监护人的意见。监护人可以是一人,也可以是同一顺序中的数人。被指定人对指定不服提起诉讼的,人民法院应当根据上述规定,作出维持或者撤销指定监护人的判决。判决撤销原指定的,可以同时另行指定监护人。此类案件,比照民事诉讼法规定的特别程序进行审理。

在指定监护人确定之前,由被监护人住所地的居民委员会、村民委员会、法律规定的有关组织或者民政部门担任临时监护人。

《民法典》总则编改变了《民法通则》在未成年人和精神病人监护人确定条款分别规定争议指定监护制度的立法模式,统一了争议指定监护制度。

【关联法规】

《民法典》总则编

第二十七条　父母是未成年子女的监护人。

未成年人的父母已经死亡或者没有监护能力的,由下列有监护能力的人按顺序担任监护人:

(一)祖父母、外祖父母;

(二)兄、姐;

(三)其他愿意担任监护人的个人或者组织,但是须经未成年人住所地的居民委员会、村民委员会或者民政部门同意。

第二十八条　无民事行为能力或者限制民事行为能力的成年人,由下列有监护能力的人按顺序担任监护人:

(一)配偶;

(二)父母、子女;

(三)其他近亲属;

(四)其他愿意担任监护人的个人或者组织,但是须经被监护人住所地的居民委员会、村民委员会或者民政部门同意。

《最高人民法院印发〈关于执行款物管理工作的规定〉的通知》

第十六条 有下列情形之一,不能在规定期限内发放执行款的,人民法院可以将执行款提存:

(一)申请执行人无正当理由拒绝领取的;

(二)申请执行人下落不明的;

(三)申请执行人死亡未确定继承人或者丧失民事行为能力未确定监护人的;

(四)按照申请执行人提供的联系方式无法通知其领取的;

(五)其他不能发放的情形。

第三十二条 【公职监护人】

没有依法具有监护资格的人的,监护人由民政部门担任,也可以由具备履行监护职责条件的被监护人住所地的居民委员会、村民委员会担任。

【条文对照】

《民法典》总则编	《民法通则》
第三十二条 没有依法具有监护资格的人的,监护人由民政部门担任,也可以由具备履行监护职责条件的被监护人住所地的居民委员会、村民委员会担任。	第十六条第四款 没有第一款、第二款规定的监护人的,由未成年人的父、母的所在单位或者未成年人住所地的居民委员会、村民委员会或者民政部门担任监护人。 第十七条第三款 没有第一款规定的监护人的,由精神病人的所在单位或者住所地的居民委员会、村民委员会或者民政部门担任监护人。

【条文释义】

在某些特殊情况下,无民事行为能力人或者限制民事行为能力人的近亲属中没有具备监护资格的人,此时基于国家保护人的尊严和人权保障的需要,国家有义务承担起监护人的职责,由民政部门或者具备监护条件的当地居委会、村委会担任监护人,从而保护无民事行为能力人和限制民事行为能力人的合法权益。

《民法典》总则编改变了《民法通则》在未成年人和精神病人监护人确定条款分别规定公职监护人的立法模式,统一确立了公职监护人制度。

【关联法规】

《民法典》总则编

第二十七条　父母是未成年子女的监护人。

未成年人的父母已经死亡或者没有监护能力的,由下列有监护能力的人按顺序担任监护人:

(一)祖父母、外祖父母;

(二)兄、姐;

(三)其他愿意担任监护人的个人或者组织,但是须经未成年人住所地的居民委员会、村民委员会或者民政部门同意。

第二十八条　无民事行为能力或者限制民事行为能力的成年人,由下列有监护能力的人按顺序担任监护人:

(一)配偶;

(二)父母、子女;

(三)其他近亲属;

(四)其他愿意担任监护人的个人或者组织,但是须经被监护人住所地的居民委员会、村民委员会或者民政部门同意。

《反家庭暴力法》

第十五条　公安机关接到家庭暴力报案后应当及时出警,制止家庭暴力,按照有关规定调查取证,协助受害人就医、鉴定伤情。

无民事行为能力人、限制民事行为能力人因家庭暴力身体受到严重伤害、面临人身安全威胁或者处于无人照料等危险状态的,公安机关应当通知并协助民政部门将其安置到临时庇护场所、救助管理机构或者福利机构。

《最高人民法院、中央综治办、最高人民检察院等关于建立家事审判方式和工作机制改革联席会议制度的意见》

三、最高人民检察院

指导全国检察机关充分履行检察职能,强化对公安、法院以及其他相关部门开展妇女儿童老年人权益保护工作的法律监督。依法惩处各类侵害家庭成员的犯罪,依法追究侵害人的法律责任。对监护人因监护侵害行为被提起公诉的案件,应当书面告知被监护人及其近亲属或者书面建议民政部门依法申请撤销监护人资格。

《关于依法处理监护人侵害未成年人权益行为意见》

15. 未成年人救助保护机构应当接收公安机关送来的受监护侵害的未成年人,履行临时监护责任。

未成年人救助保护机构履行临时监护责任一般不超过一年。

16. 未成年人救助保护机构可以采取家庭寄养、自愿助养、机构代养或者委托政府指定的寄宿学校安置等方式,对未成年人进行临时照料,并为未成年人提供心理疏导、情感抚慰等服务。

未成年人因临时监护需要转学、异地入学接受义务教育的,教育行政部门应当予以保障。

第三十三条 【意定监护】

具有完全民事行为能力的成年人,可以与其近亲属、其他愿意担任监护人的个人或者组织事先协商,以书面形式确定自己的监护人,在自己丧失或者部分丧失民事行为能力时,由该监护人履行监护职责。

【条文对照】

《民法典》总则编	《老年人权益保障法》
第三十三条 具有完全民事行为能力的成<u>年人</u>,可以与其近亲属、其他愿意担任<u>监护人</u><u>的个人</u>或者组织<u>事先协商,以书面形式</u>确定<u>自己的监护人,在自己</u>丧失<u>或者部分丧失民</u><u>事行为能力时,由该监护人履行监护职责</u>。	第二十六条 具备完全民事行为能力的老年人,可以在近亲属<u>或者</u>其他与自己关系密切、愿意<u>承担监护责任</u>的个人、组织中协商确定自己的监护人。<u>监护人在老年人</u>丧失或者部分丧失民事行为能力时,依法承担监护责任。 老年人未事先确定监护人的,其丧失或者部分丧失民事行为能力时,依照有关法律的规定确定监护人。

【条文释义】

本条所规定的监护设立方式本质上为意定监护,是最为充分地体现被监护人意志的一种监护人设立方式。具备完全民事行为能力的成年人可能在日后因为疾病或意外事故等原因丧失或部分丧失民事行为能力,其提前按照自己的意愿确定监护人,有利于选择自己最信任的、最能保护好自己权益并能尊重自己意愿的人担任监护人。具体来说,完全民事行为能力人在尚未丧失全部或部分民事行为能力时,即选定监护人,与其签订委托监护合同,将本人未来的诸如生活照料、疗养看护和财产管理等监护事务全部或者部分授予该监护人,监护关系在本人因年老、精神障碍或者其他原因丧失或部分丧失民事行为能力后生效。

需要注意的是,这种监护设立方式是当事人与其近亲属或其他个人或组织之间的协议,属于双方法律行为。意定监护的基础在于双方协商一致的合意,须经设立人与监护人共同同意,意定监护方能生效。

意定监护制度最初规定在《老年人权益保障法》中,针对老年人的需求而设立。经过长期实践和经验总结,《民法典》总则编将范围从老年人扩大到具有完全民事行为能力的成年人,值得肯定。

【关联法规】

《民法典》合同编

第四百六十四条 合同是民事主体之间设立、变更、终止民事法律关系的协议。

婚姻、收养、监护等有关身份关系的协议,适用有关该身份关系的法律规定;没有规定的,可以根据其性质参照适用本编规定。

第三十四条 【监护职责及临时生活照料】

监护人的职责是代理被监护人实施民事法律行为,保护被监护人的人身权利、财产权利以及其他合法权益等。

监护人依法履行监护职责产生的权利,受法律保护。

监护人不履行监护职责或者侵害被监护人合法权益的,应当承担法律责任。

因发生突发事件等紧急情况,监护人暂时无法履行监护职责,被监护人的生活处于无人照料状态的,被监护人住所地的居民委员会、村民委员会或者民政部门应当为被监护人安排必要的临时生活照料措施。

【条文对照】

《民法典》总则编	《民法通则》
第三十四条 监护人的职责是代理被监护人实施民事法律行为,保护被监护人的人身权利、财产权利以及其他合法权益等。 监护人依法履行监护职责产生的权利,受法律保护。 监护人不履行监护职责或者侵害被监护人合法权益的,应当承担**法律责任**。 **因发生突发事件等紧急情况,监护人暂时无法履行监护职责,被监护人的生活处于无人照料状态的,被监护人住所地的居民委员会、村民委员会或者民政部门应当为被监护人安排必要的临时生活照料措施。**	第十八条 监护人应当履行监护职责,保护被监护人的人身、财产及其他合法权益,除为被监护人的利益外,不得处理被监护人的财产。 监护人依法履行监护的权利,受法律保护。 监护人不履行监护职责或者侵害被监护人的合法权益的,应当承担责任;给被监护人造成财产损失的,应当赔偿损失。人民法院可以根据有关人员或者有关单位的申请,撤销监护人的资格。

【条文释义】

监护人应当依法履行监护职责。监护人因履行监护职责所产生的对被监护人财产的管理权以及代理权等权利受到法律保护。此外,监护人不履行监护职责造成被监护人合法权益损害的,或者监护人滥用监护权虐待被监护人、侵害被监护人财产的,应当承担赔偿责任。

一般来说,监护人的主要职责包括:保护被监护人的身体健康,防止其生命健康权被不法侵害;照顾被监护人的生活,保证被监护人在物质和精神生活方面的基本需求;管理和保护被监护人的财产,以免受到不法侵害;为被监护人的利益处分被监护人的财产;代理被监护人进行民事活动;对被监护人进行管理和教育,保证被监护人的身心发育和健康成长;代理被监护人进行诉讼。因此,立法者在列举了"代理被监护人实施民事法律行为,保护被监护人的人身权利、财产权利以及其他合法权益"职责之后,使用了"等"的表述方式。

严格地说,监护人依法履行监护职责产生的是一种"民事权力"而非"民事权利"。因此监护的性质是一种职责,而非义务。监护职责对于监护人来说并无利益可言,因此法律不能对监护人苛加过重的责任。

另外值得一提的是,《民法典》第34条在《民法总则》第34条的基础上增加了第4款,规定监护人因紧急情况无法履行监护职责时,特定主体应对被监护人安排必要的临时生活照料措施。但是根据《民法典》第34条第1款的规定,监护人主要是通过代理被监护人实施民事法律行为来保护被监护人的人身权利、财产权利以及其他合法权益等。监护职责的履行不是民事权利,也不是民事义务,而是一种"民事权力"。然而,第4款对特定主体课加临时生活照料的义务,显然不属于监护职责的范畴,也不符合监护职责的"民事权力"性质。因此,笔者认为,第4款的内容规定在《民法典》第26条比较合适。《民法典》第26条第1款规定了父母对未成年子女负有抚养、教育和保护的义务;当父母因突发事件等紧急情况不能履行抚养、保护义务时,特定主体应承担起临时生活照料的义务。

【关联法规】

《民法典》婚姻家庭编

第一千零六十八条　父母有教育、保护未成年子女的权利和义务。未成年子女造成他人损害的,父母应当依法承担民事责任。

《民法典》侵权责任编

第一千一百八十八条　无民事行为能力人、限制民事行为能力人造成他人损害的,由监护人承担侵权责任。监护人尽到监护职责的,可以减轻其侵权责任。

有财产的无民事行为能力人、限制民事行为能力人造成他人损害的,从本人财产中支付赔偿费用;不足部分,由监护人赔偿。

《广告法》

第三十三条　广告主或者广告经营者在广告中使用他人名义或者形象的,应当事先取得其书面同意;使用无民事行为能力人、限制民事行为能力人的名义或者形象的,应当事先取得其监护人的书面同意。

《精神卫生法》

第四十九条　精神障碍患者的监护人应当妥善看护未住院治疗的患者,按照医嘱督促其按时服药、接受随访或者治疗。村民委员会、居民委员会、患者所在单位等应当依患者或者其监护人的请求,对监护人看护患者提供必要的帮助。

《母婴保健法》

第十九条　依照本法规定施行终止妊娠或者结扎手术,应当经本人同意,并签署意见。本人无行为能力的,应当经其监护人同意,并签署意见。

依照本法规定施行终止妊娠或者结扎手术的,接受免费服务。

《反家庭暴力法》

第十二条　未成年人的监护人应当以文明的方式进行家庭教育,依法履行监护和教育职责,不得实施家庭暴力。

《教育法》

第十九条　国家实行九年制义务教育制度。

各级人民政府采取各种措施保障适龄儿童、少年就学。

适龄儿童、少年的父母或者其他监护人以及有关社会组织和个人有义务使适龄儿童、少年接受并完成规定年限的义务教育。

《未成年人保护法》

第十一条　父母或者其他监护人应当关注未成年人的生理、心理状况和行为习惯,以健康的思想、良好的品行和适当的方法教育和影响未成年人,引导未成年人进行有益身心健康的活动,预防和制止未成年人吸烟、酗酒、流浪、沉迷网络以及赌博、吸毒、卖淫等行为。

第十三条　父母或者其他监护人应当尊重未成年人受教育的权利,必须使适龄未成年人依法入学接受并完成义务教育,不得使接受义务教育的未成年人辍学。

《残疾预防和残疾人康复条例》

第十六条　国家鼓励公民学习残疾预防知识和技能,提高自我防护意识和能力。

未成年人的监护人应当保证未成年人及时接受政府免费提供的疾病和残疾筛查,努力使有出生缺陷或者致残性疾病的未成年人及时接受治疗和康复服务。未成年人、老年人的监护人或者家庭成员应当增强残疾预防意识,采取有针对性

的残疾预防措施

《残疾人教育条例》

第八条 残疾人家庭应当帮助残疾人接受教育。

残疾儿童、少年的父母或者其他监护人应当尊重和保障残疾儿童、少年接受教育的权利,积极开展家庭教育,使残疾儿童、少年及时接受康复训练和教育,并协助、参与有关教育机构的教育教学活动,为残疾儿童、少年接受教育提供支持。

《烟花爆竹安全管理条例》

第二十九条 各级人民政府和政府有关部门应当开展社会宣传活动,教育公民遵守有关法律、法规和规章,安全燃放烟花爆竹。

广播、电视、报刊等新闻媒体,应当做好安全燃放烟花爆竹的宣传、教育工作。

未成年人的监护人应当对未成年人进行安全燃放烟花爆竹的教育。

《依法处理监护人侵害未成年人权益行为意见》

1. 本意见所称监护侵害行为,是指父母或者其他监护人(以下简称监护人)性侵害、出卖、遗弃、虐待、暴力伤害未成年人,教唆、利用未成年人实施违法犯罪行为,胁迫、诱骗、利用未成年人乞讨,以及不履行监护职责严重危害未成年人身心健康等行为。

2. 处理监护侵害行为,应当遵循未成年人最大利益原则,充分考虑未成年人身心特点和人格尊严,给予未成年人特殊、优先保护。

3. 对于监护侵害行为,任何组织和个人都有权劝阻、制止或者举报。

公安机关应当采取措施,及时制止在工作中发现以及单位、个人举报的监护侵害行为,情况紧急时将未成年人带离监护人。

民政部门应当设立未成年人救助保护机构(包括救助管理站、未成年人救助保护中心),对因受到监护侵害进入机构的未成年人承担临时监护责任,必要时向人民法院申请撤销监护人资格。

人民法院应当依法受理人身安全保护裁定申请和撤销监护人资格案件并作出裁判。

人民检察院对公安机关、人民法院处理监护侵害行为的工作依法实行法律监督。

人民法院、人民检察院、公安机关设有办理未成年人案件专门工作机构的,应当优先由专门工作机构办理监护侵害案件。

第三十五条 【履行监护职责应遵循的原则】

监护人应当按照最有利于被监护人的原则履行监护职责。监护人除为维护被监护人利益外,不得处分被监护人的财产。

未成年人的监护人履行监护职责,在作出与被监护人利益有关的决定时,应当根据被监护人的年龄和智力状况,尊重被监护人的真实意愿。

成年人的监护人履行监护职责,应当最大程度地尊重被监护人的真实意愿,保障并协助被监护人实施与其智力、精神健康状况相适应的民事法律行为。对被监护人有能力独立处理的事务,监护人不得干涉。

【条文对照】

《民法典》总则编	《民法通则》
第三十五条　监护人应当**按照最有利于被监护人的原则**履行监护职责。**监护人除**为维护被监护人利益外,不得<u>处分</u>被监护人的财产。 未成年人的监护人履行监护职责,在作出与被监护人利益有关的决定时,应当根据被监护人的年龄和智力状况,尊重被监护人的真实意愿。 成年人的监护人履行监护职责,应当最大程度地尊重被监护人的真实意愿,保障并协助被监护人实施与其智力、精神健康状况相适应的民事法律行为。对被监护人有能力独立处理的事务,监护人不得干涉。	第十八条第一款　监护人应当履行监护职责,保护被监护人的人身、财产及其他合法权益,除为被监护人的利益外,不得<u>处理</u>被监护人的财产。

【条文释义】

本条比较全面地规定了监护人履行监护职责应当遵循的基本原则。本条关于监护原则规定的最大特色在于,吸收了比较法上成年监护制度的核心价值,在履行监护职责、处理监护事务时,应当充分尊重被监护人的意愿。

最有利于被监护人原则是监护人履行监护职责应遵循的最根本的原则。监护制度设置的目的就是为了弥补被监护人民事行为能力的不足,保护其合法权益。因此监护人在履行职责时必然应当遵循最有利于被监护人的原则,采用最有利于被监护人的方法。

此外,不管是未成年人监护还是成年人监护,都应当充分尊重被监护人本人的意愿。如果所涉及事项会对被监护人的切身利益产生重要影响,并且被监护人具备认识和理解的能力,能够作出理性的判断,那么监护人在履行监护职责时应当充分尊重被监护人的意愿。如果所涉及的事项超出被监护人的理解和判断能力所及的范围,则被监护人的意愿并非唯一决定因素,监护人应结合被监护人的意愿及其利益最大化两项因素决定如何履行监护职责。

【关联法规】

《未成年人保护法》

第十四条　父母或者其他监护人应当根据未成年人的年龄和智力发展状况,在作出与未成年人权益有关的决定时告知其本人,并听取他们的意见。

第三十六条　【监护人资格的撤销与重新指定】

监护人有下列情形之一的,人民法院根据有关个人或者组织的申请,撤销其监护人资格,安排必要的临时监护措施,并按照最有利于被监护人的原则依法指定监护人:

(一)实施严重损害被监护人身心健康的行为;

(二)怠于履行监护职责,或者无法履行监护职责且拒绝将监护职责部分或者全部委托给他人,导致被监护人处于危困状态;

(三)实施严重侵害被监护人合法权益的其他行为。

本条规定的有关个人、组织包括:其他依法具有监护资格的人,居民委员会、村民委员会、学校、医疗机构、妇女联合会、残疾人联合会、未成年人保护组织、依法设立的老年人组织、民政部门等。

前款规定的个人和民政部门以外的组织未及时向人民法院申请撤销监护人资格的,民政部门应当向人民法院申请。

【条文对照】

本条为《民法典》总则编"新增条文",无可对照编纂对象。

【条文释义】

本条是关于监护人资格的撤销与重新指定监护人的规定。设置监护人的目的在于保护被监护人的合法权益。如果监护人不履行保护被监护人的职责,反而侵害被监护人的合法权益,那么就不适宜继续担任监护人。其他有监护资格的人或者被监护人住所地的居委会、村委会、学校、医疗机构、妇女联合会、残疾人联合会、未成年人保护组织以及老年人组织、民政部门等可以向人民法院申请撤销监护人的监护资格,并为被监护人重新指定监护人。

另外,根据民政部《生活无着的流浪乞讨人员救助管理机构工作规程》的规定,流出地救助管理机构应当对受助未成年人的家庭监护情况进行调查评估;对确无监护能力的,由救助管理机构协助监护人及时委托其他人员代为监护;对拒不履行监护责任、经反复教育不改的,由救助管理机构向人民法院提出申请撤销其监护人资格,依法另行指定监护人。根据《最高人民法院、最高人民检察院、公安部、民政部关于依法处理监护人侵害未成年人权益行为若干问题的意见》的规定,如果被监护人是未成年人,"有关组织"还包括未成年人父、母所在单位、民政部门设立的未成年人救助保护机构、共青团和关心下一代工作委员会。

【关联法规】

《民法典》婚姻家庭编

第一千零九十六条　监护人送养孤儿的,应当征得有抚养义务的人同意。有抚养义务的人不同意送养、监护人不愿意继续履行监护职责的,应当依照本法第一编的规定另行确定监护人。

《反家庭暴力法》

第二十一条第一款　监护人实施家庭暴力严重侵害被监护人合法权益的,人民法院可以根据被监护人的近亲属、居民委员会、村民委员会、县级人民政府民政部门等有关人员或者单位的申请,依法撤销其监护人资格,另行指定监护人。

《未成年人保护法》

第六条　保护未成年人,是国家机关、武装力量、政党、社会团体、企业事业组织、城乡基层群众性自治组织、未成年人的监护人和其他成年公民的共同责任。

对侵犯未成年人合法权益的行为,任何组织和个人都有权予以劝阻、制止或者向有关部门提出检举或者控告。

国家、社会、学校和家庭应当教育和帮助未成年人维护自己的合法权益,增强自我保护的意识和能力,增强社会责任感。

第五十三条　父母或者其他监护人不履行监护职责或者侵害被监护的未成年人的合法权益,经教育不改的,人民法院可以根据有关人员或者有关单位的申请,撤销其监护人的资格,依法另行指定监护人。被撤销监护资格的父母应当依法继续负担抚养费用。

《民事诉讼法司法解释》

第十条　不服指定监护或者变更监护关系的案件,可以由被监护人住所地人民法院管辖。

《民法典婚姻家庭编司法解释一》

第六十二条　无民事行为能力人的配偶有民法典第三十六条第一款规定行为,其他有监护资格的人可以要求撤销其监护资格,并依法指定新的监护人;变更后的监护人代理无民事行为能力一方提起离婚诉讼的,人民法院应予受理。

《依法处理监护人侵害未成年人权益行为意见》

27. 下列单位和人员(以下简称有关单位和人员)有权向人民法院申请撤销监护人资格：

(一)未成年人的其他监护人,祖父母、外祖父母、兄、姐,关系密切的其他亲属、朋友；

(二)未成年人住所地的村(居)民委员会,未成年人父、母所在单位；

(三)民政部门及其设立的未成年人救助保护机构；

(四)共青团、妇联、关工委、学校等团体和单位。

申请撤销监护人资格,一般由前款中负责临时照料未成年人的单位和人员提出,也可以由前款中其他单位和人员提出。

28. 有关单位和人员向人民法院申请撤销监护人资格的,应当提交相关证据。

有包含未成年人基本情况、监护存在问题、监护人悔过情况、监护人接受教育辅导情况、未成年人身心健康状况以及未成年人意愿等内容的调查评估报告的,应当一并提交。

29. 有关单位和人员向公安机关、人民检察院申请出具相关案件证明材料的,公安机关、人民检察院应当提供证明案件事实的基本材料或者书面说明。

30. 监护人因监护侵害行为被提起公诉的案件,人民检察院应当书面告知未成年人及其临时照料人有权依法申请撤销监护人资格。

对于监护侵害行为符合本意见第35条规定情形而相关单位和人员没有提起诉讼的,人民检察院应当书面建议当地民政部门或者未成年人救助保护机构向人民法院申请撤销监护人资格。

31. 申请撤销监护人资格案件,由未成年人住所地、监护人住所地或者侵害行为地基层人民法院管辖。

人民法院受理撤销监护人资格案件,不收取诉讼费用。

35. 被申请人有下列情形之一的,人民法院可以判决撤销其监护人资格：

(一)性侵害、出卖、遗弃、虐待、暴力伤害未成年人,严重损害未成年人身心健康的；

(二)将未成年人置于无人监管和照看的状态,导致未成年人面临死亡或者严重伤害危险,经教育不改的；

(三)拒不履行监护职责长达六个月以上,导致未成年人流离失所或者生活无着的；

(四)有吸毒、赌博、长期酗酒等恶习无法正确履行监护职责或者因服刑等原因无法履行监护职责,且拒绝将监护职责部分或者全部委托给他人,致使未成

年人处于困境或者危险状态的;

(五)胁迫、诱骗、利用未成年人乞讨,经公安机关和未成年人救助保护机构等部门三次以上批评教育拒不改正,严重影响未成年人正常生活和学习的;

(六)教唆、利用未成年人实施违法犯罪行为,情节恶劣的;

(七)有其他严重侵害未成年人合法权益行为的。

36.判决撤销监护人资格,未成年人有其他监护人的,应当由其他监护人承担监护职责。其他监护人应当采取措施避免未成年人继续受到侵害。

没有其他监护人的,人民法院根据最有利于未成年人的原则,在民法通则第十六条第二款、第四款规定的人员和单位中指定监护人。指定个人担任监护人的,应当综合考虑其意愿、品行、身体状况、经济条件、与未成年人的生活情感联系以及有表达能力的未成年人的意愿等。

没有合适人员和其他单位担任监护人的,人民法院应当指定民政部门担任监护人,由其所属儿童福利机构收留抚养。

37.判决不撤销监护人资格的,人民法院可以根据需要走访未成年人及其家庭,也可以向当地民政部门、辖区公安派出所、村(居)民委员会、共青团、妇联、未成年人所在学校、监护人所在单位等发出司法建议,加强对未成年人的保护和对监护人的监督指导。

《生活无着的流浪乞讨人员救助管理机构工作规程》

第四十三条 流出地救助管理机构应当对受助未成年人的家庭监护情况进行调查评估;对确无监护能力的,由救助管理机构协助监护人及时委托其他人员代为监护;对拒不履行监护责任、经反复教育不改的,由救助管理机构向人民法院提出申请撤销其监护人资格,依法另行指定监护人。

第三十七条 【监护人资格撤销后的义务】

依法负担被监护人抚养费、赡养费、扶养费的父母、子女、配偶等,被人民法院撤销监护人资格后,应当继续履行负担的义务。

【条文对照】

本条为《民法典》总则编"新增条文",无可对照编纂对象。

【条文释义】

本条对监护资格撤销后抚养、赡养及扶养义务的继续履行进行了规定。一般来说,抚养费、赡养费、扶养费的负担义务来源于当事人之间特定的亲属法上的身份关系,这种关系或者是父母子女关系,或者是配偶关系。在未成年人的父母已经死亡或者没有监护能力的情况下,负担相关费用的监护人也可能是兄弟姐妹、祖父母、外祖父母、孙子女、外孙子女等近亲属。

监护资格只是直接教育、保护和照顾被监护人的法律资格,父母子女之间、配偶之间的身份关系与监护资格的享有或监护关系的存续并无直接关联。监护资格的丧失并不影响父母子女之间、配偶之间的身份关系的存续,只要上述身份关系存在,父母、子女、配偶依法支付抚养费、赡养费、扶养费的义务就存在。也就是说,即使父母对未成年子女或配偶的监护资格被撤销,相互之间仍然具有父母子女或配偶的身份关系,基于该身份关系所产生的支付抚养费、赡养费、扶养费的义务也仍然存在。

【关联法规】

《民法典》婚姻家庭编

第一千零五十九条　夫妻有相互扶养的义务。

需要扶养的一方,在另一方不履行扶养义务时,有要求其给付扶养费的权利。

第一千零六十七条　父母不履行抚养义务的,未成年子女或者不能独立生活的成年子女,有要求父母给付抚养费的权利。

成年子女不履行赡养义务的,缺乏劳动能力或者生活困难的父母,有要求成年子女给付赡养费的权利。

第一千零七十二条　继父母与继子女间,不得虐待或者歧视。

继父或者继母和受其抚养教育的继子女间的权利义务关系,适用本法关于父母子女关系的规定。

第一千零七十四条　有负担能力的祖父母、外祖父母,对于父母已经死亡或者父母无力抚养的未成年孙子女、外孙子女,有抚养的义务。

有负担能力的孙子女、外孙子女,对于子女已经死亡或者子女无力赡养的祖父母、外祖父母,有赡养的义务。

第一千零七十五条　有负担能力的兄、姐,对于父母已经死亡或者父母无力抚养的未成年弟、妹,有扶养的义务。

由兄、姐扶养长大的有负担能力的弟、妹,对于缺乏劳动能力又缺乏生活来源的兄、姐,有扶养的义务。

《反家庭暴力法》

第二十一条　监护人实施家庭暴力严重侵害被监护人合法权益的,人民法院可以根据被监护人的近亲属、居民委员会、村民委员会、县级人民政府民政部门等有关人员或者单位的申请,依法撤销其监护人资格,另行指定监护人。

被撤销监护人资格的加害人,应当继续负担相应的赡养、扶养、抚养费用。

《未成年人保护法》

第五十三条　父母或者其他监护人不履行监护职责或者侵害被监护的未成年人的合法权益,经教育不改的,人民法院可以根据有关人员或者有关单位的申请,撤销其监护人的资格,依法另行指定监护人。被撤销监护资格的父母应当依法继续负担抚养费用。

《民法典婚姻家庭编司法解释一》

第四十一条　尚在校接受高中及其以下学历教育,或者丧失、部分丧失劳动能力等非因主观原因而无法维持正常生活的成年子女,可以认定为民法典第一千零六十七条规定的"不能独立生活的成年子女"。

《依法处理监护人侵害未成年人权益行为意见》

42.被撤销监护人资格的父、母应当继续负担未成年人的抚养费用和因监护侵害行为产生的各项费用。相关单位和人员起诉的,人民法院应予支持。

第三十八条　【监护人资格的恢复】

被监护人的父母或者子女被人民法院撤销监护人资格后,除对被监护人实施故意犯罪的外,确有悔改表现的,经其申请,人民法院可以在尊重被监护人真实意愿的前提下,视情况恢复其监护人资格,人民法院指定的监护人与被监护人的监护关系同时终止。

【条文对照】

本条为《民法典》总则编"新增条文",无可对照编纂对象。

【条文释义】

父母与子女之间的自然血亲关系,非一般的监护人与被监护人之间的关系可以比拟。因此,法律给被撤销了监护人资格的父母或成年子女一项特别的优待:在监护人被撤销了监护资格后,如果确有悔改表现的,人民法院可以恢复其监护资格。需要注意的是,恢复监护资格需要满足以下三个条件:其一,父母或成年子女不曾对被监护人实施过故意犯罪行为。其二,被监护人同意恢复其父母或成年子女的监护人资格。其三,需被监护人的父母或成年子女向人民法院提出恢复申请,由人民法院予以宣告。

本条规定的"确有悔改表现的",要求人民法院"尊重被监护人真实意愿",实际上暗含了被监护人的宽恕,类似于《继承法意见》第13条规定的被继承人宽恕继承人的情感表示行为。

【关联法条】

《民法典继承编司法解释一》

第六条 继承人是否符合民法典第一千一百二十五条第一款第三项规定的"虐待被继承人情节严重",可以从实施虐待行为的时间、手段、后果和社会影响等方面认定。

虐待被继承人情节严重的,不论是否追究刑事责任,均可确认其丧失继承权。

《依法处理监护人侵害未成年人权益行为意见》

38. 被撤销监护人资格的侵害人,自监护人资格被撤销之日起三个月至一年内,可以书面向人民法院申请恢复监护人资格,并应当提交相关证据。

人民法院应当将前款内容书面告知侵害人和其他监护人、指定监护人。

39. 人民法院审理申请恢复监护人资格案件,按照变更监护关系的案件审理程序进行。

人民法院应当征求未成年人现任监护人和有表达能力的未成年人的意见,并可以委托申请人住所地的未成年人救助保护机构或者其他未成年人保护组织,对申请人监护意愿、悔改表现、监护能力、身心状况、工作生活情况等进行调查,形成调查评估报告。

申请人正在服刑或者接受社区矫正的,人民法院应当征求刑罚执行机关或者社区矫正机构的意见。

40. 人民法院经审理认为申请人确有悔改表现并且适宜担任监护人的,可以判决恢复其监护人资格,原指定监护人的监护人资格终止。

申请人具有下列情形之一的,一般不得判决恢复其监护人资格:

(一)性侵害、出卖未成年人的;

(二)虐待、遗弃未成年人六个月以上、多次遗弃未成年人,并且造成重伤以上严重后果的;

(三)因监护侵害行为被判处五年有期徒刑以上刑罚的。

第三十九条 【监护关系的终止】

有下列情形之一的,监护关系终止:

(一)被监护人取得或者恢复完全民事行为能力;

(二)监护人丧失监护能力;

(三)被监护人或者监护人死亡;

(四)人民法院认定监护关系终止的其他情形。

监护关系终止后,被监护人仍然需要监护的,应当依法另行确定监护人。

【条文对照】

本条为《民法典》总则编"新增条文",无可对照编纂对象。

【条文释义】

本条是关于监护关系终止的规定。监护关系的终止分为绝对终止和相对终止,前者是指监护关系因没有必要存在而终止,后者是指监护关系相对于某一监护人而终止但因新的监护人出现而产生新的监护关系。监护关系的绝对终止发生在被监护人恢复完全民事行为能力或者被监护人死亡的情况,而监护关系的相对终止在监护人丧失监护能力、监护人死亡、监护人丧失监护资格等情况下发生。

【关联法规】

《民法典》总则编

第十五条 自然人的出生时间和死亡时间,以出生证明、死亡证明记载的时间为准;没有出生证明、死亡证明的,以户籍登记或者其他有效身份登记记载的时间为准。有其他证据足以推翻以上记载时间的,以该证据证明的时间为准。

第二十四条 不能辨认或者不能完全辨认自己行为的成年人,其利害关系人或者有关组织,可以向人民法院申请认定该成年人为无民事行为能力人或者限制民事行为能力人。

被人民法院认定为无民事行为能力人或者限制民事行为能力人的,经本人、利害关系人或者有关组织申请,人民法院可以根据其智力、精神健康恢复的状况,认定该成年人恢复为限制民事行为能力人或者完全民事行为能力人。

本条规定的有关组织包括:居民委员会、村民委员会、学校、医疗机构、妇女联合会、残疾人联合会、依法设立的老年人组织、民政部门等。

第一百七十五条 有下列情形之一的,法定代理终止:

(一)被代理人取得或者恢复完全民事行为能力;

(二)代理人丧失民事行为能力;

(三)代理人或者被代理人死亡;

(四)法律规定的其他情形。

第三节 宣告失踪和宣告死亡

第四十条 【宣告失踪】

自然人下落不明满二年的,利害关系人可以向人民法院申请宣告该自然人为失踪人。

【条文对照】

《民法典》总则编	《民法通则》
第四十条　<u>自然人</u>下落不明满二年的,利害关系人可以向人民法院申请宣告<u>该自然人</u>为失踪人。	第二十条第一款　<u>公民</u>下落不明满二年的,利害关系人可以向人民法院申请宣告<u>他</u>为失踪人。

【条文释义】

法律规定宣告失踪制度的目的,是通过人民法院确认自然人失踪的事实,结束失踪人财产无人管理以及其应履行的义务不能得到及时履行的非正常状态,以保护失踪人和利害关系人的利益,并维护社会经济秩序的稳定。宣告失踪,即是指自然人离开自己的住所下落不明达到法定期限,经利害关系人申请,人民法院依照法定程序宣告其为失踪人的民事主体制度。

宣告失踪必须满足以下条件:其一,必须自然人下落不明满两年。下落不明,是指自然人离开自己最后的居所或住所后没有音讯,并且这种状况持续、不间断。从自然人音讯消失之日起开始计算,持续、不间断地经过两年时间,才可以申请宣告失踪。其二,必须由利害关系人向人民法院提出申请。利害关系人包括:被申请宣告失踪人的配偶、父母、子女、兄弟姐妹、祖父母、外祖父母、孙子女、外孙子女以及其他与被申请人有民事权利义务关系的人。其中,"其他与被申请人有民事权利义务关系的人"主要是指失踪人的合伙人、债权人等。其三,必须由法院根据法定程序进行宣告。人民法院在收到宣告失踪的申请以后,应当依据《民事诉讼法》规定的特别程序,发布寻找失踪人的公告。公告期满以后,仍没有该自然人的音讯时,人民法院才能宣告该自然人为失踪人。

【关联法规】

《民事诉讼法》

第一百八十三条　公民下落不明满二年,利害关系人申请宣告其失踪的,向下落不明人住所地基层人民法院提出。

申请书应当写明失踪的事实、时间和请求,并附有公安机关或者其他有关机关关于该公民下落不明的书面证明。

第一百八十五条　人民法院受理宣告失踪、宣告死亡案件后,应当发出寻找下落不明人的公告。宣告失踪的公告期间为三个月,宣告死亡的公告期间为一年。因意外事故下落不明,经有关机关证明该公民不可能生存的,宣告死亡的公告期间为三个月。

公告期间届满,人民法院应当根据被宣告失踪、宣告死亡的事实是否得到确认,作出宣告失踪、宣告死亡的判决或者驳回申请的判决。

《涉外民事关系法律适用法》

第十三条 宣告失踪或者宣告死亡,适用自然人经常居所地法律。

《民事诉讼法司法解释》

第三百四十七条 寻找下落不明人的公告应当记载下列内容:

(一)被申请人应当在规定期间内向受理法院申报其具体地址及其联系方式。否则,被申请人将被宣告失踪、宣告死亡;

(二)凡知悉被申请人生存现状的人,应当在公告期间内将其所知道情况向受理法院报告。

第四十一条 【下落不明的起算时间】

自然人下落不明的时间自其失去音讯之日起计算。战争期间下落不明的,下落不明的时间自战争结束之日或者有关机关确定的下落不明之日起计算。

【条文对照】

《民法典》总则编	《民法通则》
第四十一条 自然人下落不明的时间自其失去音讯之日起计算。战争期间下落不明的,下落不明的时间<u>自战争结束之日或者有关机关确定的下落不明之日</u>起计算。	第二十条第二款 战争期间下落不明的,下落不明的时间<u>从</u>战争结束之日起计算。

【条文释义】

本条对下落不明的起算时间进行了规定。由于宣告失踪以自然人下落不明满两年为前提条件,因此下落不明的起算时间具有重要意义,应当予以明确。根据宣告失踪制度的目的,下落不明的状态应从自然人失去音讯之日起算。战争期间,由于社会秩序比较混乱,自然人因为各种原因没有音讯的情况比较普遍,因此法律规定这种情况下下落不明的时间从战争结束之日起算。

第四十二条 【财产代管人】

失踪人的财产由其配偶、成年子女、父母或者其他愿意担任财产代管人的人代管。

代管有争议,没有前款规定的人,或者前款规定的人无代管能力的,由人民法院指定的人代管。

【条文对照】

《民法典》总则编	《民法通则》
第四十二条　失踪人的财产由其配偶、成年子女、父母或者其他愿意担任财产代管人的人代管。 　　代管有争议，没有前款规定的人，或者前款规定的人无代管能力的，由人民法院指定的人代管。	第二十一条第一款　失踪人的财产由他的配偶、父母、成年子女或者关系密切的其他亲属、朋友代管。代管有争议，没有以上规定的人或者以上规定的人无能力代管的，由人民法院指定的人代管。

【条文释义】

法院判决宣告自然人失踪的，应当同时指定失踪人的财产代管人。失踪人的财产应当由其配偶、成年子女、父母或者其他愿意担任财产代管人的人代管。需要注意的是，其他愿意担任财产代管人的人主要是指失踪人的兄弟姐妹、祖父母、外祖父母、孙子女、外孙子女等近亲属以及其他具有财产代管能力的朋友等。并且本条所规定的财产代管人的范围比《民法通则》所规定的财产代管人的范围广泛，并不局限于关系密切的亲属、朋友。

如果以上人员对于代管有争议的，或者不存在以上人员的，或者以上人员不具备代管能力的，由人民法院指定代管人。需要注意的是，可以作为指定代管人的，一定是能够维护失踪人权益的人，可能侵害失踪人权益的人不能被指定作为代管人。

本条规定特别将"成年子女"置于"父母"之前，顺位上仅次于"配偶"，有两点意义：其一，明确本条的"配偶、成年子女、父母或者其他愿意担任财产代管人的人代管"的规定具有顺位意义；其二，立法者更倾向于让成年子女而非父母作为财产代管人，这是因为如果失踪人同时有成年子女和父母的情形，父母年龄一般较大，成年子女担任财产代管人更为合适。

【关联法规】

《民事诉讼法司法解释》

第三百四十三条　宣告失踪或者宣告死亡案件，人民法院可以根据申请人的请求，清理下落不明人的财产，并指定案件审理期间的财产管理人。公告期满后，人民法院判决宣告失踪的，应当同时依照民法典第四十二条的规定指定失踪人的财产代管人。

第四十三条　【财产代管人的职责】

财产代管人应当妥善管理失踪人的财产，维护其财产权益。

失踪人所欠税款、债务和应付的其他费用,由财产代管人从失踪人的财产中支付。

财产代管人因故意或者重大过失造成失踪人财产损失的,应当承担赔偿责任。

【条文对照】

《民法典》总则编	《民法通则》
第四十三条　财产代管人应当妥善管理失踪人的财产,维护其财产权益。 失踪人所欠税款、债务和应付的其他费用,由财产代管人从失踪人的财产中支付。 财产代管人因故意或者重大过失造成失踪人财产损失的,应当承担赔偿责任。	第二十一条第二款　失踪人所欠税款、债务和应付的其他费用,由代管人从失踪人的财产中支付。

【条文释义】

财产代管人的一项主要职责就是妥善管理失踪人的财产,管理失踪人的财产时应当尽到必要的注意义务,维护失踪人的财产权益。财产代管人的另一项职责是代理失踪人履行债务和受领他人的履行。代管人有权从失踪人的财产中清偿债务、支付税款和诸如赡养费、抚养费之类的其他应当支付的费用;代管人也应尽力追索失踪人的债权,代理失踪人受领他人对失踪人的清偿。代管人不能代理失踪人从事清偿债务和追索债权以外的其他民事活动。

代管人行为不当侵害失踪人财产权益的应当承担赔偿责任。但由于代管行为是一种无偿行为,因此仅在代管人因自己的故意或重大过失造成失踪人财产的损害时才承担赔偿责任,而无须对因一般的过失所造成的损害承担赔偿责任。

【关联法规】

《民事诉讼法》

第一百八十五条　人民法院受理宣告失踪、宣告死亡案件后,应当发出寻找下落不明人的公告。宣告失踪的公告期间为三个月,宣告死亡的公告期间为一年。因意外事故下落不明,经有关机关证明该公民不可能生存的,宣告死亡的公告期间为三个月。

公告期间届满,人民法院应当根据被宣告失踪、宣告死亡的事实是否得到确认,作出宣告失踪、宣告死亡的判决或者驳回申请的判决。

第四十四条　【财产代管人的变更】

财产代管人不履行代管职责、侵害失踪人财产权益或者丧失代管能力的,失踪人的利害关系人可以向人民法院申请变更财产代管人。

财产代管人有正当理由的,可以向人民法院申请变更财产代管人。

人民法院变更财产代管人的,变更后的财产代管人有权请求原财产代管人及时移交有关财产并报告财产代管情况。

【条文对照】

本条为《民法典》总则编"新增条文",无可对照编纂对象。

【条文释义】

关于财产代管人的变更,《民法通则》未作规定。本条是吸收了司法实践关于财产代管人变更的经验所作出的规定。财产代管人制度的目的主要在于帮助管理失踪人的财产,维护其财产权益。如果财产代管人不履行代管职责,或者侵害被代管人的财产,或者丧失代管能力,则无法实现维护失踪人财产权益的目的。因此在前述情况下,失踪人的利害关系人有权向人民法院申请变更财产代管人。

人民法院变更财产代管人的,应当撤销代管人的代管资格,并指定新的代管人。新的财产代管人依法享有代管失踪人财产的权利,原财产代管人丧失代管资格,应当及时将其掌握的失踪人的财产移交给新的代管人,并向其报告财产代管情况。

【关联法规】

《民法典》总则编

第四十二条　失踪人的财产由其配偶、成年子女、父母或者其他愿意担任财产代管人的人代管。

代管有争议,没有前款规定的人,或者前款规定的人无代管能力的,由人民法院指定的人代管。

《民事诉讼法司法解释》

第三百四十四条　失踪人的财产代管人经人民法院指定后,代管人申请变更代管的,比照民事诉讼法特别程序的有关规定进行审理。申请理由成立的,裁定撤销申请人的代管人身份,同时另行指定财产代管人;申请理由不成立的,裁定驳回申请。

失踪人的其他利害关系人申请变更代管的,人民法院应当告知其以原指定的代管人为被告起诉,并按普通程序进行审理。

第四十五条　【失踪宣告的撤销】

失踪人重新出现,经本人或者利害关系人申请,人民法院应当撤销失踪宣告。

失踪人重新出现,有权请求财产代管人及时移交有关财产并报告财产代管情况。

【条文对照】

《民法典》总则编	《民法通则》
第四十五条　失踪人重新出现,经本人或者利害关系人申请,人民法院应当撤销失踪宣告。 失踪人重新出现,有权请求财产代管人及时移交有关财产并报告财产代管情况。	第二十二条　被宣告失踪的人重新出现或者确知他的下落,经本人或者利害关系人申请,人民法院应当撤销对他的失踪宣告。

【条文释义】

本条规定了失踪宣告的撤销。若被宣告失踪的人重新出现,经本人或者利害关系人申请,人民法院应当撤销对他的失踪宣告。宣告失踪的撤销,同样要由人民法院依据法定程序进行。

失踪宣告一经撤销,财产代管关系随之终止。代管人应当将其代管的财产交还给被宣告失踪的人,并向被宣告失踪人报告在其代管期间对财产的管理和处置的情况。只要代管人并非出于恶意,其在代管期间支付的各种合理费用,失踪人无权要求代管人返还。

【关联法规】

《民事诉讼法》

第一百八十六条　被宣告失踪、宣告死亡的公民重新出现,经本人或者利害关系人申请,人民法院应当作出新判决,撤销原判决。

第四十六条　【宣告死亡】

自然人有下列情形之一的,利害关系人可以向人民法院申请宣告该自然人死亡:

(一)下落不明满四年;

(二)因意外事件,下落不明满二年。

因意外事件下落不明,经有关机关证明该自然人不可能生存的,申请宣告死亡不受二年时间的限制。

【条文对照】

《民法典》总则编	《民法通则》《民事诉讼法》
第四十六条　自然人有下列情形之一的,利害关系人可以向人民法院申请宣告该自然人死亡: (一)下落不明满四年; (二)因意外事件,下落不明满二年。 因意外事件下落不明,经有关机关证明该自然人不可能生存的,申请宣告死亡不受二年时间的限制。	《民法通则》 　　第二十三条　公民有下列情形之一的,利害关系人可以向人民法院申请宣告他死亡: (一)下落不明满四年的; (二)因意外事故下落不明,从事故发生之日起满二年的。 战争期间下落不明的,下落不明的时间从战争结束之日起计算。 《民事诉讼法》 　　第一百八十四条　公民下落不明满四年,或者因意外事故下落不明满二年,或者因意外事故下落不明,经有关机关证明该公民不可能生存,利害关系人申请宣告其死亡的,向下落不明人住所地基层人民法院提出。 申请书应当写明下落不明的事实、时间和请求,并附有公安机关或者其他有关机关关于该公民下落不明的书面证明。

【条文释义】

宣告死亡,是指自然人下落不明达到法定期限,经利害关系人申请,人民法院经过法定程序,在法律上推定失踪人死亡的一项民事主体制度。法律规定宣告死亡制度的意义,在于消除自然人长期下落不明所造成的财产关系和人身关系极不稳定的状态,及时了结下落不明人与他人的人身关系和财产关系,从而维护正常的社会秩序。

宣告死亡应当具备以下条件:其一,自然人下落不明达到法定期限。自然人下落不明满4年,或者因意外事件下落不明,从事故发生之日起满2年。其二,必须由利害关系人向法院提出申请。申请宣告死亡的利害关系人的顺序是:配偶、父母、子女、兄弟姐妹、祖父母、外祖父母、孙子女、外孙子女;其他有民事权利义务关系的人。其三,必须由人民法院依法定程序作出宣告。

需要注意的是,本条相较于《民法通则》的一大变化是吸收了《民事诉讼法》的相关规定:因意外事件下落不明,经有关机关证明该自然人不可能生存的,可以不必受到时间限制直接提出死亡宣告申请。

【关联法规】

《民法典》总则编

第四十七条 对同一自然人,有的利害关系人申请宣告死亡,有的利害关系人申请宣告失踪,符合本法规定的宣告死亡条件的,人民法院应当宣告死亡。

《民事诉讼法》

第一百八十五条 人民法院受理宣告失踪、宣告死亡案件后,应当发出寻找下落不明人的公告。宣告失踪的公告期间为三个月,宣告死亡的公告期间为一年。因意外事故下落不明,经有关机关证明该公民不可能生存的,宣告死亡的公告期间为三个月。

公告期间届满,人民法院应当根据被宣告失踪、宣告死亡的事实是否得到确认,作出宣告失踪、宣告死亡的判决或者驳回申请的判决。

第四十七条 【宣告失踪与宣告死亡请求的竞合】

对同一自然人,有的利害关系人申请宣告死亡,有的利害关系人申请宣告失踪,符合本法规定的宣告死亡条件的,人民法院应当宣告死亡。

【条文对照】

《民法典》总则编	《民通意见》
第四十七条 对同一自然人,有的利害关系人申请宣告死亡,有的利害关系人申请宣告失踪,<u>符合本法规定的宣告死亡条件的,人民法院</u>应当宣告死亡。	29.宣告失踪不是宣告死亡的必须程序。公民下落不明,符合申请宣告死亡的条件,利害关系人可以不经申请宣告失踪而直接申请宣告死亡。但利害关系人只申请<u>宣告失踪的,应当宣告失踪;同一顺序的利害关系人,有的申请宣告死亡,有的不同意宣告死亡</u>,则应当宣告死亡。

【条文释义】

宣告失踪制度与宣告死亡制度的关系,《民法通则》并未作出规定。本条吸收了司法实践的经验,对此进行了规定。

宣告死亡制度与宣告失踪制度都是民事主体制度的内容,二者有着密切的联系。在很多情况下,利害关系人往往是先申请宣告失踪,满足法定条件后再申请宣告死亡。乍看起来,宣告失踪似乎是宣告死亡的前置程序,但这样理解是不对的。法律并未规定宣告失踪是宣告死亡的必经前置程序。不管利害关系人是否先行申请了宣告失踪,都可以直接申请宣告死亡。对同一自然人,既申请宣告死亡,又申请宣告失踪的,为了保护申请人的利益和交易安全,人民法院对符合宣告死亡条件的应当作出宣告死亡的判决。

【关联法规】

《民法典》总则编

第四十条　自然人下落不明满二年的,利害关系人可以向人民法院申请宣告该自然人为失踪人。

第四十六条　自然人有下列情形之一的,利害关系人可以向人民法院申请宣告该自然人死亡:

(一)下落不明满四年;

(二)因意外事件,下落不明满二年。

因意外事件下落不明,经有关机关证明该自然人不可能生存的,申请宣告死亡不受二年时间的限制。

第四十八条　【死亡日期的确定】

被宣告死亡的人,人民法院宣告死亡的判决作出之日视为其死亡的日期;因意外事件下落不明宣告死亡的,意外事件发生之日视为其死亡的日期。

【条文对照】

《民法典》总则编	《民通意见》
第四十八条　被宣告死亡的人,人民法院宣告死亡的判决作出之日视为其死亡的日期;因意外事件下落不明宣告死亡的,意外事件发生之日视为其死亡的日期。	第36条第1款　被宣告死亡的人,判决宣告之日为其死亡的日期。判决书除发给申请人外,还应当在被宣告死亡的人住所地和人民法院所在地公告。

【条文释义】

《民法通则》并未对被宣告死亡人的死亡日期进行规定,实践中容易产生认识的混乱。本条对此予以了明确,有利于法律的统一适用。

被宣告死亡人的死亡日期首先由人民法院的判决予以确定。如果判决未确定死亡日期的,判决作出之日视为死亡日期。这与一般判决在送达后始生效的一般规则有所不同,需要特别注意。

【关联法规】

《保险法司法解释三》

第二十四条　投保人为被保险人订立以死亡为给付保险金条件的人身保险合同,被保险人被宣告死亡后,当事人要求保险人按照保险合同约定给付保险金的,人民法院应予支持。

被保险人被宣告死亡之日在保险责任期间之外,但有证据证明下落不明之日在保险责任期间之内,当事人要求保险人按照保险合同约定给付保险金的,人民法院应予支持。

《民法典继承编司法解释一》

第一条　继承从被继承人生理死亡或者被宣告死亡时开始。

宣告死亡的,根据民法典第四十八条规定确定的死亡日期,为继承开始的时间。

第四十九条　【被宣告死亡人实际生存时的行为效力】

自然人被宣告死亡但是并未死亡的,不影响该自然人在被宣告死亡期间实施的民事法律行为的效力。

【条文对照】

《民法典》总则编	《民法通则》
第四十九条　自然人被宣告死亡但是并未死亡的,不影响该自然人在被宣告死亡期间实施的民事法律行为的**效力**。	第二十四条第二款　有民事行为能力人在被宣告死亡期间实施的民事法律行为**有效**。

【条文释义】

宣告死亡制度中的"死亡"实质上是一种拟制死亡,被宣告死亡人有可能并没有真正死亡。死亡的拟制效力并不能使被宣告死亡但实际存活的人从事的民事活动归于无效,否则既不合情理,亦不利于维护交易安全和社会经济秩序。

若本人实际从事的民事活动与被宣告死亡的法律后果相抵触的,因争议很大,《民法典》总则编暂时未进行规定。

第五十条　【死亡宣告的撤销】

被宣告死亡的人重新出现,经本人或者利害关系人申请,人民法院应当撤销死亡宣告。

【条文对照】

《民法典》总则编	《民法通则》
第五十条　被宣告死亡的人重新出现,经本人或者利害关系人申请,人民法院应当撤销死亡宣告。	第二十四条第一款　被宣告死亡的人重新出现或者确知他没有死亡,经本人或者利害关系人申请,人民法院应当撤销对他的死亡宣告。

【条文释义】

死亡宣告的撤销应当满足以下条件：

其一，被宣告死亡人仍然生存且重新出现。宣告死亡只是一种法律上的拟制死亡，实际上被宣告死亡人未必真正死亡。如果被宣告死亡人仍然生存并重新出现，理应撤销死亡宣告。

其二，必须由本人或利害关系人提出申请。撤销死亡宣告的利害关系人与申请宣告死亡的利害关系人的范围一致，包括：配偶；父母、子女；兄弟姐妹、祖父母、外祖父母、孙子女、外孙子女；其他有民事权利义务关系的人。但与申请宣告死亡的利害关系人不同的是，撤销死亡宣告的利害关系人没有顺序的限制。

其三，必须由人民法院作出撤销宣告。

【关联法规】

《民事诉讼法》

第一百八十六条　被宣告失踪、宣告死亡的公民重新出现，经本人或者利害关系人申请，人民法院应当作出新判决，撤销原判决。

第五十一条　【宣告死亡及其撤销后婚姻关系的效力】

被宣告死亡的人的婚姻关系，自死亡宣告之日起消除。死亡宣告被撤销的，婚姻关系自撤销死亡宣告之日起自行恢复。但是，其配偶再婚或者向婚姻登记机关书面声明不愿意恢复的除外。

【条文对照】

《民法典》总则编	《民通意见》
第五十一条　被宣告死亡的人的婚姻关系，自死亡宣告之日起消除。死亡宣告被撤销的，婚姻关系自撤销死亡宣告之日起自行恢复。但是，其配偶再婚或者向婚姻登记机关书面声明不愿意恢复的除外。	37. 被宣告死亡的人与配偶的婚姻关系，自死亡宣告之日起消灭。死亡宣告被人民法院撤销，如果其配偶尚未再婚的，夫妻关系从撤销死亡宣告之日起自行恢复；如果其配偶再婚后又离婚或者再婚后配偶又死亡的，则不得认定夫妻关系自行恢复。

【条文释义】

《民法通则》并未对宣告死亡及撤销后婚姻关系的法律效力作出规定。本条参考《民通意见》的规定，对此予以了明确。

宣告死亡的法律后果等同于自然死亡，因此被宣告死亡人与其配偶的婚姻关系自宣告死亡之日起消灭。死亡宣告被撤销后,其配偶尚未再婚的,婚姻关系自然应从撤销死亡宣告之日起恢复;如果再婚的,因为涉及第三人合法权利的稳定性,婚姻关系不能恢复。此外,为尊重配偶的真实意愿,虽然尚未再婚但是其配偶向婚姻登记机关明确表明不愿意恢复的,婚姻关系也不能恢复。

相比于《民通意见》,本条新增了配偶在人民法院宣告一方死亡之后向婚姻登记机关书面声明不愿意恢复婚姻关系的例外规定。《民法典》婚姻家庭编第1079条第4款规定:"一方被宣告失踪,另一方提起离婚诉讼的,应当准予离婚。"因此在人民法院宣告一方死亡之后,向婚姻登记机关书面声明不愿意恢复婚姻关系的,即使死亡宣告被撤销的,婚姻关系也不应自行恢复。

【关联法规】

《民法典》总则编

第四十六条 自然人有下列情形之一的,利害关系人可以向人民法院申请宣告该自然人死亡:

(一)下落不明满四年;

(二)因意外事件,下落不明满二年。

因意外事件下落不明,经有关机关证明该自然人不可能生存的,申请宣告死亡不受二年时间的限制。

《民法典》婚姻家庭编

第一千零七十九条 夫妻一方要求离婚的,可以由有关组织进行调解或者直接向人民法院提起离婚诉讼。

人民法院审理离婚案件,应当进行调解;如果感情确已破裂,调解无效的,应当准予离婚。

有下列情形之一,调解无效的,应当准予离婚:

(一)重婚或者与他人同居;

(二)实施家庭暴力或者虐待、遗弃家庭成员;

(三)有赌博、吸毒等恶习屡教不改;

(四)因感情不和分居满二年;

(五)其他导致夫妻感情破裂的情形。

一方被宣告失踪,另一方提起离婚诉讼的,应当准予离婚。

经人民法院判决不准离婚后,双方又分居满一年,一方再次提起离婚诉讼的,应当准予离婚。

第五十二条 【死亡宣告撤销后子女被收养的效力】

被宣告死亡的人在被宣告死亡期间,其子女被他人依法收养的,在死亡宣告被撤销后,不得以未经本人同意为由主张收养行为无效。

【条文对照】

《民法典》总则编	《民通意见》
第五十二条　被宣告死亡的人在被宣告死亡期间,其子女被他人依法收养的,在死亡宣告被撤销后,<u>不得以未经本人同意为由主张收养行为无效</u>。	38. 被宣告死亡的人在被宣告死亡期间,其子女被他人依法收养,被宣告死亡的人在死亡宣告被撤销后,<u>仅以未经本人同意而主张收养关系无效的,一般不应准许,但收养人和被收养人同意的除外</u>。

【条文释义】

在被宣告死亡期间,被宣告人的子女符合被收养条件因而被他人收养的,属于合法的收养关系,应受到法律保护。

被宣告死亡后被宣告人在法律上已经死亡,收养关系无需也不可能经其同意。在死亡宣告被撤销后,其子女与收养人已经合法建立的收养关系仍然有效存在,被宣告人不得仅以未经其同意而主张收养关系无效,否则将损害收养人的合理信赖。

【关联法规】

《民法典》婚姻家庭编

第一千零九十三条　下列未成年人,可以被收养:

(一)丧失父母的孤儿;

(二)查找不到生父母的未成年人;

(三)生父母有特殊困难无力抚养的子女。

第一千一百零七条　孤儿或者生父母无力抚养的子女,可以由生父母的亲属、朋友抚养;抚养人与被抚养人的关系不适用本章规定。

第一千一百一十一条　自收养关系成立之日起,养父母与养子女间的权利义务关系,适用本法关于父母子女关系的规定;养子女与养父母的近亲属间的权利义务关系,适用本法关于子女与父母的近亲属关系的规定。

养子女与生父母以及其他近亲属间的权利义务关系,因收养关系的成立而消除。

《中国公民收养子女登记办法》

第六条　送养人应当向收养登记机关提交下列证件和证明材料:

(一)送养人的居民户口簿和居民身份证(组织作监护人的,提交其负责人的身份证件);

(二)收养法规定送养时应当征得其他有抚养义务的人同意的,并提交其他有抚养义务的人同意送养的书面意见。

社会福利机构为送养人的,并应当提交弃婴、儿童进入社会福利机构的原始记录,公安机关出具的捡拾弃婴、儿童报案的证明,或者孤儿的生父母死亡或者宣告死亡的证明。

监护人为送养人的,并应当提交实际承担监护责任的证明,孤儿的父母死亡或者宣告死亡的证明,或者被收养人生父母无完全民事行为能力并对被收养人有严重危害的证明。

生父母为送养人的,并应当提交与当地计划生育部门签订的不违反计划生育规定的协议;有特殊困难无力抚养子女的,还应当提交送养人有特殊困难的声明。其中,因丧偶或者一方下落不明由单方送养的,还应当提交配偶死亡或者下落不明的证明。对送养人有特殊困难的声明,登记机关可以进行调查核实;子女由三代以内同辈旁系血亲收养的,还应当提交公安机关出具的或者经过公证的与收养人有亲属关系的证明。

被收养人是残疾儿童的,并应当提交县级以上医疗机构出具的该儿童的残疾证明。

《外国人在中华人民共和国收养子女登记办法》

第五条　送养人应当向省、自治区、直辖市人民政府民政部门提交本人的居民户口簿和居民身份证(社会福利机构作送养人的,应当提交其负责人的身份证件)、被收养人的户簿证明等情况证明,并根据不同情况提交下列有关证明材料:

(一)被收养人的生父母(包括已经离婚的)为送养人的,应当提交生父母有特殊困难无力抚养的证明和生父母双方同意送养的书面意见;其中,被收养人的生父或者生母因丧偶或者一方下落不明,由单方送养的,并应当提交配偶死亡或者下落不明的证明以及死亡的或者下落不明的配偶的父母不行使优先抚养权的书面声明;

(二)被收养人的父母均不具备完全民事行为能力,由被收养人的其他监护人作送养人的,应当提交被收养人的父母不具备完全民事行为能力且对被收养人有严重危害的证明以及监护人有监护权的证明;

(三)被收养人的父母均已死亡,由被收养人的监护人作送养人的,应当提交其生父母的死亡证明、监护人实际承担监护责任的证明,以及其他有抚养义务的人同意送养的书面意见;

(四)由社会福利机构作送养人的,应当提交弃婴、儿童被遗弃和发现的情况证明以及查找其父母或者其他监护人的情况证明;被收养人是孤儿的,应当提交孤儿父母的死亡或者宣告死亡证明,以及有抚养孤儿义务的其他人同意送养的书面意见。

送养残疾儿童的,还应当提交县级以上医疗机构出具的该儿童的残疾证明。

第五十三条　【死亡宣告撤销后的财产返还与赔偿责任】

被撤销死亡宣告的人有权请求依照本法第六编取得其财产的民事主体返还财产;无法返还的,应当给予适当补偿。

利害关系人隐瞒真实情况,致使他人被宣告死亡而取得其财产的,除应当返还财产外,还应当对由此造成的损失承担赔偿责任。

【条文对照】

《民法典》总则编	《民法通则》《民通意见》
第五十三条　被撤销死亡宣告的人有权请求依照**本法第六编**取得**其**财产的<u>民事主体返还财产</u>;<u>无法返还</u>的,应当给予适当补偿。 利害关系人隐瞒真实情况,<u>致使他人被</u>宣告死亡而取得其财产的,除应当返还财产外,还应当对<u>由此</u>造成的损失<u>承担</u>赔偿<u>责任</u>。	《民法通则》 　　第二十五条　被撤销死亡宣告的人有权请求返还财产。依照继承法取得他的财产的公民<u>或者组织</u>,<del>应当返还原物;原物不存</del>在的,给予适当补偿。 《民通意见》 　　39.利害关系人隐瞒真实情况使他人被宣告死亡而取得其财产的,除应返还原物<u>及孳息</u>外,还应对造成的损失予以赔偿。

【条文释义】

死亡宣告被撤销后,不管利害关系人是因继承、受遗赠,还是因其他原因取得被宣告人的财产,都应当向被宣告人返还财产。返还以返还原物为原则,如果原物不存在,则应当做出适当补偿。在确定返还义务人应补偿的数额时,主要考虑返还义务人所取得财产的价值、返还能力等因素。

如果利害关系人故意隐瞒他人下落的有关信息等情况,导致他人被宣告死亡,故意隐瞒人因而取得他人财物的,法律规定除返还原物外,还应当对由此给他人造成的损失承担赔偿责任。

第四节　个体工商户和农村承包经营户

第五十四条　【个体工商户】

自然人从事工商业经营,经依法登记,为个体工商户。个体工商户可以起字号。

【条文对照】

《民法典》总则编	《民法通则》
第五十四条　自然人从事工商业经营,经依法登记,为个体工商户。个体工商户可以起字号。	第二十六条　公民在法律允许的范围内,依法经核准登记,从事工商业经营的,为个体工商户。个体工商户可以起字号。

【条文释义】

个体工商户是民营经济的重要组成部分,改革开放以来为促进经济社会发展发挥了重要作用,因此本条沿袭了《民法通则》的做法,对个体工商户进行了规定。

从事工商业经营的自然人经登记机关依法登记就成为个体工商户。个体工商户虽然是由自然人注册成立的,但可以起字号,以显示与作为其设立人的自然人的差别。需要注意的是,个体工商户虽经登记而成立,但法律并未赋予其独立的法律地位,其在性质上仍属于自然人这一民事主体。

【关联法规】

《个体工商户条例》

第二条　有经营能力的公民,依照本条例规定经工商行政管理部门登记,从事工商业经营的,为个体工商户。

个体工商户可以个人经营,也可以家庭经营。

个体工商户的合法权益受法律保护,任何单位和个人不得侵害。

《现金管理暂行条例》

第十三条　对个体工商户、农村承包经营户发放的贷款,应当以转帐方式支付。对确需在集市使用现金购买物资的,经开户银行审核后,可以在贷款金额内支付现金。

第十四条　在开户银行开户的个体工商户、农村承包经营户异地采购所需货款,应当通过银行汇兑方式支付。因采购地点不固定,交通不便必须携带现金的,由开户银行根据实际需要,予以支付现金。

未在开户银行开户的个体工商户、农村承包经营户异地采购所需货款,可以通过银行汇兑方式支付。凡加盖"现金"字样的结算凭证,汇入银行必须保证支付现金。

《工商总局对浙工商法〔1995〕25号请示的答复》

二、持有公安部门发放的居留证或临时居留证的外国公民,申请进入当地商品交易市场从事经营活动的,应当按照《中华人民共和国民法通则》第二十六条、第八条的原则办理登记。

第五十五条 【农村承包经营户】

农村集体经济组织的成员,依法取得农村土地承包经营权,从事家庭承包经营的,为农村承包经营户。

【条文对照】

《民法典》总则编	《民法通则》
第五十五条　农村集体经济组织的成员,依法取得<u>农村土地承包经营权</u>,<u>从事家庭承包经营的</u>,为农村承包经营户。	第二十七条　农村集体经济组织的成员,在法律允许的范围内,按照承包合同规定从事商品经营的,为农村承包经营户。

【条文释义】

以家庭承包经营为基础的土地承包经营制度是我国农村的基本经营制度,因此保障农民的土地承包经营权成为民法的重要任务之一。

根据本条规定,成为农村承包经营户首先要求是农村集体经济组织的成员,其次要求以家庭户的名义从事家庭承包经营,才能依据法律规定和承包合同的约定承包集体所有或国家所有但集体使用的土地、森林、草原、荒地、水面等从事农业生产经营活动。

【关联法规】

《农村土地承包法》

第五条　农村集体经济组织成员有权依法承包由本集体经济组织发包的农村土地。

任何组织和个人不得剥夺和非法限制农村集体经济组织成员承包土地的权利。

第十六条　家庭承包的承包方是本集体经济组织的农户。

农户内家庭成员依法平等享有承包土地的各项权益。

第十七条　承包方享有下列权利:

(一)依法享有承包地使用、收益的权利,有权自主组织生产经营和处置产品;

(二)依法互换、转让土地承包经营权;

(三)依法流转土地经营权;

(四)承包地被依法征收、征用、占用的,有权依法获得相应的补偿;

(五)法律、行政法规规定的其他权利。

《农村土地承包经营纠纷调解仲裁案件司法解释》

第一条 农村土地承包仲裁委员会根据农村土地承包经营纠纷调解仲裁法第十八条规定,以超过申请仲裁的时效期间为由驳回申请后,当事人就同一纠纷提起诉讼的,人民法院应予受理。

第二条 当事人在收到农村土地承包仲裁委员会作出的裁决书之日起三十日后或者签收农村土地承包仲裁委员会作出的调解书后,就同一纠纷向人民法院提起诉讼的,裁定不予受理;已经受理的,裁定驳回起诉。

第三条 当事人在收到农村土地承包仲裁委员会作出的裁决书之日起三十日内,向人民法院提起诉讼,请求撤销仲裁裁决的,人民法院应当告知当事人就原纠纷提起诉讼。

第四条 农村土地承包仲裁委员会依法向人民法院提交当事人财产保全申请的,申请财产保全的当事人为申请人。

农村土地承包仲裁委员会应当提交下列材料:

(一)财产保全申请书;

(二)农村土地承包仲裁委员会发出的受理案件通知书;

(三)申请人的身份证明;

(四)申请保全财产的具体情况。

人民法院采取保全措施,可以责令申请人提供担保,申请人不提供担保的,裁定驳回申请。

第五条 人民法院对农村土地承包仲裁委员会提交的财产保全申请材料,应当进行审查。符合前条规定的,应予受理;申请材料不齐全或不符合规定的,人民法院应当告知农村土地承包仲裁委员会需要补齐的内容。

人民法院决定受理的,应当于三日内向当事人送达受理通知书并告知农村土地承包仲裁委员会。

第六条 人民法院受理财产保全申请后,应当在十日内作出裁定。因特殊情况需要延长的,经本院院长批准,可以延长五日。

人民法院接受申请后,对情况紧急的,必须在四十八小时内作出裁定;裁定采取保全措施的,应当立即开始执行。

第七条 农村土地承包经营纠纷仲裁中采取的财产保全措施,在申请保全的当事人依法提起诉讼后,自动转为诉讼中的财产保全措施,并适用《最高人民法院关于适用〈中华人民共和国民事诉讼法〉的解释》第四百八十七条关于查封、扣押、冻结期限的规定。

第八条 农村土地承包仲裁委员会依法向人民法院提交当事人证据保全申请的,应当提供下列材料:

（一）证据保全申请书；

（二）农村土地承包仲裁委员会发出的受理案件通知书；

（三）申请人的身份证明；

（四）申请保全证据的具体情况。

对证据保全的具体程序事项，适用本解释第五、六、七条关于财产保全的规定。

第九条　农村土地承包仲裁委员会作出先行裁定后，一方当事人依法向被执行人住所地或者被执行的财产所在地基层人民法院申请执行的，人民法院应予受理和执行。

申请执行先行裁定的，应当提供以下材料：

（一）申请执行书；

（二）农村土地承包仲裁委员会作出的先行裁定书；

（三）申请执行人的身份证明；

（四）申请执行人提供的担保情况；

（五）其他应当提交的文件或证件。

第十条　当事人根据农村土地承包经营纠纷调解仲裁法第四十九条规定，向人民法院申请执行调解书、裁决书，符合《最高人民法院关于人民法院执行工作若干问题的规定（试行）》第十六条规定条件的，人民法院应予受理和执行。

第十一条　当事人因不服农村土地承包仲裁委员会作出的仲裁裁决向人民法院提起诉讼的，起诉期从其收到裁决书的次日起计算。

第十二条　本解释施行后，人民法院尚未审结的一审、二审案件适用本解释规定。本解释施行前已经作出生效裁判的案件，本解释施行后依法再审的，不适用本解释规定。

《劳动争议案件司法解释一》

第二条　下列纠纷不属于劳动争议：

（一）劳动者请求社会保险经办机构发放社会保险金的纠纷；

（二）劳动者与用人单位因住房制度改革产生的公有住房转让纠纷；

（三）劳动者对劳动能力鉴定委员会的伤残等级鉴定结论或者对职业病诊断鉴定委员会的职业病诊断鉴定结论的异议纠纷；

（四）家庭或者个人与家政服务人员之间的纠纷；

（五）个体工匠与帮工、学徒之间的纠纷；

（六）农村承包经营户与受雇人之间的纠纷。

第五十六条 【"两户"的债务承担】

个体工商户的债务,个人经营的,以个人财产承担;家庭经营的,以家庭财产承担;无法区分的,以家庭财产承担。

农村承包经营户的债务,以从事农村土地承包经营的农户财产承担;事实上由农户部分成员经营的,以该部分成员的财产承担。

【条文对照】

《民法典》总则编	《民法通则》
第五十六条　个体工商户的债务,个人经营的,以个人财产承担;家庭经营的,以家庭财产承担;**无法区分的,以家庭财产承担**。 **农村承包经营户的债务,以从事农村土地承包经营的农户财产承担;事实上由农户部分成员经营的,以该部分成员的财产承担**。	第二十九条　个体工商户、农村承包经营户的债务,个人经营的,以个人财产承担;家庭经营的,以家庭财产承担。

【条文释义】

由于个体工商户和农村承包经营户的组织形式比较松散,法律并未承认其独立的法律地位,其存在很大程度上依赖于组成成员,因此其债务承担的财产基础是经营成员的全部财产。

具体来说,个体工商户如果是个人经营的,以其个人财产承担债务清偿责任;如果是家庭经营的,以家庭全部财产承担债务清偿责任。在无法区分是个人经营还是家庭经营的情况下,法律要求以家庭财产承担债务清偿责任。农村承包经营户的债务,一般以从事农村土地承包经营的农户的全部财产承担清偿责任;如果仅由农户的部分成员经营的,以该部分农户成员的全部个人财产承担清偿责任。

实务中,有关"两户"的诉讼争议主要是对外债务承担问题。《民法典》总则编改变了《民法通则》"两户"适用相同对外债务承担规则的立法模式,分别规定个体工商户和农村承包经营户的对外债务承担规则,有利于解决实务中的纠纷。另外,还要注意该条与2017年修正的《最高人民法院关于适用〈中华人民共和国婚姻法〉若干问题的解释(二)》的协调。

【关联法规】

《民法典婚姻家庭编司法解释一》

第三十四条　夫妻一方与第三人串通,虚构债务,第三人主张该债务为夫妻共同债务的,人民法院不予支持。

夫妻一方在从事赌博、吸毒等违法犯罪活动中所负债务,第三人主张该债务为夫妻共同债务的,人民法院不予支持。

《最高人民法院关于曹彩凤等诉许莉债务案如何适用法律问题的复函》
上海市高级人民法院:

你院关于曹彩凤、曹景凤、汪潜等诉许莉债务纠纷案的请示报告收悉。经研究,答复如下:

根据《中华人民共和国民法通则》第二十九条、第七十八条和最高人民法院《关于贯彻执行〈中华人民共和国民法通则〉若干问题的意见(试行)》第四十三条的规定,赵海平在从事承包经营期间所欠债务为夫妻共同债务,赵海平死亡后,其妻许莉作为连带债务人有义务继续清偿全部债务。

以上意见,供参考。

第三章 法　人

第一节　一般规定

第五十七条　【法人的概念】

法人是具有民事权利能力和民事行为能力,依法独立享有民事权利和承担民事义务的组织。

【条文对照】

《民法典》总则编	《民法通则》
第五十七条　法人是具有民事权利能力和民事行为能力,依法独立享有民事权利和承担民事义务的组织。	**第三十六条第一款**　法人是具有民事权利能力和民事行为能力,依法独立享有民事权利和承担民事义务的组织。

【条文释义】

法人是指法律规定具有民事权利能力和民事行为能力,能够独立享有民事权利和承担民事义务的组织体。

法人具有如下特点:其一,法人具有独立的名称,能够以自己的名义参加民事活动,并能够在法院起诉、应诉。其二,法人具有独立的财产,法人所拥有的财产独立于其成员的财产,法人独立享有财产所有权,能够自主支配其所有的财产,享有完整的占有、使用、收益和处分的权能。其三,法人具有独立的意思能力。其四,法人具有独立承担责任的能力,法人以其全部财产独立承担民事责任。

【关联法规】

《公司法》

第三条　公司是企业法人,有独立的法人财产,享有法人财产权。公司以其全部财产对公司的债务承担责任。

有限责任公司的股东以其认缴的出资额为限对公司承担责任;股份有限公司的股东以其认购的股份为限对公司承担责任。

《最高人民法院关于南京摩托车总公司是否具备法人条件问题的复函》

江苏省高级人民法院:

你院[1991]经请字第1号请示收悉。经研究,同意你院第二种意见,即南京摩托车总公司具备法人条件。因为它符合《中华人民共和国民法通则》第三十六、三十七条之规定,并经工商行政管理机关核准依法领取有企业法人的营业执照。

此复

第五十八条　【法人的成立】

法人应当依法成立。

法人应当有自己的名称、组织机构、住所、财产或者经费。法人成立的具体条件和程序,依照法律、行政法规的规定。

设立法人,法律、行政法规规定须经有关机关批准的,依照其规定。

【条文对照】

《民法典》总则编	《民法通则》
第五十八条　法人应当依法成立。 法人应当有自己的名称、组织机构、住所、财产或者经费。法人成立的具体条件和程序,依照法律、行政法规的规定。 设立法人,法律、行政法规规定须经有关机关批准的,依照其规定。	第三十七条　法人应当具备下列条件: (一)依法成立; (二)有必要的财产或者经费; (三)有自己的名称、组织机构和场所; (四)能够独立承担民事责任。

【条文释义】

本条是关于法人成立条件的规定。《民法典》总则编规定法人设立的一般条件,可以避免分则条文与特别法条文的重复;特殊类型的法人设立无法可依时,亦可以直接依据本条的规定申请设立。

法人作为独立的民事主体,具有以下特征:(1)需要有自己的名称,以便在对外从事民事活动时用以表征其身份。(2)应当具备健全、必要的组织机构,以便形成法人的意思、执行法人的决定。法人组织机构又称法人机关,不需要委托授权就能够以法人的名义对外代表法人进行民事活动,对内管理法人事务。(3)应当具有住所。同自然人住所一样,法人住所是法人所参与的各种法律关系发生的中心地域,关系到合同的履行、送达地点以及民事诉讼的管辖等。(4)法人还需要有独立的财产或经费,以维持其正常活动,对外独立承担责任。

本条只是对法人设立的一般条件进行了规定,若法律、行政法规对法人成立的具体条件和程序有特别规定的,按照特别法优于一般法原则,应依照法律、行政法规的特别规定。特别是法律、行政法规规定某些特殊经营活动的法人的设立需要经过有关机关批准时,应当按照相关规定办理批准手续。

【关联法规】

《行政许可法》

第十二条 下列事项可以设定行政许可:

(一)直接涉及国家安全、公共安全、经济宏观调控、生态环境保护以及直接关系人身健康、生命财产安全等特定活动,需要按照法定条件予以批准的事项;

(二)有限自然资源开发利用、公共资源配置以及直接关系公共利益的特定行业的市场准入等,需要赋予特定权利的事项;

(三)提供公众服务并且直接关系公共利益的职业、行业,需要确定具备特殊信誉、特殊条件或者特殊技能等资格、资质的事项;

(四)直接关系公共安全、人身健康、生命财产安全的重要设备、设施、产品、物品,需要按照技术标准、技术规范,通过检验、检测、检疫等方式进行审定的事项;

(五)企业或者其他组织的设立等,需要确定主体资格的事项;

(六)法律、行政法规规定可以设定行政许可的其他事项。

《公司法》

第六条 设立公司,应当依法向公司登记机关申请设立登记。符合本法规定的设立条件的,由公司登记机关分别登记为有限责任公司或者股份有限公司;不符合本法规定的设立条件的,不得登记为有限责任公司或者股份有限公司。

法律、行政法规规定设立公司必须报经批准的,应当在公司登记前依法办理批准手续。

公众可以向公司登记机关申请查询公司登记事项,公司登记机关应当提供查询服务。

第七条　依法设立的公司,由公司登记机关发给公司营业执照。公司营业执照签发日期为公司成立日期。

公司营业执照应当载明公司的名称、住所、注册资本、经营范围、法定代表人姓名等事项。

公司营业执照记载的事项发生变更的,公司应当依法办理变更登记,由公司登记机关换发营业执照。

第八条　依照本法设立的有限责任公司,必须在公司名称中标明有限责任公司或者有限公司字样。

依照本法设立的股份有限公司,必须在公司名称中标明股份有限公司或者股份公司字样。

第二十三条　设立有限责任公司,应当具备下列条件:

(一)股东符合法定人数;

(二)有符合公司章程规定的全体股东认缴的出资额;

(三)股东共同制定公司章程;

(四)有公司名称,建立符合有限责任公司要求的组织机构;

(五)有公司住所。

《注册会计师法》

第二十四条　会计师事务所符合下列条件的,可以是负有限责任的法人:

(一)不少于三十万元的注册资本;

(二)有一定数量的专职从业人员,其中至少有五名注册会计师;

(三)国务院财政部门规定的业务范围和其他条件。

负有限责任的会计师事务所以其全部资产对其债务承担责任。

第二十五条　设立会计师事务所,由省、自治区、直辖市人民政府财政部门批准。

申请设立会计师事务所,申请者应当向审批机关报送下列文件:

(一)申请书;

(二)会计师事务所的名称、组织机构和业务场所;

(三)会计师事务所章程,有合伙协议的并应报送合伙协议;

(四)注册会计师名单、简历及有关证明文件;

(五)会计师事务所主要负责人、合伙人的姓名、简历及有关证明文件;

(六)负有限责任的会计师事务所的出资证明;

(七)审批机关要求的其他文件。

第二十六条　审批机关应当自收到申请文件之日起三十日内决定批准或者不批准。

省、自治区、直辖市人民政府财政部门批准的会计师事务所,应当报国务院财政部门备案。国务院财政部门发现批准不当的,应当自收到备案报告之日起三十日内通知原审批机关重新审查。

第二十七条　会计师事务所设立分支机构,须经分支机构所在地的省、自治区、直辖市人民政府财政部门批准。

《社会团体登记管理条例》

第三条　成立社会团体,应当经其业务主管单位审查同意,并依照本条例的规定进行登记。

社会团体应当具备法人条件。

下列团体不属于本条例规定登记的范围:

(一)参加中国人民政治协商会议的人民团体;

(二)由国务院机构编制管理机关核定,并经国务院批准免于登记的团体;

(三)机关、团体、企业事业单位内部经本单位批准成立、在本单位内部活动的团体。

第九条　申请成立社会团体,应当经其业务主管单位审查同意,由发起人向登记管理机关申请登记。

筹备期间不得开展筹备以外的活动。

第五十九条　【法人的民事权利能力和民事行为能力】

法人的民事权利能力和民事行为能力,从法人成立时产生,到法人终止时消灭。

【条文对照】

《民法典》总则编	《民法通则》
第五十九条　法人的民事权利能力和民事行为能力,从法人成立时产生,到法人终止时消灭。	第三十六条第二款　法人的民事权利能力和民事行为能力,从法人成立时产生,到法人终止时消灭。

【条文释义】

法人的民事权利能力是法人具有民事主体资格的表现,是法人能够独立实施民事行为、享有民事权利和承担民事义务的前提和基础。法人的民事权利能力和民事行为能力,从法人成立时产生,到法人终止时消灭。法人成立之前的阶段为设立中的法人,清算过程中为清算中的法人,均应适用特殊规则。

由于并非所有法人均要求进行登记,因此法人的民事权利能力应从其成立时产生,而非从登记时产生:(1)有独立经费的机关从其成立之日起具有民事权利能力。(2)事业单位和社会团体法人,不需要办理法人登记的,从成立之日起具有民事权利能力;依法需要办理法人登记的,从办理完毕核准登记手续之日起具有民事权利能力。(3)企业法人,依据《企业法人登记管理条例》第3条第1款"申请企业法人登记,经企业法人登记主管机关审核,准予登记注册的,领取《企业法人营业执照》,取得法人资格,其合法权益受国家法律保护"的规定,具有民事权利能力。

法人因依法被撤销、解散、依法宣告破产或其他原因而终止后,其民事权利能力即时消灭,民事主体资格不复存在。

【关联法规】

《民法典》总则编

第七十二条 清算期间法人存续,但是不得从事与清算无关的活动。

法人清算后的剩余财产,根据法人章程的规定或者法人权力机构的决议处理。法律另有规定的,依照其规定。

清算结束并完成法人注销登记时,法人终止;依法不需要办理法人登记的,清算结束时,法人终止。

第七十五条 设立人为设立法人从事的民事活动,其法律后果由法人承受;法人未成立的,其法律后果由设立人承受,设立人为二人以上的,享有连带债权,承担连带债务。

设立人为设立法人以自己的名义从事民事活动产生的民事责任,第三人有权选择请求法人或者设立人承担。

第六十条 【法人的责任财产】

法人以其全部财产独立承担民事责任。

【条文对照】

《民法典》总则编	《民法通则》
第六十条 法人以其全部财产独立承担民事责任。	第四十八条 全民所有制企业法人以国家授予它经营管理的财产承担民事责任。集体所有制企业法人以企业所有的财产承担民事责任。中外合资经营企业法人、中外合作经营企业法人和外资企业法人以企业所有的财产承担民事责任,法律另有规定的除外。

【条文释义】

法人具有独立的人格和财产,其所拥有的财产独立于法人成员的财产。法人独立享有财产所有权,意味着法人能够自主支配其所有的财产,享有完整的占有、使用、收益和处分的权能;还意味着当法人资不抵债时,其债权人原则上不得以法人出资人的自有财产来实现债权。因此,独立的财产,不仅是法人能够享有民事权利、承担民事义务的经济基础,也是法人独立承担民事责任的经济保障。

【关联法规】

《公司法》

第三条 公司是企业法人,有独立的法人财产,享有法人财产权。公司以其全部财产对公司的债务承担责任。

有限责任公司的股东以其认缴的出资额为限对公司承担责任;股份有限公司的股东以其认购的股份为限对公司承担责任。

第十四条 公司可以设立分公司。设立分公司,应当向公司登记机关申请登记,领取营业执照。分公司不具有法人资格,其民事责任由公司承担。

公司可以设立子公司,子公司具有法人资格,依法独立承担民事责任。

《商业银行法》

第四条 商业银行以安全性、流动性、效益性为经营原则,实行自主经营,自担风险,自负盈亏,自我约束。

商业银行依法开展业务,不受任何单位和个人的干涉。

商业银行以其全部法人财产独立承担民事责任。

《企业破产法》

第三十条 破产申请受理时属于债务人的全部财产,以及破产申请受理后至破产程序终结前债务人取得的财产,为债务人财产。

第三十一条 人民法院受理破产申请前一年内,涉及债务人财产的下列行为,管理人有权请求人民法院予以撤销:

(一)无偿转让财产的;

(二)以明显不合理的价格进行交易的;

(三)对没有财产担保的债务提供财产担保的;

(四)对未到期的债务提前清偿的;

(五)放弃债权的。

第三十二条 人民法院受理破产申请前六个月内,债务人有本法第二条第一款规定的情形,仍对个别债权人进行清偿的,管理人有权请求人民法院予以撤销。但是,个别清偿使债务人财产受益的除外。

第三十三条 涉及债务人财产的下列行为无效:

(一)为逃避债务而隐匿、转移财产的;

(二)虚构债务或者承认不真实的债务的。

第三十四条　因本法第三十一条、第三十二条或者第三十三条规定的行为而取得的债务人的财产,管理人有权追回。

第三十五条　人民法院受理破产申请后,债务人的出资人尚未完全履行出资义务的,管理人应当要求该出资人缴纳所认缴的出资,而不受出资期限的限制。

第三十六条　债务人的董事、监事和高级管理人员利用职权从企业获取的非正常收入和侵占的企业财产,管理人应当追回。

《企业破产法司法解释二》

第一条　除债务人所有的货币、实物外,债务人依法享有的可以用货币估价并可以依法转让的债权、股权、知识产权、用益物权等财产和财产权益,人民法院均应认定为债务人财产。

第二条　下列财产不应认定为债务人财产:

(一)债务人基于仓储、保管、承揽、代销、借用、寄存、租赁等合同或者其他法律关系占有、使用的他人财产;

(二)债务人在所有权保留买卖中尚未取得所有权的财产;

(三)所有权专属于国家且不得转让的财产;

(四)其他依照法律、行政法规不属于债务人的财产。

第三条　债务人已依法设定担保物权的特定财产,人民法院应当认定为债务人财产。

对债务人的特定财产在担保物权消灭或者实现担保物权后的剩余部分,在破产程序中可用以清偿破产费用、共益债务和其他破产债权。

第四条　债务人对按份享有所有权的共有财产的相关份额,或者共同享有所有权的共有财产的相应财产权利,以及依法分割共有财产所得部分,人民法院均应认定为债务人财产。

人民法院宣告债务人破产清算,属于共有财产分割的法定事由。人民法院裁定债务人重整或者和解的,共有财产的分割应当依据民法典第三百零三条的规定进行;基于重整或者和解的需要必须分割共有财产,管理人请求分割的,人民法院应予准许。

因分割共有财产导致其他共有人损害产生的债务,其他共有人请求作为共益债务清偿的,人民法院应予支持。

第六十一条　【法定代表人】

依照法律或者法人章程的规定,代表法人从事民事活动的负责人,为法人的法定代表人。

法定代表人以法人名义从事的民事活动,其法律后果由法人承受。

法人章程或者法人权力机构对法定代表人代表权的限制,不得对抗善意相对人。

【条文对照】

《民法典》总则编	《民法通则》
第六十一条　依照法律或者法人章程的规定,代表法人从事民事活动的负责人,为法人的法定代表人。	第三十八条　依照法律或者法人组织章程规定,代表法人行使职权的负责人,是法人的法定代表人。
法定代表人以法人名义从事的民事活动,其法律后果由法人承受。 法人章程或者法人权力机构对法定代表人代表权的限制,不得对抗善意相对人。	

【条文释义】

法人的法定代表人是指依照法律或法人的组织章程的规定,直接代表法人从事民事活动的负责人。法定代表人和法人之间是代表关系,而法定代表人之外的其他管理人员和工作人员与法人之间是代理关系,只能以代理人的身份代理法人从事民事活动。

法人的法定代表人的特征是:(1)法定代表人是由法人的章程所确定的自然人。(2)法人的法定代表人有权代表法人从事民事活动。法定代表人依法代表法人从事民事法律行为时,法定代表人的行为就是法人的行为。因此,法人与法定代表人是同一民事主体,法定代表人执行职务的行为所产生的一切法律后果都应由法人承担,并且法人不得以法定代表人变更为由拒绝前任法定代表人的行为所产生的义务和责任。(3)法人的法定代表人是法人的主要负责人。在民事诉讼中,应由法定代表人代表法人在法院起诉和应诉。

需要注意的是,法定代表人超越章程或法人权力机构的授权范围从事民事法律行为的,该授权由于只具有内部效力,外部第三人一般无法知悉。因此,为了保护交易安全,该行为并不因超越授权范围而对善意第三人无效。

【关联法规】

《民法典》总则编

第五十条　被宣告死亡的人重新出现,经本人或者利害关系人申请,人民法院应当撤销死亡宣告。

第一百七十条　执行法人或者非法人组织工作任务的人员,就其职权范围内的事项,以法人或者非法人组织的名义实施的民事法律行为,对法人或者非法人组织发生效力。

法人或者非法人组织对执行其工作任务的人员职权范围的限制,不得对抗善意相对人。

《证券法》

第一百零二条　实行会员制的证券交易所设理事会、监事会。

证券交易所设总经理一人,由国务院证券监督管理机构任免。

《民办教育促进法》

第二十三条　民办学校的法定代表人由理事长、董事长或者校长担任。

《高等教育法》

第三十条　高等学校自批准设立之日起取得法人资格。高等学校的校长为高等学校的法定代表人。

高等学校在民事活动中依法享有民事权利,承担民事责任。

《公司法》

第十三条　公司法定代表人依照公司章程的规定,由董事长、执行董事或者经理担任,并依法登记。公司法定代表人变更,应当办理变更登记。

《农民专业合作社法》

第三十三条第一款　农民专业合作社设理事长一名,可以设理事会。理事长为本社的法定代表人。

《民事诉讼法》

第四十八条　公民、法人和其他组织可以作为民事诉讼的当事人。

法人由其法定代表人进行诉讼。其他组织由其主要负责人进行诉讼。

《全民所有制工业企业法》

第四十五条第一款　厂长是企业的法定代表人。

《社会团体登记管理条例》

第十二条　登记管理机关应当自收到本条例第十一条所列全部有效文件之日起60日内,作出准予或者不予登记的决定。准予登记的,发给《社会团体法人登记证书》;不予登记的,应当向发起人说明理由。

社会团体登记事项包括:名称、住所、宗旨、业务范围、活动地域、法定代表人、活动资金和业务主管单位。

社会团体的法定代表人,不得同时担任其他社会团体的法定代表人。

《城镇集体所有制企业条例》

第三十一条　集体企业实行厂长(经理)负责制。厂长(经理)对企业职工(代表)大会负责,是集体企业的法定代表人。

《民法典担保制度司法解释》

第七条　公司的法定代表人违反公司法关于公司对外担保决议程序的规定,超越权限代表公司与相对人订立担保合同,人民法院应当依照民法典第六十一条和第五百零四条等规定处理:

(一)相对人善意的,担保合同对公司发生效力;相对人请求公司承担担保责任的,人民法院应予支持。

(二)相对人非善意的,担保合同对公司不发生效力;相对人请求公司承担赔偿责任的,参照适用本解释第十七条的有关规定。

法定代表人超越权限提供担保造成公司损失,公司请求法定代表人承担赔偿责任的,人民法院应予支持。

第一款所称善意,是指相对人在订立担保合同时不知道且不应当知道法定代表人超越权限。相对人有证据证明已对公司决议进行了合理审查,人民法院应当认定其构成善意,但是公司有证据证明相对人知道或者应当知道决议系伪造、变造的除外。

第六十二条　【法定代表人职务行为的法律责任】

法定代表人因执行职务造成他人损害的,由法人承担民事责任。

法人承担民事责任后,依照法律或者法人章程的规定,可以向有过错的法定代表人追偿。

【条文对照】

《民法典》总则编	《民法通则》
第六十二条　法定代表人因执行职务造成他人损害的,由法人承担民事责任。 法人承担民事责任后,依照法律或者法人章程的规定,可以向有过错的法定代表人追偿。	第四十三条　企业法人对它的法定代表人和其他工作人员的经营活动,承担民事责任。

【条文释义】

法定代表人为依据法律或公司章程的规定对外代表法人的人,其执行职务的行为等同法人自身的行为。因此,因执行职务造成他人损害的,自然应当由法人承担民事责任。

需要指出的是,法人对有过错的法定代表人进行追偿,必须以法律或者法人章程有相关规定为前提。另外,如果法人与法定代理人之间签订的劳动合同约定有追偿权条款,在不违背法律、行政法规的情况下,也可以适用。

【关联法规】

《民法典》侵权责任编

第一千一百九十一条　用人单位的工作人员因执行工作任务造成他人损害的,由用人单位承担侵权责任。用人单位承担侵权责任后,可以向有故意或者重大过失的工作人员追偿。

劳务派遣期间,被派遣的工作人员因执行工作任务造成他人损害的,由接受劳务派遣的用工单位承担侵权责任;劳务派遣单位有过错的,承担相应的责任。

《公司法》

第一百四十九条　董事、监事、高级管理人员执行公司职务时违反法律、行政法规或者公司章程的规定,给公司造成损失的,应当承担赔偿责任。

《保险法》

第八十三条　保险公司的董事、监事、高级管理人员执行公司职务时违反法律、行政法规或者公司章程的规定,给公司造成损失的,应当承担赔偿责任。

《企业国有资产法》

第七十一条　国家出资企业的董事、监事、高级管理人员有下列行为之一,造成国有资产损失的,依法承担赔偿责任;属于国家工作人员的,并依法给予处分:

(一)利用职权收受贿赂或者取得其他非法收入和不当利益的;

(二)侵占、挪用企业资产的;

(三)在企业改制、财产转让等过程中,违反法律、行政法规和公平交易规则,将企业财产低价转让、低价折股的;

(四)违反本法规定与本企业进行交易的;

(五)不如实向资产评估机构、会计师事务所提供有关情况和资料,或者与资产评估机构、会计师事务所串通出具虚假资产评估报告、审计报告的;

(六)违反法律、行政法规和企业章程规定的决策程序,决定企业重大事项的;

(七)有其他违反法律、行政法规和企业章程执行职务行为的。

国家出资企业的董事、监事、高级管理人员因前款所列行为取得的收入,依法予以追缴或者归国家出资企业所有。

履行出资人职责的机构任命或者建议任命的董事、监事、高级管理人员有本条第一款所列行为之一,造成国有资产重大损失的,由履行出资人职责的机构依法予以免职或者提出免职建议。

《最高人民法院经济审判庭关于企业设置的办事机构对外所签订的购销合同是否一律认定为无效合同问题的电话答复》

福建省高级人民法院:

你院〔1988〕闽法经字第29号"关于企业设置的办事机构对外所签订的购销合同是否一律认定为无效合同的请示"收悉。经研究答复如下:

三明市对外贸易公司福州办事处(以下简称办事处)是三明市对外贸易公司的办事机构,没有申报营业执照,对外无权从事经营活动。办事处擅自以自己的名义与宁德地区生产资料贸易公司签订的购销合同,应认定无效。虽然三明市对外贸易公司对办事处在履行合同中有时以公司的名义进行信、电往来的行为,未提出异议,但因该合同是办事处对外签订的,因此,不应视为三明市对外贸易公司事后追认了办事处的代理权。参照民法通则第四十三条规定,三明市对外贸易公司对办事处的经营活动,应当承担民事责任。

此复

第六十三条 【法人的住所】

法人以其主要办事机构所在地为住所。依法需要办理法人登记的,应当将主要办事机构所在地登记为住所。

【条文对照】

《民法典》总则编	《民法通则》
第六十三条 法人以**其**主要办事机构所在地为住所。**依法需要办理法人登记的,应当将**主要办事机构所在地登记为住所。	第三十九条 法人以**它的**主要办事机构所在地为住所。

【条文释义】

法人的住所,是指法人的主要办事机构所在地,是法人与他人发生法律关系的中心地域。法人的住所,在法律上具有重要意义:一是决定登记管辖地;二是决定债务履行地;三是决定诉讼管辖地;四是决定法律文书的送达地点;五是决定涉外民事法律关系的准据法。

法人的住所以其登记的主要办事机构所在地为准。如果某些法人依法不需要办理法人登记的,未登记的主要办事机构所在地为其住所。

【关联法规】

《民法典》总则编

第六十五条 法人的实际情况与登记的事项不一致的,不得对抗善意相对人。

《公司法》

第十条　公司以其主要办事机构所在地为住所。

《公司登记管理条例》

第十二条　公司的住所是公司主要办事机构所在地。经公司登记机关登记的公司的住所只能有一个。公司的住所应当在其公司登记机关辖区内。

《民事诉讼法司法解释》

第三条第一款　公民的住所地是指公民的户籍所在地，法人或者其他组织的住所地是指法人或者其他组织的主要办事机构所在地。

《公司法司法解释二》

第二十四条　解散公司诉讼案件和公司清算案件由公司住所地人民法院管辖。公司住所地是指公司主要办事机构所在地。公司办事机构所在地不明确的，由其注册地人民法院管辖。

基层人民法院管辖县、县级市或者区的公司登记机关核准登记公司的解散诉讼案件和公司清算案件；中级人民法院管辖地区、地级市以上的公司登记机关核准登记公司的解散诉讼案件和公司清算案件。

第六十四条　【法人的变更登记】

法人存续期间登记事项发生变化的，<u>应当依法</u>向登记机关<u>申请变更登记</u>。

【条文对照】

《民法典》总则编	《民法通则》
第六十四条　法人<u>存续期间登记</u>事项<u>发生变化的</u>，<u>应当依法</u>向登记机关<u>申请变更登记</u>。	第四十四条第一款　企业法人<u>分立</u>、<u>合并</u>或者有其他重要事项<u>变更</u>，应当向登记机关<u>办理</u>登记并公告。

【条文释义】

法人登记是法人的公示方法，是相对人了解法人的基本情况、保护交易安全的主要途径。登记事项应当反映法人的真实情况，如果登记事项发生变化的，应当及时向登记机关申请变更登记。

法人登记事项包括名称、住所、经营范围、公司类型、法定代表人姓名、注册资本、实收资本、营业期限等。有限责任公司和股份有限公司还应当登记发起人姓名或名称以及认缴和实缴的出资额、出资时间、出资方式等。以上事项发生变化时，应当依法申请变更登记，以反映法人的真实情况。

需要注意的是，本条的适用对象是需要进行登记的法人。不需要登记即可取得法人资格的机关法人及部分事业单位、社会团体、基金会、社会服务机构等,即使发生变更的情况,亦不需要进行变更登记。

【关联法规】

《民法典》总则编

第六十五条　法人的实际情况与登记的事项不一致的,不得对抗善意相对人。

《公司法》

第七条　依法设立的公司,由公司登记机关发给公司营业执照。公司营业执照签发日期为公司成立日期。

公司营业执照应当载明公司的名称、住所、注册资本、经营范围、法定代表人姓名等事项。

公司营业执照记载的事项发生变更的,公司应当依法办理变更登记,由公司登记机关换发营业执照。

第九条　有限责任公司变更为股份有限公司,应当符合本法规定的股份有限公司的条件。股份有限公司变更为有限责任公司,应当符合本法规定的有限责任公司的条件。

有限责任公司变更为股份有限公司的,或者股份有限公司变更为有限责任公司的,公司变更前的债权、债务由变更后的公司承继。

第十二条　公司的经营范围由公司章程规定,并依法登记。公司可以修改公司章程,改变经营范围,但是应当办理变更登记。

公司的经营范围中属于法律、行政法规规定须经批准的项目,应当依法经过批准。

第十三条　公司法定代表人依照公司章程的规定,由董事长、执行董事或者经理担任,并依法登记。公司法定代表人变更,应当办理变更登记。

第三十二条　有限责任公司应当置备股东名册,记载下列事项:

(一)股东的姓名或者名称及住所;

(二)股东的出资额;

(三)出资证明书编号。

记载于股东名册的股东,可以依股东名册主张行使股东权利。

公司应当将股东的姓名或者名称向公司登记机关登记;登记事项发生变更的,应当办理变更登记。未经登记或者变更登记的,不得对抗第三人。

第一百三十六条　公司发行新股募足股款后,必须向公司登记机关办理变更登记,并公告。

第一百三十九条　记名股票,由股东以背书方式或者法律、行政法规规定的其他方式转让;转让后由公司将受让人的姓名或者名称及住所记载于股东名册。

股东大会召开前二十日内或者公司决定分配股利的基准日前五日内,不得进行前款规定的股东名册的变更登记。但是,法律对上市公司股东名册变更登记另有规定的,从其规定。

第一百七十九条　公司合并或者分立,登记事项发生变更的,应当依法向公司登记机关办理变更登记;公司解散的,应当依法办理公司注销登记;设立新公司的,应当依法办理公司设立登记。

公司增加或者减少注册资本,应当依法向公司登记机关办理变更登记。

第二百一十一条　公司成立后无正当理由超过六个月未开业的,或者开业后自行停业连续六个月以上的,可以由公司登记机关吊销营业执照。

公司登记事项发生变更时,未依照本法规定办理有关变更登记的,由公司登记机关责令限期登记;逾期不登记的,处以一万元以上十万元以下的罚款。

《企业法人登记管理条例》

第十七条　企业法人改变名称、住所、经营场所、法定代表人、经济性质、经营范围、经营方式、注册资金、经营期限,以及增设或者撤销分支机构,应当申请办理变更登记。

《公司登记管理条例》

第二十六条　公司变更登记事项,应当向原公司登记机关申请变更登记。

未经变更登记,公司不得擅自改变登记事项。

《社会团体登记管理条例》

第十八条　社会团体的登记事项需要变更的,应当自业务主管单位审查同意之日起30日内,向登记管理机关申请变更登记。

社会团体修改章程,应当自业务主管单位审查同意之日起30日内,报登记管理机关核准。

《事业单位登记管理暂行条例》

第十条　事业单位的登记事项需要变更的,应当向登记管理机关办理变更登记。

《基金会管理条例》

第十五条第一款　基金会、基金会分支机构、基金会代表机构和境外基金会代表机构的登记事项需要变更的,应当向登记管理机关申请变更登记。

第六十五条　【法人登记的对抗效力】

法人的实际情况与登记的事项不一致的,不得对抗善意相对人。

【条文对照】

本条为《民法典》总则编"新增条文",无可对照编纂对象。

【条文释义】

法人的登记是法人向社会公众公示的重要方法,登记事项具有公信力。法人存续期间出现登记事项变化的,若未及时向登记机关办理变更登记,即会出现法人的实际情况与登记事项不一致的情形。善意第三人不应该因为信赖登记事项的公信力而遭受不利的后果,法人也不应该因为怠于履行法律规定的变更登记义务而享有任何利益。因此,怠于进行变更登记的法人不得以实际情况与登记事项不一致而对抗善意相对人。

本条及《民法典》其他条款没有规定法人登记事项错误导致损害的赔偿问题,因此编者建议未来最高人民法院出台司法解释,参考《物权法》上的不动产登记错误赔偿规则,明确这一问题的法律适用,以填补法律的漏洞。

【关联法规】

《民法典》物权编

第二百一十七条 不动产权属证书是权利人享有该不动产物权的证明。不动产权属证书记载的事项,应当与不动产登记簿一致;记载不一致的,除有证据证明不动产登记簿确有错误外,以不动产登记簿为准。

第二百二十二条 当事人提供虚假材料申请登记,造成他人损害的,应当承担赔偿责任。

因登记错误,造成他人损害的,登记机构应当承担赔偿责任。登记机构赔偿后,可以向造成登记错误的人追偿。

《公司法》

第三十二条 有限责任公司应当置备股东名册,记载下列事项:

(一)股东的姓名或者名称及住所;

(二)股东的出资额;

(三)出资证明书编号。

记载于股东名册的股东,可以依股东名册主张行使股东权利。

公司应当将股东的姓名或者名称向公司登记机关登记;登记事项发生变更的,应当办理变更登记。未经登记或者变更登记的,不得对抗第三人。

《公司法司法解释三》

第二十五条 名义股东将登记于其名下的股权转让、质押或者以其他方式处分,实际出资人以其对于股权享有实际权利为由,请求认定处分股权行为无效的,人民法院可以参照民法典第三百一十一条的规定处理。

名义股东处分股权造成实际出资人损失,实际出资人请求名义股东承担赔偿责任的,人民法院应予支持。

第二十六条　公司债权人以登记于公司登记机关的股东未履行出资义务为由,请求其对公司债务不能清偿的部分在未出资本息范围内承担补充赔偿责任,股东以其仅为名义股东而非实际出资人为由进行抗辩的,人民法院不予支持。

名义股东根据前款规定承担赔偿责任后,向实际出资人追偿的,人民法院应予支持。

第二十七条　股权转让后尚未向公司登记机关办理变更登记,原股东将仍登记于其名下的股权转让、质押或者以其他方式处分,受让股东以其对于股权享有实际权利为由,请求认定处分股权行为无效的,人民法院可以参照民法典第三百一十一条的规定处理。

原股东处分股权造成受让股东损失,受让股东请求原股东承担赔偿责任、对于未及时办理变更登记有过错的董事、高级管理人员或者实际控制人承担相应责任的,人民法院应予支持;受让股东对于未及时办理变更登记也有过错的,可以适当减轻上述董事、高级管理人员或者实际控制人的责任。

第二十八条　冒用他人名义出资并将该他人作为股东在公司登记机关登记的,冒名登记行为人应当承担相应责任;公司、其他股东或者公司债权人以未履行出资义务为由,请求被冒名登记为股东的承担补足出资责任或者对公司债务不能清偿部分的赔偿责任的,人民法院不予支持。

第六十六条　【登记机关的公示义务】

登记机关应当依法及时公示法人登记的有关信息。

【条文对照】

本条为《民法典》总则编"新增条文",无可对照编纂对象。

【条文释义】

法人登记的目的之一是为了向公众公示有关信息。如果社会公众不能及时、方便知晓这些登记信息,则法人登记制度的价值功能将难以得到有效发挥。因此登记机关在对有关事项进行登记之后,应当依法采用适当的方式及时向社会公示法人登记的相关信息。法人名称、住所、经营范围、公司类型、法定代表人姓名、注册资本、实收资本、营业期限等都属于法人登记事项。

本条增加了登记机关的"及时"公示义务,值得肯定。但本条未对登记机关未能及时公示并造成损失的责任作出规定,未来还需要进一步明确。另外需要说明的是,本条对登记机关课加义务,已经超出了平等主体之间人身关系和财产关系的范畴。

【关联法规】

《慈善法》

第七十条　县级以上人民政府民政部门和其他有关部门应当及时向社会公开下列慈善信息：

（一）慈善组织登记事项；

（二）慈善信托备案事项；

（三）具有公开募捐资格的慈善组织名单；

（四）具有出具公益性捐赠税前扣除票据资格的慈善组织名单；

（五）对慈善活动的税收优惠、资助补贴等促进措施；

（六）向慈善组织购买服务的信息；

（七）对慈善组织、慈善信托开展检查、评估的结果；

（八）对慈善组织和其他组织以及个人的表彰、处罚结果；

（九）法律法规规定应当公开的其他信息。

《企业法人登记管理条例》

第二十三条　登记主管机关应当将企业法人登记、备案信息通过企业信用信息公示系统向社会公示。

第二十四条第一款　企业法人应当于每年1月1日至6月30日，通过企业信用信息公示系统向登记主管机关报送上一年度年度报告，并向社会公示。

《公司登记管理条例》

第五十五条　公司登记机关应当将公司登记、备案信息通过企业信用信息公示系统向社会公示。

第五十七条　公司应当于每年1月1日至6月30日，通过企业信用信息公示系统向公司登记机关报送上一年度年度报告，并向社会公示。

年度报告公示的内容以及监督检查办法由国务院制定。

《企业信息公示暂行条例》

第三条　企业信息公示应当真实、及时。公示的企业信息涉及国家秘密、国家安全或者社会公共利益的，应当报请主管的保密行政管理部门或者国家安全机关批准。县级以上地方人民政府有关部门公示的企业信息涉及企业商业秘密或者个人隐私的，应当报请上级主管部门批准。

第六条　工商行政管理部门应当通过企业信用信息公示系统，公示其在履行职责过程中产生的下列企业信息：

（一）注册登记、备案信息；

（二）动产抵押登记信息；

（三）股权出质登记信息；

（四）行政处罚信息；

（五）其他依法应当公示的信息。

前款规定的企业信息应当自产生之日起 20 个工作日内予以公示。

第七条 工商行政管理部门以外的其他政府部门（以下简称其他政府部门）应当公示其在履行职责过程中产生的下列企业信息：

（一）行政许可准予、变更、延续信息；

（二）行政处罚信息；

（三）其他依法应当公示的信息。

其他政府部门可以通过企业信用信息公示系统，也可以通过其他系统公示前款规定的企业信息。工商行政管理部门和其他政府部门应当按照国家社会信用信息平台建设的总体要求，实现企业信息的互联共享。

第八条 企业应当于每年 1 月 1 日至 6 月 30 日，通过企业信用信息公示系统向工商行政管理部门报送上一年度年度报告，并向社会公示。

当年设立登记的企业，自下一年起报送并公示年度报告。

第九条 企业年度报告内容包括：

（一）企业通信地址、邮政编码、联系电话、电子邮箱等信息；

（二）企业开业、歇业、清算等存续状态信息；

（三）企业投资设立企业、购买股权信息；

（四）企业为有限责任公司或者股份有限公司的，其股东或者发起人认缴和实缴的出资额、出资时间、出资方式等信息；

（五）有限责任公司股东股权转让等股权变更信息；

（六）企业网站以及从事网络经营的网店的名称、网址等信息；

（七）企业从业人数、资产总额、负债总额、对外提供保证担保、所有者权益合计、营业总收入、主营业务收入、利润总额、净利润、纳税总额信息。

前款第一项至第六项规定的信息应当向社会公示，第七项规定的信息由企业选择是否向社会公示。

经企业同意，公民、法人或者其他组织可以查询企业选择不公示的信息。

第十条 企业应当自下列信息形成之日起 20 个工作日内通过企业信用信息公示系统向社会公示：

（一）有限责任公司股东或者股份有限公司发起人认缴和实缴的出资额、出资时间、出资方式等信息；

（二）有限责任公司股东股权转让等股权变更信息；

（三）行政许可取得、变更、延续信息；

（四）知识产权出质登记信息；

（五）受到行政处罚的信息；

（六）其他依法应当公示的信息。

工商行政管理部门发现企业未依照前款规定履行公示义务的,应当责令其限期履行。

《人民法院办理执行异议和复议案件规定》

第二十五条　对案外人的异议,人民法院应当按照下列标准判断其是否系权利人：

（一）已登记的不动产,按照不动产登记簿判断；未登记的建筑物、构筑物及其附属设施,按照土地使用权登记簿、建设工程规划许可、施工许可等相关证据判断；

（二）已登记的机动车、船舶、航空器等特定动产,按照相关管理部门的登记判断；未登记的特定动产和其他动产,按照实际占有情况判断；

（三）银行存款和存管在金融机构的有价证券,按照金融机构和登记结算机构登记的账户名称判断；有价证券由具备合法经营资质的托管机构名义持有的,按照该机构登记的实际投资人账户名称判断；

（四）股权按照工商行政管理机关的登记和企业信用信息公示系统公示的信息判断；

（五）其他财产和权利,有登记的,按照登记机构的登记判断；无登记的,按照合同等证明财产权属或者权利人的证据判断。

案外人依据另案生效法律文书提出排除执行异议,该法律文书认定的执行标的权利人与依照前款规定得出的判断不一致的,依照本规定第二十六条规定处理。

《企业法人登记管理条例施行细则》

第十二条　各级登记主管机关可以运用登记注册档案、登记统计资料以及有关的基础信息资料,向机关、企事业单位、社会团体等单位和个人提供各种形式的咨询服务。

第五十一条　登记主管机关应当将企业法人登记、备案信息通过企业信用信息公示系统向社会公示。

第六十七条　【法人合并、分立后的权利义务承担】

法人合并的,其权利和义务由合并后的法人享有和承担。

法人分立的,其权利和义务由分立后的法人享有连带债权,承担连带债务,但是债权人和债务人另有约定的除外。

【条文对照】

《民法典》总则编	《民法通则》《合同法》
第六十七条　法人合并的,其权利和义务由合并后的法人享有和承担。 法人分立的,其权利和义务由分立后的法人享有连带债权,承担连带债务,但是债权人和债务人另有约定的除外。	《民法通则》 　　第四十四条第二款　企业法人分立、合并,它的权利和义务由变更后的法人享有和承担。 《合同法》 　　第九十条　当事人订立合同后合并的,由合并后的法人或者其他组织行使合同权利,履行合同义务。当事人订立合同后分立的,除债权人和债务人另有约定的以外,由分立的法人或者其他组织对合同的权利和义务享有连带债权,承担连带债务。

【条文释义】

　　法人合并,指两个以上的法人依照法律规定或通过民事法律行为合并为一个法人的法律事实。法人合并,有新设合并和吸收合并两种方式。新设合并也称创设式合并,是两个以上的法人合并为一个新法人,原法人均告消灭的合并方式。吸收合并也称吞并合并,是指一个或多个法人被归入现存的法人中,被合并的法人主体资格消灭,存续的法人主体资格仍然存在的合并方式。法人合并后,合并前的权利义务由合并后的法人承担。

　　法人的分立是指一个法人分裂为两个以上法人的民事法律行为。法人分立,有新设分立和存续分立两种方式。新设分立也称创设分立,是指一个法人分裂为两个以上新法人,原法人消灭的分立方式。存续分立也称派生分立,指原法人存续,分出部分财产设立一个以上新法人的分立方式。法人分立为几个法人的,原来的权利义务由分立后的法人享有连带债权、承担连带债务,债权人和债务人另有约定的除外。

　　法人合并或分立前后,其权利义务具有连续性,符合合并、分立的基本原理,可以避免新旧法人之间出现权利状态的断裂,防止法人通过合并或分立的方式逃避债务,维护经济的稳定和交易的安全。

【关联法规】

　　《民法典》侵权责任编

　　第一千一百八十一条　被侵权人死亡的,其近亲属有权请求侵权人承担侵权责任。被侵权人为组织,该组织分立、合并的,承继权利的组织有权请求侵权人承担侵权责任。

被侵权人死亡的,支付被侵权人医疗费、丧葬费等合理费用的人有权请求侵权人赔偿费用,但是侵权人已经支付该费用的除外。

《公司法》

第一百七十二条　公司合并可以采取吸收合并或者新设合并。

一个公司吸收其他公司为吸收合并,被吸收的公司解散。两个以上公司合并设立一个新的公司为新设合并,合并各方解散。

第一百七十三条　公司合并,应当由合并各方签订合并协议,并编制资产负债表及财产清单。公司应当自作出合并决议之日起十日内通知债权人,并于三十日内在报纸上公告。债权人自接到通知书之日起三十日内,未接到通知书的自公告之日起四十五日内,可以要求公司清偿债务或者提供相应的担保。

第一百七十四条　公司合并时,合并各方的债权、债务,应当由合并后存续的公司或者新设的公司承继。

第一百七十五条　公司分立,其财产作相应的分割。

公司分立,应当编制资产负债表及财产清单。公司应当自作出分立决议之日起十日内通知债权人,并于三十日内在报纸上公告。

第一百七十六条　公司分立前的债务由分立后的公司承担连带责任。但是,公司在分立前与债权人就债务清偿达成的书面协议另有约定的除外。

《税收征收管理法》

第四十八条　纳税人有合并、分立情形的,应当向税务机关报告,并依法缴清税款。纳税人合并时未缴清税款的,应当由合并后的纳税人继续履行未履行的纳税义务;纳税人分立时未缴清税款的,分立后的纳税人对未履行的纳税义务应当承担连带责任。

《民事诉讼法司法解释》

第六十三条　企业法人合并的,因合并前的民事活动发生的纠纷,以合并后的企业为当事人;企业法人分立的,因分立前的民事活动发生的纠纷,以分立后的企业为共同诉讼人。

第四百七十二条　依照民事诉讼法第二百三十二条规定,执行中作为被执行人的法人或者其他组织分立、合并的,人民法院可以裁定变更后的法人或者其他组织为被执行人;被注销的,如果依照有关实体法的规定有权利义务承受人的,可以裁定该权利义务承受人为被执行人。

第六十八条　【法人的终止】

有下列原因之一并依法完成清算、注销登记的,法人终止:

(一)法人解散;

（二）法人被宣告破产；

（三）法律规定的其他原因。

法人终止，法律、行政法规规定须经有关机关批准的，依照其规定。

【条文对照】

《民法典》总则编	《民法通则》
第六十八条　有下列原因之一并依法完成清算、注销登记的，法人终止： （一）法人解散； （二）法人被宣告破产； （三）法律规定的其他原因。 法人终止，法律、行政法规规定须经有关机关批准的，依照其规定。	第四十五条　企业法人由于下列原因之一终止： （一）依法被撤销； （二）解散； （三）依法宣告破产； （四）其他原因。

【条文释义】

法人的终止，又称法人的消灭，是指法人丧失民事主体资格，不再具有民事权利能力与民事行为能力。法人终止后，其民事权利能力和民事行为能力归于消灭，丧失独立的民事主体资格。因此，终止后的法人不能再以法人的名义对外从事民事活动。

法人终止的原因主要包括以下几种情形：

第一，法人解散。法人解散，包括狭义解散和广义解散。狭义解散仅指自行解散；广义解散除包括自行解散外，还包括法人被吊销营业执照、登记证书，被责令关闭或者被撤销等行政解散。由于《民法典》总则编第69条规定的法人解散原因包括了行政解散，根据体系解释，本条规定的法人解散应为广义解散。

第二，依法宣告破产。企业法人在其全部资产不足以清偿到期债务的情况下，经企业的法定代表人、主管部门或者企业法人的债权人等提出申请，人民法院有权宣告企业法人破产。企业法人被宣告破产后，由清算组织负责对企业法人的财产、债权和债务进行清理，并变卖企业的财产清偿债务。对于破产企业，应仅以其资产清偿其债务。从宣告破产之日起，企业法人终止。由于企业法人的终止直接关系到企业法人和利害关系人的利益，因此，企业法人歇业、被撤销、宣告破产或者因其他原因终止营业，应当向登记主管机关办理注销登记。

第三，其他原因。这是《民法典》总则编设置的兜底规定，是为适应社会生活的变化而预设的。

对于一些特殊的法人，法律、行政法规规定其终止须经有关机关批准的，应当依照其规定。

需要注意的是，法人终止必须进行清算。只有清算完毕才可以向登记机关申请注销登记,从而完成法人的终止程序。

【关联法规】

《证券法》

第九十六条 证券交易所、国务院批准的其他全国性证券交易场所为证券集中交易提供场所和设施,组织和监督证券交易,实行自律管理,依法登记,取得法人资格。

证券交易所、国务院批准的其他全国性证券交易场所的设立、变更和解散由国务院决定。

国务院批准的其他全国性证券交易场所的组织机构、管理办法等,由国务院规定。

第九十九条 证券交易所履行自律管理职能,应当遵守社会公共利益优先原则,维护市场的公平、有序、透明。

设立证券交易所必须制定章程。证券交易所章程的制定和修改,必须经国务院证券监督管理机构批准。

《公司法》

第一百八十条 公司因下列原因解散:

(一)公司章程规定的营业期限届满或者公司章程规定的其他解散事由出现;

(二)股东会或者股东大会决议解散;

(三)因公司合并或者分立需要解散;

(四)依法被吊销营业执照、责令关闭或者被撤销;

(五)人民法院依照本法第一百八十二条的规定予以解散。

《商业银行法》

第六十九条 商业银行因分立、合并或者出现公司章程规定的解散事由需要解散的,应当向国务院银行业监督管理机构提出申请,并附解散的理由和支付存款的本金和利息等债务清偿计划。经国务院银行业监督管理机构批准后解散。

商业银行解散的,应当依法成立清算组,进行清算,按照清偿计划及时偿还存款本金和利息等债务。国务院银行业监督管理机构监督清算过程。

第七十一条 商业银行不能支付到期债务,经国务院银行业监督管理机构同意,由人民法院依法宣告其破产。商业银行被宣告破产的,由人民法院组织国务院银行业监督管理机构等有关部门和有关人员成立清算组,进行清算。

商业银行破产清算时,在支付清算费用、所欠职工工资和劳动保险费用后,应当优先支付个人储蓄存款的本金和利息。

第七十二条 商业银行因解散、被撤销和被宣告破产而终止。

《保险法》

第八十九条 保险公司因分立、合并需要解散,或者股东会、股东大会决议解散,或者公司章程规定的解散事由出现,经国务院保险监督管理机构批准后解散。

经营有人寿保险业务的保险公司,除因分立、合并或者被依法撤销外,不得解散。

保险公司解散,应当依法成立清算组进行清算。

第九十条 保险公司有《中华人民共和国企业破产法》第二条规定情形的,经国务院保险监督管理机构同意,保险公司或者其债权人可以依法向人民法院申请重整、和解或者破产清算;国务院保险监督管理机构也可以依法向人民法院申请对该保险公司进行重整或者破产清算。

《企业破产法》

第二条 企业法人不能清偿到期债务,并且资产不足以清偿全部债务或者明显缺乏清偿能力的,依照本法规定清理债务。

企业法人有前款规定情形,或者有明显丧失清偿能力可能的,可以依照本法规定进行重整。

第七条 债务人有本法第二条规定的情形,可以向人民法院提出重整、和解或者破产清算申请。

债务人不能清偿到期债务,债权人可以向人民法院提出对债务人进行重整或者破产清算的申请。

企业法人已解散但未清算或者未清算完毕,资产不足以清偿债务的,依法负有清算责任的人应当向人民法院申请破产清算。

第六十九条 【法人的解散】

有下列情形之一的,法人解散:

(一)法人章程规定的存续期间届满或者法人章程规定的其他解散事由出现;

(二)法人的权力机构决议解散;

(三)因法人合并或者分立需要解散;

(四)法人依法被吊销营业执照、登记证书,被责令关闭或者被撤销;

(五)法律规定的其他情形。

【条文对照】

《民法典》总则编	《公司法》
第六十九条 有下列情形之一的,法人解散: (一)法人章程规定的存续期间届满或者法人章程规定的其他解散事由出现; (二)法人的权力机构决议解散; (三)因法人合并或者分立需要解散; (四)法人依法被吊销营业执照、登记证书,被责令关闭或者被撤销; (五)法律规定的其他情形。	第一百八十条 公司因下列原因解散: (一)公司章程规定的营业期限届满或者公司章程规定的其他解散事由出现; (二)股东会或者股东大会决议解散; (三)因公司合并或者分立需要解散; (四)依法被吊销营业执照、责令关闭或者被撤销; (五)人民法院依照本法第一百八十二条的规定予以解散。

【条文释义】

法人解散的主要原因是:

(1)因章程所规定的存续期间届满或所规定的解散事由出现而解散,或者因章程所规定的设立法人的目的已经实现或者确定无法实现等原因而解散。法人的设立一般是为了追求特定的目的,当预设的目的实现后,该法人即没有继续存在的必要;如果法人的目的已经确定无法实现,法人继续存续也没有现实的意义,因此应当解散。

(2)因法人权力机构决议而解散,是指除上述第1项法人预先设置的解散原因外,基于法人成员现时的共同意志而解散。法人是因成员的共同意志而成立,则应该允许其因成员的共同意志而解散,这也是私法自治的体现。如全体股东大会决定解散法人,或出资人全体会议决定歇业,法人都不具有继续存续的基础和理由,应该解散。

(3)因法人合并成立新法人或被其他法人所吸收,或通过分立成立新的法人,那么原法人不再存续,自然发生解散的效果。

(4)法人有违反法律、行政法规的行为,行政机关有权依法决定吊销其营业执照、责令关闭或者撤销。

(5)法律规定的其他情形。例如,公司经营管理发生严重困难,继续存续会使股东利益受到重大损失,但是请求解散公司的股东所持表决权达不到2/3的,不能通过股东会形成解散公司的有效决议。这时,持有公司全部股东表决权10%以上的股东,可以请求人民法院解散公司。再如,公司不能清偿到期债务,公司或债权人向法院提出破产清算申请,公司被法院依照《企业破产法》的规定宣告破产而解散。

【关联法规】

《公司法》

第一百八十一条　公司有本法第一百八十条第(一)项情形的,可以通过修改公司章程而存续。

依照前款规定修改公司章程,有限责任公司须经持有三分之二以上表决权的股东通过,股份有限公司须经出席股东大会会议的股东所持表决权的三分之二以上通过。

第一百八十二条　公司经营管理发生严重困难,继续存续会使股东利益受到重大损失,通过其他途径不能解决的,持有公司全部股东表决权百分之十以上的股东,可以请求人民法院解散公司。

《商业银行法》

第六十九条　商业银行因分立、合并或者出现公司章程规定的解散事由需要解散的,应当向国务院银行业监督管理机构提出申请,并附解散的理由和支付存款的本金和利息等债务清偿计划。经国务院银行业监督管理机构批准后解散。

商业银行解散的,应当依法成立清算组,进行清算,按照清偿计划及时偿还存款本金和利息等债务。国务院银行业监督管理机构监督清算过程。

《保险法》

第八十九条　保险公司因分立、合并需要解散,或者股东会、股东大会决议解散,或者公司章程规定的解散事由出现,经国务院保险监督管理机构批准后解散。

经营有人寿保险业务的保险公司,除因分立、合并或者被依法撤销外,不得解散。

保险公司解散,应当依法成立清算组进行清算。

第七十条　【清算义务人】

法人解散的,除合并或者分立的情形外,清算义务人应当及时组成清算组进行清算。

法人的董事、理事等执行机构或者决策机构的成员为清算义务人。法律、行政法规另有规定的,依照其规定。

清算义务人未及时履行清算义务,造成损害的,应当承担民事责任;主管机关或者利害关系人可以申请人民法院指定有关人员组成清算组进行清算。

【条文对照】

《民法典》总则编	《民法通则》
第七十条　法人解散的,除合并或者分立的情形外,清算义务人应当及时组成清算组进行清算。 法人的董事、理事等执行机构或者决策机构的成员为清算义务人。法律、行政法规另有规定的,依照其规定。 清算义务人未及时履行清算义务,造成损害的,应当承担民事责任;主管机关或者利害关系人可以申请人民法院指定有关人员组成清算组进行清算。	第四十条　法人终止,应当依法进行清算,停止清算范围外的活动。 第四十七条　企业法人解散,应当成立清算组织,进行清算。企业法人被撤销、被宣告破产的,应当由主管机关或者人民法院组织有关机关和有关人员成立清算组织,进行清算。

【条文释义】

清算,是指法人在终止前,应当对其财产进行清理,对债权债务关系进行了结的行为。法人在清算期间,可以进行与清算有关的活动,只有在清算完毕并办理注销登记之后,法人的主体资格才最终归于消灭。在清算期间,法人的主体资格在与清算有关的必要范围内视为存续。因为如果清算法人在清算期间不具有主体资格,那么就难以清理并了结清算法人与他人之间的法律关系,但清算法人仅仅在与清算有关的范围内享有民事权利能力。

清算义务人不同于清算人。清算义务人是指在法人解散后依法负有启动清算程序的主体。一般来说,法人的董事、理事等执行机构成员为清算义务人。清算人,是指具体负责清算事务的主体。法人出现解散原因后,清算义务人应当及时启动清算程序,如果未及时启动清算程序,造成债权人或债务人以及其他利害关系人损失的,清算义务人应当承担损害赔偿责任。清算义务人怠于启动清算程序的,主管机关或者利害关系人可以申请人民法院指定有关人员组成清算组进行清算。

【关联法规】

《民办教育促进法》

第五十八条　民办学校终止时,应当依法进行财务清算。

民办学校自己要求终止的,由民办学校组织清算;被审批机关依法撤销的,由审批机关组织清算;因资不抵债无法继续办学而被终止的,由人民法院组织清算。

《公司法》

第一百八十三条　公司因本法第一百八十条第(一)项、第(二)项、第

(四)项、第(五)项规定而解散的,应当在解散事由出现之日起十五日内成立清算组,开始清算。有限责任公司的清算组由股东组成,股份有限公司的清算组由董事或者股东大会确定的人员组成。逾期不成立清算组进行清算的,债权人可以申请人民法院指定有关人员组成清算组进行清算。人民法院应当受理该申请,并及时组织清算组进行清算。

第一百八十四条 清算组在清算期间行使下列职权:
(一)清理公司财产,分别编制资产负债表和财产清单;
(二)通知、公告债权人;
(三)处理与清算有关的公司未了结的业务;
(四)清缴所欠税款以及清算过程中产生的税款;
(五)清理债权、债务;
(六)处理公司清偿债务后的剩余财产;
(七)代表公司参与民事诉讼活动。

《刑法》

第一百六十二条 公司、企业进行清算时,隐匿财产,对资产负债表或者财产清单作虚伪记载或者在未清偿债务前分配公司、企业财产,严重损害债权人或者其他人利益的,对其直接负责的主管人员和其他直接责任人员,处五年以下有期徒刑或者拘役,并处或者单处二万元以上二十万元以下罚金。

《慈善法》

第十八条 慈善组织终止,应当进行清算。

慈善组织的决策机构应当在本法第十七条规定的终止情形出现之日起三十日内成立清算组进行清算,并向社会公告。不成立清算组或者清算组不履行职责的,民政部门可以申请人民法院指定有关人员组成清算组进行清算。

慈善组织清算后的剩余财产,应当按照慈善组织章程的规定转给宗旨相同或者相近的慈善组织;章程未规定的,由民政部门主持转给宗旨相同或者相近的慈善组织,并向社会公告。

慈善组织清算结束后,应当向其登记的民政部门办理注销登记,并由民政部门向社会公告。

《商业银行法》

第六十九条 商业银行因分立、合并或者出现公司章程规定的解散事由需要解散的,应当向国务院银行业监督管理机构提出申请,并附解散的理由和支付存款的本金和利息等债务清偿计划。经国务院银行业监督管理机构批准后解散。

商业银行解散的,应当依法成立清算组,进行清算,按照清偿计划及时偿还存款本金和利息等债务。国务院银行业监督管理机构监督清算过程。

第七十条　商业银行因吊销经营许可证被撤销的,国务院银行业监督管理机构应当依法及时组织成立清算组,进行清算,按照清偿计划及时偿还存款本金和利息等债务。

《保险法》

第八十九条　保险公司因分立、合并需要解散,或者股东会、股东大会决议解散,或者公司章程规定的解散事由出现,经国务院保险监督管理机构批准后解散。

经营有人寿保险业务的保险公司,除因分立、合并或者被依法撤销外,不得解散。

保险公司解散,应当依法成立清算组进行清算。

第一百四十九条　保险公司因违法经营被依法吊销经营保险业务许可证的,或者偿付能力低于国务院保险监督管理机构规定标准,不予撤销将严重危害保险市场秩序、损害公共利益的,由国务院保险监督管理机构予以撤销并公告,依法及时组织清算组进行清算。

《宗教事务条例》

第六十条　宗教团体、宗教院校、宗教活动场所注销或者终止的,应当进行财产清算,清算后的剩余财产应当用于与其宗旨相符的事业。

《社会团体登记管理条例》

第二十条　社会团体在办理注销登记前,应当在业务主管单位及其他有关机关的指导下,成立清算组织,完成清算工作。清算期间,社会团体不得开展清算以外的活动。

《事业单位登记管理暂行条例》

第十三条　事业单位被撤销、解散的,应当向登记管理机关办理注销登记或者注销备案。

事业单位办理注销登记前,应当在审批机关指导下成立清算组织,完成清算工作。

事业单位应当自清算结束之日起15日内,向登记管理机关办理注销登记。事业单位办理注销登记,应当提交撤销或者解散该事业单位的文件和清算报告;登记管理机关收缴《事业单位法人证书》和印章。

《基金会管理条例》

第十八条　基金会在办理注销登记前,应当在登记管理机关、业务主管单位的指导下成立清算组织,完成清算工作。

基金会应当自清算结束之日起15日内向登记管理机关办理注销登记;在清

算期间不得开展清算以外的活动。

《民办非企业单位登记管理暂行条例》

第十六条　民办非企业单位自行解散的,分立、合并的,或者由于其他原因需要注销登记的,应当向登记管理机关办理注销登记。

民办非企业单位在办理注销登记前,应当在业务主管单位和其他有关机关的指导下,成立清算组织,完成清算工作。清算期间,民办非企业单位不得开展清算以外的活动。

《公司法司法解释二》

第十八条　有限责任公司的股东、股份有限公司的董事和控股股东未在法定期限内成立清算组开始清算,导致公司财产贬值、流失、毁损或者灭失,债权人主张其在造成损失范围内对公司债务承担赔偿责任的,人民法院应依法予以支持。

有限责任公司的股东、股份有限公司的董事和控股股东因怠于履行义务,导致公司主要财产、账册、重要文件等灭失,无法进行清算,债权人主张其对公司债务承担连带清偿责任的,人民法院应依法予以支持。

上述情形系实际控制人原因造成,债权人主张实际控制人对公司债务承担相应民事责任的,人民法院应依法予以支持。

第十九条　有限责任公司的股东、股份有限公司的董事和控股股东,以及公司的实际控制人在公司解散后,恶意处置公司财产给债权人造成损失,或者未经依法清算,以虚假的清算报告骗取公司登记机关办理法人注销登记,债权人主张其对公司债务承担相应赔偿责任的,人民法院应依法予以支持。

第二十条　公司解散应当在依法清算完毕后,申请办理注销登记。公司未经清算即办理注销登记,导致公司无法进行清算,债权人主张有限责任公司的股东、股份有限公司的董事和控股股东,以及公司的实际控制人对公司债务承担清偿责任的,人民法院应依法予以支持。

公司未经依法清算即办理注销登记,股东或者第三人在公司登记机关办理注销登记时承诺对公司债务承担责任,债权人主张其对公司债务承担相应民事责任的,人民法院应依法予以支持。

第七十一条　【法人清算的法律适用】

法人的清算程序和清算组职权,依照有关法律的规定;没有规定的,参照适用公司法律的有关规定。

【条文对照】

本条为《民法典》总则编"新增条文",无可对照编纂对象。

【条文释义】

关于具体的清算程序和清算组职权,《公司法》具有一般法的地位。如果有关法律对清算有专门规定的,应该按照特别法优先于一般法的原则,适用特别规定;如果没有特别规定的,应适用作为一般法的《公司法》。

【关联法规】

《证券法》

第九十二条 公开发行公司债券的,应当设立债券持有人会议,并应当在募集说明书中说明债券持有人会议的召集程序、会议规则和其他重要事项。

公开发行公司债券的,发行人应当为债券持有人聘请债券受托管理人,并订立债券受托管理协议。受托管理人应当由本次发行的承销机构或者其他经国务院证券监督管理机构认可的机构担任,债券持有人会议可以决议变更债券受托管理人。债券受托管理人应当勤勉尽责,公正履行受托管理职责,不得损害债券持有人利益。

债券发行人未能按期兑付债券本息的,债券受托管理人可以接受全部或者部分债券持有人的委托,以自己名义代表债券持有人提起、参加民事诉讼或者清算程序。

第一百零八条 证券公司根据投资者的委托,按照证券交易规则提出交易申报,参与证券交易所场内的集中交易,并根据成交结果承担相应的清算交收责任。证券登记结算机构根据成交结果,按照清算交收规则,与证券公司进行证券和资金的清算交收,并为证券公司客户办理证券的登记过户手续。

第一百四十四条 在证券公司被责令停业整顿、被依法指定托管、接管或者清算期间,或者出现重大风险时,经国务院证券监督管理机构批准,可以对该证券公司直接负责的董事、监事、高级管理人员和其他直接责任人员采取以下措施:

(一)通知出境入境管理机关依法阻止其出境;

(二)申请司法机关禁止其转移、转让或者以其他方式处分财产,或者在财产上设定其他权利。

第一百五十八条第一款 证券登记结算机构作为中央对手方提供证券结算服务的,是结算参与人共同的清算交收对手,进行净额结算,为证券交易提供集中履约保障。

第一百五十九条 证券登记结算机构按照业务规则收取的各类结算资金和证券,必须存放于专门的清算交收账户,只能按业务规则用于已成交的证券交易的清算交收,不得被强制执行。

《民办教育促进法》

第五十八条 民办学校终止时,应当依法进行财务清算。

民办学校自己要求终止的,由民办学校组织清算;被审批机关依法撤销的,由审批机关组织清算;因资不抵债无法继续办学而被终止的,由人民法院组织清算。

《企业所得税法》

第五十五条 企业在年度中间终止经营活动的,应当自实际经营终止之日起六十日内,向税务机关办理当期企业所得税汇算清缴。

企业应当在办理注销登记前,就其清算所得向税务机关申报并依法缴纳企业所得税。

《公司法》

第一百八十四条 清算组在清算期间行使下列职权:

(一)清理公司财产,分别编制资产负债表和财产清单;

(二)通知、公告债权人;

(三)处理与清算有关的公司未了结的业务;

(四)清缴所欠税款以及清算过程中产生的税款;

(五)清理债权、债务;

(六)处理公司清偿债务后的剩余财产;

(七)代表公司参与民事诉讼活动。

第一百八十五条 清算组应当自成立之日起十日内通知债权人,并于六十日内在报纸上公告。债权人应当自接到通知书之日起三十日内,未接到通知书的自公告之日起四十五日内,向清算组申报其债权。

债权人申报债权,应当说明债权的有关事项,并提供证明材料。清算组应当对债权进行登记。

在申报债权期间,清算组不得对债权人进行清偿。

第一百八十六条 清算组在清理公司财产、编制资产负债表和财产清单后,应当制定清算方案,并报股东会、股东大会或者人民法院确认。

公司财产在分别支付清算费用、职工的工资、社会保险费用和法定补偿金,缴纳所欠税款,清偿公司债务后的剩余财产,有限责任公司按照股东的出资比例分配,股份有限公司按照股东持有的股份比例分配。

清算期间,公司存续,但不得开展与清算无关的经营活动。公司财产在未依照前款规定清偿前,不得分配给股东。

第一百八十七条 清算组在清理公司财产、编制资产负债表和财产清单后,发现公司财产不足清偿债务的,应当依法向人民法院申请宣告破产。

公司经人民法院裁定宣告破产后,清算组应当将清算事务移交给人民法院。

第一百八十八条　公司清算结束后,清算组应当制作清算报告,报股东会、股东大会或者人民法院确认,并报送公司登记机关,申请注销公司登记,公告公司终止。

第一百八十九条　清算组成员应当忠于职守,依法履行清算义务。

清算组成员不得利用职权收受贿赂或者其他非法收入,不得侵占公司财产。

清算组成员因故意或者重大过失给公司或者债权人造成损失的,应当承担赔偿责任。

《农民专业合作社法》

第四十八条　农民专业合作社因下列原因解散:

(一)章程规定的解散事由出现;

(二)成员大会决议解散;

(三)因合并或者分立需要解散;

(四)依法被吊销营业执照或者被撤销。

因前款第一项、第二项、第四项原因解散的,应当在解散事由出现之日起十五日内由成员大会推举成员组成清算组,开始解散清算。逾期不能组成清算组的,成员、债权人可以向人民法院申请指定成员组成清算组进行清算,人民法院应当受理该申请,并及时指定成员组成清算组进行清算。

《外资银行管理条例》

第五十八条　外资银行营业性机构自行终止业务活动的,应当在终止业务活动30日前以书面形式向国务院银行业监督管理机构提出申请,经审查批准予以解散或者关闭并进行清算。

第六十条　外资银行营业性机构因解散、关闭、依法被撤销或者宣告破产而终止的,其清算的具体事宜,依照中华人民共和国有关法律、法规的规定办理。

第六十一条　外资银行营业性机构清算终结,应当在法定期限内向原登记机关办理注销登记。

《外资保险公司管理条例》

第二十六条　外资保险公司因分立、合并或者公司章程规定的解散事由出现,经国务院保险监督管理机构批准后解散。外资保险公司解散的,应当依法成立清算组,进行清算。

经营人寿保险业务的外资保险公司,除分立、合并外,不得解散。

第二十七条　外资保险公司违反法律、行政法规,被国务院保险监督管理机构吊销经营保险业务许可证的,依法撤销,由国务院保险监督管理机构依法及时组织成立清算组进行清算。

第二十八条　外资保险公司因解散、依法被撤销而清算的,应当自清算组成立之日起60日内在报纸上至少公告3次。公告内容应当经国务院保险监督管理机构核准。

第二十九条　外资保险公司不能支付到期债务,经国务院保险监督管理机构同意,由人民法院依法宣告破产。外资保险公司被宣告破产的,由人民法院组织国务院保险监督管理机构等有关部门和有关人员成立清算组,进行清算。

《公司登记管理条例》

第四十一条　公司解散,依法应当清算的,清算组应当自成立之日起10日内将清算组成员、清算组负责人名单向公司登记机关备案。

第四十二条　有下列情形之一的,公司清算组应当自公司清算结束之日起30日内向原公司登记机关申请注销登记:

(一)公司被依法宣告破产;

(二)公司章程规定的营业期限届满或者公司章程规定的其他解散事由出现,但公司通过修改公司章程而存续的除外;

(三)股东会、股东大会决议解散或者一人有限责任公司的股东、外商投资的公司董事会决议解散;

(四)依法被吊销营业执照、责令关闭或者被撤销;

(五)人民法院依法予以解散;

(六)法律、行政法规规定的其他解散情形。

《公司法司法解释二》

第七条　公司应当依照公司法第一百八十三条的规定,在解散事由出现之日起十五日内成立清算组,开始自行清算。

有下列情形之一,债权人申请人民法院指定清算组进行清算的,人民法院应予受理:

(一)公司解散逾期不成立清算组进行清算的;

(二)虽然成立清算组但故意拖延清算的;

(三)违法清算可能严重损害债权人或者股东利益的。

具有本条第二款所列情形,而债权人未提起清算申请,公司股东申请人民法院指定清算组对公司进行清算的,人民法院应予受理。

《最高人民法院关于印发〈全国法院审理债券纠纷案件座谈会纪要〉的通知》

5. 债券受托管理人的诉讼主体资格。债券发行人不能如约偿付债券本息或者出现债券募集文件约定的违约情形时,受托管理人根据债券募集文件、债券受托管理协议的约定或者债券持有人会议决议的授权,以自己的名义代表债券持有人提起、参加民事诉讼,或者申请发行人破产重整、破产清算的,人民法院应当依法予以受理。

受托管理人应当向人民法院提交符合债券募集文件、债券受托管理协议或者债券持有人会议规则的授权文件。

17. 破产程序中受托管理人和代表人的债委会成员资格。债券持有人会议授权的受托管理人或者推选的代表人参与破产重整、清算、和解程序的,人民法院在确定债权人委员会的成员时,应当将其作为债权人代表人选。

债券持有人自行主张权利的,人民法院在破产重整、清算、和解程序中确定债权人委员会的成员时,可以责成自行主张权利的债券持有人通过自行召集债券持有人会议等方式推选出代表人,并吸收该代表人进入债权人委员会,以体现和代表多数债券持有人的意志和利益。

33. 发行人破产管理人的债券信息披露责任。债券发行人进入破产程序后,发行人的债券信息披露义务由破产管理人承担,但发行人自行管理财产和营业事务的除外。破产管理人应当按照证券法及相关监管规定的要求,及时、公平地履行披露义务,所披露的信息必须真实、准确、完整。破产管理人就接管破产企业后的相关事项所披露的内容存在虚假记载、误导性陈述或者重大遗漏,足以影响投资人对发行人偿付能力的判断的,对债券持有人、债券投资者主张依法判令其承担虚假陈述民事责任的诉讼请求,人民法院应予以支持。

第七十二条 【清算的法律效果】

清算期间法人存续,但是不得从事与清算无关的活动。

法人清算后的剩余财产,按照法人章程的规定或者法人权力机构的决议处理。法律另有规定的,依照其规定。

清算结束并完成法人注销登记时,法人终止;依法不需要办理法人登记的,清算结束时,法人终止。

【条文对照】

《民法典》总则编	《民法通则》《公司法》
第七十二条 清算期间法人存续,但是不得从事与清算无关的活动。 法人清算后的剩余财产,按照法人章程的规定或者法人权力机构的决议处理。法律另有规定的,依照其规定。 清算结束并完成法人注销登记时,法人终止;依法不需要办理法人登记的,清算结束时,法人终止。	《民法通则》 第四十条 法人终止,应当依法进行清算,停止清算范围外的活动。 第四十六条 企业法人终止,应当向登记机关办理注销登记并公告。 《公司法》 第一百八十八条 公司清算结束后,清算组应当制作清算报告,报股东会、股东大会或者人民法院确认,并报送公司登记机关,申请注销公司登记,公告公司终止。

【条文释义】

在清算期间,清算法人可以从事与清算有关的活动,包括清理财产、清偿债务,从事清算活动所必要的资金借贷、变卖法人的财产、追回被他人占有的财产、在法院起诉和应诉等。清算期间,法人应停止与清算无关的活动。法人若在清算期间从事与清算无关的民事法律行为,民事法律行为虽然成立,但因超过其民事权利能力的范围而无效。

清算结束后,如果还有剩余的财产,原则上这些财产应当归属于出资人。具体的分配原则、方式和比例等方法则应当依据法人章程或者由出资人组成的法人权力机构通过决议来确定。当然,如果法律对剩余财产的处理另有规定的,应当从其规定。

清算结束后,原则上,法人需要向登记机关申请注销登记,登记机关完成注销登记时,法人终止。某些特殊的法人,由于其设立与终止依照法律规定不需要办理登记的,清算结束时,法人即终止,无须办理注销登记。

【关联法规】

《证券法》

第一百三十一条 证券公司客户的交易结算资金应当存放在商业银行,以每个客户的名义单独立户管理。

证券公司不得将客户的交易结算资金和证券归入其自有财产。禁止任何单位或者个人以任何形式挪用客户的交易结算资金和证券。证券公司破产或者清算时,客户的交易结算资金和证券不属于其破产财产或者清算财产。非因客户本身的债务或者法律规定的其他情形,不得查封、冻结、扣划或者强制执行客户的交易结算资金和证券。

《公司法》

第一百八十六条 清算组在清理公司财产、编制资产负债表和财产清单后,应当制定清算方案,并报股东会、股东大会或者人民法院确认。

公司财产在分别支付清算费用、职工的工资、社会保险费用和法定补偿金,缴纳所欠税款,清偿公司债务后的剩余财产,有限责任公司按照股东的出资比例分配,股份有限公司按照股东持有的股份比例分配。

清算期间,公司存续,但不得开展与清算无关的经营活动。公司财产在未依照前款规定清偿前,不得分配给股东。

《慈善法》

第十八条 慈善组织终止,应当进行清算。

慈善组织的决策机构应当在本法第十七条规定的终止情形出现之日起三

十日内成立清算组进行清算,并向社会公告。不成立清算组或者清算组不履行职责的,民政部门可以申请人民法院指定有关人员组成清算组进行清算。

慈善组织清算后的剩余财产,应当按照慈善组织章程的规定转给宗旨相同或者相近的慈善组织;章程未规定的,由民政部门主持转给宗旨相同或者相近的慈善组织,并向社会公告。

慈善组织清算结束后,应当向其登记的民政部门办理注销登记,并由民政部门向社会公告。

《证券投资基金法》

第八十一条　基金合同终止时,基金管理人应当组织清算组对基金财产进行清算。

清算组由基金管理人、基金托管人以及相关的中介服务机构组成。

清算组作出的清算报告经会计师事务所审计,律师事务所出具法律意见书后,报国务院证券监督管理机构备案并公告。

第八十二条　清算后的剩余基金财产,应当按照基金份额持有人所持份额比例进行分配。

《企业破产法》

第一百三十五条　其他法律规定企业法人以外的组织的清算,属于破产清算的,参照适用本法规定的程序。

《宗教事务条例》

第六十条　宗教团体、宗教院校、宗教活动场所注销或者终止的,应当进行财产清算,清算后的剩余财产应当用于与其宗旨相符的事业。

《社会团体登记管理条例》

第二十一条　社会团体应当自清算结束之日起15日内向登记管理机关办理注销登记。办理注销登记,应当提交法定代表人签署的注销登记申请书、业务主管单位的审查文件和清算报告书。

登记管理机关准予注销登记的,发给注销证明文件,收缴该社会团体的登记证书、印章和财务凭证。

第二十二条　社会团体处分注销后的剩余财产,按照国家有关规定办理。

《事业单位登记管理暂行条例》

第十三条　事业单位被撤销、解散的,应当向登记管理机关办理注销登记或者注销备案。

事业单位办理注销登记前,应当在审批机关指导下成立清算组织,完成清算工作。

事业单位应当自清算结束之日起15日内,向登记管理机关办理注销登记。

事业单位办理注销登记,应当提交撤销或者解散该事业单位的文件和清算报告;登记管理机关收缴《事业单位法人证书》和印章。

《基金会管理条例》

第十八条　基金会在办理注销登记前,应当在登记管理机关、业务主管单位的指导下成立清算组织,完成清算工作。

基金会应当自清算结束之日起15日内向登记管理机关办理注销登记;在清算期间不得开展清算以外的活动。

《民办非企业单位登记管理暂行条例》

第十七条　民办非企业单位法定代表人或者负责人应当自完成清算之日起15日内,向登记管理机关办理注销登记。办理注销登记,须提交注销登记申请书、业务主管单位的审查文件和清算报告。

登记管理机关准予注销登记的,发给注销证明文件,收缴登记证书、印章和财务凭证。

《最高人民法院经济审判庭关于人民法院不宜以一方当事人公司营业执照被吊销、已丧失民事诉讼主体资格为由,裁定驳回起诉问题的复函》

甘肃省高级人民法院:

你院(1999)甘经终字第193号请示报告收悉。经研究,答复如下:

吊销企业法人营业执照,是工商行政管理局对实施违法行为的企业法人给予的一种行政处罚。根据《中华人民共和国民法通则》第四十条、第四十六条和《中华人民共和国企业法人登记管理条例》第三十三条的规定,企业法人营业执照被吊销后,应当由其开办单位(包括股东)或者企业组织清算组依法进行清算,停止清算范围外的活动。清算期间,企业民事诉讼主体资格依然存在。本案中人民法院不应以甘肃新科工贸有限责任公司(以下简称新科公司)被吊销企业法人营业执照,丧失民事诉讼主体资格为由,裁定驳回起诉。本案债务人新科公司在诉讼中被吊销企业法人营业执照后,至今未组织清算组依法进行清算,因此,债权人兰州岷山制药厂以新科公司为被告,后又要求追加该公司全体股东为被告,应当准许,追加该公司的股东为共同被告参加诉讼,承担清算责任。

第七十三条　【法人的破产终止】

法人被宣告破产的,依法进行破产清算并完成法人注销登记时,法人终止。

【条文对照】

本条为《民法典》总则编"新增条文",无可对照编纂对象。

【条文释义】

法人在其全部资产不足以清偿到期债务的情况下,经法人的法定代表人、主管部门或者企业法人的债权人等提出申请,人民法院有权宣告法人破产。

法人被人民法院宣告破产后,由清算组织负责对法人的财产以及债权债务进行清理,通过变卖企业的财产清偿债务。破产清算完毕后,由清算组向法人登记机关申请注销登记,注销登记完成后法人终止。

【关联法规】

《公司法》

第一百九十条 公司被依法宣告破产的,依照有关企业破产的法律实施破产清算。

《企业破产法》

第二条 企业法人不能清偿到期债务,并且资产不足以清偿全部债务或者明显缺乏清偿能力的,依照本法规定清理债务。

企业法人有前款规定情形,或者有明显丧失清偿能力可能的,可以依照本法规定进行重整。

第七条 债务人有本法第二条规定的情形,可以向人民法院提出重整、和解或者破产清算申请。

债务人不能清偿到期债务,债权人可以向人民法院提出对债务人进行重整或者破产清算的申请。

企业法人已解散但未清算或者未清算完毕,资产不足以清偿债务的,依法负有清算责任的人应当向人民法院申请破产清算。

第一百零七条 人民法院依照本法规定宣告债务人破产的,应当自裁定作出之日起五日内送达债务人和管理人,自裁定作出之日起十日内通知已知债权人,并予以公告。

债务人被宣告破产后,债务人称为破产人,债务人财产称为破产财产,人民法院受理破产申请时对债务人享有的债权称为破产债权。

第一百零八条 破产宣告前,有下列情形之一的,人民法院应当裁定终结破产程序,并予以公告:

(一)第三人为债务人提供足额担保或者为债务人清偿全部到期债务的;

(二)债务人已清偿全部到期债务的。

第一百零九条 对破产人的特定财产享有担保权的权利人,对该特定财产享有优先受偿的权利。

第一百一十条 享有本法第一百零九条规定权利的债权人行使优先受偿权

利未能完全受偿的,其未受偿的债权作为普通债权;放弃优先受偿权利的,其债权作为普通债权。

第一百一十一条　管理人应当及时拟订破产财产变价方案,提交债权人会议讨论。

管理人应当按照债权人会议通过的或者人民法院依照本法第六十五条第一款规定裁定的破产财产变价方案,适时变价出售破产财产。

第一百一十二条　变价出售破产财产应当通过拍卖进行。但是,债权人会议另有决议的除外。

破产企业可以全部或者部分变价出售。企业变价出售时,可以将其中的无形资产和其他财产单独变价出售。

按照国家规定不能拍卖或者限制转让的财产,应当按照国家规定的方式处理。

第一百一十三条　破产财产在优先清偿破产费用和共益债务后,依照下列顺序清偿:

(一)破产人所欠职工的工资和医疗、伤残补助、抚恤费用,所欠的应当划入职工个人账户的基本养老保险、基本医疗保险费用,以及法律、行政法规规定应当支付给职工的补偿金;

(二)破产人欠缴的除前项规定以外的社会保险费用和破产人所欠税款;

(三)普通破产债权。

破产财产不足以清偿同一顺序的清偿要求的,按照比例分配。

破产企业的董事、监事和高级管理人员的工资按照该企业职工的平均工资计算。

第一百一十四条　破产财产的分配应当以货币分配方式进行。但是,债权人会议另有决议的除外。

第一百一十五条　管理人应当及时拟订破产财产分配方案,提交债权人会议讨论。

破产财产分配方案应当载明下列事项:

(一)参加破产财产分配的债权人名称或者姓名、住所;

(二)参加破产财产分配的债权额;

(三)可供分配的破产财产数额;

(四)破产财产分配的顺序、比例及数额;

(五)实施破产财产分配的方法。

债权人会议通过破产财产分配方案后,由管理人将该方案提请人民法院裁定认可。

第一百一十六条　破产财产分配方案经人民法院裁定认可后,由管理人执行。

管理人按照破产财产分配方案实施多次分配的,应当公告本次分配的财产额和债权额。管理人实施最后分配的,应当在公告中指明,并载明本法第一百一十七条第二款规定的事项。

第一百一十七条　对于附生效条件或者解除条件的债权,管理人应当将其分配额提存。

管理人依照前款规定提存的分配额,在最后分配公告日,生效条件未成就或者解除条件成就的,应当分配给其他债权人;在最后分配公告日,生效条件成就或者解除条件未成就的,应当交付给债权人。

第一百一十八条　债权人未受领的破产财产分配额,管理人应当提存。债权人自最后分配公告之日起满二个月仍不领取的,视为放弃受领分配的权利,管理人或者人民法院应当将提存的分配额分配给其他债权人。

第一百一十九条　破产财产分配时,对于诉讼或者仲裁未决的债权,管理人应当将其分配额提存。自破产程序终结之日起满二年仍不能受领分配的,人民法院应当将提存的分配额分配给其他债权人。

第一百二十条　破产人无财产可供分配的,管理人应当请求人民法院裁定终结破产程序。

管理人在最后分配完结后,应当及时向人民法院提交破产财产分配报告,并提请人民法院裁定终结破产程序。

人民法院应当自收到管理人终结破产程序的请求之日起十五日内作出是否终结破产程序的裁定。裁定终结的,应当予以公告。

第一百二十一条　管理人应当自破产程序终结之日起十日内,持人民法院终结破产程序的裁定,向破产人的原登记机关办理注销登记。

第一百二十二条　管理人于办理注销登记完毕的次日终止执行职务。但是,存在诉讼或者仲裁未决情况的除外。

第七十四条　【法人的分支机构】

法人可以依法设立分支机构。法律、行政法规规定分支机构应当登记的,依照其规定。

分支机构以自己的名义从事民事活动,产生的民事责任由法人承担;也可以先以该分支机构管理的财产承担,不足以承担的,由法人承担。

【条文对照】

《民法典》总则编	《公司法》
第七十四条　法人可以依法设立分支机构。法律、行政法规规定分支机构应当登记的，依照其规定。 分支机构以自己的名义从事民事活动，产生的民事责任由法人承担；也可以先以该分支机构管理的财产承担，不足以承担的，由法人承担。	第十四条第一款　公司可以设立分公司。设立分公司，应当向公司登记机关申请登记，领取营业执照。分公司不具有法人资格，其民事责任由公司承担。

【条文释义】

法人的分支机构，是指法人在某一区域设置的，不具有法人主体资格但可以自己名义处理对外事务的机构，具体可包括分厂、分公司、营业部、分理处、储蓄所等机构。如果法律、行政法规规定分支机构应当办理登记的，还应当按照规定办理登记，领取营业执照。例如《公司登记管理条例》第47条规定："公司设立分公司的，应当自决定作出之日起30日内向分公司所在地的公司登记机关申请登记；法律、行政法规或者国务院决定规定必须报经有关部门批准的，应当自批准之日起30日内向公司登记机关申请登记。"

分支机构具有自己的名称，对外可以自己的名义从事民事活动，但是由于其并非独立的法人而只是法人的办事机构，因此其对外从事民事活动所产生的民事权利、义务和责任由法人享有或承担。较之《商业银行法》和《保险法》的相关规定，《民法典》总则编还增加了"也可以先以该分支机构管理的财产承担，不足以承担的，由法人承担"的规定，相当于是确立了法人对分支机构的补充责任。

【关联法规】

《证券法》

第一百二十二条　证券公司变更证券业务范围，变更主要股东或者公司的实际控制人，合并、分立、停业、解散、破产，应当经国务院证券监督管理机构核准。

《海关法》

第四条　国家在海关总署设立专门侦查走私犯罪的公安机构，配备专职缉私警察，负责对其管辖的走私犯罪案件的侦查、拘留、执行逮捕、预审。

海关侦查走私犯罪公安机构履行侦查、拘留、执行逮捕、预审职责，应当按照《中华人民共和国刑事诉讼法》的规定办理。

海关侦查走私犯罪公安机构根据国家有关规定，可以设立分支机构。各分支机构办理其管辖的走私犯罪案件,应当依法向有管辖权的人民检察院移送起诉。

地方各级公安机关应当配合海关侦查走私犯罪公安机构依法履行职责。

《境外非政府组织境内活动管理法》

第十八条 境外非政府组织代表机构应当以登记的名称,在登记的业务范围和活动地域内开展活动。

境外非政府组织不得在中国境内设立分支机构,国务院另有规定的除外。

《民事诉讼法》

第四十八条 公民、法人和其他组织可以作为民事诉讼的当事人。

法人由其法定代表人进行诉讼。其他组织由其主要负责人进行诉讼。

《种子法》

第三十八条 种子生产经营许可证的有效区域由发证机关在其管辖范围内确定。种子生产经营者在种子生产经营许可证载明的有效区域设立分支机构的,专门经营不再分装的包装种子的,或者受具有种子生产经营许可证的种子生产经营者以书面委托生产、代销其种子的,不需要办理种子生产经营许可证,但应当向当地农业、林业主管部门备案。

实行选育生产经营相结合,符合国务院农业、林业主管部门规定条件的种子企业的生产经营许可证的有效区域为全国。

《商业银行法》

第十九条 商业银行根据业务需要可以在中华人民共和国境内外设立分支机构。设立分支机构必须经国务院银行业监督管理机构审查批准。在中华人民共和国境内的分支机构,不按行政区划设立。

商业银行在中华人民共和国境内设立分支机构,应当按照规定拨付与其经营规模相适应的营运资金额。拨付各分支机构营运资金额的总和,不得超过总行资本金总额的百分之六十。

第二十二条 商业银行对其分支机构实行全行统一核算,统一调度资金,分级管理的财务制度。

商业银行分支机构不具有法人资格,在总行授权范围内依法开展业务,其民事责任由总行承担。

《保险法》

第七十四条 保险公司在中华人民共和国境内设立分支机构,应当经保险监督管理机构批准。

保险公司分支机构不具有法人资格,其民事责任由保险公司承担。

《邮政法》

第五十四条　邮政企业以外的经营快递业务的企业(以下称快递企业)设立分支机构或者合并、分立的,应当向邮政管理部门备案。

《公司登记管理条例》

第四十五条　分公司是指公司在其住所以外设立的从事经营活动的机构。分公司不具有企业法人资格。

第四十六条　分公司的登记事项包括:名称、营业场所、负责人、经营范围。

分公司的名称应当符合国家有关规定。

分公司的经营范围不得超出公司的经营范围。

第四十七条　公司设立分公司的,应当自决定作出之日起30日内向分公司所在地的公司登记机关申请登记;法律、行政法规或者国务院决定规定必须报经有关部门批准的,应当自批准之日起30日内向公司登记机关申请登记。

设立分公司,应当向公司登记机关提交下列文件:

(一)公司法定代表人签署的设立分公司的登记申请书;

(二)公司章程以及加盖公司印章的《企业法人营业执照》复印件;

(三)营业场所使用证明;

(四)分公司负责人任职文件和身份证明;

(五)国家工商行政管理总局规定要求提交的其他文件。

法律、行政法规或者国务院决定规定设立分公司必须报经批准,或者分公司经营范围中属于法律、行政法规或者国务院决定规定在登记前须经批准的项目的,还应当提交有关批准文件。

分公司的公司登记机关准予登记的,发给《营业执照》。公司应当自分公司登记之日起30日内,持分公司的《营业执照》到公司登记机关办理备案。

《社会团体登记管理条例》

第十七条　社会团体的分支机构、代表机构是社会团体的组成部分,不具有法人资格,应当按照其所属于的社会团体的章程所规定的宗旨和业务范围,在该社会团体授权的范围内开展活动、发展会员。社会团体的分支机构不得再设立分支机构。

社会团体不得设立地域性的分支机构。

《基金会管理条例》

第十二条　基金会拟设立分支机构、代表机构的,应当向原登记管理机关提出登记申请,并提交拟设机构的名称、住所和负责人等情况的文件。

登记管理机关应当自收到前款所列全部有效文件之日起60日内作出准予或者不予登记的决定。准予登记的,发给《基金会分支(代表)机构登记证书》;

不予登记的,应当书面说明理由。

基金会分支机构、基金会代表机构设立登记的事项包括:名称、住所、公益活动的业务范围和负责人。

基金会分支机构、基金会代表机构依据基金会的授权开展活动,不具有法人资格。

《民办非企业单位登记管理暂行条例》

第十三条　民办非企业单位不得设立分支机构。

《民事执行中变更、追加当事人规定》

第十五条　作为被执行人的法人分支机构,不能清偿生效法律文书确定的债务,申请执行人申请变更、追加该法人为被执行人的,人民法院应予支持。法人直接管理的责任财产仍不能清偿债务的,人民法院可以直接执行该法人其他分支机构的财产。

作为被执行人的法人,直接管理的责任财产不能清偿生效法律文书确定债务的,人民法院可以直接执行该法人分支机构的财产。

《民事诉讼法司法解释》

第五十二条　民事诉讼法第四十八条规定的其他组织是指合法成立、有一定的组织机构和财产,但又不具备法人资格的组织,包括:

(一)依法登记领取营业执照的个人独资企业;

(二)依法登记领取营业执照的合伙企业;

(三)依法登记领取我国营业执照的中外合作经营企业、外资企业;

(四)依法成立的社会团体的分支机构、代表机构;

(五)依法设立并领取营业执照的法人的分支机构;

(六)依法设立并领取营业执照的商业银行、政策性银行和非银行金融机构的分支机构;

(七)经依法登记领取营业执照的乡镇企业、街道企业;

(八)其他符合本条规定条件的组织。

第五十三条　法人非依法设立的分支机构,或者虽依法设立,但没有领取营业执照的分支机构,以设立该分支机构的法人为当事人。

第七十五条　【设立中的法人】

设立人为设立法人从事的民事活动,其法律后果由法人承受;法人未成立的,其法律后果由设立人承受,设立人为二人以上的,享有连带债权,承担连带债务。

设立人为设立法人以自己的名义从事民事活动产生的民事责任,第三人有权选择请求法人或者设立人承担。

【条文对照】

本条为《民法典》总则编"新增条文",无可对照编纂对象。

【条文释义】

为完成法人的设立,设立人必须从事一定的民事活动,从而发生一定的债权债务关系。对此,必须在法律上明确应当由谁承担责任。从性质上看,设立中的法人不同于合伙组织,因为设立人之间并没有订立合伙协议,而且设立中的法人在设立期间所享有的权利和所承担的义务都要转移给设立后的法人,其自身也不独立享有和承担此债权债务,因此与合伙不同。

设立中的法人是一个具有相对的民事权利能力的特殊团体,其民事权利能力受到限制,主要表现在三个方面:一是其民事权利能力的范围仅限于从事必要的设立行为,凡是超出设立行为的民事行为都与法人无关,应由设立人自行承担相应的法律效果。必要的设立行为应当根据法律的规定、设立法人的协议以及行为的性质等加以认定。二是应当以法人成功设立为前提。如果法人设立失败,将不存在承接相关法律效果的主体,而应当由筹建人和设立人承担法律后果,此时仍然赋予法人民事权利能力将自相矛盾,不具有现实意义。三是如果法人最终成功设立,设立中法人所实施的民事活动的法律后果理应由设立后的法人承受。

如果设立人以自己的名义而非设立中法人的名义为设立法人而从事民事活动,其所产生的民事责任并非当然由设立后法人承担,否则会武断、单方面地改变交易相对人在交易过程中的合理预期,因此法律规定应由交易相对人选择是由设立后的法人承担还是由设立人承担。

【关联法规】

《公司法》

第九十四条　股份有限公司的发起人应当承担下列责任:

(一)公司不能成立时,对设立行为所产生的债务和费用负连带责任;

(二)公司不能成立时,对认股人已缴纳的股款,负返还股款并加算银行同期存款利息的连带责任;

(三)在公司设立过程中,由于发起人的过失致使公司利益受到损害的,应当对公司承担赔偿责任。

《公司法司法解释三》

第二条　发起人为设立公司以自己名义对外签订合同,合同相对人请求该发起人承担合同责任的,人民法院应予支持;公司成立后合同相对人请求公司承担合同责任的,人民法院应予支持。

第三条　发起人以设立中公司名义对外签订合同,公司成立后合同相对人请求公司承担合同责任的,人民法院应予支持。

公司成立后有证据证明发起人利用设立中公司的名义为自己的利益与相对人签订合同,公司以此为由主张不承担合同责任的,人民法院应予支持,但相对人为善意的除外。

第四条　公司因故未成立,债权人请求全体或者部分发起人对设立公司行为所产生的费用和债务承担连带清偿责任的,人民法院应予支持。

部分发起人依照前款规定承担责任后,请求其他发起人分担的,人民法院应当判令其他发起人按照约定的责任承担比例分担责任;没有约定责任承担比例的,按照约定的出资比例分担责任;没有约定出资比例的,按照均等份额分担责任。

因部分发起人的过错导致公司未成立,其他发起人主张其承担设立行为所产生的费用和债务的,人民法院应当根据过错情况,确定过错一方的责任范围。

第五条　发起人因履行公司设立职责造成他人损害,公司成立后受害人请求公司承担侵权赔偿责任的,人民法院应予支持;公司未成立,受害人请求全体发起人承担连带赔偿责任的,人民法院应予支持。

公司或者无过错的发起人承担赔偿责任后,可以向有过错的发起人追偿。

第二节　营利法人

第七十六条　【营利法人的概念】

以取得利润并分配给股东等出资人为目的成立的法人,为营利法人。

营利法人包括有限责任公司、股份有限公司和其他企业法人等。

【条文对照】

《民法典》总则编	《公司法》
第七十六条　以取得利润并分配给股东等出资人为目的成立的法人,为营利法人。 营利法人包括有限责任公司、股份有限公司和其他企业法人等。	第三条　公司是企业法人,有独立的法人财产,享有法人财产权。公司以其全部财产对公司的债务承担责任。 有限责任公司的股东以其认缴的出资额为限对公司承担责任;股份有限公司的股东以其认购的股份为限对公司承担责任。

【条文释义】

营利法人与非营利法人最重要的区分并不在于是否从事经营活动,也不在于是否从经营活动中获得利润,而在于是否将获得的利润分配给出资人。营利法人即是以获取利润并分配给其出资人为目的的社团法人。非营利法人则是为公益目的或其他非营利目的而成立,不向其成员或者设立人分配利润的法人类型。例如:基金会法人同样会从事经营活动,获取利润亦是其目标之一,但基金会法人并不将获取的利润分配给出资人,而是用于基金会自身的业务开展,因此基金会法人为非营利法人。

主要的营利法人除了有限责任公司、股份有限责任公司外,还包括中外合资经营企业、中外合作经营企业、外商独资企业、正在发展中的股份合作制企业以及集体企业、乡镇企业等。

值得注意的是,《民法典》总则编关于营利法人的规定,并未在《公司法》的基础上有所突破。由于与《民法典》总则编相比,《公司法》为特别法,《民法典》总则编是一般法,因此有关公司类营利法人的诉讼应根据特别法优先于一般法的原则而适用《公司法》,非公司类营利法人则应适用《民法典》总则编有关营利法人的规定。

【关联法规】

《民办教育促进法》

第十九条 民办学校的举办者可以自主选择设立非营利性或者营利性民办学校。但是,不得设立实施义务教育的营利性民办学校。

非营利性民办学校的举办者不得取得办学收益,学校的办学结余全部用于办学。

营利性民办学校的举办者可以取得办学收益,学校的办学结余依照公司法等有关法律、行政法规的规定处理。

民办学校取得办学许可证后,进行法人登记,登记机关应当依法予以办理。

《公司法》

第四条 公司股东依法享有资产收益、参与重大决策和选择管理者等权利。

第八条 依照本法设立的有限责任公司,必须在公司名称中标明有限责任公司或者有限公司字样。

依照本法设立的股份有限公司,必须在公司名称中标明股份有限公司或者股份公司字样。

第三十四条 股东按照实缴的出资比例分取红利;公司新增资本时,股东有权优先按照实缴的出资比例认缴出资。但是,全体股东约定不按照出资比例分取红利或者不按出资比例优先认缴出资的除外。

《全民所有制工业企业法》

第二条　全民所有制工业企业(以下简称企业)是依法自主经营、自负盈亏、独立核算的社会主义商品生产和经营单位。

企业的财产属于全民所有,国家依照所有权和经营权分离的原则授予企业经营管理。企业对国家授予其经营管理的财产享有占有、使用和依法处分的权利。企业依法取得法人资格,以国家授予其经营管理的财产承担民事责任。

《乡镇企业法》

第二条　本法所称乡镇企业,是指农村集体经济组织或者农民投资为主,在乡镇(包括所辖村)举办的承担支援农业义务的各类企业。

前款所称投资为主,是指农村集体经济组织或者农民投资超过百分之五十,或者虽不足百分之五十,但能起到控股或者实际支配作用。

乡镇企业符合企业法人条件的,依法取得企业法人资格。

第七十七条　【营利法人的成立】

营利法人经依法登记成立。

【条文对照】

《民法典》总则编	《民法通则》
第七十七条　营利法人经依法登记成立。	第四十一条　全民所有制企业、集体所有制企业有符合国家规定的资金数额,有组织章程、组织机构和场所,能够独立承担民事责任,经主管机关核准登记,取得法人资格。 在中华人民共和国领域内设立的中外合资经营企业、中外合作经营企业和外资企业,具备法人条件的,依法经工商行政管理机关核准登记,取得中国法人资格。

【条文释义】

我国的法人设立登记采成立要件主义,依法必须登记的法人,非经登记不得成立。因此,所有的营利法人都必须经依法登记后,才能成立并获得法人资格。

营利法人的成立首先必须满足《民法典》总则编第58条第2款规定的法人成立条件,须有自己的名称、组织机构、住所、财产或者经费。其次应依照法律规定进行登记。我国公司类法人的登记原则上采取准则主义,例外采取许可主义。采取准则主义进行登记的,无须经过有关机关的许可,只需遵循法律、行政法规规定的条件,向工商行政管理机关申请设立登记,取得法人资格。一些从事特殊行业的公司和非公司形式的国有企业,其成立采取许可主义,法律、行政法规规定应先取得行政许可方能向工商行政管理机关申请设立登记。

国家通过对营利法人的成立进行登记,可以从法律上确认营利法人设立的事实,经登记成立的营利法人取得了独立从事经营行为的资格;可以通过对营利法人名称的核定,确保营利法人之间可以相互区分;有利于交易相对人了解营利法人的名称、注册地、法定代表人、注册资本、经营范围等基本信息,并产生公信力,可以减少交易费用、确保交易安全,促进交易达成;有利于国家对营利法人进行监督管理,顺利征税。

【关联法规】

《公司法》

第六条 设立公司,应当依法向公司登记机关申请设立登记。符合本法规定的设立条件的,由公司登记机关分别登记为有限责任公司或者股份有限公司;不符合本法规定的设立条件的,不得登记为有限责任公司或者股份有限公司。

法律、行政法规规定设立公司必须报经批准的,应当在公司登记前依法办理批准手续。

公众可以向公司登记机关申请查询公司登记事项,公司登记机关应当提供查询服务。

《全民所有制工业企业法》

第十六条 设立企业,必须依照法律和国务院规定,报请政府或者政府主管部门审核批准。经工商行政管理部门核准登记、发给营业执照,企业取得法人资格。

企业应当在核准登记的经营范围内从事生产经营活动。

《企业法人登记管理条例》

第二条 具备法人条件的下列企业,应当依照本条例的规定办理企业法人登记:

(一)全民所有制企业;

(二)集体所有制企业;

(三)联营企业;

(四)在中华人民共和国境内设立的中外合资经营企业、中外合作经营企业和外资企业;

(五)私营企业;

(六)依法需要办理企业法人登记的其他企业。

第四条　企业法人登记主管机关(以下简称登记主管机关)是国家市场监督管理总局和地方各级市场监督管理部门。各级登记主管机关在上级登记主管机关的领导下,依法履行职责,不受非法干预。

第七十八条　【营利法人的营业执照】

依法设立的营利法人,由登记机关发给营利法人营业执照。营业执照签发日期为营利法人的成立日期。

【条文对照】

《民法典》总则编	《公司法》
第七十八条　依法设立的营利法人,由登记机关发给营利法人营业执照。营业执照签发日期为营利法人的成立日期。	第七条第一款　依法设立的公司,由公司登记机关发给公司营业执照。公司营业执照签发日期为公司成立日期。

【条文释义】

营业执照是工商行政管理机关准许企业、个体工商户从事某项生产经营活动的凭证,亦是营利法人成立的证明,因此营业执照的签发日期就是营利法人的成立日期。

营业执照既是营利法人资格的证明,亦是营利法人经营能力的证明。根据营业执照登记的名称、地址、负责人、资金数额、主体性质、经营范围、经营方式、从业人数、经营期限等事项,营利法人的市场交易对手可以确认营利法人成立的事实,还可以了解营利法人的基本信息,对交易风险作出客观评价。未取得营业执照的营利法人,不具有法人资格,不能刻制公章、签订合同、注册商标、开设银行账户等,无法从事生产经营活动。

【关联法规】

《商业银行法》

第十六条　经批准设立的商业银行,由国务院银行业监督管理机构颁发经营许可证,并凭该许可证向工商行政管理部门办理登记,领取营业执照。

《全民所有制工业企业法》

第十六条　设立企业,必须依照法律和国务院规定,报请政府或者政府主管部门审核批准。经工商行政管理部门核准登记、发给营业执照,企业取得法人资格。

企业应当在核准登记的经营范围内从事生产经营活动。

《企业法人登记管理条例》

第三条 申请企业法人登记,经企业法人登记主管机关审核,准予登记注册的,领取《企业法人营业执照》,取得法人资格,其合法权益受国家法律保护。

依法需要办理企业法人登记的,未经企业法人登记主管机关核准登记注册,不得从事经营活动。

第十六条 申请企业法人开业登记的单位,经登记主管机关核准登记注册,领取《企业法人营业执照》后,企业即告成立。企业法人凭据《企业法人营业执照》可以刻制公章、开立银行账户、签订合同,进行经营活动。

登记主管机关可以根据企业法人开展业务的需要,核发《企业法人营业执照》副本。

《公司登记管理条例》

第二十五条 依法设立的公司,由公司登记机关发给《企业法人营业执照》。公司营业执照签发日期为公司成立日期。公司凭公司登记机关核发的《企业法人营业执照》刻制印章,开立银行账户,申请纳税登记。

第七十九条 【营利法人的章程】

设立营利法人应当依法制定法人章程。

【条文对照】

《民法典》总则编	《公司法》
第七十九条 设立营利法人应当依法制定法人章程。	第十一条 设立公司必须依法制定公司章程。公司章程对公司、股东、董事、监事、高级管理人员具有约束力。

【条文释义】

法人章程,是指法人依法制定的,规定公司名称、住所、经营范围、经营管理制度等重大事项的基本文件,也是规定法人组织及活动基本规则的书面文件,载明了公司组织和活动的基本准则,是法人的宪章。

法人章程是设立营利法人的必要条件,须经登记。法人章程具有法定性、真实性、自治性和公开性的基本特征。法人章程的制定、内容、效力和修改均由法律、行政法规明确规定。法人章程的内容不得违反法律、行政法规的强制性规定,对法人的股东、董事、监事、高级管理人员均有约束力。法人章程一般应当载明下列事项:(1)法人名称和住所;(2)法人经营范围;(3)法人资本;(4)成员的姓名或者名称;(5)成员出资方式、出资额和出资时间;(6)法人的机构及其产生办法、职权、议事规则;(7)法定代表人;(8)其他事项。

【关联法规】

《公司法》

第十二条 公司的经营范围由公司章程规定,并依法登记。公司可以修改公司章程,改变经营范围,但是应当办理变更登记。

公司的经营范围中属于法律、行政法规规定须经批准的项目,应当依法经过批准。

第二十五条 有限责任公司章程应当载明下列事项:

(一)公司名称和住所;

(二)公司经营范围;

(三)公司注册资本;

(四)股东的姓名或者名称;

(五)股东的出资方式、出资额和出资时间;

(六)公司的机构及其产生办法、职权、议事规则;

(七)公司法定代表人;

(八)股东会会议认为需要规定的其他事项。

股东应当在公司章程上签名、盖章。

第八十条 【营利法人的权力机构】

营利法人应当设权力机构。

权力机构行使修改法人章程,选举或者更换执行机构、监督机构成员,以及法人章程规定的其他职权。

【条文对照】

本条为《民法典》总则编"新增条文",无可对照编纂对象。

【条文释义】

营利法人的权力机构,也叫营利法人的意思机关,是营利法人形成法人意思的机关。法人意思是法人治理及法人对外开展经营活动的前提,但权力机构仅能对营利法人内部作出意思表示,营利法人对外所作的意思表示是由营利法人的执行机关进行。

根据《公司法》的规定,不同类型的法人,其权力机构往往亦不同:有限责任公司的权力机构称为股东会,股份有限公司的权力机构称为股东大会,一人有限责任公司的权力机构就是唯一的股东,国有独资公司则由国有资产监督管理部门行使权力机构的职权。

营利法人的权力机构的职权主要是进行决议,决议对象多为营利法人的重大事项:其一,修改法人章程。法人章程作为法人组织和活动的基本准则,是根本性的重要文件,只有法人的权力机构才有权进行修改。其二,选举或者更换执行机构、监督机构成员。执行机构是专门执行权力机构的各项决议,具体负责管理法人事务的法人机关,执行机构成员由法人权力机构选举并更换。监督机构则负责监督执行机构及其成员。其三,法人章程规定的其他职权。

【关联法规】

《公司法》

第三十六条 有限责任公司股东会由全体股东组成。股东会是公司的权力机构,依照本法行使职权。

第三十七条 股东会行使下列职权:

(一)决定公司的经营方针和投资计划;

(二)选举和更换非由职工代表担任的董事、监事,决定有关董事、监事的报酬事项;

(三)审议批准董事会的报告;

(四)审议批准监事会或者监事的报告;

(五)审议批准公司的年度财务预算方案、决算方案;

(六)审议批准公司的利润分配方案和弥补亏损方案;

(七)对公司增加或者减少注册资本作出决议;

(八)对发行公司债券作出决议;

(九)对公司合并、分立、解散、清算或者变更公司形式作出决议;

(十)修改公司章程;

(十一)公司章程规定的其他职权。

对前款所列事项股东以书面形式一致表示同意的,可以不召开股东会会议,直接作出决定,并由全体股东在决定文件上签名、盖章。

第六十六条第一款 国有独资公司不设股东会,由国有资产监督管理机构行使股东会职权。国有资产监督管理机构可以授权公司董事会行使股东会的部分职权,决定公司的重大事项,但公司的合并、分立、解散、增加或者减少注册资本和发行公司债券,必须由国有资产监督管理机构决定;其中,重要的国有独资公司合并、分立、解散、申请破产的,应当由国有资产监督管理机构审核后,报本级人民政府批准。

第九十八条 股份有限公司股东大会由全体股东组成。股东大会是公司的权力机构,依照本法行使职权。

第八十一条 【营利法人的执行机构】

营利法人应当设执行机构。

执行机构行使召集权力机构会议,决定法人的经营计划和投资方案,决定法人内部管理机构的设置,以及法人章程规定的其他职权。

执行机构为董事会或者执行董事的,董事长、执行董事或者经理按照法人章程的规定担任法定代表人;未设董事会或者执行董事的,法人章程规定的主要负责人为其执行机构和法定代表人。

【条文对照】

本条为《民法典》总则编"新增条文",无可对照编纂对象。

【条文释义】

由于营利法人的权力机构并非常设机构,不可能经常召开会议对营利法人的对内、对外重要事项进行决议,因此,营利法人的日常生产经营以及权力机构各项决议的执行,均需由专门的执行机构负责。

营利法人的执行机构主要包括董事会、执行董事等。具体来说,执行机构的主要职权包括召集权力机构会议、决定法人的经营计划和投资方案、决定营利法人内部执行管理机构的设置和组成以及营利法人章程规定的其他职权等。

营利法人的法定代表人,是指依照法律规定和营利法人章程的规定,能够对外代表营利法人从事民事法律行为、为营利法人设立民事权利与义务的人。法定代表人代表营利法人从事的民事法律行为的法律效果归属于营利法人。法定代表人一般从执行机构中产生;如果执行机构为董事会或者执行董事的,由董事长、执行董事或者经理担任法定代表人;如果营利法人因为规模较小而未设董事会或者执行董事的,法定代表人则由营利法人章程所载明的主要负责人担任。

【关联法规】

《公司法》

第十三条 公司法定代表人依照公司章程的规定,由董事长、执行董事或者经理担任,并依法登记。公司法定代表人变更,应当办理变更登记。

第四十六条 董事会对股东会负责,行使下列职权:

(一)召集股东会会议,并向股东会报告工作;

(二)执行股东会的决议;

(三)决定公司的经营计划和投资方案;

(四)制订公司的年度财务预算方案、决算方案;

(五)制订公司的利润分配方案和弥补亏损方案;

(六)制订公司增加或者减少注册资本以及发行公司债券的方案;

(七)制订公司合并、分立、解散或者变更公司形式的方案;

(八)决定公司内部管理机构的设置;

（九）决定聘任或者解聘公司经理及其报酬事项，并根据经理的提名决定聘任或者解聘公司副经理、财务负责人及其报酬事项；

（十）制定公司的基本管理制度；

（十一）公司章程规定的其他职权。

第六十七条第一款　国有独资公司设董事会，依照本法第四十六条、第六十六条的规定行使职权。董事每届任期不得超过三年。董事会成员中应当有公司职工代表。

《乡镇企业法》

第十四条　乡镇企业依法实行民主管理，投资者在确定企业经营管理制度和企业负责人，作出重大经营决策和决定职工工资、生活福利、劳动保护、劳动安全等重大问题时，应当听取本企业工会或者职工的意见，实施情况要定期向职工公布，接受职工监督。

第八十二条　【营利法人的监督机构】

营利法人设监事会或者监事等监督机构的，监督机构依法行使检查法人财务，监督执行机构成员、高级管理人员执行法人职务的行为，以及法人章程规定的其他职权。

【条文对照】

本条为《民法典》总则编"新增条文"，无可对照编纂对象。

【条文释义】

由于营利法人的财产来源于成员的出资，而成员组成的权力机构又非常设机构，不能对执行机构的日常经营管理做到有效监督。因此，营利法人设立监事会或者监事作为营利法人的监督机构，以监督执行机构的日常经营管理活动和营利法人的财务状况，防止其滥用权力，以保障营利法人、股东及债权人、利害关系人的合法权益。

监事会由营利法人的成员代表与职工代表组成，最低人数不得少于三人，不得由董事、高级管理人员等执行机构成员兼任。监事会享有的职权包括：检查法人的财务；对董事、经理执行职务时违反法律、法规或者法人章程的行为进行监督；当董事和经理的行为损害营利法人的利益时，要求董事和经理改正；提议召开临时权力机构大会；法人章程规定的其他职权。

【关联法规】

《公司法》

第五十一条　有限责任公司设监事会，其成员不得少于三人。股东人数较少或者规模较小的有限责任公司,可以设一至二名监事,不设监事会。

监事会应当包括股东代表和适当比例的公司职工代表,其中职工代表的比例不得低于三分之一,具体比例由公司章程规定。监事会中的职工代表由公司职工通过职工代表大会、职工大会或者其他形式民主选举产生。

监事会设主席一人,由全体监事过半数选举产生。监事会主席召集和主持监事会会议;监事会主席不能履行职务或者不履行职务的,由半数以上监事共同推举一名监事召集和主持监事会会议。

董事、高级管理人员不得兼任监事。

第五十三条 监事会、不设监事会的公司的监事行使下列职权:

(一)检查公司财务;

(二)对董事、高级管理人员执行公司职务的行为进行监督,对违反法律、行政法规、公司章程或者股东会决议的董事、高级管理人员提出罢免的建议;

(三)当董事、高级管理人员的行为损害公司的利益时,要求董事、高级管理人员予以纠正;

(四)提议召开临时股东会会议,在董事会不履行本法规定的召集和主持股东会会议职责时召集和主持股东会会议;

(五)向股东会会议提出提案;

(六)依照本法第一百五十一条的规定,对董事、高级管理人员提起诉讼;

(七)公司章程规定的其他职权。

第七十条 国有独资公司监事会成员不得少于五人,其中职工代表的比例不得低于三分之一,具体比例由公司章程规定。

监事会成员由国有资产监督管理机构委派;但是,监事会成员中的职工代表由公司职工代表大会选举产生。监事会主席由国有资产监督管理机构从监事会成员中指定。

监事会行使本法第五十三条第(一)项至第(三)项规定的职权和国务院规定的其他职权。

第一百一十七条 股份有限公司设监事会,其成员不得少于三人。

监事会应当包括股东代表和适当比例的公司职工代表,其中职工代表的比例不得低于三分之一,具体比例由公司章程规定。监事会中的职工代表由公司职工通过职工代表大会、职工大会或者其他形式民主选举产生。

监事会设主席一人,可以设副主席。监事会主席和副主席由全体监事过半数选举产生。监事会主席召集和主持监事会会议;监事会主席不能履行职务或者不履行职务的,由监事会副主席召集和主持监事会会议;监事会副主席不能履行职务或者不履行职务的,由半数以上监事共同推举一名监事召集和主持监事会会议。

董事、高级管理人员不得兼任监事。

本法第五十二条关于有限责任公司监事任期的规定,适用于股份有限公司监事。

《商业银行法》

第十八条 国有独资商业银行设立监事会。监事会的产生办法由国务院规定。

监事会对国有独资商业银行的信贷资产质量、资产负债比例、国有资产保值增值等情况以及高级管理人员违反法律、行政法规或者章程的行为和损害银行利益的行为进行监督。

第八十三条 【营利法人出资人滥用权利的责任承担】

营利法人的出资人不得滥用出资人权利损害法人或者其他出资人的利益;滥用出资人权利造成法人或者其他出资人损失的,应当依法承担民事责任。

营利法人的出资人不得滥用法人独立地位和出资人有限责任损害法人债权人的利益;滥用法人独立地位和出资人有限责任,逃避债务,严重损害法人债权人的利益的,应当对法人债务承担连带责任。

【条文对照】

《民法典》总则编	《公司法》
第八十三条 营利法人的出资人不得滥用出资人权利损害法人或者其他出资人的利益;滥用出资人权利造成法人或者其他出资人损失的,应当依法承担民事责任。营利法人的出资人不得滥用法人独立地位和出资人有限责任损害法人债权人的利益;滥用法人独立地位和出资人有限责任,逃避债务,严重损害法人债权人的利益的,应当对法人债务承担连带责任。	第二十条 公司股东应当遵守法律、行政法规和公司章程,依法行使股东权利,不得滥用股东权利损害公司或者其他股东的利益;不得滥用公司法人独立地位和股东有限责任损害公司债权人的利益。公司股东滥用股东权利给公司或者其他股东造成损失的,应当依法承担赔偿责任。公司股东滥用公司法人独立地位和股东有限责任,逃避债务,严重损害公司债权人利益的,应当对公司债务承担连带责任。

【条文释义】

营利法人的出资人应当按照法律法规和营利法人章程的规定,正当、合理地行使自己的权利,不得滥用出资人的权利,不当行使表决权、查账权等出资人权利损害营利法人或者其他出资人的利益。例如,股东为个人经营的目的,以查账为由,窃取公司商业秘密,则构成出资人权利的滥用;再如,营利法人章程规定出售重大资产需经权力机构大会特别决议通过,而营利法人的控制性出资人无视章程的规定,不经法定程序,强令营利法人经营管理层出售该资产,也构成出资人权利的滥用。出资人滥用其权利造成营利法人和其他出资人损失的,应当承担民事责任。

法律为保护和鼓励投资,同时也保证营利法人经营的灵活性和高效性,创制了出资人有限责任和法人独立地位的制度。对出资人仅以其认缴的出资额为限对营利法人的对外债务承担有限责任。一般来说,依约定足额出资后,即享有有限责任的待遇,不再对营利法人的债务承担责任;出资人通过营利法人权力机构依法定程序行使其权利,不直接干预营利法人的经营,出资人亦仅以其认缴的出资额为限对法人的对外债务承担有限责任。营利法人则独立地利用出资人投入营利法人中的财产从事生产经营活动,以创造利润。营利法人在经营活动中以自己的名义与交易对手发生债权、债务法律关系,承担由此产生的民事责任。

但是在实际经营活动中,有的出资人通过各种途径控制着营利法人,为赚取高额利润或逃避债务,常常擅自挪用营利法人的财产,将自己的财产、自身经营的业务及相关账目与营利法人的财产、业务及账目混同。在这些情况下,营利法人实际上已失去了独立的人格和地位。股东的上述行为,严重损害了营利法人的独立地位,滥用了股东的有限责任,使债权人面临极大的交易风险。在这种情况下,法律规定可以否定营利法人的独立地位,由滥用营利法人独立地位和出资人有限责任的出资人与营利法人一起对营利法人所负债务承担连带清偿责任。

【关联法规】

《证券公司监督管理条例》

第三条 证券公司的股东和实际控制人不得滥用权利,占用证券公司或者客户的资产,损害证券公司或者客户的合法权益。

《民间借贷案件规定》

第二十二条 法人的法定代表人或者非法人组织的负责人以单位名义与出借人签订民间借贷合同,有证据证明所借款项系法定代表人或者负责人个人使用,出借人请求将法定代表人或者负责人列为共同被告或者第三人的,人民法院应予准许。

法人的法定代表人或者非法人组织的负责人以个人名义与出借人订立民间借贷合同,所借款项用于单位生产经营,出借人请求单位与个人共同承担责任的,人民法院应予支持。

《公司法司法解释三》

第十二条 公司成立后,公司、股东或者公司债权人以相关股东的行为符合下列情形之一且损害公司权益为由,请求认定该股东抽逃出资的,人民法院应予支持:

（一）制作虚假财务会计报表虚增利润进行分配；
（二）通过虚构债权债务关系将其出资转出；
（三）利用关联交易将出资转出；
（四）其他未经法定程序将出资抽回的行为。

《企业破产法司法解释二》

第四十六条 债务人的股东主张以下列债务与债务人对其负有的债务抵销，债务人管理人提出异议的，人民法院应予支持：
（一）债务人股东因欠缴债务人的出资或者抽逃出资对债务人所负的债务；
（二）债务人股东滥用股东权利或者关联关系损害公司利益对债务人所负的债务。

《公司债券发行与交易管理办法》

第六十七条 发行人的控股股东滥用公司法人独立地位和股东有限责任，损害债券持有人利益的，应当依法对公司债务承担连带责任。

《最高人民法院关于印发〈全国法院审理债券纠纷案件座谈会纪要〉的通知》

27. 发行人与其他责任主体的连带责任。发行人的控股股东、实际控制人、发行人的董事、监事、高级管理人员或者履行同等职责的人员，对其制作、出具的信息披露文件中存在虚假记载、误导性陈述或者重大遗漏，足以影响投资人对发行人偿债能力判断的，应当与发行人共同对债券持有人、债券投资者的损失承担连带赔偿责任，但是能够证明自己没有过错的除外。

第八十四条 【滥用关联关系造成损失的赔偿责任】

营利法人的控股出资人、实际控制人、董事、监事、高级管理人员不得利用其关联关系损害法人的利益；利用关联关系造成法人损失的，应当承担赔偿责任。

【条文对照】

《民法典》总则编	《公司法》
第八十四条 营利法人的控股出资人、实际控制人、董事、监事、高级管理人员不得利用其关联关系损害法人的利益；利用关联关系造成法人损失的，应当承担赔偿责任。	第二十一条 公司的控股股东、实际控制人、董事、监事、高级管理人员不得利用其关联关系损害公司利益。违反前款规定，给公司造成损失的，应当承担赔偿责任。

【条文释义】

根据《公司法》第 216 条第（4）项的规定，"关联关系是指公司控股股东、实际控制人、董事、监事、高级管理人员与其直接或者间接控制的企业之间的关系,以及可能导致公司利益转移的其他关系"。而根据《企业会计准则第36号——关联方披露》第7条的规定,关联交易是指存在关联关系的各方之间转移资源、劳务或义务的行为,而不论是否收取价款。

正常的关联交易,可以稳定营利法人业务,分散经营风险,有利于营利法人的发展,法律并不禁止。但实务中常有控股出资人、实际控制人、董事、监事、高级管理人员等利用关联关系,实施了侵害法人利益的行为,给法人造成了损失。法律禁止这种被滥用的关联交易,规定利用关联关系损害法人利益的出资人、实际控制人、董事、监事、高级管理人员等应当对法人的损失承担损害赔偿责任。需要注意的是,本条规定的受害人仅为法人,不包括其他股东或法人的债权人。

【关联法规】

《公司法》

第二百一十六条 本法下列用语的含义:

(一)高级管理人员,是指公司的经理、副经理、财务负责人,上市公司董事会秘书和公司章程规定的其他人员。

(二)控股股东,是指其出资额占有限责任公司资本总额百分之五十以上或者其持有的股份占股份有限公司股本总额百分之五十以上的股东;出资额或者持有股份的比例虽然不足百分之五十,但依其出资额或者持有的股份所享有的表决权已足以对股东会、股东大会的决议产生重大影响的股东。

(三)实际控制人,是指虽不是公司的股东,但通过投资关系、协议或者其他安排,能够实际支配公司行为的人。

(四)关联关系,是指公司控股股东、实际控制人、董事、监事、高级管理人员与其直接或者间接控制的企业之间的关系,以及可能导致公司利益转移的其他关系。但是,国家控股的企业之间不仅因为同受国家控股而具有关联关系。

《公司法司法解释三》

第十二条 公司成立后,公司、股东或者公司债权人以相关股东的行为符合下列情形之一且损害公司权益为由,请求认定该股东抽逃出资的,人民法院应予支持:

(一)制作虚假财务会计报表虚增利润进行分配;

(二)通过虚构债权债务关系将其出资转出;

(三)利用关联交易将出资转出;

(四)其他未经法定程序将出资抽回的行为。

第八十五条　【营利法人出资人对瑕疵决议的撤销权】

营利法人的权力机构、执行机构作出决议的会议召集程序、表决方式违反法律、行政法规、法人章程,或者决议内容违反法人章程的,营利法人的出资人可以请求人民法院撤销该决议。但是,营利法人依据该决议与善意相对人形成的民事法律关系不受影响。

【条文对照】

《民法典》总则编	《公司法》
第八十五条　营利法人的权力机构、执行机构作出决议的会议召集程序、表决方式违反法律、行政法规、法人章程,或者决议内容违反法人章程的,营利法人的出资人可以请求人民法院撤销该决议。但是,营利法人依据该决议与善意相对人形成的民事法律关系不受影响。	第二十二条第一款、第二款　公司股东会或者股东大会、董事会的决议内容违反法律、行政法规的无效。 股东会或者股东大会、董事会的会议召集程序、表决方式违反法律、行政法规或者公司章程,或者决议内容违反公司章程的,股东可以自决议作出之日起六十日内,请求人民法院撤销。

【条文释义】

本条对营利法人权力机构、执行机构决议的撤销进行了明确规定。

法人决议瑕疵分为内容瑕疵和程序瑕疵。本条规定的召集程序、表决方式违反法律、行政法规、法人章程属于程序瑕疵,本条规定的决议内容违反法人章程属于内容瑕疵。如果公司决议在产生程序上存在瑕疵,就不能体现所有应当享有表决权的决议参与者的真实、有效的意思表示,除非该决议作出后取得所有应当享有表决权的决议参与者的一致追认或默认。法人章程是由出资人组成的权力机关所制定的关于法人组织和行为的自治规则,在章程未经法定程序变更之前,营利法人的权力机构和执行机构必须严格遵守。决议内容违反法律、行政法规的,决议效力类似于违反法律、行政法规的法律行为,应为无效。决议程序违反法律、行政法规,决议程序或内容违反公司章程的,法律赋予了出资人申请撤销的权利。

如果营利法人已经根据存在程序瑕疵的决议与第三人建立了民事法律关系,为了保护善意第三人的信赖利益以及交易安全,营利法人与善意第三人之间已经形成的民事法律关系的效力不受影响。

【关联法规】

《公司法》

第二十二条第三款、第四款　股东依照前款规定提起诉讼的,人民法院可以应公司的请求,要求股东提供相应担保。

公司根据股东会或者股东大会、董事会决议已办理变更登记的,人民法院宣告该决议无效或者撤销该决议后,公司应当向公司登记机关申请撤销变更登记。

第八十六条 【营利法人的社会责任】

营利法人从事经营活动,应当遵守商业道德,维护交易安全,接受政府和社会的监督,承担社会责任。

【条文对照】

《民法典》总则编	《公司法》
第八十六条 营利法人从事经营活动,应当遵守商业道德,维护交易安全,接受政府和社会的监督,承担社会责任。	第五条第一款 公司从事经营活动,必须遵守法律、行政法规,遵守社会公德、商业道德,诚实守信,接受政府和社会公众的监督,承担社会责任。

【条文释义】

本条是关于营利法人社会责任的规定。

随着社会的进步以及法人理念的发展,营利法人不能仅以最大限度地为股东谋取利益作为自己存在的唯一目的,同时应当关怀和增进股东利益之外的其他社会利益,如职工利益、债权人利益、中小竞争者利益、当地社区利益、环境利益等。营利法人的经营活动应当遵守通行的商业道德,维护交易安全、兼顾交易相对人利益,接受主管机关和社会公众的监督,实现营利法人自身与社会的共赢。

【关联法规】

《反不正当竞争法》

第二条 经营者在生产经营活动中,应当遵循自愿、平等、公平、诚信的原则,遵守法律和商业道德。

本法所称的不正当竞争行为,是指经营者在生产经营活动中,违反本法规定,扰乱市场竞争秩序,损害其他经营者或者消费者的合法权益的行为。

本法所称的经营者,是指从事商品生产、经营或者提供服务(以下所称商品包括服务)的自然人、法人和非法人组织。

《食品安全法》

第四条 食品生产经营者对其生产经营食品的安全负责。

食品生产经营者应当依照法律、法规和食品安全标准从事生产经营活动,保证食品安全,诚信自律,对社会和公众负责,接受社会监督,承担社会责任。

《公司法》

第十七条 公司必须保护职工的合法权益,依法与职工签订劳动合同,参加社会保险,加强劳动保护,实现安全生产。

公司应当采用多种形式,加强公司职工的职业教育和岗位培训,提高职工素质。

第十八条 公司职工依照《中华人民共和国工会法》组织工会,开展工会活动,维护职工合法权益。公司应当为本公司工会提供必要的活动条件。公司工会代表职工就职工的劳动报酬、工作时间、福利、保险和劳动安全卫生等事项依法与公司签订集体合同。

公司依照宪法和有关法律的规定,通过职工代表大会或者其他形式,实行民主管理。

公司研究决定改制以及经营方面的重大问题、制定重要的规章制度时,应当听取公司工会的意见,并通过职工代表大会或者其他形式听取职工的意见和建议。

《旅游法》

第六条 国家建立健全旅游服务标准和市场规则,禁止行业垄断和地区垄断。旅游经营者应当诚信经营,公平竞争,承担社会责任,为旅游者提供安全、健康、卫生、方便的旅游服务。

《网络安全法》

第九条 网络运营者开展经营和服务活动,必须遵守法律、行政法规,尊重社会公德,遵守商业道德,诚实信用,履行网络安全保护义务,接受政府和社会的监督,承担社会责任。

《企业国有资产法》

第十七条 国家出资企业从事经营活动,应当遵守法律、行政法规,加强经营管理,提高经济效益,接受人民政府及其有关部门、机构依法实施的管理和监督,接受社会公众的监督,承担社会责任,对出资人负责。

国家出资企业应当依法建立和完善法人治理结构,建立健全内部监督管理和风险控制制度。

第三节 非营利法人

第八十七条 【非营利法人的概念】

为公益目的或者其他非营利目的成立,不向出资人、设立人或者会员分配所取得利润的法人,为非营利法人。

非营利法人包括事业单位、社会团体、基金会、社会服务机构等。

【条文对照】

本条为《民法典》总则编"新增条文",无可对照编纂对象。

【条文释义】

本条规定了非营利法人的概念。

与营利法人相对,非营利法人是为公益目的或其他非营利目的而成立,不向其成员或设立人分配利润的法人类型。非营利法人的核心在于,即使从事商业活动,赚取利润,也不向其成员分配,而是用于公益或者其他非营利性用途。

非营利法人包括事业单位、社会团体、基金会、社会服务机构等。

根据国务院《事业单位登记管理暂行条例》的规定,事业单位是指国家为了社会公益目的,由国家机关举办或者其他组织利用国有资产举办的,从事教育、科技、文化、卫生等活动的社会服务组织。

社会团体法人是指为实现公益目的或会员共同利益,经业务主管单位审查同意成立,并符合法人条件的社会团体,如工会、妇女联合会、工商业联合会等。依据《社会团体登记管理条例》的规定,申请成立社会团体,应当经其业务主管单位审查同意,由发起人向登记管理机关申请筹备。

基金会,是指利用自然人、法人或者其他组织捐赠的财产,以从事公益事业为目的而设立的非营利法人。

社会服务机构,是指自然人、法人或其他组织,利用非国有资产设立的,以提供社会服务为主要目的的非营利性法人。

【关联法规】

《证券法》

第一百四十五条　证券登记结算机构为证券交易提供集中登记、存管与结算服务,不以营利为目的,依法登记,取得法人资格。

设立证券登记结算机构必须经国务院证券监督管理机构批准。

《公益事业捐赠法》

第十条　公益性社会团体和公益性非营利的事业单位可以依照本法接受捐赠。

本法所称公益性社会团体是指依法成立的,以发展公益事业为宗旨的基金会、慈善组织等社会团体。

本法所称公益性非营利的事业单位是指依法成立的,从事公益事业的不以营利为目的的教育机构、科学研究机构、医疗卫生机构、社会公共文化机构、社会公共体育机构和社会福利机构等。

《慈善法》

第八条 本法所称慈善组织,是指依法成立、符合本法规定,以面向社会开展慈善活动为宗旨的非营利性组织。

慈善组织可以采取基金会、社会团体、社会服务机构等组织形式。

《民办教育促进法》

第十九条 民办学校的举办者可以自主选择设立非营利性或者营利性民办学校。但是,不得设立实施义务教育的营利性民办学校。

非营利性民办学校的举办者不得取得办学收益,学校的办学结余全部用于办学。

营利性民办学校的举办者可以取得办学收益,学校的办学结余依照公司法等有关法律、行政法规的规定处理。

民办学校取得办学许可证后,进行法人登记,登记机关应当依法予以办理。

《工会法》

第十四条 中华全国总工会、地方总工会、产业工会具有社会团体法人资格。

基层工会组织具备民法通则规定的法人条件的,依法取得社会团体法人资格。

《社会团体登记管理条例》

第二条 本条例所称社会团体,是指中国公民自愿组成,为实现会员共同意愿,按照其章程开展活动的非营利性社会组织。

国家机关以外的组织可以作为单位会员加入社会团体。

《博物馆条例》

第二条 本条例所称博物馆,是指以教育、研究和欣赏为目的,收藏、保护并向公众展示人类活动和自然环境的见证物,经登记管理机关依法登记的非营利组织。

博物馆包括国有博物馆和非国有博物馆。利用或者主要利用国有资产设立的博物馆为国有博物馆;利用或者主要利用非国有资产设立的博物馆为非国有博物馆。

国家在博物馆的设立条件、提供社会服务、规范管理、专业技术职称评定、财税扶持政策等方面,公平对待国有和非国有博物馆。

第十五条 设立藏品不属于古生物化石的非国有博物馆的,应当到有关登记管理机关依法办理法人登记手续。

前款规定的非国有博物馆变更、终止的,应当到有关登记管理机关依法办理变更登记、注销登记,并向馆址所在地省、自治区、直辖市人民政府文物主管部门备案。

《事业单位登记管理暂行条例》

第二条 本条例所称事业单位,是指国家为了社会公益目的,由国家机关举办或者其他组织利用国有资产举办的,从事教育、科技、文化、卫生等活动的社会服务组织。

事业单位依法举办的营利性经营组织,必须实行独立核算,依照国家有关公司、企业等经营组织的法律、法规登记管理。

《基金会管理条例》

第二条 本条例所称基金会,是指利用自然人、法人或者其他组织捐赠的财产,以从事公益事业为目的,按照本条例的规定成立的非营利性法人。

《在民事审判工作中适用工会法司法解释》

第一条 人民法院审理涉及工会组织的有关案件时,应当认定依照工会法建立的工会组织的社团法人资格。具有法人资格的工会组织依法独立享有民事权利,承担民事义务。建立工会的企业、事业单位、机关与所建工会以及工会投资兴办的企业,根据法律和司法解释的规定,应当分别承担各自的民事责任。

第八十八条 【事业单位法人】

具备法人条件,为适应经济社会发展需要,提供公益服务设立的事业单位,经依法登记成立,取得事业单位法人资格;依法不需要办理法人登记的,从成立之日起,具有事业单位法人资格。

【条文对照】

《民法典》总则编	《民法通则》
第八十八条 具备法人条件,**为适应经济社会发展需要,提供公益服务**设立的事业单位,经依法登记成立,取得**事业单位法人**资格;依法不需要办理法人登记的,从成立之日起,具有**事业单位法人**资格。	第五十条第二款 具备法人条件的事业单位、社会团体,依法不需要办理法人登记的,从成立之日起,具有法人资格;依法需要办理法人登记的,经核准登记,取得法人资格。

【条文释义】

本条对事业单位法人的成立条件进行了规定。

事业单位,是我国特有的法律制度,指国家为了社会公益目的,由国家机关举办或者其他组织利用国有资产举办的,从事教育、科技、文化、卫生等活动的社会服务组织。由于事业单位法人通常是由国家机关举办或者其他组织利用国有资产举办的,从事教育、科技、文化、卫生等公益性事业的法人,不以取得利润、分配利润为目的,因此为典型的非营利性法人。

事业单位法人是满足法人条件的事业单位。事业单位的成立,须经县级以上各级人民政府及其有关主管部门批准。在事业单位满足具有自己的名称、组织机构、住所、财产或者经费等法人条件后,绝大多数事业单位法人应当向登记管理机关进行登记。依法登记后,事业单位法人方才成立,取得事业单位法人资格。对于某些特殊的事业单位,法律规定不需要办理登记的,从其满足法人成立条件之日起就具备了事业单位法人资格。

【关联法规】

《事业单位登记管理暂行条例》

第二条　本条例所称事业单位,是指国家为了社会公益目的,由国家机关举办或者其他组织利用国有资产举办的,从事教育、科技、文化、卫生等活动的社会服务组织。

事业单位依法举办的营利性经营组织,必须实行独立核算,依照国家有关公司、企业等经营组织的法律、法规登记管理。

第三条　事业单位经县级以上各级人民政府及其有关主管部门(以下统称审批机关)批准成立后,应当依照本条例的规定登记或者备案。

事业单位应当具备法人条件。

第六条　申请事业单位法人登记,应当具备下列条件:

(一)经审批机关批准设立;

(二)有自己的名称、组织机构和场所;

(三)有与其业务活动相适应的从业人员;

(四)有与其业务活动相适应的经费来源;

(五)能够独立承担民事责任。

第十一条　法律规定具备法人条件、自批准设立之日起即取得法人资格的事业单位,或者法律、其他行政法规规定具备法人条件、经有关主管部门依法审核或者登记,已经取得相应的执业许可证书的事业单位,不再办理事业单位法人登记,由有关主管部门按照分级登记管理的规定向登记管理机关备案。

县级以上各级人民政府设立的直属事业单位直接向登记管理机关备案。

第八十九条　【事业单位法人的治理机构】

事业单位法人设理事会的,除法律另有规定外,理事会为其决策机构。事业单位法人的法定代表人依照法律、行政法规或者法人章程的规定产生。

【条文对照】

本条为《民法典》总则编"新增条文",无可对照编纂对象。

【条文释义】

事业单位法人不同于营利法人、机关法人,是以公益为目的的非营利法人。因此事业单位法人的治理机构具有特殊性,除法律另有规定外,原则上以理事会作为事业单位法人的决策机构。根据法律的规定,未设理事会的事业单位法人,决策机构可能是党委会、行政办公会、举办单位等。

一般情况下,理事会的设立由事业单位法人的举办人牵头进行。理事一般包括政府有关部门、举办单位、事业单位、服务对象和其他有关方面的代表。

事业单位法人还须设立法定代表人。事业单位法人的法定代表人按照法律、行政法规或事业单位法人章程规定的方法产生,由理事长或者理事担任,对外代表事业单位法人从事活动,对内负责事业单位法人的事务管理。

【关联法规】

《民办教育促进法》

第二十条 民办学校应当设立学校理事会、董事会或者其他形式的决策机构并建立相应的监督机制。

民办学校的举办者根据学校章程规定的权限和程序参与学校的办学和管理。

《关于建立和完善事业单位法人治理结构的意见》

三、主要内容

面向社会提供公益服务的事业单位要探索建立和完善法人治理结构。不宜建立法人治理结构的事业单位,要继续完善现行管理模式。

(一)建立健全决策监督机构。决策监督机构的主要组织形式是董事会,也可探索董事会、管委会等多种形式。理事会作为事业单位的决策和监督机构,依照法律法规、国家有关政策和本单位章程开展工作,接受政府监管和社会监督。理事会负责本单位的发展规划、财务预决算、重大业务、章程拟订和修订等决策事项,按照有关规定履行人事管理方面的职责,并监督本单位的运行。理事会一般由政府有关部门、举办单位、事业单位、服务对象和其他有关方面的代表组成。直接关系人民群众切身利益的事业单位,本单位以外人员担任的理事要占多数。根据事业单位的规模、职责任务和服务对象等方面特点,兼顾代表性和效率,合理确定理事会的构成和规模。结合理事所代表的不同方面,采取相应的理事产生方式,代表政府部门或相关组织的理事一般由政府部门或相关组织委派,代表服务对象和其他利益相关方的理事原则上推选产生,事业单位行政负责人及其他有关职位的负责人可以确定为当然理事。要明确理事的权利义务,建立理事责任追究机制。也可探索单独设立监事会,负责监管事业单位财务和理事、管理层人员履行职责的情况。

(二)明确管理层权责。管理层作为理事会的执行机构,由事业单位行政负责人及其他主要管理人员组成。管理层对理事会负责,按照理事会决议独立自主履行日常业务管理、财务资产管理和一般工作人员管理等职责,定期向理事会报告工作。事业单位行政负责人由理事会任命或提名,并按照人事管理权限报有关部门备案或批准。事业单位其他主要管理人员的任命和提名,根据不同情况可以采取不同的方式。

(三)制定事业单位章程。事业单位章程是法人治理结构的制度载体和理事会、管理层的运行规则,也是有关部门对事业单位进行监管的重要依据。事业单位章程应当明确理事会和管理层的关系,包括理事会的职责、构成、会议制度,理事的产生方式和任期,管理层的职责和产生方式等。事业单位章程草案由理事会通过,并经举办单位同意后,报登记管理机关核准备案。

要研究制定事业单位法人治理准则,进一步规范事业单位法人治理结构建设。完善事业单位年度报告制度,加强对事业单位履行章程情况的监管。建立事业单位信息公开制度,强化社会对事业单位的监督。全面加强事业单位党的建设。

《关于创新事业单位机构编制管理的意见》

五、完善事业单位登记管理制度

事业单位应当进行法人登记。指导事业单位制定章程并依法核准,加强对事业单位履行章程情况的监管。改革和完善事业单位年度报告制度,建立相关信息公开制度。按照方便事业单位和节约效能原则,推进网上登记管理。转为行政机构和企业的事业单位,核销事业编制后要及时办理事业单位法人注销登记。

第九十条 【社会团体法人】

具备法人条件,基于会员共同意愿,为公益目的或者会员共同利益等非营利目的设立的社会团体,经依法登记成立,取得社会团体法人资格;依法不需要办理法人登记的,从成立之日起,具有社会团体法人资格。

【条文对照】

《民法典》总则编	《民法通则》
第九十条　具备法人条件,基于会员共同意愿,为公益目的或者会员共同利益等非营利目的设立的社会团体,经依法登记成立,取得**社会团体**法人资格;依法不需要办理法人登记的,从成立之日起,具有**社会团体**法人资格。	第五十条第二款　具备法人条件的事业单位、社会团体,依法不需要办理法人登记的,从成立之日起,具有法人资格;依法需要办理法人登记的,经核准登记,取得法人资格。

【条文释义】

社会团体法人是指为实现公益目的或会员共同利益,经业务主管单位审查同意成立,并符合法人条件的社会团体。

成立社会团体,应具备以下条件:(1)有50个以上的个人会员或者30个以上的单位会员;个人会员、单位会员混合组成的,会员总数不得少于50个;(2)有规范的名称和相应的组织机构;(3)有固定的住所;(4)有与其业务活动相适应的专职工作人员;(5)有合法的资产和经费来源,全国性的社会团体有10万元以上活动资金,地方性的社会团体和跨行政区域的社会团体有3万元以上活动资金;(6)有独立承担民事责任的能力。

一般来说,除了须经业务主管单位审查同意成立并满足上述条件,大部分社会团体法人还需要登记,自登记之日起取得社会团体法人资格。某些特殊的社会团体法人依法不需要办理法人登记,自其成立之日起即具有社会团体法人资格。例如,由国务院机构编制管理机关核定,并经国务院批准免于登记的团体,其成立就不需要进行登记。

【关联法规】

《证券法》

第一百六十四条　证券业协会是证券业的自律性组织,是社会团体法人。

证券公司应当加入证券业协会。

证券业协会的权力机构为全体会员组成的会员大会。

《律师法》

第四十三条　律师协会是社会团体法人,是律师的自律性组织。

全国设立中华全国律师协会,省、自治区、直辖市设立地方律师协会,设区的市根据需要可以设立地方律师协会。

《仲裁法》

第十五条　中国仲裁协会是社会团体法人。仲裁委员会是中国仲裁协会的会员。中国仲裁协会的章程由全国会员大会制定。

中国仲裁协会是仲裁委员会的自律性组织,根据章程对仲裁委员会及其组成人员、仲裁员的违纪行为进行监督。

中国仲裁协会依照本法和民事诉讼法的有关规定制定仲裁规则。

《红十字会法》

第二条 中国红十字会是中华人民共和国统一的红十字组织,是从事人道主义工作的社会救助团体。

第十条 中国红十字会总会具有社会团体法人资格;地方各级红十字会、行业红十字会依法取得社会团体法人资格。

《保险法》

第一百八十一条 保险公司以外的其他依法设立的保险组织经营的商业保险业务,适用本法。

《拍卖法》

第十七条 拍卖行业协会是依法成立的社会团体法人,是拍卖业的自律性组织。拍卖行业协会依照本法并根据章程,对拍卖企业和拍卖师进行监督。

《证券投资基金法》

第一百零八条 基金行业协会是证券投资基金行业的自律性组织,是社会团体法人。

基金管理人、基金托管人应当加入基金行业协会,基金服务机构可以加入基金行业协会。

《注册会计师法》

第三十八条 注册会计师协会依法取得社会团体法人资格。

《工会法》

第十四条 中华全国总工会、地方总工会、产业工会具有社会团体法人资格。

基层工会组织具备民法通则规定的法人条件的,依法取得社会团体法人资格。

《期货交易管理条例》

第四十三条 期货业协会是期货业的自律性组织,是社会团体法人。

期货公司以及其他专门从事期货经营的机构应当加入期货业协会,并缴纳会员费。

《社会团体登记管理条例》

第二条 本条例所称社会团体,是指中国公民自愿组成,为实现会员共同意愿,按照其章程开展活动的非营利性社会组织。

国家机关以外的组织可以作为单位会员加入社会团体。

第三条　成立社会团体,应当经其业务主管单位审查同意,并依照本条例的规定进行登记。

社会团体应当具备法人条件。

下列团体不属于本条例规定登记的范围:

(一)参加中国人民政治协商会议的人民团体;

(二)由国务院机构编制管理机关核定,并经国务院批准免于登记的团体;

(三)机关、团体、企业事业单位内部经本单位批准成立、在本单位内部活动的团体。

第六条　国务院民政部门和县级以上地方各级人民政府民政部门是本级人民政府的社会团体登记管理机关(以下简称登记管理机关)。

国务院有关部门和县级以上地方各级人民政府有关部门、国务院或者县级以上地方各级人民政府授权的组织,是有关行业、学科或者业务范围内社会团体的业务主管单位(以下简称业务主管单位)。

法律、行政法规对社会团体的监督管理另有规定的,依照有关法律、行政法规的规定执行。

第九条　申请成立社会团体,应当经其业务主管单位审查同意,由发起人向登记管理机关申请登记。

筹备期间不得开展筹备以外的活动。

第九十一条　【社会团体法人的治理依据与治理机构】

设立社会团体法人应当依法制定法人章程。

社会团体法人应当设会员大会或者会员代表大会等权力机构。

社会团体法人应当设理事会等执行机构。理事长或者会长等负责人按照法人章程的规定担任法定代表人。

【条文对照】

本条为《民法典》总则编"新增条文",无可对照编纂对象。

【条文释义】

本条规定了社会团体法人的治理依据和治理机构。

第一,社会团体法人应当依法制定法人章程,对社会团体的宗旨、目的、组织机构等重大事项进行规定。

第二,社会团体法人应当设立会员大会,会员人数众多时应当设立会员代表大会,会员大会或者会员代表大会是社会团体法人的权力机构,决定法人的重要事项。

第三，社会团体法人还应当设立理事会等执行机构，根据法人章程和会员大会或会员代表大会的决议组织社会团体的工作，进行日常管理。

第四，法定代表人由理事长或者会长担任，对外代表社会团体法人。

【关联法规】

《民法典》总则编

第七十条　法人解散的，除合并或者分立的情形外，清算义务人应当及时组成清算组进行清算。

法人的董事、理事等执行机构或者决策机构的成员为清算义务人。法律、行政法规另有规定的，依照其规定。

清算义务人未及时履行清算义务，造成损害的，应当承担民事责任；主管机关或者利害关系人可以申请人民法院指定有关人员组成清算组进行清算。

《证券法》

第一百六十四条　证券业协会是证券业的自律性组织，是社会团体法人。

证券公司应当加入证券业协会。

证券业协会的权力机构为全体会员组成的会员大会。

第一百六十五条　证券业协会章程由会员大会制定，并报国务院证券监督管理机构备案。

《律师法》

第四十四条　全国律师协会章程由全国会员代表大会制定，报国务院司法行政部门备案。

地方律师协会章程由地方会员代表大会制定，报同级司法行政部门备案。地方律师协会章程不得与全国律师协会章程相抵触。

《公证法》

第四条　全国设立中国公证协会，省、自治区、直辖市设立地方公证协会。中国公证协会和地方公证协会是社会团体法人。中国公证协会章程由会员代表大会制定，报国务院司法行政部门备案。

公证协会是公证业的自律性组织，依据章程开展活动，对公证机构、公证员的执业活动进行监督。

《红十字会法》

第四条　中国红十字会应当遵守宪法和法律，遵循国际红十字和红新月运动确立的基本原则，依照中国批准或者加入的日内瓦公约及其附加议定书和中国红十字会章程，独立自主地开展工作。

中国红十字会全国会员代表大会依法制定或者修改中国红十字会章程，章程不得与宪法和法律相抵触。

第八条 各级红十字会设立理事会、监事会。理事会、监事会由会员代表大会选举产生，向会员代表大会负责并报告工作，接受其监督。

理事会民主选举产生会长和副会长。理事会执行会员代表大会的决议。

执行委员会是理事会的常设执行机构，其人员组成由理事会决定，向理事会负责并报告工作。

监事会民主推选产生监事长和副监事长。理事会、执行委员会工作受监事会监督。

第九条 中国红十字会总会可以设名誉会长和名誉副会长。名誉会长和名誉副会长由中国红十字会总会理事会聘请。

《证券投资基金法》

第一百零九条 基金行业协会的权力机构为全体会员组成的会员大会。

基金行业协会设理事会。理事会成员依章程的规定由选举产生。

第一百一十条 基金行业协会章程由会员大会制定，并报国务院证券监督管理机构备案。

《注册会计师法》

第三十四条 中国注册会计师协会的章程由全国会员代表大会制定，并报国务院财政部门备案；省、自治区、直辖市注册会计师协会的章程由省、自治区、直辖市会员代表大会制定，并报省、自治区、直辖市人民政府财政部门备案。

《期货交易管理条例》

第四十四条 期货业协会的权力机构为全体会员组成的会员大会。

期货业协会的章程由会员大会制定，并报国务院期货监督管理机构备案。

期货业协会设理事会。理事会成员按照章程的规定选举产生。

《社会团体登记管理条例》

第九条 申请成立社会团体，应当经其业务主管单位审查同意，由发起人向登记管理机关申请登记。

筹备期间不得开展筹备以外的活动。

第十条第一款 成立社会团体，应当具备下列条件：

（一）有50个以上的个人会员或者30个以上的单位会员；个人会员、单位会员混合组成的，会员总数不得少于50个；

（二）有规范的名称和相应的组织机构；

（三）有固定的住所；

（四）有与其业务活动相适应的专职工作人员；

（五）有合法的资产和经费来源，全国性的社会团体有 10 万元以上活动资金，地方性的社会团体和跨行政区域的社会团体有 3 万元以上活动资金；

（六）有独立承担民事责任的能力。

第十一条 申请登记社会团体，发起人应当向登记管理机关提交下列文件：

（一）登记申请书；

（二）业务主管单位的批准文件；

（三）验资报告、场所使用权证明；

（四）发起人和拟任负责人的基本情况、身份证明；

（五）章程草案。

第十二条 登记管理机关应当自收到本条例第十一条所列全部有效文件之日起 60 日内，作出准予或者不予登记的决定。准予登记的，发给《社会团体法人登记证书》；不予登记的，应当向发起人说明理由。

社会团体登记事项包括：名称、住所、宗旨、业务范围、活动地域、法定代表人、活动资金和业务主管单位。

社会团体的法定代表人，不得同时担任其他社会团体的法定代表人。

第十四条 社会团体的章程应当包括下列事项：

（一）名称、住所；

（二）宗旨、业务范围和活动地域；

（三）会员资格及其权利、义务；

（四）民主的组织管理制度，执行机构的产生程序；

（五）负责人的条件和产生、罢免的程序；

（六）资产管理和使用的原则；

（七）章程的修改程序；

（八）终止程序和终止后资产的处理；

（九）应当由章程规定的其他事项。

第九十二条 【捐助法人】

具备法人条件，为公益目的以捐助财产设立的基金会、社会服务机构等，经依法登记成立，取得捐助法人资格。

依法设立的宗教活动场所，具备法人条件的，可以申请法人登记，取得捐助法人资格。法律、行政法规对宗教活动场所有规定的，依照其规定。

【条文对照】

《民法典》总则编	《慈善法》
第九十二条　具备法人条件,为公益目的以捐助财产设立的基金会、社会服务机构等,经依法登记成立,取得捐助法人资格。 依法设立的宗教活动场所,具备法人条件的,可以申请法人登记,取得捐助法人资格。法律、行政法规对宗教活动场所有规定的,依照其规定。	第十条　设立慈善组织,应当向县级以上人民政府民政部门申请登记,民政部门应当自受理申请之日起三十日内作出决定。符合本法规定条件的,准予登记并向社会公告;不符合本法规定条件的,不予登记并书面说明理由。 本法公布前已经设立的基金会、社会团体、社会服务机构等非营利性组织,可以向其登记的民政部门申请认定为慈善组织,民政部门应当自受理申请之日起二十日内作出决定。符合慈善组织条件的,予以认定并向社会公告;不符合慈善组织条件的,不予认定并书面说明理由。 有特殊情况需要延长登记或者认定期限的,报经国务院民政部门批准,可以适当延长,但延长的期限不得超过六十日。

【条文释义】

捐助法人,是指自然人或者法人、非法人组织为实现公益的目的,自愿捐助一定的资金,以对所捐助的资金进行管理、使用而成立的非营利法人。捐助法人的性质不是社团法人,而是财团法人,因此捐助法人没有成员。捐助法人包括基金会、社会服务机构、宗教活动场所等。

取得捐助法人资格必须满足以下条件:其一,具备法人条件,也就是具有独立的名称、组织机构、场所、独立的捐助财产,能够独立承担责任。其二,应当依法进行登记。捐助法人只有在依法登记后才能取得法人资格。其三,须为公益目的而设立。

需要注意的是,寺庙、道观、教会等宗教活动场所一般为信众所捐赠,但其法律定位一直存在争议。《民法典》总则编第一次对其予以了明确,即具备法人条件并经登记的宗教活动场所可以依法取得捐助法人资格。当然,法律、行政法规对宗教活动场所有规定的,应当依照其规定。

【关联法规】

《宪法》

第三十六条　中华人民共和国公民有宗教信仰自由。

任何国家机关、社会团体和个人不得强制公民信仰宗教或者不信仰宗教,不得歧视信仰宗教的公民和不信仰宗教的公民。

国家保护正常的宗教活动。任何人不得利用宗教进行破坏社会秩序、损害公民身体健康、妨碍国家教育制度的活动。

宗教团体和宗教事务不受外国势力的支配。

《慈善法》

第三条 本法所称慈善活动，是指自然人、法人和其他组织以捐赠财产或者提供服务等方式，自愿开展的下列公益活动：

（一）扶贫、济困；

（二）扶老、救孤、恤病、助残、优抚；

（三）救助自然灾害、事故灾难和公共卫生事件等突发事件造成的损害；

（四）促进教育、科学、文化、卫生、体育等事业的发展；

（五）防治污染和其他公害，保护和改善生态环境；

（六）符合本法规定的其他公益活动。

第八条 本法所称慈善组织，是指依法成立、符合本法规定，以面向社会开展慈善活动为宗旨的非营利性组织。

慈善组织可以采取基金会、社会团体、社会服务机构等组织形式。

第九条 慈善组织应当符合下列条件：

（一）以开展慈善活动为宗旨；

（二）不以营利为目的；

（三）有自己的名称和住所；

（四）有组织章程；

（五）有必要的财产；

（六）有符合条件的组织机构和负责人；

（七）法律、行政法规规定的其他条件。

《宗教事务条例》

第七条 宗教团体的成立、变更和注销，应当依照国家社会团体管理的有关规定办理登记。

宗教团体章程应当符合国家社会团体管理的有关规定。

宗教团体按照章程开展活动，受法律保护。

第十九条 宗教活动场所包括寺观教堂和其他固定宗教活动处所。

寺观教堂和其他固定宗教活动处所的区分标准由省、自治区、直辖市人民政府宗教事务部门制定，报国务院宗教事务部门备案。

《基金会管理条例》

第二条 本条例所称基金会，是指利用自然人、法人或者其他组织捐赠的财产，以从事公益事业为目的，按照本条例的规定成立的非营利性法人。

第九十三条 【捐助法人的治理依据与治理机构】

设立捐助法人应当依法制定法人章程。

捐助法人应当设理事会、民主管理组织等决策机构,并设执行机构。理事长等负责人按照法人章程的规定担任法定代表人。

捐助法人应当设监事会等监督机构。

【条文对照】

《民法典》总则编	《慈善法》
第九十三条　设立捐助法人应当依法制定法人章程。 捐助法人应当设理事会、民主管理组织等决策机构,并设执行机构。理事长等负责人按照法人章程的规定担任法定代表人。 捐助法人应当设监事会等监督机构。	第十二条　慈善组织应当根据法律法规以及章程的规定,建立健全内部治理结构,明确决策、执行、监督等方面的职责权限,开展慈善活动。 慈善组织应当执行国家统一的会计制度,依法进行会计核算,建立健全会计监督制度,并接受政府有关部门的监督管理。

【条文释义】

本条规定了捐助法人的治理依据和治理机构。

捐助法人作为非营利法人的一种类型,首先应制定法人章程,规定其利用捐助财产实施的具体公益目的、活动范围、决策、执行机构的组成及职责、内部监督机制、财产管理使用制度等重大事项,并严格按照章程的规定从事各项活动。

捐助法人还应当设立决策机构,负责法人的基本方针、各项制度的制定,其决策机构包括理事会、民主管理委员会等。此外,捐助法人还应当设立执行机构具体执行决策机构的各项决定。捐助法人还应当设置监事会等监督机构监督决策机构和执行机构的行为是否符合章程规定、是否符合法人的设立宗旨、是否履行了勤勉义务以及是否存在侵害捐助法人利益的情形。

捐助法人的法定代表人由法人章程所规定的理事长等负责人担任,对外代表捐助法人。

【关联法规】

《慈善法》

第十四条　慈善组织的发起人、主要捐赠人以及管理人员,不得利用其关联关系损害慈善组织、受益人的利益和社会公共利益。

慈善组织的发起人、主要捐赠人以及管理人员与慈善组织发生交易行为的,不得参与慈善组织有关该交易行为的决策,有关交易情况应当向社会公开。

第十五条　慈善组织不得从事、资助危害国家安全和社会公共利益的活动,不得接受附加违反法律法规和违背社会公德条件的捐赠,不得对受益人附加违反法律法规和违背社会公德的条件。

第十六条　有下列情形之一的,不得担任慈善组织的负责人:

(一)无民事行为能力或者限制民事行为能力的;

(二)因故意犯罪被判处刑罚,自刑罚执行完毕之日起未逾五年的;

(三)在被吊销登记证书或者被取缔的组织担任负责人,自该组织被吊销登记证书或者被取缔之日起未逾五年的;

(四)法律、行政法规规定的其他情形。

《基金会管理条例》

第二十条　基金会设理事会,理事为5人至25人,理事任期由章程规定,但每届任期不得超过5年。理事任期届满,连选可以连任。

用私人财产设立的非公募基金会,相互间有近亲属关系的基金会理事,总数不得超过理事总人数的1/3;其他基金会,具有近亲属关系的不得同时在理事会任职。

在基金会领取报酬的理事不得超过理事总人数的1/3。

理事会设理事长、副理事长和秘书长,从理事中选举产生,理事长是基金会的法定代表人。

第二十一条　理事会是基金会的决策机构,依法行使章程规定的职权。

理事会每年至少召开2次会议。理事会会议须有2/3以上理事出席方能召开;理事会决议须经出席理事过半数通过方为有效。

下列重要事项的决议,须经出席理事表决,2/3以上通过方为有效:

(一)章程的修改;

(二)选举或者罢免理事长、副理事长、秘书长;

(三)章程规定的重大募捐、投资活动;

(四)基金会的分立、合并。

理事会会议应当制作会议记录,并由出席理事审阅、签名。

第二十二条　基金会设监事。监事任期与理事任期相同。理事、理事的近亲属和基金会财会人员不得兼任监事。

监事依照章程规定的程序检查基金会财务和会计资料,监督理事会遵守法律和章程的情况。

监事列席理事会会议,有权向理事会提出质询和建议,并应当向登记管理机关、业务主管单位以及税务、会计主管部门反映情况。

第九十四条 【捐助人的权利】

捐助人有权向捐助法人查询捐助财产的使用、管理情况,并提出意见和建议,捐助法人应当及时、如实答复。

捐助法人的决策机构、执行机构或者法定代表人作出决定的程序违反法律、行政法规、法人章程,或者决定内容违反法人章程的,捐助人等利害关系人或者主管机关可以请求人民法院撤销该决定。但是,捐助法人依据该决定与善意相对人形成的民事法律关系不受影响。

【条文对照】

《民法典》总则编	《公益事业捐赠法》
第九十四条 捐助人有权向捐助法人查询捐助财产的使用、管理情况,并提出意见和建议,捐助法人应当及时、如实答复。 捐助法人的决策机构、执行机构或者法定代表人作出决定的程序违反法律、行政法规、法人章程,或者决定内容违反法人章程的,捐助人等利害关系人或者主管机关可以请求人民法院撤销该决定。但是,捐助法人依据该决定与善意相对人形成的民事法律关系不受影响。	第二十一条 捐赠人有权向受赠人查询捐赠财产的使用、管理情况,并提出意见和建议。对于捐赠人的查询,受赠人应当如实答复。

【条文释义】

本条规定了捐助人的知情权、建议权和撤销权。

捐助人是为了特定公益目的捐助财产,其自然有权利向捐助法人查询捐助财产的使用和管理情况,以判断捐助财产是否用于捐助目的,以及其使用是否合理,否则将严重影响捐助人的捐助积极性。捐助法人则有义务提供相关便利和协助。如果捐助人查询捐助财产的使用管理情况后发现问题的,可以向捐助法人提出意见和建议,捐助法人应当及时向捐助人答复。

捐助法人的一切活动都应当遵循捐助宗旨和捐助法人的章程。如果捐助法人的决策机构、执行机构或者法定代表人作出的决定在程序上违反法律、行政法规、法人章程,或者决定的内容违反法人章程的,捐助人以及与该决定有利害关系的人或者主管机关可以请求人民法院撤销该决定。但是需要注意的是,撤销的仅是内部的决议,为了保护交易安全以及善意第三人的信赖利益,捐助法人依据该内部决议与善意相对人建立的外部法律关系的效力不受影响。

【关联法规】

《慈善法》

第四十二条 捐赠人有权查询、复制其捐赠财产管理使用的有关资料,慈善组织应当及时主动向捐赠人反馈有关情况。

慈善组织违反捐赠协议约定的用途,滥用捐赠财产的,捐赠人有权要求其改正;拒不改正的,捐赠人可以向民政部门投诉、举报或者向人民法院提起诉讼。

第四十八条 慈善信托的受托人管理和处分信托财产,应当按照信托目的,恪尽职守,履行诚信、谨慎管理的义务。

慈善信托的受托人应当根据信托文件和委托人的要求,及时向委托人报告信托事务处理情况、信托财产管理使用情况。慈善信托的受托人应当每年至少一次将信托事务处理情况及财务状况向其备案的民政部门报告,并向社会公开。

《宗教事务条例》

第五十七条 宗教团体、宗教院校、宗教活动场所可以按照国家有关规定接受境内外组织和个人的捐赠,用于与其宗旨相符的活动。

宗教团体、宗教院校、宗教活动场所不得接受境外组织和个人附带条件的捐赠,接受捐赠金额超过 10 万元的,应当报县级以上人民政府宗教事务部门审批。

宗教团体、宗教院校、宗教活动场所可以按照宗教习惯接受公民的捐赠,但不得强迫或者摊派。

第五十八条 宗教团体、宗教院校、宗教活动场所应当执行国家统一的财务、资产、会计制度,向所在地的县级以上人民政府宗教事务部门报告财务状况、收支情况和接受、使用捐赠情况,接受其监督管理,并以适当方式向信教公民公布。宗教事务部门应当与有关部门共享相关管理信息。

宗教团体、宗教院校、宗教活动场所应当按照国家有关财务、会计制度,建立健全会计核算、财务报告、财务公开等制度,建立健全财务管理机构,配备必要的财务会计人员,加强财务管理。

政府有关部门可以组织对宗教团体、宗教院校、宗教活动场所进行财务、资产检查和审计。

《基金会管理条例》

第三十九条 捐赠人有权向基金会查询捐赠财产的使用、管理情况,并提出意见和建议。对于捐赠人的查询,基金会应当及时如实答复。

基金会违反捐赠协议使用捐赠财产的,捐赠人有权要求基金会遵守捐赠协议或者向人民法院申请撤销捐赠行为、解除捐赠协议。

第四十三条 基金会理事会违反本条例和章程规定决策不当,致使基金会遭受财产损失的,参与决策的理事应当承担相应的赔偿责任。

基金会理事、监事以及专职工作人员私分、侵占、挪用基金会财产的,应当退还非法占用的财产;构成犯罪的,依法追究刑事责任。

第九十五条 【公益性非营利法人剩余财产的分配】

为公益目的成立的非营利法人终止时,不得向出资人、设立人或者会员分配剩余财产。剩余财产应当按照法人章程的规定或者权力机构的决议用于公益目的;无法按照法人章程的规定或者权力机构的决议处理的,由主管机关主持转给宗旨相同或者相近的法人,并向社会公告。

【条文对照】

《民法典》总则编	《慈善法》
第九十五条 为公益目的成立的非营利法人终止时,不得向出资人、设立人或者会员分配剩余财产。剩余财产应当按照法人章程的规定**或者权力机构的决议**用于公益目的;无法按照法人章程的规定或者权力机构的决议处理的,由主管机关主持转给宗旨相同或者相近的法人,并向社会公告。	第十八条 慈善组织终止,应当进行清算。 慈善组织的决策机构应当在本法第十七条规定的终止情形出现之日起三十日内成立清算组进行清算,并向社会公告。不成立清算组或者清算组不履行职责的,民政部门可以申请人民法院指定有关人员组成清算组进行清算。 慈善组织清算后的剩余财产,应当按照慈善组织章程的规定转给宗旨相同或者相近的慈善组织;章程未规定的,由民政部门主持转给宗旨相同或者相近的慈善组织,并向社会公告。 慈善组织清算结束后,应当向其登记的民政部门办理注销登记,并由民政部门向社会公告。

【条文释义】

公益性非营利法人终止时,其剩余财产自然不得向其出资人或设立人分配,系非营利法人的应有之义。

公益性非营利法人的剩余财产应当用于法人章程或者法人设立时所确定的公益目的。如果基于特殊原因无法按照法人章程或者权力机构决议处理的,由该公益性非营利法人的主管机关主持将剩余财产转移给与其公益目的或宗旨相同或相似的其他非营利法人,并将相关情况向社会予以公告。

需要注意的是,本条规定的仅是公益性非营利法人,其他以非营利为目的的非营利法人终止时剩余财产的分配,不适用本条规定。

【关联法规】

《民办教育促进法》

第五十九条　对民办学校的财产按照下列顺序清偿：

（一）应退受教育者学费、杂费和其他费用；

（二）应发教职工的工资及应缴纳的社会保险费用；

（三）偿还其他债务。

非营利性民办学校清偿上述债务后的剩余财产继续用于其他非营利性学校办学；营利性民办学校清偿上述债务后的剩余财产，依照公司法的有关规定处理。

《宗教事务条例》

第六十条　宗教团体、宗教院校、宗教活动场所注销或者终止的，应当进行财产清算，清算后的剩余财产应当用于与其宗旨相符的事业。

《社会团体登记管理条例》

第十四条　社会团体的章程应当包括下列事项：

（一）名称、住所；

（二）宗旨、业务范围和活动地域；

（三）会员资格及其权利、义务；

（四）民主的组织管理制度，执行机构的产生程序；

（五）负责人的条件和产生、罢免的程序；

（六）资产管理和使用的原则；

（七）章程的修改程序；

（八）终止程序和终止后资产的处理；

（九）应当由章程规定的其他事项。

《基金会管理条例》

第三十三条　基金会注销后的剩余财产应当按照章程的规定用于公益目的；无法按照章程规定处理的，由登记管理机关组织捐赠给与该基金会性质、宗旨相同的社会公益组织，并向社会公告。

第四节　特别法人

第九十六条　【特别法人的类型】

本节规定的机关法人、农村集体经济组织法人、城镇农村的合作经济组织法人、基层群众性自治组织法人，为特别法人。

【条文对照】

本条为《民法典》总则编"新增条文"，无可对照编纂对象。

【条文释义】

本条是在营利法人和非营利法人之外另行规定的特殊法人类型,这类法人承担着一定的国家政策性功能,其组织结构也比较特殊,属于特别法人。具体来说包括机关法人、农村集体经济组织法人、城镇以及农村的合作经济组织法人和基层群众性自治组织法人。

机关法人,是指依照法律或行政命令组建,依法享有国家权力,以国家预算作为活动经费,因行使职权的需要而享有民事权利能力和民事行为能力的国家机关。

农村集体经济组织,是指以土地所有权为基础,并以生产队为单位的集体经济组织。《民法通则》并未赋予农村集体经济组织法人地位,但《村民委员会组织法》《土地管理法》《农村土地承包法》《物权法》等法律均涉及了农村集体经济组织的主体地位。《民法典》总则编明确了农村集体经济组织具有法人资格,解决了农村集体经济组织财产的归属问题。

合作经济组织又称合作社,是指城市居民或农民为了维护和改善各自的生产、生活条件,在资源互助、平等互利的基础上,联合从事特定经济活动所组成的具有企业性质的组织。《民法典》总则编将城镇和农村的合作经济组织作为特别法人加以规定,明确其主体地位,有利于解决城镇和农村的合作经济组织因主体资格欠缺所产生的问题。

基层群众性自治组织,主要是指在城市和农村按居民和村民的居住地区建立起来的居民委员会和村民委员会。居民委员会是居民自我管理、自我教育、自我服务的基层群众性自治组织;村民委员会则是村民自我管理、自我教育、自我服务的基层群众性自治组织。

【关联法规】

《村民委员会组织法》

第二条 村民委员会是村民自我管理、自我教育、自我服务的基层群众性自治组织,实行民主选举、民主决策、民主管理、民主监督。

村民委员会办理本村的公共事务和公益事业,调解民间纠纷,协助维护社会治安,向人民政府反映村民的意见、要求和提出建议。

村民委员会向村民会议、村民代表会议负责并报告工作。

《城市居民委员会组织法》

第二条 居民委员会是居民自我管理、自我教育、自我服务的基层群众性自治组织。

不设区的市、市辖区的人民政府或者它的派出机关对居民委员会的工作给予指导、支持和帮助。居民委员会协助不设区的市、市辖区的人民政府或者它的派出机关开展工作。

第九十七条 【机关法人】

有独立经费的机关和承担行政职能的法定机构从成立之日起,具有机关法人资格,可以从事为履行职能所需要的民事活动。

【条文对照】

《民法典》总则编	《民法通则》
第九十七条　有独立经费的机关和承担行政职能的法定机构从成立之日起,具有机关法人资格,可以从事为履行职能所需要的民事活动。	第五十条第一款　有独立经费的机关从成立之日起,具有法人资格。

【条文释义】

机关法人,是指依照法律或行政命令组建,依法享有国家权力,以国家预算作为活动经费,因行使职权的需要而享有民事权利能力和民事行为能力的国家机关。主要分为国家权力机关、国家行政机关、国家审判机关与国家法律监督机关、国家军事机关。

有独立经费的机关从成立之日起,即具有法人资格。机关法人的基本特征为:第一,代表国家行使公权力;第二,机关法人的独立经费来自中央或者地方财政拨款;第三,只能在为行使职权所必需时才能从事民事活动,如购买办公用品、租赁房屋、购买交通工具与房屋等。

关于机关法人,需要注意两个方面:其一,不需要登记,从成立之日起具有法人资格。其二,可以从事的民事活动限定于为履行职能所需的范围内。

【关联法规】

《民法典》总则编

第五十九条　法人的民事权利能力和民事行为能力,从法人成立时产生,到法人终止时消灭。

第九十八条 【机关法人终止后权利义务的承担】

机关法人被撤销的,法人终止,其民事权利和义务由继任的机关法人享有和承担;没有继任的机关法人的,由作出撤销决定的机关法人享有和承担。

【条文对照】

《民法典》总则编	《国家赔偿法》
第九十八条　机关法人被撤销的,法人终止,其民事权利和义务由继任的机关法人享有和承担;没有继任的机关法人的,由作出撤销决定的机关法人享有和承担。	第七条第五款　赔偿义务机关被撤销的,继续行使其职权的行政机关为赔偿义务机关;没有继续行使其职权的行政机关的,撤销该赔偿义务机关的行政机关为赔偿义务机关。

【条文释义】

本条规定了机关法人终止后权利义务的承担。

机关法人是为履行特定行政职能而设立的,因为某些原因(如国家政策的变化)而被撤销,撤销后其法人资格终止,不再继续享有民事权利和承担民事义务。

在这种情况下,相应的民事权利和民事义务由继续履行其职能的机关法人享有和承担,这也符合法人变更的一般规则。如果没有继续履行其职能的机关法人,则由撤销该机关法人的机关法人承担,以保护民事法律关系相对方的利益。

【关联法规】

《行政复议法》

第十五条　对本法第十二条、第十三条、第十四条规定以外的其他行政机关、组织的具体行政行为不服的,按照下列规定申请行政复议:

(一)对县级以上地方人民政府依法设立的派出机关的具体行政行为不服的,向设立该派出机关的人民政府申请行政复议;

(二)对政府工作部门依法设立的派出机构依照法律、法规或者规章规定,以自己的名义作出的具体行政行为不服的,向设立该派出机构的部门或者该部门的本级地方人民政府申请行政复议;

(三)对法律、法规授权的组织的具体行政行为不服的,分别向直接管理该组织的地方人民政府、地方人民政府工作部门或者国务院部门申请行政复议;

(四)对两个或者两个以上行政机关以共同的名义作出的具体行政行为不服的,向其共同上一级行政机关申请行政复议;

(五)对被撤销的行政机关在撤销前所作出的具体行政行为不服的,向继续行使其职权的行政机关的上一级行政机关申请行政复议。

有前款所列情形之一的,申请人也可以向具体行政行为发生地的县级地方人民政府提出行政复议申请,由接受申请的县级地方人民政府依照本法第十八条的规定办理。

《行政诉讼法》

第二十六条 公民、法人或者其他组织直接向人民法院提起诉讼的,作出行政行为的行政机关是被告。

经复议的案件,复议机关决定维持原行政行为的,作出原行政行为的行政机关和复议机关是共同被告;复议机关改变原行政行为的,复议机关是被告。

复议机关在法定期限内未作出复议决定,公民、法人或者其他组织起诉原行政行为的,作出原行政行为的行政机关是被告;起诉复议机关不作为的,复议机关是被告。

两个以上行政机关作出同一行政行为的,共同作出行政行为的行政机关是共同被告。

行政机关委托的组织所作的行政行为,委托的行政机关是被告。

行政机关被撤销或者职权变更的,继续行使其职权的行政机关是被告。

《民事执行中变更、追加当事人规定》

第八条 作为申请执行人的机关法人被撤销,继续履行其职能的主体申请变更、追加其为申请执行人的,人民法院应予支持,但生效法律文书确定的权利依法应由其他主体承受的除外;没有继续履行其职能的主体,且生效法律文书确定权利的承受主体不明确,作出撤销决定的主体申请变更、追加其为申请执行人的,人民法院应予支持。

第九十九条 【农村集体经济组织法人】

农村集体经济组织依法取得法人资格。

法律、行政法规对农村集体经济组织有规定的,依照其规定。

【条文对照】

本条为《民法典》总则编"新增条文",无可对照编纂对象。

【条文释义】

本条规定,农村集体经济组织在满足法人条件的情况下具有法人资格。

农村集体经济组织,是指以土地所有权为基础,并以生产队为单位的集体经济组织。农村集体经济组织在我国长期存在,无须登记,只要满足法人条件,即取得法人资格。

农村集体经济组织具有独特的政治性质和法律性质,是除国家以外享有土地所有权的唯一组织。因此,如果法律、行政法规对于农村集体经济组织有特别规定的,应依据其规定。

【关联法规】

《宪法》

第八条 农村集体经济组织实行家庭承包经营为基础、统分结合的双层经营体制。农村中的生产、供销、信用、消费等各种形式的合作经济,是社会主义劳动群众集体所有制经济。参加农村集体经济组织的劳动者,有权在法律规定的范围内经营自留地、自留山、家庭副业和饲养自留畜。

城镇中的手工业、工业、建筑业、运输业、商业、服务业等行业的各种形式的合作经济,都是社会主义劳动群众集体所有制经济。

国家保护城乡集体经济组织的合法的权利和利益,鼓励、指导和帮助集体经济的发展。

第十七条 集体经济组织在遵守有关法律的前提下,有独立进行经济活动的自主权。

集体经济组织实行民主管理,依照法律规定选举和罢免管理人员,决定经营管理的重大问题。

《民法典》物权编

第二百六十二条 对于集体所有的土地和森林、山岭、草原、荒地、滩涂等,依照下列规定行使所有权:

(一)属于村农民集体所有的,由村集体经济组织或者村民委员会依法代表集体行使所有权;

(二)分别属于村内两个以上农民集体所有的,由村内各该集体经济组织或者村民小组依法代表集体行使所有权;

(三)属于乡镇农民集体所有的,由乡镇集体经济组织代表集体行使所有权。

《农村土地承包法》

第十三条 农民集体所有的土地依法属于村农民集体所有的,由村集体经济组织或者村民委员会发包;已经分别属于村内两个以上农村集体经济组织的农民集体所有的,由村内各该农村集体经济组织或者村民小组发包。村集体经济组织或者村民委员会发包的,不得改变村内各集体经济组织农民集体所有的土地的所有权。

国家所有依法由农民集体使用的农村土地,由使用该土地的农村集体经济组织、村民委员会或者村民小组发包。

《农业法》

第四十四条 国家鼓励供销合作社、农村集体经济组织、农民专业合作经济组织、其他组织和个人发展多种形式的农业生产产前、产中、产后的社会化服务事业。县级以上人民政府及其各有关部门应当采取措施对农业社会化服务事业给予支持。

对跨地区从事农业社会化服务的,农业、工商管理、交通运输、公安等有关部门应当采取措施给予支持。

第一百条 【合作经济组织法人】

城镇农村的合作经济组织依法取得法人资格。

法律、行政法规对城镇农村的合作经济组织有规定的,依照其规定。

【条文对照】

本条为《民法典》总则编"新增条文",无可对照编纂对象。

【条文释义】

本条规定了城镇农村的合作经济组织在满足法人条件的情况下具有法人资格。

合作经济组织又称合作社,是指城市居民或农民为了维护和改善各自的生产、生活条件,在资源互助、平等互利的基础上,联合从事特定经济活动所组成的具有企业性质的组织。

合作经济组织在满足法人条件的情况下,可以依法取得法人资格,可以解决合作经济组织因缺乏主体资格在组织管理、资金筹措、税负减免等方面面临的难题。城镇、农村的合作经济组织的政策性比较强,如果法律、行政法规对其有特别规定的,依照其规定。

【关联法规】

《宪法》

第八条　农村集体经济组织实行家庭承包经营为基础、统分结合的双层经营体制。农村中的生产、供销、信用、消费等各种形式的合作经济,是社会主义劳动群众集体所有制经济。参加农村集体经济组织的劳动者,有权在法律规定的范围内经营自留地、自留山、家庭副业和饲养自留畜。

城镇中的手工业、工业、建筑业、运输业、商业、服务业等行业的各种形式的合作经济,都是社会主义劳动群众集体所有制经济。

国家保护城乡集体经济组织的合法的权利和利益,鼓励、指导和帮助集体经济的发展。

《农民专业合作社法》

第二条　本法所称农民专业合作社,是指在农村家庭承包经营基础上,农产品的生产经营者或者农业生产经营服务的提供者、利用者,自愿联合、民主管理的互助性经济组织。

第三条 农民专业合作社以其成员为主要服务对象,开展以下一种或者多种业务:

(一)农业生产资料的购买、使用;

(二)农产品的生产、销售、加工、运输、贮藏及其他相关服务;

(三)农村民间工艺及制品、休闲农业和乡村旅游资源的开发经营等;

(四)与农业生产经营有关的技术、信息、设施建设运营等服务。

第五条 农民专业合作社依照本法登记,取得法人资格。

农民专业合作社对由成员出资、公积金、国家财政直接补助、他人捐赠以及合法取得的其他资产所形成的财产,享有占有、使用和处分的权利,并以上述财产对债务承担责任。

第十二条 设立农民专业合作社,应当具备下列条件:

(一)有五名以上符合本法第十九条、第二十条规定的成员;

(二)有符合本法规定的章程;

(三)有符合本法规定的组织机构;

(四)有符合法律、行政法规规定的名称和章程确定的住所;

(五)有符合章程规定的成员出资。

第十四条 设立农民专业合作社,应当召开由全体设立人参加的设立大会。设立时自愿成为该社成员的人为设立人。

设立大会行使下列职权:

(一)通过本社章程,章程应当由全体设立人一致通过;

(二)选举产生理事长、理事、执行监事或者监事会成员;

(三)审议其他重大事项。

《商业银行法》

第九十三条 城市信用合作社、农村信用合作社办理存款、贷款和结算等业务,适用本法有关规定。

《农民专业合作社登记管理条例》

第三条 农民专业合作社经登记机关依法登记,领取农民专业合作社法人营业执照(以下简称营业执照),取得法人资格。未经依法登记,不得以农民专业合作社名义从事经营活动。

第一百零一条 【基层群众性自治组织法人】

居民委员会、村民委员会具有基层群众性自治组织法人资格,可以从事为履行职能所需要的民事活动。

未设立村集体经济组织的,村民委员会可以依法代行村集体经济组织的职能。

【条文对照】

《民法典》总则编	《城市居民委员会组织法》《村民委员会组织法》
第一百零一条　居民委员会、村民委员会具有基层群众性自治组织**法人资格**,可以从事为履行职能所需要的民事活动。 **未设立村集体经济组织的,村民委员会可以依法代行村集体经济组织的职能。**	《城市居民委员会组织法》 　第二条　居民委员会是居民自我管理、自我教育、自我服务的基层群众性自治组织。 　不设区的市、市辖区的人民政府或者它的派出机关对居民委员会的工作给予指导、支持和帮助。居民委员会协助不设区的市、市辖区的人民政府或者它的派出机关开展工作。 《村民委员会组织法》 　第二条　村民委员会是村民自我管理、自我教育、自我服务的基层群众性自治组织,实行民主选举、民主决策、民主管理、民主监督。 　村民委员会办理本村的公共事务和公益事业,调解民间纠纷,协助维护社会治安,向人民政府反映村民的意见、要求和提出建议。 　村民委员会向村民会议、村民代表会议负责并报告工作。

【条文释义】

居民委员会、村民委员会是依法律直接设立的,履行一定的管理职能,提供一定的公共服务,居民或村民自我管理、自我教育、自我服务的基层群众性自治组织。需要注意的是,农村集体经济组织、合作经济组织享有法人资格还需判断是否符合法人条件,本条并未强调居委会、村民委员会具有法人资格还需满足其他条件。基层群众性自治组织具有法人资格,可以自己的名义从事民事活动。但是需要注意的是,其可以从事的民事活动被限定在履行职能所需要的范围内。

《民法典》总则编第101条第2款的规定具有重大意义。据调查,我国农村集体经济组织在不少地方实际上并未成立或者没有实际运作,需要履行农村集体经济组织职能,如外来投资需要签订合同时,就会缺乏合适的主体。在农村集体经济组织未设立的情况下,村民委员会可以代行村集体经济组织的职能,在履行村集体经济组织职能的范围内从事民事活动,管理本村属于村民集体所有的土地和其他财产,引导村民合理利用自然资源,保护和改善生态环境。

【关联法规】

《村民委员会组织法》

第七条　村民委员会根据需要设人民调解、治安保卫、公共卫生与计划生育等委员会。村民委员会成员可以兼任下属委员会的成员。人口少的村的村民委员会可以不设下属委员会,由村民委员会成员分工负责人民调解、治安保卫、公共卫生与计划生育等工作。

第八条　村民委员会应当支持和组织村民依法发展各种形式的合作经济和其他经济,承担本村生产的服务和协调工作,促进农村生产建设和经济发展。

村民委员会依照法律规定,管理本村属于村农民集体所有的土地和其他财产,引导村民合理利用自然资源,保护和改善生态环境。

村民委员会应当尊重并支持集体经济组织依法独立进行经济活动的自主权,维护以家庭承包经营为基础、统分结合的双层经营体制,保障集体经济组织和村民、承包经营户、联户或者合伙的合法财产权和其他合法权益。

《城市居民委员会组织法》

第三条　居民委员会的任务:

(一)宣传宪法、法律、法规和国家的政策,维护居民的合法权益,教育居民履行依法应尽的义务,爱护公共财产,开展多种形式的社会主义精神文明建设活动;

(二)办理本居住地区居民的公共事务和公益事业;

(三)调解民间纠纷;

(四)协助维护社会治安;

(五)协助人民政府或者它的派出机关做好与居民利益有关的公共卫生、计划生育、优抚救济、青少年教育等项工作;

(六)向人民政府或者它的派出机关反映居民的意见、要求和提出建议。

第四条　居民委员会应当开展便民利民的社区服务活动,可以兴办有关的服务事业。

居民委员会管理本居民委员会的财产,任何部门和单位不得侵犯居民委员会的财产所有权。

《民法典担保制度司法解释》

第五条 机关法人提供担保的,人民法院应当认定担保合同无效,但是经国务院批准为使用外国政府或者国际经济组织贷款进行转贷的除外。

居民委员会、村民委员会提供担保的,人民法院应当认定担保合同无效,但是依法代行村集体经济组织职能的村民委员会,依照村民委员会组织法规定的讨论决定程序对外提供担保的除外。

第四章 非法人组织

第一百零二条 【非法人组织的概念】

非法人组织是不具有法人资格,但是能够依法以自己的名义从事民事活动的组织。

非法人组织包括个人独资企业、合伙企业、不具有法人资格的专业服务机构等。

【条文对照】

《民法典》总则编	《个人独资企业法》《合伙企业法》
第一百零二条 非法人组织是不具有法人资格,但是能够依法以自己的名义从事民事活动的组织。 非法人组织包括个人独资企业、合伙企业、不具有法人资格的专业服务机构等。	《个人独资企业法》 第二条 本法所称个人独资企业,是指依照本法在中国境内设立,由一个自然人投资,财产为投资人个人所有,投资人以其个人财产对企业债务承担无限责任的经营实体。 《合伙企业法》 第二条第一款 本法所称合伙企业,是指自然人、法人和其他组织依照本法在中国境内设立的普通合伙企业和有限合伙企业。

【条文释义】

本条规定了非法人组织的概念。

非法人组织是不具有法人的主体资格,却能够以自己的名义从事民事活动,享有民事权利、承担民事义务的组织。《民法典》总则编设专章规定了非法人组织,意味着改变了《民法通则》采用的自然人—法人的民事主体两分法,采用了自然人—法人—非法人组织的三分法立场。因此,非法人组织既不同于自然人,亦不同于法人,是新增的第三种民事主体类型。

非法人组织的特点是组织形态尚不严密,组织与其成员间存在一定的联系,组织并未像法人那样被构造成完全独立于其成员的结构。按照我国法律规定,非法人组织包括个人独资企业、合伙企业以及不具有法人资格但有独立名号的专业服务机构,例如律师事务所、会计师事务所等。

【关联法规】

《律师法》

第十四条 律师事务所是律师的执业机构。设立律师事务所应当具备下列条件:

(一)有自己的名称、住所和章程;

(二)有符合本法规定的律师;

(三)设立人应当是具有一定的执业经历,且三年内未受过停止执业处罚的律师;

(四)有符合国务院司法行政部门规定数额的资产。

第十五条 设立合伙律师事务所,除应当符合本法第十四条规定的条件外,还应当有三名以上合伙人,设立人应当是具有三年以上执业经历的律师。

合伙律师事务所可以采用普通合伙或者特殊的普通合伙形式设立。合伙律师事务所的合伙人按照合伙形式对该律师事务所的债务依法承担责任。

《注册会计师法》

第二十三条 会计师事务所可以由注册会计师合伙设立。

合伙设立的会计师事务所的债务,由合伙人按照出资比例或者协议的约定,以各自的财产承担责任。合伙人对会计师事务所的债务承担连带责任。

《合伙企业法》

第二条第二款、第三款 普通合伙企业由普通合伙人组成,合伙人对合伙企业债务承担无限连带责任。本法对普通合伙人承担责任的形式有特别规定的,从其规定。

有限合伙企业由普通合伙人和有限合伙人组成,普通合伙人对合伙企业债务承担无限连带责任,有限合伙人以其认缴的出资额为限对合伙企业债务承担责任。

《个人独资企业法》

第八条 设立个人独资企业应当具备下列条件:

(一)投资人为一个自然人;

(二)有合法的企业名称;

(三)有投资人申报的出资;

(四)有固定的生产经营场所和必要的生产经营条件;

(五)有必要的从业人员。

第一百零三条 【非法人组织的成立】

非法人组织应当依照法律的规定登记。

设立非法人组织,法律、行政法规规定须经有关机关批准的,依照其规定。

【条文对照】

本条为《民法典》总则编"新增条文",无可对照编纂对象。

【条文释义】

本条是关于非法人组织成立的规定。

虽然非法人组织不具有法人资格,但法律仍然规定非法人组织的成立应当进行登记,以让社会公众知悉其组织的性质和其他基本信息。登记以后,非法人组织才能以自己的名义参与民事活动和诉讼活动。律师事务所、会计师事务所等非法人组织,法律规定其设立须经有关机关批准的,要在批准后才能办理登记。

【关联法规】

《律师法》

第十八条 设立律师事务所,应当向设区的市级或者直辖市的区人民政府司法行政部门提出申请,受理申请的部门应当自受理之日起二十日内予以审查,并将审查意见和全部申请材料报送省、自治区、直辖市人民政府司法行政部门。省、自治区、直辖市人民政府司法行政部门应当自收到报送材料之日起十日内予以审核,作出是否准予设立的决定。准予设立的,向申请人颁发律师事务所执业证书;不准予设立的,向申请人书面说明理由。

《注册会计师法》

第二十五条 设立会计师事务所,由省、自治区、直辖市人民政府财政部门批准。

申请设立会计师事务所,申请者应当向审批机关报送下列文件:

(一)申请书;

(二)会计师事务所的名称、组织机构和业务场所;

(三)会计师事务所章程,有合伙协议的并应报送合伙协议;

(四)注册会计师名单、简历及有关证明文件;

(五)会计师事务所主要负责人、合伙人的姓名、简历及有关证明文件;

(六)负有限责任的会计师事务所的出资证明;

(七)审批机关要求的其他文件。

第二十六条 审批机关应当自收到申请文件之日起三十日内决定批准或者不批准。

省、自治区、直辖市人民政府财政部门批准的会计师事务所,应当报国务院财政部门备案。国务院财政部门发现批准不当的,应当自收到备案报告之日起三十日内通知原审批机关重新审查。

《合伙企业法》

第九条　申请设立合伙企业,应当向企业登记机关提交登记申请书、合伙协议书、合伙人身份证明等文件。

合伙企业的经营范围中有属于法律、行政法规规定在登记前须经批准的项目的,该项经营业务应当依法经过批准,并在登记时提交批准文件。

第十条　申请人提交的登记申请材料齐全、符合法定形式,企业登记机关能够当场登记的,应予当场登记,发给营业执照。

除前款规定情形外,企业登记机关应当自受理申请之日起二十日内,作出是否登记的决定。予以登记的,发给营业执照;不予登记的,应当给予书面答复,并说明理由。

第十一条　合伙企业的营业执照签发日期,为合伙企业成立日期。

合伙企业领取营业执照前,合伙人不得以合伙企业名义从事合伙业务。

《个人独资企业法》

第九条　申请设立个人独资企业,应当由投资人或者其委托的代理人向个人独资企业所在地的登记机关提交设立申请书、投资人身份证明、生产经营场所使用证明等文件。委托代理人申请设立登记时,应当出具投资人的委托书和代理人的合法证明。

个人独资企业不得从事法律、行政法规禁止经营的业务;从事法律、行政法规规定须报经有关部门审批的业务,应当在申请设立登记时提交有关部门的批准文件。

第十三条　个人独资企业的营业执照的签发日期,为个人独资企业成立日期。

在领取个人独资企业营业执照前,投资人不得以个人独资企业名义从事经营活动。

第一百零四条　【非法人组织的债务承担】

非法人组织的财产不足以清偿债务的,其出资人或者设立人承担无限责任。法律另有规定的,依照其规定。

【条文对照】

《民法典》总则编	《个人独资企业法》《合伙企业法》
第一百零四条　非法人组织的财产不足以清偿债务的,其出资人或者设立人承担无限责任。法律另有规定的,依照其规定。	《个人独资企业法》 第二条　本法所称个人独资企业,是指依照本法在中国境内设立,由一个自然人投资,财产为投资人个人所有,投资人以其个人财产对企业债务承担无限责任的经营实体。

《民法典》总则编	《个人独资企业法》《合伙企业法》
	《合伙企业法》 　　第二条第二款、第三款　普通合伙企业由普通合伙人组成,合伙人对合伙企业债务承担无限连带责任。本法对普通合伙人承担责任的形式有特别规定的,从其规定。 　　有限合伙企业由普通合伙人和有限合伙人组成,普通合伙人对合伙企业债务承担无限连带责任,有限合伙人以其认缴的出资额为限对合伙企业债务承担责任。

【条文释义】

本条规定了非法人组织的债务承担问题。

非法人组织虽然能够以自己的名义从事民事活动,但由于非法人组织与其成员并未完全分离,其不具有独立的法人资格。因此,非法人组织不能独立承担民事责任,非法人组织的成员应当承担无限责任。

具体来说,非法人组织承担债务的财产范围包括非法人组织自己的财产和出资人或设立人的个人财产。在非法人组织自己的财产不足以清偿债务时,以出资人或设立人的个人财产清偿。此外,一般情况下,出资人或设立人对该债务所承担的是一种连带责任。当然,如果法律对于责任承担方式有特别规定的,应当依照其规定。

【关联法规】

《律师法》

第十五条　设立合伙律师事务所,除应当符合本法第十四条规定的条件外,还应当有三名以上合伙人,设立人应当是具有三年以上执业经历的律师。

合伙律师事务所可以采用普通合伙或者特殊的普通合伙形式设立。合伙律师事务所的合伙人按照合伙形式对该律师事务所的债务依法承担责任。

第十六条　设立个人律师事务所,除应当符合本法第十四条规定的条件外,设立人还应当是具有五年以上执业经历的律师。设立人对律师事务所的债务承担无限责任。

《注册会计师法》

第二十三条　会计师事务所可以由注册会计师合伙设立。

合伙设立的会计师事务所的债务,由合伙人按照出资比例或者协议的约定,以各自的财产承担责任。合伙人对会计师事务所的债务承担连带责任。

《合伙企业法》

第三十九条　合伙企业不能清偿到期债务的,合伙人承担无限连带责任。

第五十七条　一个合伙人或者数个合伙人在执业活动中因故意或者重大过失造成合伙企业债务的,应当承担无限责任或者无限连带责任,其他合伙人以其在合伙企业中的财产份额为限承担责任。

合伙人在执业活动中非因故意或者重大过失造成的合伙企业债务以及合伙企业的其他债务,由全体合伙人承担无限连带责任。

《个人独资企业法》

第十八条　个人独资企业投资人在申请企业设立登记时明确以其家庭共有财产作为个人出资的,应当依法以家庭共有财产对企业债务承担无限责任。

第三十一条　个人独资企业财产不足以清偿债务的,投资人应当以其个人的其他财产予以清偿。

第一百零五条　【非法人组织的代表人】

非法人组织可以确定一人或者数人代表该组织从事民事活动。

【条文对照】

本条为《民法典》总则编"新增条文",无可对照编纂对象。

【条文释义】

本条规定了非法人组织的代表人。

非法人组织的代表人,是指对外代表非法人组织的利益、对内组织经营管理的出资人、设立人或出资人、设立人以外的第三人。

由于非法人组织不具有独立的法人资格,非法人组织与其成员之间存在相当的关联,因此本条并未规定非法人组织必须确定代表人,而是"可以"确定代表人。非法人组织若不确定代表人,则其全体出资人或设立人均可代表非法人组织从事民事活动。

【关联法规】

《合伙企业法》

第二十六条　合伙人对执行合伙事务享有同等的权利。

按照合伙协议的约定或者经全体合伙人决定,可以委托一个或者数个合伙人对外代表合伙企业,执行合伙事务。

作为合伙人的法人、其他组织执行合伙事务的,由其委派的代表执行。

《个人独资企业法》

第十九条　个人独资企业投资人可以自行管理企业事务,也可以委托或者聘用其他具有民事行为能力的人负责企业的事务管理。

投资人委托或者聘用他人管理个人独资企业事务,应当与受托人或者被聘用的人签订书面合同,明确委托的具体内容和授予的权利范围。

受托人或者被聘用的人员应当履行诚信、勤勉义务,按照与投资人签订的合同负责个人独资企业的事务管理。

投资人对受托人或者被聘用的人员职权的限制,不得对抗善意第三人。

《民事诉讼法司法解释》

第五十条　法人的法定代表人以依法登记的为准,但法律另有规定的除外。依法不需要办理登记的法人,以其正职负责人为法定代表人;没有正职负责人的,以其主持工作的副职负责人为法定代表人。

法定代表人已经变更,但未完成登记,变更后的法定代表人要求代表法人参加诉讼的,人民法院可以准许。

其他组织,以其主要负责人为代表人。

第一百零六条　【非法人组织的解散】

有下列情形之一的,非法人组织解散:
(一)章程规定的存续期间届满或者章程规定的其他解散事由出现;
(二)出资人或者设立人决定解散;
(三)法律规定的其他情形。

【条文对照】

本条为《民法典》总则编"新增条文",无可对照编纂对象。

【条文释义】

本条规定了非法人组织的解散事由。

非法人组织的解散事由与法人的解散事由完全相同:

其一,章程规定的存续期间届满或者章程规定的其他解散事由出现。如果在设立之初非法人组织的章程就对非法人组织的存续期间进行了规定,那么在该期间届满时非法人组织就应解散。此外,设立非法人组织的目的已经实现或者确定无法实现的,非法人组织也应解散。

其二,出资人或者设立人决定解散。非法人组织是基于其成员的共同意志而成立,自然可以因其成员的共同意志而解散。这是非法人组织解散的主要原因。

其三,法律规定的其他情形。比如出现非法人组织被撤销登记或吊销营业执照等情况时,非法人组织也应解散。

【关联法规】

《律师法》

第二十二条　律师事务所有下列情形之一的,应当终止:

(一)不能保持法定设立条件,经限期整改仍不符合条件的;

(二)律师事务所执业证书被依法吊销的;

(三)自行决定解散的;

(四)法律、行政法规规定应当终止的其他情形。

律师事务所终止的,由颁发执业证书的部门注销该律师事务所的执业证书。

《注册会计师法》

第三十九条　会计师事务所违反本法第二十条、第二十一条规定的,由省级以上人民政府财政部门给予警告,没收违法所得,可以并处违法所得一倍以上五倍以下的罚款;情节严重的,并可以由省级以上人民政府财政部门暂停其经营业务或者予以撤销。

注册会计师违反本法第二十条、第二十一条规定的,由省级以上人民政府财政部门给予警告;情节严重的,可以由省级以上人民政府财政部门暂停其执行业务或者吊销注册会计师证书。

会计师事务所、注册会计师违反本法第二十条、第二十一条的规定,故意出具虚假的审计报告、验资报告,构成犯罪的,依法追究刑事责任。

《个人独资企业法》

第二十六条　个人独资企业有下列情形之一时,应当解散:

(一)投资人决定解散;

(二)投资人死亡或者被宣告死亡,无继承人或者继承人决定放弃继承;

(三)被依法吊销营业执照;

(四)法律、行政法规规定的其他情形。

《合伙企业法》

第八十五条　合伙企业有下列情形之一的,应当解散:

(一)合伙期限届满,合伙人决定不再经营;

(二)合伙协议约定的解散事由出现;

(三)全体合伙人决定解散;

(四)合伙人已不具备法定人数满三十天;

(五)合伙协议约定的合伙目的已经实现或者无法实现;

(六)依法被吊销营业执照、责令关闭或者被撤销;

(七)法律、行政法规规定的其他原因。

第一百零七条 【非法人组织的清算】

非法人组织解散的,应当依法进行清算。

【条文对照】

本条为《民法典》总则编"新增条文",无可对照编纂对象。

【条文释义】

本条规定了非法人组织解散时的清算义务,与法人解散的清算相同。

非法人组织解散的,也需要进行清算,清算完毕后才能办理注销登记。非法人组织清算期间不得从事经营活动,主要活动范围是终结现存的各种法律关系,清理非法人组织的债权债务,并将剩余财产按照章程予以分配。债务清偿主要包括清偿所欠职工工资和社会保险费、所欠税款以及其他债务等。剩余财产的分配是按照章程的规定或所有成员的决议按比例分配给非法人组织的成员。

根据《民法典》总则编第 108 条的规定,非法人组织的清算在成立清算组、清算程序、清算组的职权、清算期间非法人组织的存续、清算后的财产分配以及注销登记等方面,应参照适用本法第 70—73 条的规定。需要注意的是,我国《律师法》和《注册会计师法》均未规定清算程序,在《律师法》和《注册会计师法》仍然未就律师事务所和会计师事务所的清算程序进行相应特别规定的情况下,应适用《民法典》总则编的规定。

【关联法规】

《合伙企业法》

第八十六条 合伙企业解散,应当由清算人进行清算。

清算人由全体合伙人担任;经全体合伙人过半数同意,可以自合伙企业解散事由出现后十五日内指定一个或者数个合伙人,或者委托第三人,担任清算人。

自合伙企业解散事由出现之日起十五日内未确定清算人的,合伙人或者其他利害关系人可以申请人民法院指定清算人。

第八十七条 清算人在清算期间执行下列事务:

(一)清理合伙企业财产,分别编制资产负债表和财产清单;

(二)处理与清算有关的合伙企业未了结事务;

(三)清缴所欠税款;

(四)清理债权、债务;

(五)处理合伙企业清偿债务后的剩余财产;

(六)代表合伙企业参加诉讼或者仲裁活动。

第八十八条 清算人自被确定之日起十日内将合伙企业解散事项通知债权

人,并于六十日内在报纸上公告。债权人应当自接到通知书之日起三十日内,未接到通知书的自公告之日起四十五日内,向清算人申报债权。

债权人申报债权,应当说明债权的有关事项,并提供证明材料。清算人应当对债权进行登记。

清算期间,合伙企业存续,但不得开展与清算无关的经营活动。

第九十条 清算结束,清算人应当编制清算报告,经全体合伙人签名、盖章后,在十五日内向企业登记机关报送清算报告,申请办理合伙企业注销登记。

《个人独资企业法》

第二十七条 个人独资企业解散,由投资人自行清算或者由债权人申请人民法院指定清算人进行清算。

投资人自行清算的,应当在清算前十五日内书面通知债权人,无法通知的,应当予以公告。债权人应当在接到通知之日起三十日内,未接到通知的应当在公告之日起六十日内,向投资人申报其债权。

第二十八条 个人独资企业解散后,原投资人对个人独资企业存续期间的债务仍应承担偿还责任,但债权人在五年内未向债务人提出偿债请求的,该责任消灭。

第二十九条 个人独资企业解散的,财产应当按照下列顺序清偿:

(一)所欠职工工资和社会保险费用;

(二)所欠税款;

(三)其他债务。

第三十条 清算期间,个人独资企业不得开展与清算目的无关的经营活动。在按前条规定清偿债务前,投资人不得转移、隐匿财产。

第三十二条 个人独资企业清算结束后,投资人或者人民法院指定的清算人应当编制清算报告,并于十五日内到登记机关办理注销登记。

第一百零八条 【非法人组织的参照适用规定】

非法人组织除适用本章规定外,参照适用本编第三章第一节的有关规定。

【条文对照】

本条为《民法典》总则编"新增条文",无可对照编纂对象。

【条文释义】

本条规定的是非法人组织对法人一般规定的参照适用。

非法人组织虽然与法人存在本质不同,但都属于组织的形态,也都需要登记,因而在某些方面具有相似性,这就是参照适用的现实和理论基础。但是需要注意的是,非法人组织毕竟不同于法人,可以参照适用的仅限于法人关于组织机构、登记、清算、注销登记等方面,在债务承担规则方面两者存在本质不同,不能参照适用。

【关联法规】

《民法典》总则编

第六十五条　法人的实际情况与登记的事项不一致的,不得对抗善意相对人。

第六十六条　登记机关应当依法及时公示法人登记的有关信息。

第五章　民事权利

第一百零九条　【一般人格权】

自然人的人身自由、人格尊严受法律保护。

【条文对照】

《民法典》总则编	《民法通则》
第一百零九条　<u>自然人</u>的人身自由、人格尊严受法律保护。	第一百零一条　公民、法人享有名誉权,公民的人格尊严受法律保护,~~禁止用侮辱、诽谤等方式损害公民、法人的名誉。~~

【条文释义】

本条是关于一般人格权的规定。本条虽然使用了"人身自由"和"人格尊严"的概念,但并不是将其规定为具体的"人身自由权"和"人格尊严权",而是表达一般人格权。一般人格权是受法律保护的人格利益的总和,是对人的存在和人的尊严的全部要素予以保护的权利,具有高度概括性,主要功能在于弥补具体人格权的不足。

人身自由和人格尊严本为我国宪法上的基本权利,本条将其作为一种民事权利予以规定,是将宪法上的基本权利转化为民法上的民事权利,实现人身自由和人格尊严的司法救济,具有重要的宪法实施价值。由于具有高度概括性,一般人格权在学理上和司法实践中仍然需要通过具体的解释将其予以具体化或类型化。

本条规定改变了《民法通则》将人格尊严纳入名誉权保护的做法,并增加了人身自由的规定,值得肯定。未来还可以通过立法和司法解释,将人格独立、人格平等、人格自主、人格自由等内容纳入一般人格权的内涵。

【关联法规】

《宪法》

第三十七条　中华人民共和国公民的人身自由不受侵犯。

任何公民,非经人民检察院批准或者决定或者人民法院决定,并由公安机关执行,不受逮捕。

禁止非法拘禁和以其他方法非法剥夺或者限制公民的人身自由,禁止非法搜查公民的身体。

第三十八条　中华人民共和国公民的人格尊严不受侵犯。禁止用任何方法对公民进行侮辱、诽谤和诬告陷害。

《义务教育法》

第二十九条　教师在教育教学中应当平等对待学生,关注学生的个体差异,因材施教,促进学生的充分发展。

教师应当尊重学生的人格,不得歧视学生,不得对学生实施体罚、变相体罚或者其他侮辱人格尊严的行为,不得侵犯学生合法权益。

《妇女权益保障法》

第三十七条　妇女的人身自由不受侵犯。禁止非法拘禁和以其他非法手段剥夺或者限制妇女的人身自由;禁止非法搜查妇女的身体。

第四十二条　妇女的名誉权、荣誉权、隐私权、肖像权等人格权受法律保护。

禁止用侮辱、诽谤等方式损害妇女的人格尊严。禁止通过大众传播媒介或者其他方式贬低损害妇女人格。未经本人同意,不得以营利为目的,通过广告、商标、展览橱窗、报纸、期刊、图书、音像制品、电子出版物、网络等形式使用妇女肖像。

《旅游法》

第十条　旅游者的人格尊严、民族风俗习惯和宗教信仰应当得到尊重。

《残疾人保障法》

第三条　残疾人在政治、经济、文化、社会和家庭生活等方面享有同其他公民平等的权利。

残疾人的公民权利和人格尊严受法律保护。

禁止基于残疾的歧视。禁止侮辱、侵害残疾人。禁止通过大众传播媒介或者其他方式贬低损害残疾人人格。

第四十条　任何单位和个人不得以暴力、威胁或者非法限制人身自由的手段强迫残疾人劳动。

《精神卫生法》

第四条 精神障碍患者的人格尊严、人身和财产安全不受侵犯。

精神障碍患者的教育、劳动、医疗以及从国家和社会获得物质帮助等方面的合法权益受法律保护。

有关单位和个人应当对精神障碍患者的姓名、肖像、住址、工作单位、病历资料以及其他可能推断出其身份的信息予以保密;但是,依法履行职责需要公开的除外。

《刑法》

第二百三十八条 非法拘禁他人或者以其他方法非法剥夺他人人身自由的,处三年以下有期徒刑、拘役、管制或者剥夺政治权利。具有殴打、侮辱情节的,从重处罚。

犯前款罪,致人重伤的,处三年以上十年以下有期徒刑;致人死亡的,处十年以上有期徒刑。使用暴力致人伤残、死亡的,依照本法第二百三十四条、第二百三十二条的规定定罪处罚。

为索取债务非法扣押、拘禁他人的,依照前两款的规定处罚。

国家机关工作人员利用职权犯前三款罪的,依照前三款的规定从重处罚。

《慈善法》

第六十二条 开展慈善服务,应当尊重受益人、志愿者的人格尊严,不得侵害受益人、志愿者的隐私。

《消费者权益保护法》

第十四条 消费者在购买、使用商品和接受服务时,享有人格尊严、民族风俗习惯得到尊重的权利,享有个人信息依法得到保护的权利。

第二十七条 经营者不得对消费者进行侮辱、诽谤,不得搜查消费者的身体及其携带的物品,不得侵犯消费者的人身自由。

第五十条 经营者侵害消费者的人格尊严、侵犯消费者人身自由或者侵害消费者个人信息依法得到保护的权利的,应当停止侵害、恢复名誉、消除影响、赔礼道歉,并赔偿损失。

第五十一条 经营者有侮辱诽谤、搜查身体、侵犯人身自由等侵害消费者或者其他受害人人身权益的行为,造成严重精神损害的,受害人可以要求精神损害赔偿。

《国家赔偿法》

第三条 行政机关及其工作人员在行使行政职权时有下列侵犯人身权情形之一的,受害人有取得赔偿的权利:

(一)违法拘留或者违法采取限制公民人身自由的行政强制措施的;

(二)非法拘禁或者以其他方法非法剥夺公民人身自由的;

(三)以殴打、虐待等行为或者唆使、放纵他人以殴打、虐待等行为造成公民

身体伤害或者死亡的;

(四)违法使用武器、警械造成公民身体伤害或者死亡的;

(五)造成公民身体伤害或者死亡的其他违法行为。

《未成年人保护法》

第五条 保护未成年人的工作,应当遵循下列原则:

(一)尊重未成年人的人格尊严;

(二)适应未成年人身心发展的规律和特点;

(三)教育与保护相结合。

第二十一条 学校、幼儿园、托儿所的教职员工应当尊重未成年人的人格尊严,不得对未成年人实施体罚、变相体罚或者其他侮辱人格尊严的行为。

第五十五条 公安机关、人民检察院、人民法院办理未成年人犯罪案件和涉及未成年人权益保护案件,应当照顾未成年人身心发展特点,尊重他们的人格尊严,保障他们的合法权益,并根据需要设立专门机构或者指定专人办理。

《治安管理处罚法》

第五条 治安管理处罚必须以事实为依据,与违反治安管理行为的性质、情节以及社会危害程度相当。

实施治安管理处罚,应当公开、公正,尊重和保障人权,保护公民的人格尊严。

办理治安案件应当坚持教育与处罚相结合的原则。

《劳动合同法》

第三十八条 用人单位有下列情形之一的,劳动者可以解除劳动合同:

(一)未按照劳动合同约定提供劳动保护或者劳动条件的;

(二)未及时足额支付劳动报酬的;

(三)未依法为劳动者缴纳社会保险费的;

(四)用人单位的规章制度违反法律、法规的规定,损害劳动者权益的;

(五)因本法第二十六条第一款规定的情形致使劳动合同无效的;

(六)法律、行政法规规定劳动者可以解除劳动合同的其他情形。

用人单位以暴力、威胁或者非法限制人身自由的手段强迫劳动者劳动的,或者用人单位违章指挥、强令冒险作业危及劳动者人身安全的,劳动者可以立即解除劳动合同,不需事先告知用人单位。

《预防未成年人犯罪法》

第三十六条 工读学校对就读的未成年人应当严格管理和教育。工读学校除按照义务教育法的要求,在课程设置上与普通学校相同外,应当加强法制教育的内容,针对未成年人严重不良行为产生的原因以及有严重不良行为的未成年人的心理特点,开展矫治工作。

家庭、学校应当关心、爱护在工读学校就读的未成年人,尊重他们的人格尊严,不得体罚、虐待和歧视。工读学校毕业的未成年人在升学、就业等方面,同普通学校毕业的学生享有同等的权利,任何单位和个人不得歧视。

《国防法》

第五十九条 军人应当受到全社会的尊重。

国家采取有效措施保护现役军人的荣誉、人格尊严,对现役军人的婚姻实行特别保护。

现役军人依法履行职责的行为受法律保护。

《精神损害赔偿司法解释》

第一条 因人身权益或者具有人身意义的特定物受到侵害,自然人或者其近亲属向人民法院提起诉讼请求精神损害赔偿的,人民法院应当依法予以受理。

第一百一十条 【具体人格权】

自然人享有生命权、身体权、健康权、姓名权、肖像权、名誉权、荣誉权、隐私权、婚姻自主权等权利。

法人、非法人组织享有名称权、名誉权和荣誉权。

【条文对照】

《民法典》总则编	《民法通则》
第一百一十条 <u>自然人</u>享有<u>生命权</u>、<u>身体权</u>、健康权、姓名权、肖像权、名誉权、荣誉权、<u>隐私权</u>、婚姻自主权等权利。 <u>法人、非法人组织</u>享有名称权、名誉权和荣誉权。	第九十八条 <u>公民</u>享有<u>生命健康权</u>。 第九十九条 <u>公民</u>享有姓名权,有权决定、使用和依照规定改变自己的姓名,禁止他人干涉、盗用、假冒。 <u>法人、个体工商户、个人合伙</u>享有名称权。企业法人、个体工商户、个人合伙有权使用、依法转让自己的名称。 第一百条 公民享有肖像权,未经本人同意,不得以营利为目的使用公民的肖像。 第一百零一条 公民、法人享有名誉权,公民的人格尊严受法律保护,禁止用侮辱、诽谤等方式损害公民、法人的名誉。 第一百零二条 公民、法人享有荣誉权,禁止非法剥夺公民、法人的荣誉称号。 第一百零三条 公民享有婚姻自主权,禁止买卖、包办婚姻和其他干涉婚姻自由的行为。

【条文释义】

本条对各种具体人格权进行了列举。《民法通则》对各种具体人格权进行了明确列举,具体包括生命权、身体权、健康权、姓名权、肖像权、名誉权、荣誉权、隐私权、婚姻自主权。其中,生命权、健康权、身体权为物质性人格权,姓名权、肖像权为标表性人格权,名誉权、荣誉权为评价性人格权,隐私权、婚姻自主权为自由性人格权。

本条规定改变了《民法通则》使用的"生命健康权"概念,将其拆分为"生命权、身体权、健康权"三种权利,且列举顺序不同于《精神损害赔偿司法解释》的"生命权、健康权、身体权",对于确定身体权的内容具有重大体系解释价值。

2020 年颁布的《民法典》第 110 条第 2 款一方面沿袭了《民法总则》第 110 第 2 款将人格权权利主体扩展到非法人组织的做法;另一方面又改变了《民法总则》第 110 第 2 款所使用的"等权利"的立法技术,将法人、非法人组织的人格权明确限定为名称权、名誉权和荣誉权,没有了扩展的空间。

需要注意的是,《民法通则》第 99 条第 2 款规定:"法人、个体工商户、个人合伙享有名称权。企业法人、个体工商户、个人合伙有权使用、依法转让自己的名称。"而《民法典》总则编并未将个人合伙作为民事主体进行规定,也未将其纳入非法人组织,本法第 110 条亦未能明确个体工商户的名称权,因此未来关于个体工商户、个人合伙的名称权将因《民法通则》被废止而无法可依,建议通过立法或司法解释进行漏洞填补。

本条仅对各种具体人格权进行了正面承认,至于其具体的救济方法则属于《民法典》侵权责任编的内容,因此本条未予规定。

【关联法规】

《宪法》

第三十九条　中华人民共和国公民的住宅不受侵犯。禁止非法搜查或者非法侵入公民的住宅。

第四十九条　婚姻、家庭、母亲和儿童受国家的保护。

夫妻双方有实行计划生育的义务。

父母有抚养教育未成年子女的义务,成年子女有赡养扶助父母的义务。

禁止破坏婚姻自由,禁止虐待老人、妇女和儿童。

《民法典》婚姻家庭编

第一千零四十一条　婚姻家庭受国家保护。

实行婚姻自由、一夫一妻、男女平等的婚姻制度。

保护妇女、未成年人、老年人、残疾人的合法权益。

第一千零五十六条　夫妻双方都有各自使用自己姓名的权利。

《民法典》侵权责任编
第一千一百六十四条　本编调整因侵害民事权益产生的民事关系。
《老年人权益保障法》
第二十一条　老年人的婚姻自由受法律保护。子女或者其他亲属不得干涉老年人离婚、再婚及婚后的生活。
赡养人的赡养义务不因老年人的婚姻关系变化而消除。
《妇女权益保障法》
第三十八条　妇女的生命健康权不受侵犯。禁止溺、弃、残害女婴；禁止歧视、虐待生育女婴的妇女和不育的妇女；禁止用迷信、暴力等手段残害妇女；禁止虐待、遗弃病、残妇女和老年妇女。
第四十二条　妇女的名誉权、荣誉权、隐私权、肖像权等人格权受法律保护。禁止用侮辱、诽谤等方式损害妇女的人格尊严。禁止通过大众传播媒介或者其他方式贬低损害妇女人格。未经本人同意，不得以营利为目的，通过广告、商标、展览橱窗、报纸、期刊、图书、音像制品、电子出版物、网络等形式使用妇女肖像。
第四十四条　国家保护妇女的婚姻自主权。禁止干涉妇女的结婚、离婚自由。
《刑法》
第二百五十七条　以暴力干涉他人婚姻自由的，处二年以下有期徒刑或者拘役。
犯前款罪，致使被害人死亡的，处二年以上七年以下有期徒刑。
第一款罪，告诉的才处理。
《涉外民事关系法律适用法》
第四十六条　通过网络或者采用其他方式侵害姓名权、肖像权、名誉权、隐私权等人格权的，适用被侵权人经常居所地法律。
《利用信息网络侵害人身权益纠纷案件规定》
第一条　本规定所称的利用信息网络侵害人身权益民事纠纷案件，是指利用信息网络侵害他人姓名权、名称权、名誉权、荣誉权、肖像权、隐私权等人身权益引起的纠纷案件。
《人身损害赔偿司法解释》
第一条　因生命、身体、健康遭受侵害，赔偿权利人起诉请求赔偿义务人赔偿物质损害和精神损害的，人民法院应予受理。
本条所称"赔偿权利人"，是指因侵权行为或者其他致害原因直接遭受人身损害的受害人以及死亡受害人的近亲属。
本条所称"赔偿义务人"，是指因自己或者他人的侵权行为以及其他致害原因依法应当承担民事责任的自然人、法人或者非法人组织。

第二十三条　精神损害抚慰金适用《最高人民法院关于确定民事侵权精神损害赔偿责任若干问题的解释》予以确定。

《精神损害赔偿司法解释》

第一条　因人身权益或者具有人身意义的特定物受到侵害,自然人或者其近亲属向人民法院提起诉讼请求精神损害赔偿的,人民法院应当依法予以受理。

第二条　非法使被监护人脱离监护,导致亲子关系或者近亲属间的亲属关系遭受严重损害,监护人向人民法院起诉请求赔偿精神损害的,人民法院应当依法予以受理。

第一百一十一条　【个人信息权】

自然人的个人信息受法律保护。任何组织或者个人需要获取他人个人信息的,应当依法取得并确保信息安全,不得非法收集、使用、加工、传输他人个人信息,不得非法买卖、提供或者公开他人个人信息。

【条文对照】

《民法典》总则编	《网络安全法》
第一百一十一条　自然人的个人信息受法律保护。任何组织或者个人需要获取他人个人信息的,应当依法取得并确保信息安全,不得非法收集、使用、加工、传输他人个人信息,不得非法买卖、提供或者公开他人个人信息。	第四十四条　任何个人和组织不得窃取或者以其他非法方式获取个人信息,不得非法出售或者非法向他人提供个人信息。

【条文释义】

随着信息时代的到来,非法获取他人个人信息和滥用他人个人信息的社会问题日益严峻,个人信息保护的社会需求亦越来越强烈,本条关于个人信息权的新增规定就是对这种社会需求的及时回应。根据《网络安全法》第76条第(5)项的规定,个人信息"是指以电子或者其他方式记录的能够单独或者与其他信息结合识别自然人个人身份的各种信息,包括但不限于自然人的姓名、出生日期、身份证件号码、个人生物识别信息、住址、电话号码等"。个人信息权就是个人对其个人信息所享有的控制或决定的权利。

这里需要注意个人信息和隐私的区别:其一,隐私是早于个人信息出现的一种人格要素或利益,是个人所具有的与公众无关的不愿为他人所知悉的私密信息、私密空间或家庭生活状况;而个人信息的私密性较隐私要弱一些,很多个人信息并不具有私密性,例如网络环境中的姓名、肖像等。其二,隐私的保护方法主要是排除非法获得或侵入,任何人不得获得、公布或传播他人隐私,也不得侵入他人私密空间;而个人信息的保护方法也包括禁止非法获得、公布或传播,此外还包括禁止将个人信息予以非匿名化处理或者予以识别化处理。其三,隐私的专属性程度较高,个人隐私不允许他人进行任何方式的利用或使用;而个人信息的专属性程度较低,在某些情况下,网络平台或特定机构可以在合理限度内对个人信息进行合理使用。例如,通过交易过程而获得个人信息的网络运营商、医院等组织可以在合理的限度内持有和使用个人信息。除此之外,任何组织和个人不得非法收集、使用、加工、传输个人信息,更不得非法买卖个人信息,合法持有者也不得将其持有的个人信息出卖给他人或者公开其掌握的个人信息。

需要指出的是,本条是《民法典》总则编新增加的条文,在立法技术上与本法第110条第2款规定的法人、非法人组织的人格权未能协调。

【关联法规】

《宪法》

第四十条　中华人民共和国公民的通信自由和通信秘密受法律的保护。除因国家安全或者追查刑事犯罪的需要,由公安机关或者检察机关依照法律规定的程序对通信进行检查外,任何组织或者个人不得以任何理由侵犯公民的通信自由和通信秘密。

《旅游法》

第五十二条　旅游经营者对其在经营活动中知悉的旅游者个人信息,应当予以保密。

第八十六条　旅游主管部门和有关部门依法实施监督检查,其监督检查人员不得少于二人,并应当出示合法证件。监督检查人员少于二人或者未出示合法证件的,被检查单位和个人有权拒绝。

监督检查人员对在监督检查中知悉的被检查单位的商业秘密和个人信息应当依法保密。

《刑法》

第二百五十三条之一　违反国家有关规定,向他人出售或者提供公民个人信息,情节严重的,处三年以下有期徒刑或者拘役,并处或者单处罚金;情节特别严重的,处三年以上七年以下有期徒刑,并处罚金。

违反国家有关规定,将在履行职责或者提供服务过程中获得的公民个人信息,出售或者提供给他人的,依照前款的规定从重处罚。

窃取或者以其他方法非法获取公民个人信息的,依照第一款的规定处罚。

单位犯前三款罪的,对单位判处罚金,并对其直接负责的主管人员和其他直接责任人员,依照各该款的规定处罚。

《网络安全法》

第二十二条　网络产品、服务应当符合相关国家标准的强制性要求。网络产品、服务的提供者不得设置恶意程序;发现其网络产品、服务存在安全缺陷、漏洞等风险时,应当立即采取补救措施,按照规定及时告知用户并向有关主管部门报告。

网络产品、服务的提供者应当为其产品、服务持续提供安全维护;在规定或者当事人约定的期限内,不得终止提供安全维护。

网络产品、服务具有收集用户信息功能的,其提供者应当向用户明示并取得同意;涉及用户个人信息的,还应当遵守本法和有关法律、行政法规关于个人信息保护的规定。

第四十条　网络运营者应当对其收集的用户信息严格保密,并建立健全用户信息保护制度。

第四十一条　网络运营者收集、使用个人信息,应当遵循合法、正当、必要的原则,公开收集、使用规则,明示收集、使用信息的目的、方式和范围,并经被收集者同意。

网络运营者不得收集与其提供的服务无关的个人信息,不得违反法律、行政法规的规定和双方的约定收集、使用个人信息,并应当依照法律、行政法规的规定和与用户的约定,处理其保存的个人信息。

第四十二条　网络运营者不得泄露、篡改、毁损其收集的个人信息;未经被收集者同意,不得向他人提供个人信息。但是,经过处理无法识别特定个人且不能复原的除外。

网络运营者应当采取技术措施和其他必要措施,确保其收集的个人信息安全,防止信息泄露、毁损、丢失。在发生或者可能发生个人信息泄露、毁损、丢失的情况时,应当立即采取补救措施,按照规定及时告知用户并向有关主管部门报告。

第四十三条　个人发现网络运营者违反法律、行政法规的规定或者双方的约定收集、使用其个人信息的,有权要求网络运营者删除其个人信息;发现网络运营者收集、存储的其个人信息有错误的,有权要求网络运营者予以更正。网络运营者应当采取措施予以删除或者更正。

第四十五条　依法负有网络安全监督管理职责的部门及其工作人员,必须对在履行职责中知悉的个人信息、隐私和商业秘密严格保密,不得泄露、出售或者非法向他人提供。

第七十六条　本法下列用语的含义：

（一）网络，是指由计算机或者其他信息终端及相关设备组成的按照一定的规则和程序对信息进行收集、存储、传输、交换、处理的系统。

（二）网络安全，是指通过采取必要措施，防范对网络的攻击、侵入、干扰、破坏和非法使用以及意外事故，使网络处于稳定可靠运行的状态，以及保障网络数据的完整性、保密性、可用性的能力。

（三）网络运营者，是指网络的所有者、管理者和网络服务提供者。

（四）网络数据，是指通过网络收集、存储、传输、处理和产生的各种电子数据。

（五）个人信息，是指以电子或者其他方式记录的能够单独或者与其他信息结合识别自然人个人身份的各种信息，包括但不限于自然人的姓名、出生日期、身份证件号码、个人生物识别信息、住址、电话号码等。

《商业银行法》

第二十九条　商业银行办理个人储蓄存款业务，应当遵循存款自愿、取款自由、存款有息、为存款人保密的原则。

对个人储蓄存款，商业银行有权拒绝任何单位或者个人查询、冻结、扣划，但法律另有规定的除外。

《消费者权益保护法》

第十四条　消费者在购买、使用商品和接受服务时，享有人格尊严、民族风俗习惯得到尊重的权利，享有个人信息依法得到保护的权利。

第二十九条　经营者收集、使用消费者个人信息，应当遵循合法、正当、必要的原则，明示收集、使用信息的目的、方式和范围，并经消费者同意。经营者收集、使用消费者个人信息，应当公开其收集、使用规则，不得违反法律、法规的规定和双方的约定收集、使用信息。

经营者及其工作人员对收集的消费者个人信息必须严格保密，不得泄露、出售或者非法向他人提供。经营者应当采取技术措施和其他必要措施，确保信息安全，防止消费者个人信息泄露、丢失。在发生或者可能发生信息泄露、丢失的情况时，应当立即采取补救措施。

经营者未经消费者同意或者请求，或者消费者明确表示拒绝的，不得向其发送商业性信息。

第五十条　经营者侵害消费者的人格尊严、侵犯消费者人身自由或者侵害消费者个人信息依法得到保护的权利的，应当停止侵害、恢复名誉、消除影响、赔礼道歉，并赔偿损失。

《加强网络信息保护决定》

一、国家保护能够识别公民个人身份和涉及公民个人隐私的电子信息。

任何组织和个人不得窃取或者以其他非法方式获取公民个人电子信息,不得出售或者非法向他人提供公民个人电子信息。

二、网络服务提供者和其他企业事业单位在业务活动中收集、使用公民个人电子信息,应当遵循合法、正当、必要的原则,明示收集、使用信息的目的、方式和范围,并经被收集者同意,不得违反法律、法规的规定和双方的约定收集、使用信息。

网络服务提供者和其他企业事业单位收集、使用公民个人电子信息,应当公开其收集、使用规则。

三、网络服务提供者和其他企业事业单位及其工作人员对在业务活动中收集的公民个人电子信息必须严格保密,不得泄露、篡改、毁损,不得出售或者非法向他人提供。

四、网络服务提供者和其他企业事业单位应当采取技术措施和其他必要措施,确保信息安全,防止在业务活动中收集的公民个人电子信息泄露、毁损、丢失。在发生或者可能发生信息泄露、毁损、丢失的情况时,应当立即采取补救措施。

五、网络服务提供者应当加强对其用户发布的信息的管理,发现法律、法规禁止发布或者传输的信息的,应当立即停止传输该信息,采取消除等处置措施,保存有关记录,并向有关主管部门报告。

六、网络服务提供者为用户办理网站接入服务,办理固定电话、移动电话等入网手续,或者为用户提供信息发布服务,应当在与用户签订协议或者确认提供服务时,要求用户提供真实身份信息。

七、任何组织和个人未经电子信息接收者同意或者请求,或者电子信息接收者明确表示拒绝的,不得向其固定电话、移动电话或者个人电子邮箱发送商业性电子信息。

八、公民发现泄露个人身份、散布个人隐私等侵害其合法权益的网络信息,或者受到商业性电子信息侵扰的,有权要求网络服务提供者删除有关信息或者采取其他必要措施予以制止。

九、任何组织和个人对窃取或者以其他非法方式获取、出售或者非法向他人提供公民个人电子信息的违法犯罪行为以及其他网络信息违法犯罪行为,有权向有关主管部门举报、控告;接到举报、控告的部门应当依法及时处理。被侵权人可以依法提起诉讼。

十、有关主管部门应当在各自职权范围内依法履行职责,采取技术措施和其他必要措施,防范、制止和查处窃取或者以其他非法方式获取、出售或者非法向他人提供公民个人电子信息的违法犯罪行为以及其他网络信息违法犯罪行为。有关主管部门依法履行职责时,网络服务提供者应当予以配合,提供技术支持。

国家机关及其工作人员对在履行职责中知悉的公民个人电子信息应当予以保密,不得泄露、篡改、毁损,不得出售或者非法向他人提供。

十一、对有违反本决定行为的,依法给予警告、罚款、没收违法所得、吊销许可证或者取消备案、关闭网站、禁止有关责任人员从事网络服务业务等处罚,记入社会信用档案并予以公布;构成违反治安管理行为的,依法给予治安管理处罚。构成犯罪的,依法追究刑事责任。侵害他人民事权益的,依法承担民事责任。

《居民身份证法》

第十九条　国家机关或者金融、电信、交通、教育、医疗等单位的工作人员泄露在履行职责或者提供服务过程中获得的居民身份证记载的公民个人信息,构成犯罪的,依法追究刑事责任;尚不构成犯罪的,由公安机关处十日以上十五日以下拘留,并处五千元罚款,有违法所得的,没收违法所得。

单位有前款行为,构成犯罪的,依法追究刑事责任;尚不构成犯罪的,由公安机关对其直接负责的主管人员和其他直接责任人员,处十日以上十五日以下拘留,并处十万元以上五十万元以下罚款,有违法所得的,没收违法所得。

有前两款行为,对他人造成损害的,依法承担民事责任。

《统计法》

第九条　统计机构和统计人员对在统计工作中知悉的国家秘密、商业秘密和个人信息,应当予以保密。

第三十九条　县级以上人民政府统计机构或者有关部门有下列行为之一的,对直接负责的主管人员和其他直接责任人员由任免机关或者监察机关依法给予处分:

(一)违法公布统计资料的;

(二)泄露统计调查对象的商业秘密、个人信息或者提供、泄露在统计调查中获得的能够识别或者推断单个统计调查对象身份的资料的;

(三)违反国家有关规定,造成统计资料毁损、灭失的。

统计人员有前款所列行为之一的,依法给予处分。

《护照法》

第十二条　护照具备视读与机读两种功能。

护照的防伪性能参照国际技术标准制定。

护照签发机关及其工作人员对因制作、签发护照而知悉的公民个人信息,应当予以保密。

《档案法》

第二条 从事档案收集、整理、保护、利用及其监督管理活动,适用本法。

本法所称档案,是指过去和现在的机关、团体、企业事业单位和其他组织以及个人从事经济、政治、文化、社会、生态文明、军事、外事、科技等方面活动直接形成的对国家和社会具有保存价值的各种文字、图表、声像等不同形式的历史记录。

第四条 档案工作实行统一领导、分级管理的原则,维护档案完整与安全,便于社会各方面的利用。

第五条 一切国家机关、武装力量、政党、团体、企业事业单位和公民都有保护档案的义务,享有依法利用档案的权利。

第二十八条 档案馆应当通过其网站或者其他方式定期公布开放档案的目录,不断完善利用规则,创新服务形式,强化服务功能,提高服务水平,积极为档案的利用创造条件,简化手续,提供便利。

单位和个人持有合法证明,可以利用已经开放的档案。档案馆不按规定开放利用的,单位和个人可以向档案主管部门投诉,接到投诉的档案主管部门应当及时调查处理并将处理结果告知投诉人。

利用档案涉及知识产权、个人信息的,应当遵守有关法律、行政法规的规定。

第三十二条 属于国家所有的档案,由国家授权的档案馆或者有关机关公布;未经档案馆或者有关机关同意,任何单位和个人无权公布。非国有企业、社会服务机构等单位和个人形成的档案,档案所有者有权公布。

公布档案应当遵守有关法律、行政法规的规定,不得损害国家安全和利益,不得侵犯他人的合法权益。

《海警法》

第二十三条 海警机构对违反海上治安、海关、海洋资源开发利用、海洋生态环境保护、海洋渔业管理等法律、法规、规章的组织和个人,依法实施包括限制人身自由在内的行政处罚、行政强制或者法律、法规规定的其他措施。

海警机构依照海洋资源开发利用、海洋生态环境保护、海洋渔业管理等法律、法规的规定,对海上生产作业现场进行监督检查。

海警机构因调查海上违法行为的需要,有权向有关组织和个人收集、调取证据。有关组织和个人应当如实提供证据。

海警机构为维护海上治安秩序,对有违法犯罪嫌疑的人员进行当场盘问、检查或者继续盘问的,依照《中华人民共和国人民警察法》的规定执行。

《缺陷汽车产品召回管理条例》

第七条 产品质量监督部门和有关部门、机构及其工作人员对履行本条例规定职责所知悉的商业秘密和个人信息,不得泄露。

《戒毒条例》

第七条　戒毒人员在入学、就业、享受社会保障等方面不受歧视。

对戒毒人员戒毒的个人信息应当依法予以保密。对戒断3年未复吸的人员,不再实行动态管控。

《征信业管理条例》

第十三条　采集个人信息应当经信息主体本人同意,未经本人同意不得采集。但是,依照法律、行政法规规定公开的信息除外。

企业的董事、监事、高级管理人员与其履行职务相关的信息,不作为个人信息。

第十四条　禁止征信机构采集个人的宗教信仰、基因、指纹、血型、疾病和病史信息以及法律、行政法规规定禁止采集的其他个人信息。

征信机构不得采集个人的收入、存款、有价证券、商业保险、不动产的信息和纳税数额信息。但是,征信机构明确告知信息主体提供该信息可能产生的不利后果,并取得其书面同意的除外。

第十五条　信息提供者向征信机构提供个人不良信息,应当事先告知信息主体本人。但是,依照法律、行政法规规定公开的不良信息除外。

《彩票管理条例》

第二十七条　彩票发行机构、彩票销售机构、彩票代销者以及其他因职务或者业务便利知悉彩票中奖者个人信息的人员,应当对彩票中奖者个人信息予以保密。

《侵犯公民个人信息刑事案件司法解释》

第一条　刑法第二百五十三条之一规定的"公民个人信息",是指以电子或者其他方式记录的能够单独或者与其他信息结合识别特定自然人身份或者反映特定自然人活动情况的各种信息,包括姓名、身份证件号码、通信通讯联系方式、住址、账号密码、财产状况、行踪轨迹等。

第二条　违反法律、行政法规、部门规章有关公民个人信息保护的规定的,应当认定为刑法第二百五十三条之一规定的"违反国家有关规定"。

《人民法院在互联网公布裁判文书的规定》

第十条　人民法院在互联网公布裁判文书时,应当删除下列信息:

(一)自然人的家庭住址、通讯方式、身份证号码、银行账号、健康状况、车牌号码、动产或不动产权属证书编号等个人信息;

(二)法人以及其他组织的银行账号、车牌号码、动产或不动产权属证书编号等信息;

(三)涉及商业秘密的信息;

(四)家事、人格权益等纠纷中涉及个人隐私的信息;

（五）涉及技术侦查措施的信息；

（六）人民法院认为不宜公开的其他信息。

按照本条第一款删除信息影响对裁判文书正确理解的，用符号"×"作部分替代。

《旅游纠纷司法解释》

第九条 旅游经营者、旅游辅助服务者以非法收集、存储、使用、加工、传输、买卖、提供、公开等方式处理旅游者个人信息，旅游者请求其承担相应责任的，人民法院应予支持。

第一百一十二条 【身份权】

自然人因婚姻家庭关系等产生的人身权利受法律保护。

【条文对照】

《民法典》总则编	《民法通则》
第一百一十二条 自然人因婚姻家庭关系等产生的人身权利受法律保护。	第一百零四条 婚姻、家庭、老人、母亲和儿童受法律保护。 残疾人的合法权益受法律保护。

【条文释义】

自然人的民事权利中除了人格权之外，还有一种非常重要的具有人身属性的权利，即自然人的身份权。身份权是自然人基于婚姻、家庭等关系所产生的配偶、父母、子女等身份所享有的具有人身属性、与人身不可分割的权利，主要包括配偶权、亲权、亲属权和监护权等。

配偶权是指夫妻之间互为配偶的基本身份权，表明夫妻之间互为配偶的身份利益由权利人专属支配，其他任何人均负有不得侵犯的义务。亲权，是指父母对未成年子女在人身和财产方面的管教和保护的权利和义务。

本条规定自然人因婚姻家庭关系"等"产生的人身权利，这里的"等"字主要是指亲权之外的亲属权和监护权。其中亲属权主要涉及依据《民法典》婚姻家庭编规定的不具有家庭关系的有负担能力的祖父母、外祖父母对父母已经死亡或父母无力抚养的未成年的孙子女、外孙子女的抚养义务；有负担能力的孙子女、外孙子女对子女已经死亡或子女无力赡养的祖父母、外祖父母负有的赡养义务；有负担能力的兄、姐对父母已经死亡或父母无力抚养的未成年的弟、妹的扶养义务以及由兄、姐扶养长大的有负担能力的弟、妹对缺乏劳动能力又缺乏生活来源的兄、姐负有的扶养义务。监护权主要是绝对权，非法使被监护人脱离监护，导致亲子关系或者近亲属间的亲属关系遭受严重损害，可以请求侵权人承担精神损害赔偿。

【关联法规】

《宪法》

第四十九条　婚姻、家庭、母亲和儿童受国家的保护。

夫妻双方有实行计划生育的义务。

父母有抚养教育未成年子女的义务,成年子女有赡养扶助父母的义务。

禁止破坏婚姻自由,禁止虐待老人、妇女和儿童。

《民法典》总则编

第二十六条　父母对未成年子女负有抚养、教育和保护的义务。

成年子女对父母负有赡养、扶助和保护的义务。

《民法典》婚姻家庭编

第一千零五十八条　夫妻双方平等享有对未成年子女抚养、教育和保护的权利,共同承担对未成年子女抚养、教育和保护的义务。

第一千零六十七条　父母不履行抚养义务的,未成年子女或者不能独立生活的成年子女,有要求父母给付抚养费的权利。

成年子女不履行赡养义务的,缺乏劳动能力或者生活困难的父母,有要求成年子女给付赡养费的权利。

第一千零六十八条　父母有教育、保护未成年子女的权利和义务。未成年子女造成他人损害的,父母应当依法承担民事责任。

第一千零七十四条　有负担能力的祖父母、外祖父母,对于父母已经死亡或者父母无力抚养的未成年孙子女、外孙子女,有抚养的义务。

有负担能力的孙子女、外孙子女,对于子女已经死亡或者子女无力赡养的祖父母、外祖父母,有赡养的义务。

第一千零七十五条　有负担能力的兄、姐,对于父母已经死亡或者父母无力抚养的未成年弟、妹,有扶养的义务。

由兄、姐扶养长大的有负担能力的弟、妹,对于缺乏劳动能力又缺乏生活来源的兄、姐,有扶养的义务。

第一千零九十一条　有下列情形之一,导致离婚的,无过错方有权请求损害赔偿:

(一)重婚;

(二)与他人同居;

(三)实施家庭暴力;

(四)虐待、遗弃家庭成员;

(五)有其他重大过错。

第一千一百一十一条　自收养关系成立之日起,养父母与养子女间的权利义务关系,适用本法关于父母子女关系的规定;养子女与养父母的近亲属间的权利义务关系,适用本法关于子女与父母的近亲属关系的规定。

养子女与生父母以及其他近亲属间的权利义务关系,因收养关系的成立而消除。

《老年人权益保障法》

第十四条　赡养人应当履行对老年人经济上供养、生活上照料和精神上慰藉的义务,照顾老年人的特殊需要。

赡养人是指老年人的子女以及其他依法负有赡养义务的人。

赡养人的配偶应当协助赡养人履行赡养义务。

第十五条　赡养人应当使患病的老年人及时得到治疗和护理;对经济困难的老年人,应当提供医疗费用。

对生活不能自理的老年人,赡养人应当承担照料责任;不能亲自照料的,可以按照老年人的意愿委托他人或者养老机构等照料。

《未成年人保护法》

第十条　父母或者其他监护人应当创造良好、和睦的家庭环境,依法履行对未成年人的监护职责和抚养义务。

禁止对未成年人实施家庭暴力,禁止虐待、遗弃未成年人,禁止溺婴和其他残害婴儿的行为,不得歧视女性未成年人或者有残疾的未成年人。

《民法典婚姻家庭编司法解释一》

第八十七条　承担民法典第一千零九十一条规定的损害赔偿责任的主体,为离婚诉讼当事人中无过错方的配偶。

人民法院判决不准离婚的案件,对于当事人基于民法典第一千零九十一条提出的损害赔偿请求,不予支持。

在婚姻关系存续期间,当事人不起诉离婚而单独依据民法典第一千零九十一条提起损害赔偿请求的,人民法院不予受理。

第一百一十三条　【财产权受法律平等保护】

民事主体的财产权利受法律平等保护。

【条文对照】

《民法典》总则编	《民法通则》《物权法》
第一百一十三条　民事主体的财产权利受法律平等保护。	《民法通则》 第七十五条　公民的个人财产，包括公民的合法收入、房屋、储蓄、生活用品、文物、图书资料、林木、牲畜和法律允许公民所有的生产资料以及其他合法财产。 公民的合法财产受法律保护，禁止任何组织或者个人侵占、哄抢、破坏或者非法查封、扣押、冻结、没收。 《物权法》 第四条　国家、集体、私人的物权和其他权利人的物权受法律保护，任何单位和个人不得侵犯。

【条文释义】

本条是对私有财产权受法律平等保护的规定。民事主体的私有财产权利是一种重要的民事权利，是民法保护的重要对象，其主要包括物权、债权、继承权、知识产权以及股权等。

《民法典》物权编第 206 条第 1 款规定：国家在社会主义初级阶段，坚持公有制为主体、多种所有制经济共同发展的基本经济制度。第 2 款进一步规定："国家巩固和发展公有制经济，鼓励、支持和引导非公有制经济的发展。"第 3 款在前两款的基础上进一步规定："国家实行社会主义市场经济，保障一切市场主体的平等法律地位和发展权利。"紧接着第 207 条规定："国家、集体、私人的物权和其他权利人的物权受法律平等保护，任何组织或者个人不得侵犯。"但《民法典》物权编并未直接规定不同所有制民事主体的民事财产受法律的平等保护。

中共中央、国务院《关于完善产权保护制度依法保护产权的意见》（2016 年 11 月 4 日，中发〔2016〕28 号）明确提出"坚持平等保护。健全以公平为核心原则的产权保护制度，毫不动摇巩固和发展公有制经济，毫不动摇鼓励、支持、引导非公有制经济发展，公有制经济财产权不可侵犯，非公有制经济财产权同样不可侵犯。"在第三点"完善平等保护产权的法律制度"中进一步明确："加快推进民法典编纂工作，完善物权、合同、知识产权相关法律制度，清理有违公平的法律法规条款，将平等保护作为规范财产关系的基本原则。健全以企业组织形式和出资人承担责任方式为主的市场主体法律制度，统筹研究清理、废止按照所有制不同类型制定的市场主体法律和行政法规，开展部门规章和规范性文件专项清理，平等保护各类市场主体。加大对非公有财产的刑法保护力度。"

本条在《民法典》第 2 条和第 4 条的基础上,贯彻《关于完善产权保护制度依法保护产权的意见》,将《物权法》第 3 条和第 4 条的立法精神进行了更为明确、简洁的表述,具有重大宪法意义。

【关联法规】

《宪法》

第十二条　社会主义的公共财产神圣不可侵犯。

国家保护社会主义的公共财产。禁止任何组织或者个人用任何手段侵占或者破坏国家的和集体的财产。

第十三条　公民的合法的私有财产不受侵犯。

国家依照法律规定保护公民的私有财产权和继承权。

国家为了公共利益的需要,可以依照法律规定对公民的私有财产实行征收或者征用并给予补偿。

《民法典》总则编

第二条　民法调整平等主体的自然人、法人和非法人组织之间的人身关系和财产关系。

第四条　民事主体在民事活动中的法律地位一律平等。

《民法典》物权编

第二百零六条　国家坚持和完善公有制为主体、多种所有制经济共同发展,按劳分配为主体、多种分配方式并存,社会主义市场经济体制等社会主义基本经济制度。

国家巩固和发展公有制经济,鼓励、支持和引导非公有制经济的发展。

国家实行社会主义市场经济,保障一切市场主体的平等法律地位和发展权利。

第二百五十八条　国家所有的财产受法律保护,禁止任何组织或者个人侵占、哄抢、私分、截留、破坏。

第二百六十五条　集体所有的财产受法律保护,禁止任何组织或者个人侵占、哄抢、私分、破坏。

农村集体经济组织、村民委员会或者其负责人作出的决定侵害集体成员合法权益的,受侵害的集体成员可以请求人民法院予以撤销。

第二百六十七条　私人的合法财产受法律保护,禁止任何组织或者个人侵占、哄抢、破坏。

第一百一十四条　【物权的概念】

民事主体依法享有物权。

物权是权利人依法对特定的物享有直接支配和排他的权利，包括所有权、用益物权和担保物权。

【条文对照】

《民法典》总则编	《民法通则》《物权法》
第一百一十四条　民事主体依法享有物权。 物权是权利人依法对特定的物享有直接支配和排他的权利，包括所有权、用益物权和担保物权。	《民法通则》 　第七十一条　财产所有权是指所有人依法对自己的财产享有占有、使用、收益和处分的权利。 《物权法》 　第二条第三款　本法所称物权，是指权利人依法对特定的物享有直接支配和排他的权利，包括所有权、用益物权和担保物权。

【条文释义】

本条是关于物权概念的规定。

物权是权利人对特定有体物所享有的具有直接支配效力和排他效力的权利。直接支配效力是指不需要他人的协助与配合，权利人即能够对物自主利用，享有和行使占有、使用、收益和处分的权能。排他效力是指一物之上不能有相互冲突的物权，比如不能在同一物上设置两个所有权。

具体来说，物权又分为自物权和他物权。所有权是自物权，是权利人依法对自己的不动产或动产所享有的占有、使用、收益和处分的权利，所有权具有物权的所有权能。他物权又分为用益物权和担保物权。用益物权是指权利人依法对他人所有的不动产或动产享有的占有、使用和收益的权利，包括建设用地使用权、土地承包经营权、宅基地使用权、地役权；担保物权，是指权利人在债务人不履行到期债务或发生约定实现担保物权的情形，依法享有的就担保财产优先受偿的权利，包括抵押权、质权和留置权。

【关联法规】

《民法典》物权编

　第二百零五条　本编调整因物的归属和利用产生的民事关系。

　第二百四十条　所有权人对自己的不动产或者动产，依法享有占有、使用、收益和处分的权利。

　第二百四十一条　所有权人有权在自己的不动产或者动产上设立用益物权和担保物权。用益物权人、担保物权人行使权利，不得损害所有权人的权益。

　第三百二十三条　用益物权人对他人所有的不动产或者动产，依法享有占有、使用和收益的权利。

第三百八十六条　担保物权人在债务人不履行到期债务或者发生当事人约定的实现担保物权的情形,依法享有就担保财产优先受偿的权利,但是法律另有规定的除外。

第一百一十五条　【物权的客体】

物包括不动产和动产。法律规定权利作为物权客体的,依照其规定。

【条文对照】

《民法典》总则编	《物权法》
第一百一十五条　物包括不动产和动产。法律规定权利作为物权客体的,依照其规定。	第二条第二款　本法所称物,包括不动产和动产。法律规定权利作为物权客体的,依照其规定。

【条文释义】

本条是对物权客体的规定。

物权的客体主要是有体物,包括不动产和动产。不动产是土地、房屋、空间、林木等不可移动或移动后其价值将有重大减损的有体物,动产是不动产之外的其他可以移动的有体物。

权利可以在有法律规定的情况下成为担保物权的客体,包括以下几种类型:(1)以土地承包经营权、建设用地使用权等物权作为抵押权的客体;(2)以汇票、支票、本票、债券、存款单和应收账款等形式出现的债权作为质权的客体;(3)以著作权、专利权、注册商标专用权等知识产权中的财产性权利作为质权的客体;(4)以股权、基金份额作为质权的客体。

【关联法规】

《民法典》物权编

第三百九十五条　债务人或者第三人有权处分的下列财产可以抵押:

(一)建筑物和其他土地附着物;

(二)建设用地使用权;

(三)海域使用权;

(四)生产设备、原材料、半成品、产品;

(五)正在建造的建筑物、船舶、航空器;

(六)交通运输工具;

(七)法律、行政法规未禁止抵押的其他财产。

抵押人可以将前款所列财产一并抵押。

第四百四十条　债务人或者第三人有权处分的下列权利可以出质：

（一）汇票、本票、支票；

（二）债券、存款单；

（三）仓单、提单；

（四）可以转让的基金份额、股权；

（五）可以转让的注册商标专用权、专利权、著作权等知识产权中的财产权；

（六）现有的以及将有的应收账款；

（七）法律、行政法规规定可以出质的其他财产权利。

第一百一十六条　【物权法定】

物权的种类和内容，由法律规定。

【条文对照】

《民法典》总则编	《物权法》
第一百一十六条　物权的种类和内容，由法律规定。	第五条　物权的种类和内容，由法律规定。

【条文释义】

本条是对物权法定原则的规定。

物权是一种绝对权和对世权，权利人之外的其他人均为义务人，对权利人负有不作为义务，因此物权不但涉及权利人的利益，还涉及一般人的行为自由。为了保护公众的行为自由，给行为设定一个可以预期的清晰边界，物权的种类及其具体内容都必须由法律明确规定，不能由当事人自己约定。另外，物权法定，亦便于物权种类与内容的公示，可以使公示简单易行，使公众了解物权的归属与内容，避免对他人物权的侵权。

物权的法定与契约的自由约定两者之间形成鲜明的对比。我国物权法所规定的物权仅包括所有权、建设用地使用权、土地承包经营权、宅基地使用权、地役权、抵押权、质权和留置权。如果当事人为了自身利益创设了新的物权类型或者约定的物权权利内容与法律规定不一致，那么这种创设或约定不具有物权法上的效力。

本条中的"法律"，应指全国人民代表大会及其常委会制定的法律，不仅包括本法，还包括《土地管理法》《城市房地产管理法》《矿产资源法》《草原法》《森林法》《渔业法》等。除法律明确规定可以由行政法规、地方性法规创设的外，不包括行政法规和地方性法规。

【关联法规】

《民法典》物权编

第二百零五条 本编调整因物的归属和利用产生的民事关系。

第二百四十条 所有权人对自己的不动产或者动产,依法享有占有、使用、收益和处分的权利。

第三百三十一条 土地承包经营权人依法对其承包经营的耕地、林地、草地等享有占有、使用和收益的权利,有权从事种植业、林业、畜牧业等农业生产。

第三百四十四条 建设用地使用权人依法对国家所有的土地享有占有、使用和收益的权利,有权利用该土地建造建筑物、构筑物及其附属设施。

第三百六十二条 宅基地使用权人依法对集体所有的土地享有占有和使用的权利,有权依法利用该土地建造住宅及其附属设施。

第三百七十二条 地役权人有权按照合同约定,利用他人的不动产,以提高自己的不动产的效益。

前款所称他人的不动产为供役地,自己的不动产为需役地。

第三百九十四条 为担保债务的履行,债务人或者第三人不转移财产的占有,将该财产抵押给债权人的,债务人不履行到期债务或者发生当事人约定的实现抵押权的情形,债权人有权就该财产优先受偿。

前款规定的债务人或者第三人为抵押人,债权人为抵押权人,提供担保的财产为抵押财产。

第四百二十五条 为担保债务的履行,债务人或者第三人将其动产出质给债权人占有的,债务人不履行到期债务或者发生当事人约定的实现质权的情形,债权人有权就该动产优先受偿。

前款规定的债务人或者第三人为出质人,债权人为质权人,交付的动产为质押财产。

第四百四十七条 债务人不履行到期债务,债权人可以留置已经合法占有的债务人的动产,并有权就该动产优先受偿。

前款规定的债权人为留置权人,占有的动产为留置财产。

第一百一十七条 【物的征收与征用】

为了公共利益的需要,依照法律规定的权限和程序征收、征用不动产或者动产的,应当给予公平、合理的补偿。

【条文对照】

《民法典》总则编	《国有土地上房屋征收与补偿条例》
第一百一十七条　为了公共利益的需要，依照法律规定的权限和程序征收、征用不动产或者动产的，应当给予公平、合理的补偿。	第二条　为了公共利益的需要，征收国有土地上单位、个人的房屋，应当对被征收房屋所有权人(以下称被征收人)给予公平补偿。

【条文释义】

本条对物的征收与征用进行了规定。

动产和不动产为物权的主要类型，受到法律的保护，任何人不得侵害。但物权不是绝对的权利，在特殊情况下受到限制。征收和征用则是物权受到限制的体现。征收是指国家基于公共利益的需要，以行政权取得集体、个人财产所有权并给予适当补偿的行政行为。征用是指国家基于公共利益的需要，以行政权取得集体、个人财产使用权，并给予合理补偿的行政行为。

征收、征用是对物权的限制。本条规定了物权的征收、征用应该遵守的三个条件：(1)只有为了公共利益的需要才可以进行征收、征用，《国有土地上房屋征收与补偿条例》第8条就公共利益的类型作出了具体的界定。(2)在征收、征用时要按照法律规定的权限和程序进行，应该遵循决策民主、程序正当、结果公开的原则，并严格遵守《国有土地上房屋征收与补偿条例》规定的程序。(3)给予公平合理的补偿。

较之《物权法》，本条规定的征收、征用范围不限于不动产，还包括动产。这是对《宪法》第13条第3款规定的直接落实："国家为了公共利益的需要，可以依照法律规定对公民的私有财产实行征收或者征用并给予补偿。"

【关联法规】

《宪法》

第十条　城市的土地属于国家所有。

农村和城市郊区的土地，除由法律规定属于国家所有的以外，属于集体所有；宅基地和自留地、自留山，也属于集体所有。

国家为了公共利益的需要，可以依照法律规定对土地实行征收或者征用并给予补偿。

任何组织或者个人不得侵占、买卖或者以其他形式非法转让土地。土地的使用权可以依照法律的规定转让。

一切使用土地的组织和个人必须合理地利用土地。

第十三条　公民的合法的私有财产不受侵犯。

国家依照法律规定保护公民的私有财产权和继承权。

国家为了公共利益的需要,可以依照法律规定对公民的私有财产实行征收或者征用并给予补偿。

《民法典》物权编

第二百四十四条　国家对耕地实行特殊保护,严格限制农用地转为建设用地,控制建设用地总量。不得违反法律规定的权限和程序征收集体所有的土地。

第二百四十五条　因抢险救灾、疫情防控等紧急需要,依照法律规定的权限和程序可以征用组织、个人的不动产或者动产。被征用的不动产或者动产使用后,应当返还被征用人。组织、个人的不动产或者动产被征用或者征用后毁损、灭失的,应当给予补偿。

第三百二十七条　因不动产或者动产被征收、征用致使用益物权消灭或者影响用益物权行使的,用益物权人有权依据本法第二百四十三条、第二百四十五条的规定获得相应补偿。

第三百九十条　担保期间,担保财产毁损、灭失或者被征收等,担保物权人可以就获得的保险金、赔偿金或者补偿金等优先受偿。被担保债权的履行期限未届满的,也可以提存该保险金、赔偿金或者补偿金等。

《土地管理法》

第四十六条　征收下列土地的,由国务院批准:

(一)永久基本农田;

(二)永久基本农田以外的耕地超过三十五公顷的;

(三)其他土地超过七十公顷的。

征收前款规定以外的土地的,由省、自治区、直辖市人民政府批准。

征收农用地的,应当依照本法第四十四条的规定先行办理农用地转用审批。其中,经国务院批准农用地转用的,同时办理征地审批手续,不再另行办理征地审批;经省、自治区、直辖市人民政府在征地批准权限内批准农用地转用的,同时办理征地审批手续,不再另行办理征地审批,超过征地批准权限的,应当依照本条第一款的规定另行办理征地审批。

第四十七条　国家征收土地的,依照法定程序批准后,由县级以上地方人民政府予以公告并组织实施。

县级以上地方人民政府拟申请征收土地的,应当开展拟征收土地现状调查和社会稳定风险评估,并将征收范围、土地现状、征收目的、补偿标准、安置方式和社会保障等在拟征收土地所在的乡(镇)和村、村民小组范围内公告至少三十日,听取被征地的农村集体经济组织及其成员、村民委员会和其他利害关系人的意见。

多数被征地的农村集体经济组织成员认为征地补偿安置方案不符合法律、法规规定的,县级以上地方人民政府应当组织召开听证会,并根据法律、法规的规定和听证会情况修改方案。

拟征收土地的所有权人、使用权人应当在公告规定期限内,持不动产权属证明材料办理补偿登记。县级以上地方人民政府应当组织有关部门测算并落实有关费用,保证足额到位,与拟征收土地的所有权人、使用权人就补偿、安置等签订协议;个别确实难以达成协议的,应当在申请征收土地时如实说明。

相关前期工作完成后,县级以上地方人民政府方可申请征收土地。

第四十八条　征收土地应当给予公平、合理的补偿,保障被征地农民原有生活水平不降低、长远生计有保障。

征收土地应当依法及时足额支付土地补偿费、安置补助费以及农村村民住宅、其他地上附着物和青苗等的补偿费用,并安排被征地农民的社会保障费用。

征收农用地的土地补偿费、安置补助费标准由省、自治区、直辖市通过制定公布区片综合地价确定。制定区片综合地价应当综合考虑土地原用途、土地资源条件、土地产值、土地区位、土地供求关系、人口以及经济社会发展水平等因素,并至少每三年调整或者重新公布一次。

征收农用地以外的其他土地、地上附着物和青苗等的补偿标准,由省、自治区、直辖市制定。对其中的农村村民住宅,应当按照先补偿后搬迁、居住条件有改善的原则,尊重农村村民意愿,采取重新安排宅基地建房、提供安置房或者货币补偿等方式给予公平、合理的补偿,并对因征收造成的搬迁、临时安置等费用予以补偿,保障农村村民居住的权利和合法的住房财产权益。

县级以上地方人民政府应当将被征地农民纳入相应的养老等社会保障体系。被征地农民的社会保障费用主要用于符合条件的被征地农民的养老保险等社会保险缴费补贴。被征地农民社会保障费用的筹集、管理和使用办法,由省、自治区、直辖市制定。

第四十九条　被征地的农村集体经济组织应当将征收土地的补偿费用的收支状况向本集体经济组织的成员公布,接受监督。

禁止侵占、挪用被征收土地单位的征地补偿费用和其他有关费用。

《城市房地产管理法》

第六条　为了公共利益的需要,国家可以征收国有土地上单位和个人的房屋,并依法给予拆迁补偿,维护被征收人的合法权益;征收个人住宅的,还应当保障被征收人的居住条件。具体办法由国务院规定。

《农村土地承包法》

第十七条　承包方享有下列权利:

（一）依法享有承包地使用、收益的权利，有权自主组织生产经营和处置产品；

（二）依法互换、转让土地承包经营权；

（三）依法流转土地经营权；

（四）承包地被依法征收、征用、占用的，有权依法获得相应的补偿；

（五）法律、行政法规规定的其他权利。

《妇女权益保障法》

第三十二条　妇女在农村土地承包经营、集体经济组织收益分配、土地征收或者征用补偿费使用以及宅基地使用等方面，享有与男子平等的权利。

《国防交通法》

第七条　县级以上人民政府根据国防需要，可以依法征用民用运载工具、交通设施、交通物资等民用交通资源，有关组织和个人应当予以配合，履行相关义务。

民用交通资源征用的组织实施和补偿，依照有关法律、行政法规执行。

《渔业法》

第十四条　国家建设征收集体所有的水域、滩涂，按照《中华人民共和国土地管理法》有关征地的规定办理。

《草原法》

第三十八条　进行矿藏开采和工程建设，应当不占或者少占草原；确需征收、征用或者使用草原的，必须经省级以上人民政府草原行政主管部门审核同意后，依照有关土地管理的法律、行政法规办理建设用地审批手续。

《农业法》

第七十一条　国家依法征收农民集体所有的土地，应当保护农民和农村集体经济组织的合法权益，依法给予农民和农村集体经济组织征地补偿，任何单位和个人不得截留、挪用征地补偿费用。

《国防法》

第四十八条　国家根据动员需要，可以依法征收、征用组织和个人的设备设施、交通工具和其他物资。

县级以上人民政府对被征收、征用者因征收、征用所造成的直接经济损失，按照国家有关规定给予适当补偿。

《突发事件应对法》

第十二条　有关人民政府及其部门为应对突发事件，可以征用单位和个人的财产。被征用的财产在使用完毕或者突发事件应急处置工作结束后，应当及时返还。财产被征用或者征用后毁损、灭失的，应当给予补偿。

《国有土地上房屋征收与补偿条例》

第八条 为了保障国家安全、促进国民经济和社会发展等公共利益的需要,有下列情形之一,确需征收房屋的,由市、县级人民政府作出房屋征收决定:

(一)国防和外交的需要;

(二)由政府组织实施的能源、交通、水利等基础设施建设的需要;

(三)由政府组织实施的科技、教育、文化、卫生、体育、环境和资源保护、防灾减灾、文物保护、社会福利、市政公用等公共事业的需要;

(四)由政府组织实施的保障性安居工程建设的需要;

(五)由政府依照城乡规划法有关规定组织实施的对危房集中、基础设施落后等地段进行旧城区改建的需要;

(六)法律、行政法规规定的其他公共利益的需要。

《申请人民法院强制执行国有土地上房屋征收补偿决定案件规定》

第一条 申请人民法院强制执行征收补偿决定案件,由房屋所在地基层人民法院管辖,高级人民法院可以根据本地实际情况决定管辖法院。

第二条 申请机关向人民法院申请强制执行,除提供《条例》第二十八条规定的强制执行申请书及附具材料外,还应当提供下列材料:

(一)征收补偿决定及相关证据和所依据的规范性文件;

(二)征收补偿决定送达凭证、催告情况及房屋被征收人、直接利害关系人的意见;

(三)社会稳定风险评估材料;

(四)申请强制执行的房屋状况;

(五)被执行人的姓名或者名称、住址及与强制执行相关的财产状况等具体情况;

(六)法律、行政法规规定应当提交的其他材料。

强制执行申请书应当由申请机关负责人签名,加盖申请机关印章,并注明日期。

强制执行的申请应当自被执行人的法定起诉期限届满之日起三个月内提出;逾期申请的,除有正当理由外,人民法院不予受理。

《最高人民法院关于征收国有土地上房屋时是否应当对被征收人未经登记的空地和院落予以补偿的答复》

山东省高级人民法院:

你院《关于征收国有土地上房屋时是否应当对被征收人未确权登记的空地和院落单独予以补偿的请示》收悉,经研究,答复如下:

对土地公有制之前,通过购买房屋方式使用私有的土地,土地转为国有后迄今仍继续使用的,未经确权登记,亦应确定现使用者的国有土地使用权。

国有土地上房屋征收补偿中,应将当事人合法享有国有土地使用权的院落、空地面积纳入评估范围,按照征收时的房地产市场价格,一并予以征收补偿。

此复。

二〇一三年五月十五日

第一百一十八条 【债权的概念】

民事主体依法享有债权。

债权是因合同、侵权行为、无因管理、不当得利以及法律的其他规定,权利人请求特定义务人为或者不为一定行为的权利。

【条文对照】

《民法典》总则编	《民法通则》
第一百一十八条　民事主体依法享有债权。 债权是因合同、侵权行为、无因管理、不当得利以及法律的其他规定,权利人请求特定义务人为或者不为一定行为的权利。	第八十四条　债是按照合同的约定或者依照法律的规定,在当事人之间产生的特定的权利和义务关系。享有权利的人是债权人,负有义务的人是债务人。 债权人有权要求债务人按照合同的约定或者依照法律的规定履行义务。

【条文释义】

债权是民事主体的一种重要财产权,是典型的相对权,是请求义务人为或不为一定行为的权利。债权的效果往往是财货流动,体现一种动态的财产价值。债权的发生原因有很多,既有依据当事人的意愿而发生,也有依据法律规定而发生,主要包括合同、侵权行为、无因管理、不当得利以及法律关于特殊之债的规定,例如单方允诺、悬赏广告等。

需要指出的是,《民法通则》第84条第2款"债权人有权要求债务人按照合同的约定或者依照法律的规定履行义务"的规定在实务中适用比例极高。《民法通则》废止后,未来实务中应更多地适用《民法典》合同编第509条的规定,在合同债权之外的领域应适用《民法典》总则编第118条的规定。

【关联法规】

《民法典》合同编

第五百零九条　当事人应当按照约定全面履行自己的义务。

当事人应当遵循诚信原则,根据合同的性质、目的和交易习惯履行通知、协助、保密等义务。

当事人在履行合同过程中,应当避免浪费资源、污染环境和破坏生态。

第一百一十九条　【合同之债】

依法成立的合同,对当事人具有法律约束力。

【条文对照】

《民法典》总则编	《合同法》
第一百一十九条　依法成立的合同,对当事人具有法律约束力。	第八条第一款　依法成立的合同,对当事人具有法律约束力。当事人应当按照约定履行自己的义务,不得擅自变更或者解除合同。

【条文释义】

本条规定了合同之债的约束力。

合同是当事人之间的合意,是关于当事人之间权利义务的自主安排,体现了私法自治的基本原则。基于契约必守和诚实信用原则的要求,当事人对于自己的意思表示所形成的合同法律关系必须予以遵守,不得擅自变更或解除合同。当然在某些特殊情况下,法律赋予一方当事人法定解除权时,可以依法解除合同。对于已经生效的合同不予履行或者履行不符合约定的,应当承担违约责任。合同的设立或约定的条款违反法律的强制性规定,当然不具有相应的法律约束力。

【关联法规】

《民法典》合同编

第四百六十四条　合同是民事主体之间设立、变更、终止民事法律关系的协议。

婚姻、收养、监护等有关身份关系的协议,适用有关该身份关系的法律规定;没有规定的,可以根据其性质参照适用本编规定。

第五百六十三条　有下列情形之一的,当事人可以解除合同:

(一)因不可抗力致使不能实现合同目的;

(二)在履行期限届满前,当事人一方明确表示或者以自己的行为表明不履行主要债务;

(三)当事人一方迟延履行主要债务,经催告后在合理期限内仍未履行;

(四)当事人一方迟延履行债务或者有其他违约行为致使不能实现合同目的;

(五)法律规定的其他情形。

以持续履行的债务为内容的不定期合同,当事人可以随时解除合同,但是应当在合理期限之前通知对方。

第五百七十七条 当事人一方不履行合同义务或者履行合同义务不符合约定的,应当承担继续履行、采取补救措施或者赔偿损失等违约责任。

第一百二十条 【侵权责任之债】

民事权益受到侵害的,被侵权人有权请求侵权人承担侵权责任。

【条文对照】

《民法典》总则编	《侵权责任法》
第一百二十条 民事权益受到侵害的,被侵权人有权请求侵权人承担侵权责任。	第二条第一款 侵害民事权益,应当依照本法承担侵权责任。 第三条 被侵权人有权请求侵权人承担侵权责任。

【条文释义】

本条是对侵权责任之债的规定,融合了《侵权责任法》第 2 条和第 3 条的内容。

行为人侵害他人合法权益,符合侵权责任构成的,应当承担侵权责任。但侵权责任不是国家依职权施加给侵权人的,需要受害人向侵权人请求承担,这也是侵权责任与刑事责任的重大区别之一。需要注意的是,仅仅造成他人损害并不一定会承担侵权责任。侵权责任的构成还需要行为具有可归责性,也就是过错。侵权责任分为过错责任和无过错责任,前者要求行为人具有过错,后者虽然不要求行为人有过错但必须有法律的明确规定。

本条规定了被侵权人的请求权:被侵权人有权请求侵权人承担全部或者部分的侵权责任;也可以请求侵权人只承担赔偿责任或者非赔偿责任;有数个责任人的,可以请求全部或者部分责任人承担责任;数个责任人承担连带责任的,也可以选择其中部分或者全部的责任人承担部分或者全部的责任。

【关联法规】

《民法典》侵权责任编

第一千一百六十五条 行为人因过错侵害他人民事权益造成损害的,应当承担侵权责任。

依照法律规定推定行为人有过错,其不能证明自己没有过错的,应当承担侵权责任。

第一千一百六十六条　行为人造成他人民事权益损害，不论行为人有无过错，法律规定应当承担侵权责任的，依照其规定。

第一百二十一条　【无因管理之债】

没有法定的或者约定的义务，为避免他人利益受损失而进行管理的人，有权请求受益人偿还由此支出的必要费用。

【条文对照】

《民法典》总则编	《民法通则》
第一百二十一条　没有法定的或者约定的义务，为避免他人利益受损失而进行管理的人，有权请求受益人偿还由此支出的必要费用。	第九十三条　没有法定的或者约定的义务，为避免他人利益受损失进行管理或者服务的，有权要求受益人偿付由此而支付的必要费用。

【条文释义】

本条规定的是无因管理之债。

无因管理，是指没有法定或者约定义务，为避免他人利益遭受损失，主动管理他人事务的法律事实。无因管理成立后，管理人享有请求受益人偿还因管理事务而支出的必要费用的债权，受益人负有偿还该项费用的债务。无因管理是一种法律事实，为债的发生根据之一。无因管理之债的产生依据是法律的规定，而非基于当事人的意思表示。

无因管理的构成需要三个要件：其一，管理他人事务。其二，管理他人事务是为了他人的利益。也就是说，管理人必须有为他人谋利益的目的。从其动机来看，管理人的管理从为他人利益服务出发；从其效果来看，管理行为所取得的利益最终都为受益人所享有。其三，管理他人事务不是基于约定或法定的义务。

较之《民法通则》，本条有两处细微的措辞修改：其一，将"管理或者服务的"修改为"管理的"，删除了"服务"，主要是为了避免"服务"概念带来的混淆。其二，将"偿付"修改为"偿还"，严格地说，并无特别必要和特殊含义，只能理解为"支付"对应"服务"，是在用语上所作的对应性调整。

第一百二十二条　【不当得利之债】

因他人没有法律根据，取得不当利益，受损失的人有权请求其返还不当利益。

【条文对照】

《民法典》总则编	《民法通则》
第一百二十二条　因他人没有法律根据,取得不当利益,受损失的人有权请求其返还<u>不当利益</u>。	第九十二条　没有<u>合法</u>根据,取得不当利益,<u>造成</u>他人<u>损失的</u>,<u>应当将取得的不当利益返还受损失的人</u>。

【条文释义】

本条对不当得利之债进行了规定。

不当得利是指没有法律根据取得不当利益,导致他人受损,因此在受益人和受损人之间产生不当得利返还之债。

不当得利的成立要件有四:其一,一方取得财产利益,包括积极增加与消极增加。如费用应支出而未支出,则为消极增加。不当得利以获取利益为首要条件,若一方仅致他人损害而未获得利益,则应承担侵权责任,不构成不当得利。其二,另一方遭受损失,亦包括积极损失与消极损失,消极损失即是指财产应增加而未增加。其三,取得利益与所受损失之间有因果关系。其四,受益方取得利益没有法律上的根据。

不当得利具体区分为给付不当得利和非给付不当得利,前者主要是因给付原因不存在或嗣后丧失而发生的不当得利;后者是非因给付而发生的不当得利,主要是权益侵害型不当得利。民事法律行为因不成立、无效、被撤销或合同被解除以及非债清偿时,都会产生不当得利的情况。

【关联法规】

《民法典》总则编

第一百二十九条　民事权利可以依据民事法律行为、事实行为、法律规定的事件或者法律规定的其他方式取得。

第一百二十三条　【知识产权及其客体】

民事主体依法享有知识产权。

知识产权是权利人依法就下列客体享有的专有的权利:

(一)作品;

(二)发明、实用新型、外观设计;

(三)商标;

(四)地理标志;

(五)商业秘密;

(六)集成电路布图设计；
(七)植物新品种；
(八)法律规定的其他客体。

【条文对照】

《民法典》总则编	《民法通则》
第一百二十三条　民事主体依法享有知识产权。 知识产权是权利人依法就下列客体享有的专有的权利： (一)作品； (二)发明、实用新型、外观设计； (三)商标； (四)地理标志； (五)商业秘密； (六)集成电路布图设计； (七)植物新品种； (八)法律规定的其他客体。	第九十四条　公民、法人享有著作权(版权)，依法有署名、发表、出版、获得报酬等权利。 第九十五条　公民、法人依法取得的专利权受法律保护。 第九十六条　法人、个体工商户、个人合伙依法取得商标专用权受法律保护。 第一百一十八条　公民、法人的著作权(版权)、专利权、商标专用权、发现权、发明权和其他科技成果权受到剽窃、篡改、假冒等侵害的，有权要求停止侵害，消除影响，赔偿损失。

【条文释义】

知识产权是民事主体享有的一项重要民事权利，是权利人依法对其智慧创造的成果所享有的专属支配的权利。

知识产权的客体主要包括：(1)作品。作品必须能传播文艺或科学思想，它是一种信息的载体，而不是一种实用工具和手段，主要包括文字作品、口述作品、音乐、戏剧、曲艺、舞蹈、杂技艺术作品、美术、建筑作品、摄影作品、电影作品和以类似摄制电影的方法创作的作品、工程设计图、产品设计图、地图、示意图等图形作品和模型作品、计算机软件等。(2)发明、实用新型和外观设计。发明是指对产品、方法或其改进所提出的新的技术方案；实用新型，是指对产品的形状、构造及其结合所提出的适于实用的新的技术方案；外观设计是指对产品的形状、图案、色彩或者其结合所作出的富有美感并适于工业上应用的新设计。(3)商标。商标是商品或服务来源的标志，向社会公众直接传递商品或服务来源方面的信息。(4)地理标志。地理标志是指标示某商品来源于某地区，该商品的特定质量、信誉或者其他特征，主要由该地区的自然因素或者人文因素所决定的标志。(5)商业秘密。商业秘密是指关系公司权利和利益，依照特定程序确定，在一定时间内只限一定范围的人员知悉的事项。(6)集成电路布图设计。集成电路布图设计是指确定用以制造集成电路的电子元件在一个传导材料中的几何图形排列和连接的布局设计。(7)植物新品种。植物新品种是指经过人工培育的或者对发现的野生植物加以开发,具备新颖性、特异性、一致性、稳定性,并有适当的命名的植物新品种。

《民法典》总则编没有采纳《民法通则》对科技成果权的规定,未将发现权、发明权等科技成果权纳入规定,避免了两类权利的混淆。

【关联法规】

《民法典》合同编

第五百零一条　当事人在订立合同过程中知悉的商业秘密或者其他应当保密的信息,无论合同是否成立,不得泄露或者不正当地使用;泄露、不正当地使用该商业秘密或者信息,造成对方损失的,应当承担赔偿责任。

《民法典》侵权责任编

第一千一百六十四条　本编调整因侵害民事权益产生的民事关系。

《反不正当竞争法》

第九条　经营者不得实施下列侵犯商业秘密的行为:

(一)以盗窃、贿赂、欺诈、胁迫、电子侵入或者其他不正当手段获取权利人的商业秘密;

(二)披露、使用或者允许他人使用以前项手段获取的权利人的商业秘密;

(三)违反保密义务或者违反权利人有关保守商业秘密的要求,披露、使用或者允许他人使用其所掌握的商业秘密;

(四)教唆、引诱、帮助他人违反保密义务或者违反权利人有关保守商业秘密的要求,获取、披露、使用或者允许他人使用权利人的商业秘密。

经营者以外的其他自然人、法人和非法人组织实施前款所列违法行为的,视为侵犯商业秘密。

第三人明知或者应知商业秘密权利人的员工、前员工或者其他单位、个人实施本条第一款所列违法行为,仍获取、披露、使用或者允许他人使用该商业秘密的,视为侵犯商业秘密。

本法所称的商业秘密,是指不为公众所知悉、具有商业价值并经权利人采取相应保密措施的技术信息、经营信息等商业信息。

《商标法》

第三条　经商标局核准注册的商标为注册商标,包括商品商标、服务商标和集体商标、证明商标;商标注册人享有商标专用权,受法律保护。

本法所称集体商标,是指以团体、协会或者其他组织名义注册,供该组织成员在商事活动中使用,以表明使用者在该组织中的成员资格的标志。

本法所称证明商标,是指由对某种商品或者服务具有监督能力的组织所控制,而由该组织以外的单位或者个人使用于其商品或者服务,用以证明该商品或者服务的原产地、原料、制造方法、质量或者其他特定品质的标志。

集体商标、证明商标注册和管理的特殊事项,由国务院工商行政管理部门规定。

第八条　任何能够将自然人、法人或者其他组织的商品与他人的商品区别开的标志,包括文字、图形、字母、数字、三维标志、颜色组合和声音等,以及上述要素的组合,均可以作为商标申请注册。

第九条　申请注册的商标,应当有显著特征,便于识别,并不得与他人在先取得的合法权利相冲突。

商标注册人有权标明"注册商标"或者注册标记。

第十条　下列标志不得作为商标使用:

(一)同中华人民共和国的国家名称、国旗、国徽、国歌、军旗、军徽、军歌、勋章等相同或者近似的,以及同中央国家机关的名称、标志、所在地特定地点的名称或者标志性建筑物的名称、图形相同的;

(二)同外国的国家名称、国旗、国徽、军旗等相同或者近似的,但经该国政府同意的除外;

(三)同政府间国际组织的名称、旗帜、徽记等相同或者近似的,但经该组织同意或者不易误导公众的除外;

(四)与表明实施控制、予以保证的官方标志、检验印记相同或者近似的,但经授权的除外;

(五)同"红十字"、"红新月"的名称、标志相同或者近似的;

(六)带有民族歧视性的;

(七)带有欺骗性,容易使公众对商品的质量等特点或者产地产生误认的;

(八)有害于社会主义道德风尚或者有其他不良影响的。

县级以上行政区划的地名或者公众知晓的外国地名,不得作为商标。但是,地名具有其他含义或者作为集体商标、证明商标组成部分的除外;已经注册的使用地名的商标继续有效。

第十一条　下列标志不得作为商标注册:

(一)仅有本商品的通用名称、图形、型号的;

(二)仅直接表示商品的质量、主要原料、功能、用途、重量、数量及其他特点的;

(三)其他缺乏显著特征的。

前款所列标志经过使用取得显著特征,并便于识别的,可以作为商标注册。

第十二条　以三维标志申请注册商标的,仅由商品自身的性质产生的形状、为获得技术效果而需有的商品形状或者使商品具有实质性价值的形状,不得注册。

第十六条　商标中有商品的地理标志,而该商品并非来源于该标志所标示的地区,误导公众的,不予注册并禁止使用;但是,已经善意取得注册的继续有效。

前款所称地理标志,是指标示某商品来源于某地区,该商品的特定质量、信誉或者其他特征,主要由该地区的自然因素或者人文因素所决定的标志。

第三十六条　法定期限届满,当事人对商标局做出的驳回申请决定、不予注册决定不申请复审或者对商标评审委员会做出的复审决定不向人民法院起诉的,驳回申请决定、不予注册决定或者复审决定生效。

经审查异议不成立而准予注册的商标,商标注册申请人取得商标专用权的时间自初步审定公告三个月期满之日起计算。自该商标公告期满之日起至准予注册决定做出前,对他人在同一种或者类似商品上使用与该商标相同或者近似的标志的行为不具有追溯力;但是,因该使用人的恶意给商标注册人造成的损失,应当给予赔偿。

第四十七条　依照本法第四十四条、第四十五条的规定宣告无效的注册商标,由商标局予以公告,该注册商标专用权视为自始即不存在。

宣告注册商标无效的决定或者裁定,对宣告无效前人民法院做出并已执行的商标侵权案件的判决、裁定、调解书和工商行政管理部门做出并已执行的商标侵权案件的处理决定以及已经履行的商标转让或者使用许可合同不具有追溯力。但是,因商标注册人的恶意给他人造成的损失,应当给予赔偿。

依照前款规定不返还商标侵权赔偿金、商标转让费、商标使用费,明显违反公平原则的,应当全部或者部分返还。

第五十六条　注册商标的专用权,以核准注册的商标和核定使用的商品为限。

第五十七条　有下列行为之一的,均属侵犯注册商标专用权:

(一)未经商标注册人的许可,在同一种商品上使用与其注册商标相同的商标的;

(二)未经商标注册人的许可,在同一种商品上使用与其注册商标近似的商标,或者在类似商品上使用与其注册商标相同或者近似的商标,容易导致混淆的;

(三)销售侵犯注册商标专用权的商品的;

(四)伪造、擅自制造他人注册商标标识或者销售伪造、擅自制造的注册商标标识的;

（五）未经商标注册人同意，更换其注册商标并将该更换商标的商品又投入市场的；

（六）故意为侵犯他人商标专用权行为提供便利条件，帮助他人实施侵犯商标专用权行为的；

（七）给他人的注册商标专用权造成其他损害的。

第五十八条　将他人注册商标、未注册的驰名商标作为企业名称中的字号使用，误导公众，构成不正当竞争行为的，依照《中华人民共和国反不正当竞争法》处理。

第五十九条　注册商标中含有的本商品的通用名称、图形、型号，或者直接表示商品的质量、主要原料、功能、用途、重量、数量及其他特点，或者含有的地名，注册商标专用权人无权禁止他人正当使用。

三维标志注册商标中含有的商品自身的性质产生的形状、为获得技术效果而需有的商品形状或者使商品具有实质性价值的形状，注册商标专用权人无权禁止他人正当使用。

商标注册人申请商标注册前，他人已经在同一种商品或者类似商品上先于商标注册人使用与注册商标相同或者近似并有一定影响的商标的，注册商标专用权人无权禁止该使用人在原使用范围内继续使用该商标，但可以要求其附加适当区别标识。

第六十条　有本法第五十七条所列侵犯注册商标专用权行为之一，引起纠纷的，由当事人协商解决；不愿协商或者协商不成的，商标注册人或者利害关系人可以向人民法院起诉，也可以请求工商行政管理部门处理。

工商行政管理部门处理时，认定侵权行为成立的，责令立即停止侵权行为，没收、销毁侵权商品和主要用于制造侵权商品、伪造注册商标标识的工具，违法经营额五万元以上的，可以处违法经营额五倍以下的罚款，没有违法经营额或者违法经营额不足五万元的，可以处二十五万元以下的罚款。对五年内实施两次以上商标侵权行为或者有其他严重情节的，应当从重处罚。销售不知道是侵犯注册商标专用权的商品，能证明该商品是自己合法取得并说明提供者的，由工商行政管理部门责令停止销售。

对侵犯商标专用权的赔偿数额的争议，当事人可以请求进行处理的工商行政管理部门调解，也可以依照《中华人民共和国民事诉讼法》向人民法院起诉。经工商行政管理部门调解，当事人未达成协议或者调解书生效后不履行的，当事人可以依照《中华人民共和国民事诉讼法》向人民法院起诉。

第六十一条　对侵犯注册商标专用权的行为，工商行政管理部门有权依法查处；涉嫌犯罪的，应当及时移送司法机关依法处理。

第六十二条　县级以上工商行政管理部门根据已经取得的违法嫌疑证据或者举报,对涉嫌侵犯他人注册商标专用权的行为进行查处时,可以行使下列职权:

(一)询问有关当事人,调查与侵犯他人注册商标专用权有关的情况;

(二)查阅、复制当事人与侵权活动有关的合同、发票、账簿以及其他有关资料;

(三)对当事人涉嫌从事侵犯他人注册商标专用权活动的场所实施现场检查;

(四)检查与侵权活动有关的物品;对有证据证明是侵犯他人注册商标专用权的物品,可以查封或者扣押。

工商行政管理部门依法行使前款规定的职权时,当事人应当予以协助、配合,不得拒绝、阻挠。

在查处商标侵权案件过程中,对商标权属存在争议或者权利人同时向人民法院提起商标侵权诉讼的,工商行政管理部门可以中止案件的查处。中止原因消除后,应当恢复或者终结案件查处程序。

第六十三条　侵犯商标专用权的赔偿数额,按照权利人因被侵权所受到的实际损失确定;实际损失难以确定的,可以按照侵权人因侵权所获得的利益确定;权利人的损失或者侵权人获得的利益难以确定的,参照该商标许可使用费的倍数合理确定。对恶意侵犯商标专用权,情节严重的,可以在按照上述方法确定数额的一倍以上五倍以下确定赔偿数额。赔偿数额应当包括权利人为制止侵权行为所支付的合理开支。

人民法院为确定赔偿数额,在权利人已经尽力举证,而与侵权行为相关的账簿、资料主要由侵权人掌握的情况下,可以责令侵权人提供与侵权行为相关的账簿、资料;侵权人不提供或者提供虚假的账簿、资料的,人民法院可以参考权利人的主张和提供的证据判定赔偿数额。

权利人因被侵权所受到的实际损失、侵权人因侵权所获得的利益、注册商标许可使用费难以确定的,由人民法院根据侵权行为的情节判决给予五百万元以下的赔偿。

人民法院审理商标纠纷案件,应权利人请求,对属于假冒注册商标的商品,除特殊情况外,责令销毁;对主要用于制造假冒注册商标的商品的材料、工具,责令销毁,且不予补偿;或者在特殊情况下,责令禁止前述材料、工具进入商业渠道,且不予补偿。

假冒注册商标的商品不得在仅去除假冒注册商标后进入商业渠道。

第六十四条　注册商标专用权人请求赔偿,被控侵权人以注册商标专用权人未使用注册商标提出抗辩的,人民法院可以要求注册商标专用权人提供此前三年内实际使用该注册商标的证据。注册商标专用权人不能证明此前三年内实际使用过该注册商标,也不能证明因侵权行为受到其他损失的,被控侵权人不承担赔偿责任。

销售不知道是侵犯注册商标专用权的商品,能证明该商品是自己合法取得并说明提供者的,不承担赔偿责任。

第六十五条　商标注册人或者利害关系人有证据证明他人正在实施或者即将实施侵犯其注册商标专用权的行为,如不及时制止将会使其合法权益受到难以弥补的损害的,可以依法在起诉前向人民法院申请采取责令停止有关行为和财产保全的措施。

第六十六条　为制止侵权行为,在证据可能灭失或者以后难以取得的情况下,商标注册人或者利害关系人可以依法在起诉前向人民法院申请保全证据。

第六十七条　未经商标注册人许可,在同一种商品上使用与其注册商标相同的商标,构成犯罪的,除赔偿被侵权人的损失外,依法追究刑事责任。

伪造、擅自制造他人注册商标标识或者销售伪造、擅自制造的注册商标标识,构成犯罪的,除赔偿被侵权人的损失外,依法追究刑事责任。

销售明知是假冒注册商标的商品,构成犯罪的,除赔偿被侵权人的损失外,依法追究刑事责任。

第六十八条　商标代理机构有下列行为之一的,由工商行政管理部门责令限期改正,给予警告,处一万元以上十万元以下的罚款;对直接负责的主管人员和其他直接责任人员给予警告,处五千元以上五万元以下的罚款;构成犯罪的,依法追究刑事责任:

(一)办理商标事宜过程中,伪造、变造或者使用伪造、变造的法律文件、印章、签名的;

(二)以诋毁其他商标代理机构等手段招徕商标代理业务或者以其他不正当手段扰乱商标代理市场秩序的;

(三)违反本法第四条、第十九条第三款和第四款规定的。

商标代理机构有前款规定行为的,由工商行政管理部门记入信用档案;情节严重的,商标局、商标评审委员会并可以决定停止受理其办理商标代理业务,予以公告。

商标代理机构违反诚实信用原则,侵害委托人合法利益的,应当依法承担民事责任,并由商标代理行业组织按照章程规定予以惩戒。

对恶意申请商标注册的,根据情节给予警告、罚款等行政处罚;对恶意提起商标诉讼的,由人民法院依法给予处罚。

《种子法》

第二十五条　国家实行植物新品种保护制度。对国家植物品种保护名录内经过人工选育或者发现的野生植物加以改良,具备新颖性、特异性、一致性、稳定性和适当命名的植物品种,由国务院农业、林业主管部门授予植物新品种权,保护植物新品种权所有人的合法权益。植物新品种权的内容和归属、授予条件、申请和受理、审查与批准,以及期限、终止和无效等依照本法、有关法律和行政法规规定执行。

国家鼓励和支持种业科技创新、植物新品种培育及成果转化。取得植物新品种权的品种得到推广应用的,育种者依法获得相应的经济利益。

第二十八条　完成育种的单位或者个人对其授权品种,享有排他的独占权。任何单位或者个人未经植物新品种权所有人许可,不得生产、繁殖或者销售该授权品种的繁殖材料,不得为商业目的将该授权品种的繁殖材料重复使用于生产另一品种的繁殖材料;但是本法、有关法律、行政法规另有规定的除外。

《农业法》

第二十三条　国家支持依法建立健全优质农产品认证和标志制度。

国家鼓励和扶持发展优质农产品生产。县级以上地方人民政府应当结合本地情况,按照国家有关规定采取措施,发展优质农产品生产。

符合国家规定标准的优质农产品可以依照法律或者行政法规的规定申请使用有关的标志。符合规定产地及生产规范要求的农产品可以依照有关法律或者行政法规的规定申请使用农产品地理标志。

第四十九条　国家保护植物新品种、农产品地理标志等知识产权,鼓励和引导农业科研、教育单位加强农业科学技术的基础研究和应用研究,传播和普及农业科学技术知识,加速科技成果转化与产业化,促进农业科学技术进步。

国务院有关部门应当组织农业重大关键技术的科技攻关。国家采取措施促进国际农业科技、教育合作与交流,鼓励引进国外先进技术。

《著作权法》

第三条　本法所称的作品,是指文学、艺术和科学领域内具有独创性并能以一定形式表现的智力成果,包括:

(一)文字作品;

(二)口述作品;

(三)音乐、戏剧、曲艺、舞蹈、杂技艺术作品;

(四)美术、建筑作品;

(五)摄影作品;

(六)视听作品;

（七）工程设计图、产品设计图、地图、示意图等图形作品和模型作品；
（八）计算机软件；
（九）符合作品特征的其他智力成果。
第十条　著作权包括下列人身权和财产权：
（一）发表权，即决定作品是否公之于众的权利；
（二）署名权，即表明作者身份，在作品上署名的权利；
（三）修改权，即修改或者授权他人修改作品的权利；
（四）保护作品完整权，即保护作品不受歪曲、篡改的权利；
（五）复制权，即以印刷、复印、拓印、录音、录像、翻录、翻拍、数字化等方式将作品制作一份或者多份的权利；
（六）发行权，即以出售或者赠与方式向公众提供作品的原件或者复制件的权利；
（七）出租权，即有偿许可他人临时使用视听作品、计算机软件的原件或者复制件的权利，计算机软件不是出租的主要标的的除外；
（八）展览权，即公开陈列美术作品、摄影作品的原件或者复制件的权利；
（九）表演权，即公开表演作品，以及用各种手段公开播送作品的表演的权利；
（十）放映权，即通过放映机、幻灯机等技术设备公开再现美术、摄影、视听作品等的权利；
（十一）广播权，即以有线或者无线方式公开传播或者转播作品，以及通过扩音器或者其他传送符号、声音、图像的类似工具向公众传播广播的作品的权利，但不包括本款第十二项规定的权利；
（十二）信息网络传播权，即以有线或者无线方式向公众提供，使公众可以在其选定的时间和地点获得作品的权利；
（十三）摄制权，即以摄制视听作品的方法将作品固定在载体上的权利；
（十四）改编权，即改变作品，创作出具有独创性的新作品的权利；
（十五）翻译权，即将作品从一种语言文字转换成另一种语言文字的权利；
（十六）汇编权，即将作品或者作品的片段通过选择或者编排，汇集成新作品的权利；
（十七）应当由著作权人享有的其他权利。
著作权人可以许可他人行使前款第五项至第十七项规定的权利，并依照约定或者本法有关规定获得报酬。
著作权人可以全部或者部分转让本条第一款第五项至第十七项规定的权利，并依照约定或者本法有关规定获得报酬。

第三十三条　图书出版者对著作权人交付出版的作品,按照合同约定享有的专有出版权受法律保护,他人不得出版该作品。

第三十九条　表演者对其表演享有下列权利:

(一)表明表演者身份;

(二)保护表演形象不受歪曲;

(三)许可他人从现场直播和公开传送其现场表演,并获得报酬;

(四)许可他人录音录像,并获得报酬;

(五)许可他人复制、发行、出租录有其表演的录音录像制品,并获得报酬;

(六)许可他人通过信息网络向公众传播其表演,并获得报酬。

被许可人以前款第三项至第六项规定的方式使用作品,还应当取得著作权人许可,并支付报酬。

第五十二条　有下列侵权行为的,应当根据情况,承担停止侵害、消除影响、赔礼道歉、赔偿损失等民事责任:

(一)未经著作权人许可,发表其作品的;

(二)未经合作作者许可,将与他人合作创作的作品当作自己单独创作的作品发表的;

(三)没有参加创作,为谋取个人名利,在他人作品上署名的;

(四)歪曲、篡改他人作品的;

(五)剽窃他人作品的;

(六)未经著作权人许可,以展览、摄制视听作品的方法使用作品,或者以改编、翻译、注释等方式使用作品的,本法另有规定的除外;

(七)使用他人作品,应当支付报酬而未支付的;

(八)未经视听作品、计算机软件、录音录像制品的著作权人、表演者或者录音录像制作者许可,出租其作品或者录音录像制品的原件或者复制件的,本法另有规定的除外;

(九)未经出版者许可,使用其出版的图书、期刊的版式设计的;

(十)未经表演者许可,从现场直播或者公开传送其现场表演,或者录制其表演的;

(十一)其他侵犯著作权以及与著作权有关的权利的行为。

第五十三条　有下列侵权行为的,应当根据情况,承担本法第五十二条规定的民事责任;侵权行为同时损害公共利益的,由主管著作权的部门责令停止侵权行为,予以警告,没收违法所得,没收、无害化销毁处理侵权复制品以及主要用于制作侵权复制品的材料、工具、设备等,违法经营额五万元以上的,可以并处违法经营额一倍以上五倍以下的罚款;没有违法经营额、违法经营额难以计算或者不

足五万元的,可以并处二十五万元以下的罚款;构成犯罪的,依法追究刑事责任:

(一)未经著作权人许可,复制、发行、表演、放映、广播、汇编、通过信息网络向公众传播其作品的,本法另有规定的除外;

(二)出版他人享有专有出版权的图书的;

(三)未经表演者许可,复制、发行录有其表演的录音录像制品,或者通过信息网络向公众传播其表演的,本法另有规定的除外;

(四)未经录音录像制作者许可,复制、发行、通过信息网络向公众传播其制作的录音录像制品的,本法另有规定的除外;

(五)未经许可,播放、复制或者通过信息网络向公众传播广播、电视的,本法另有规定的除外;

(六)未经著作权人或者与著作权有关的权利人许可,故意避开或者破坏技术措施的,故意制造、进口或者向他人提供主要用于避开、破坏技术措施的装置或者部件的,或者故意为他人避开或者破坏技术措施提供技术服务的,法律、行政法规另有规定的除外;

(七)未经著作权人或者与著作权有关的权利人许可,故意删除或者改变作品、版式设计、表演、录音录像制品或者广播、电视上的权利管理信息的,知道或者应当知道作品、版式设计、表演、录音录像制品或者广播、电视上的权利管理信息未经许可被删除或者改变,仍然向公众提供的,法律、行政法规另有规定的除外;

(八)制作、出售假冒他人署名的作品的。

第五十四条 侵犯著作权或者与著作权有关的权利的,侵权人应当按照权利人因此受到的实际损失或者侵权人的违法所得给予赔偿;权利人的实际损失或者侵权人的违法所得难以计算的,可以参照该权利使用费给予赔偿。对故意侵犯著作权或者与著作权有关的权利,情节严重的,可以在按照上述方法确定数额的一倍以上五倍以下给予赔偿。

权利人的实际损失、侵权人的违法所得、权利使用费难以计算的,由人民法院根据侵权行为的情节,判决给予五百元以上五百万元以下的赔偿。

赔偿数额还应当包括权利人为制止侵权行为所支付的合理开支。

人民法院为确定赔偿数额,在权利人已经尽了必要举证责任,而与侵权行为相关的账簿、资料等主要由侵权人掌握的,可以责令侵权人提供与侵权行为相关的账簿、资料等;侵权人不提供,或者提供虚假的账簿、资料等的,人民法院可以参考权利人的主张和提供的证据确定赔偿数额。

人民法院审理著作权纠纷案件,应权利人请求,对侵权复制品,除特殊情况外,责令销毁;对主要用于制造侵权复制品的材料、工具、设备等,责令销毁,且不予补偿;或者在特殊情况下,责令禁止前述材料、工具、设备等进入商业渠道,且不予补偿。

《专利法》

第二条 本法所称的发明创造是指发明、实用新型和外观设计。

发明,是指对产品、方法或者其改进所提出的新的技术方案。

实用新型,是指对产品的形状、构造或者其结合所提出的适于实用的新的技术方案。

外观设计,是指对产品的整体或者局部的形状、图案或者其结合以及色彩与形状、图案的结合所作出的富有美感并适于工业应用的新设计。

第十一条 发明和实用新型专利权被授予后,除本法另有规定的以外,任何单位或者个人未经专利权人许可,都不得实施其专利,即不得为生产经营目的制造、使用、许诺销售、销售、进口其专利产品,或者使用其专利方法以及使用、许诺销售、销售、进口依照该专利方法直接获得的产品。

外观设计专利权被授予后,任何单位或者个人未经专利权人许可,都不得实施其专利,即不得为生产经营目的制造、许诺销售、销售、进口其外观设计专利产品。

第十三条 发明专利申请公布后,申请人可以要求实施其发明的单位或者个人支付适当的费用。

第六十四条 发明或者实用新型专利权的保护范围以其权利要求的内容为准,说明书及附图可以用于解释权利要求的内容。

外观设计专利权的保护范围以表示在图片或者照片中的该产品的外观设计为准,简要说明可以用于解释图片或者照片所表示的该产品的外观设计。

第六十七条 在专利侵权纠纷中,被控侵权人有证据证明其实施的技术或者设计属于现有技术或者现有设计的,不构成侵犯专利权。

第七十一条 侵犯专利权的赔偿数额按照权利人因被侵权所受到的实际损失或者侵权人因侵权所获得的利益确定;权利人的损失或者侵权人获得的利益难以确定的,参照该专利许可使用费的倍数合理确定。对故意侵犯专利权,情节严重的,可以在按照上述方法确定数额的一倍以上五倍以下确定赔偿数额。

权利人的损失、侵权人获得的利益和专利许可使用费均难以确定的,人民法院可以根据专利权的类型、侵权行为的性质和情节等因素,确定给予三万元以上五百万元以下的赔偿。

赔偿数额还应当包括权利人为制止侵权行为所支付的合理开支。

人民法院为确定赔偿数额,在权利人已经尽力举证,而与侵权行为相关的账簿、资料主要由侵权人掌握的情况下,可以责令侵权人提供与侵权行为相关的账簿、资料；侵权人不提供或者提供虚假的账簿、资料的，人民法院可以参考权利人的主张和提供的证据判定赔偿数额。

《科学技术进步法》

第二十条第一款　利用财政性资金设立的科学技术基金项目或者科学技术计划项目所形成的发明专利权、计算机软件著作权、集成电路布图设计专有权和植物新品种权，除涉及国家安全、国家利益和重大社会公共利益的外，授权项目承担者依法取得。

《植物新品种保护条例》

第一条　为了保护植物新品种权，鼓励培育和使用植物新品种，促进农业、林业的发展，制定本条例。

第二条　本条例所称植物新品种，是指经过人工培育的或者对发现的野生植物加以开发，具备新颖性、特异性、一致性和稳定性并有适当命名的植物品种。

第三条　国务院农业、林业行政部门(以下统称审批机关)按照职责分工共同负责植物新品种权申请的受理和审查并对符合本条例规定的植物新品种授予植物新品种权(以下称品种权)。

第四条　完成关系国家利益或者公共利益并有重大应用价值的植物新品种育种的单位或者个人，由县级以上人民政府或者有关部门给予奖励。

第五条　生产、销售和推广被授予品种权的植物新品种(以下称授权品种)，应当按照国家有关种子的法律、法规的规定审定。

第六条　完成育种的单位或者个人对其授权品种，享有排他的独占权。任何单位或者个人未经品种权所有人(以下称品种权人)许可，不得为商业目的生产或者销售该授权品种的繁殖材料，不得为商业目的将该授权品种的繁殖材料重复使用于生产另一品种的繁殖材料；但是，本条例另有规定的除外。

第七条　执行本单位的任务或者主要是利用本单位的物质条件所完成的职务育种，植物新品种的申请权属于该单位；非职务育种，植物新品种的申请权属于完成育种的个人。申请被批准后，品种权属于申请人。

委托育种或者合作育种，品种权的归属由当事人在合同中约定；没有合同约定的，品种权属于受委托完成或者共同完成育种的单位或者个人。

第八条　一个植物新品种只能授予一项品种权。两个以上的申请人分别就同一个植物新品种申请品种权的，品种权授予最先申请的人；同时申请的，品种权授予最先完成该植物新品种育种的人。

第九条　植物新品种的申请权和品种权可以依法转让。

中国的单位或者个人就其在国内培育的植物新品种向外国人转让申请权或者品种权的，应当经审批机关批准。

国有单位在国内转让申请权或者品种权的,应当按照国家有关规定报经有关行政主管部门批准。

转让申请权或者品种权的,当事人应当订立书面合同,并向审批机关登记,由审批机关予以公告。

第十条　在下列情况下使用授权品种的,可以不经品种权人许可,不向其支付使用费,但是不得侵犯品种权人依照本条例享有的其他权利:

(一)利用授权品种进行育种及其他科研活动;

(二)农民自繁自用授权品种的繁殖材料。

第十一条　为了国家利益或者公共利益,审批机关可以作出实施植物新品种强制许可的决定,并予以登记和公告。

取得实施强制许可的单位或者个人应当付给品种权人合理的使用费,其数额由双方商定;双方不能达成协议的,由审批机关裁决。

品种权人对强制许可决定或者强制许可使用费的裁决不服的,可以自收到通知之日起3个月内向人民法院提起诉讼。

第十二条　不论授权品种的保护期是否届满,销售该授权品种应当使用其注册登记的名称。

第十三条　申请品种权的植物新品种应当属于国家植物品种保护名录中列举的植物的属或者种。植物品种保护名录由审批机关确定和公布。

第十四条　授予品种权的植物新品种应当具备新颖性。新颖性,是指申请品种权的植物新品种在申请日前该品种繁殖材料未被销售,或者经育种者许可,在中国境内销售该品种繁殖材料未超过1年;在中国境外销售藤本植物、林木、果树和观赏树木品种繁殖材料未超过6年,销售其他植物品种繁殖材料未超过4年。

第十五条　授予品种权的植物新品种应当具备特异性。特异性,是指申请品种权的植物新品种应当明显区别于在递交申请以前已知的植物品种。

第十六条　授予品种权的植物新品种应当具备一致性。一致性,是指申请品种权的植物新品种经过繁殖,除可以预见的变异外,其相关的特征或者特性一致。

第十七条　授予品种权的植物新品种应当具备稳定性。稳定性,是指申请品种权的植物新品种经过反复繁殖后或者在特定繁殖周期结束时,其相关的特征或者特性保持不变。

第十八条　授予品种权的植物新品种应当具备适当的名称,并与相同或者相近的植物属或者种中已知品种的名称相区别。该名称经注册登记后即为该植物新品种的通用名称。

下列名称不得用于品种命名：
（一）仅以数字组成的；
（二）违反社会公德的；
（三）对植物新品种的特征、特性或者育种者的身份等容易引起误解的。

第十九条　中国的单位和个人申请品种权的，可以直接或者委托代理机构向审批机关提出申请。

中国的单位和个人申请品种权的植物新品种涉及国家安全或者重大利益需要保密的，应当按照国家有关规定办理。

第二十条　外国人、外国企业或者外国其他组织在中国申请品种权的，应当按其所属国和中华人民共和国签订的协议或者共同参加的国际条约办理，或者根据互惠原则，依照本条例办理。

第二十一条　申请品种权的，应当向审批机关提交符合规定格式要求的请求书、说明书和该品种的照片。

申请文件应当使用中文书写。

第二十二条　审批机关收到品种权申请文件之日为申请日；申请文件是邮寄的，以寄出的邮戳日为申请日。

第二十三条　申请人自在外国第一次提出品种权申请之日起12个月内，又在中国就该植物新品种提出品种权申请的，依照该外国同中华人民共和国签订的协议或者共同参加的国际条约，或者根据相互承认优先权的原则，可以享有优先权。

申请人要求优先权的，应当在申请时提出书面说明，并在3个月内提交经原受理机关确认的第一次提出的品种权申请文件的副本；未依照本条例规定提出书面说明或者提交申请文件副本的，视为未要求优先权。

第二十四条　对符合本条例第二十一条规定的品种权申请，审批机关应当予以受理，明确申请日、给予申请号，并自收到申请之日起1个月内通知申请人缴纳申请费。

对不符合或者经修改仍不符合本条例第二十一条规定的品种权申请，审批机关不予受理，并通知申请人。

第二十五条　申请人可以在品种权授予前修改或者撤回品种权申请。

第二十六条　中国的单位或者个人将国内培育的植物新品种向国外申请品种权的，应当按照职责分工向省级人民政府农业、林业行政部门登记。

第二十七条　申请人缴纳申请费后，审批机关对品种权申请的下列内容进行初步审查：

（一）是否属于植物品种保护名录列举的植物属或者种的范围；

（二）是否符合本条例第二十条的规定；

（三）是否符合新颖性的规定；

（四）植物新品种的命名是否适当。

第二十八条 审批机关应当自受理品种权申请之日起6个月内完成初步审查。对经初步审查合格的品种权申请，审批机关予以公告，并通知申请人在3个月内缴纳审查费。

对经初步审查不合格的品种权申请，审批机关应当通知申请人在3个月内陈述意见或者予以修正；逾期未答复或者修正后仍然不合格的，驳回申请。

第二十九条 申请人按照规定缴纳审查费后，审批机关对品种权申请的特异性、一致性和稳定性进行实质审查。

申请人未按照规定缴纳审查费的，品种权申请视为撤回。

第三十条 审批机关主要依据申请文件和其他有关书面材料进行实质审查。审批机关认为必要时，可以委托指定的测试机构进行测试或者考察业已完成的种植或者其他试验的结果。

因审查需要，申请人应当根据审批机关的要求提供必要的资料和该植物新品种的繁殖材料。

第三十一条 对经实质审查符合本条例规定的品种权申请，审批机关应当作出授予品种权的决定，颁发品种权证书，并予以登记和公告。

对经实质审查不符合本条例规定的品种权申请，审批机关予以驳回，并通知申请人。

第三十二条 审批机关设立植物新品种复审委员会。

对审批机关驳回品种权申请的决定不服的，申请人可以自收到通知之日起3个月内，向植物新品种复审委员会请求复审。植物新品种复审委员会应当自收到复审请求书之日起6个月内作出决定，并通知申请人。

申请人对植物新品种复审委员会的决定不服的，可以自接到通知之日起15日内向人民法院提起诉讼。

第三十三条 品种权被授予后，在自初步审查合格公告之日起至被授予品种权之日止的期间，对未经申请人许可，为商业目的生产或者销售该授权品种的繁殖材料的单位和个人，品种权人享有追偿的权利。

第三十四条 品种权的保护期限，自授权之日起，藤本植物、林木、果树和观赏树木为20年，其他植物为15年。

第三十五条 品种权人应当自被授予品种权的当年开始缴纳年费，并且按照审批机关的要求提供用于检测的该授权品种的繁殖材料。

第三十六条 有下列情形之一的，品种权在其保护期限届满前终止：

（一）品种权人以书面声明放弃品种权的；

（二）品种权人未按照规定缴纳年费的；

（三）品种权人未按照审批机关的要求提供检测所需的该授权品种的繁殖材料的；

（四）经检测该授权品种不再符合被授予品种权时的特征和特性的。

品种权的终止，由审批机关登记和公告。

第三十七条　自审批机关公告授予品种权之日起，植物新品种复审委员会可以依据职权或者依据任何单位或者个人的书面请求，对不符合本条例第十四条、第十五条、第十六条和第十七条规定的，宣告品种权无效；对不符合本条例第十八条规定的，予以更名。宣告品种权无效或者更名的决定，由审批机关登记和公告，并通知当事人。

对植物新品种复审委员会的决定不服的，可以自收到通知之日起3个月内向人民法院提起诉讼。

第三十八条　被宣告无效的品种权视为自始不存在。

宣告品种权无效的决定，对在宣告前人民法院作出并已执行的植物新品种侵权的判决、裁定，省级以上人民政府农业、林业行政部门作出并已执行的植物新品种侵权处理决定，以及已经履行的植物新品种实施许可合同和植物新品种权转让合同，不具有追溯力；但是，因品种权人的恶意给他人造成损失的，应当给予合理赔偿。

依照前款规定，品种权人或者品种权转让人不向被许可实施人或者受让人返还使用费或者转让费，明显违反公平原则的，品种权人或者品种权转让人应当向被许可实施人或者受让人返还全部或者部分使用费或者转让费。

第三十九条　未经品种权人许可，以商业目的生产或者销售授权品种的繁殖材料的，品种权人或者利害关系人可以请求省级以上人民政府农业、林业行政部门依据各自的职权进行处理，也可以直接向人民法院提起诉讼。

省级以上人民政府农业、林业行政部门依据各自的职权，根据当事人自愿的原则，对侵权所造成的损害赔偿可以进行调解。调解达成协议的，当事人应当履行；调解未达成协议的，品种权人或者利害关系人可以依照民事诉讼程序向人民法院提起诉讼。

省级以上人民政府农业、林业行政部门依据各自的职权处理品种权侵权案件时，为维护社会公共利益，可以责令侵权人停止侵权行为，没收违法所得和植物品种繁殖材料；货值金额5万元以上的，可处货值金额1倍以上5倍以下的罚款；没有货值金额或者货值金额5万元以下的，根据情节轻重，可处25万元以下的罚款。

第四十条　假冒授权品种的,由县级以上人民政府农业、林业行政部门依据各自的职权责令停止假冒行为,没收违法所得和植物品种繁殖材料;货值金额5万元以上的,处货值金额1倍以上5倍以下的罚款;没有货值金额或者货值金额5万元以下的,根据情节轻重,处25万元以下的罚款;情节严重,构成犯罪的,依法追究刑事责任。

第四十一条　省级以上人民政府农业、林业行政部门依据各自的职权在查处品种权侵权案件和县级以上人民政府农业、林业行政部门依据各自的职权在查处假冒授权品种案件时,根据需要,可以封存或者扣押与案件有关的植物品种的繁殖材料,查阅、复制或者封存与案件有关的合同、账册及有关文件。

第四十二条　销售授权品种未使用其注册登记的名称的,由县级以上人民政府农业、林业行政部门依据各自的职权责令限期改正,可以处1000元以下的罚款。

第四十三条　当事人就植物新品种的申请权和品种权的权属发生争议的,可以向人民法院提起诉讼。

第四十四条　县级以上人民政府农业、林业行政部门的及有关部门的工作人员滥用职权、玩忽职守、徇私舞弊、索贿受贿,构成犯罪的,依法追究刑事责任;尚不构成犯罪的,依法给予行政处分。

第四十五条　审批机关可以对本条例施行前首批列入植物品种保护名录的和本条例施行后新列入植物品种保护名录的植物属或者种的新颖性要求作出变通性规定。

《商标法实施条例》

第四条　商标法第十六条规定的地理标志,可以依照商标法和本条例的规定,作为证明商标或者集体商标申请注册。

以地理标志作为证明商标注册的,其商品符合使用该地理标志条件的自然人、法人或者其他组织可以要求使用该证明商标,控制该证明商标的组织应当允许。以地理标志作为集体商标注册的,其商品符合使用该地理标志条件的自然人、法人或者其他组织,可以要求参加以该地理标志作为集体商标注册的团体、协会或者其他组织,该团体、协会或者其他组织应当依据其章程接纳为会员;不要求参加以该地理标志作为集体商标注册的团体、协会或者其他组织的,也可以正当使用该地理标志,该团体、协会或者其他组织无权禁止。

第七十五条　为侵犯他人商标专用权提供仓储、运输、邮寄、印制、隐匿、经营场所、网络商品交易平台等,属于商标法第五十七条第六项规定的提供便利条件。

第七十六条　在同一种商品或者类似商品上将与他人注册商标相同或者近

似的标志作为商品名称或者商品装潢使用,误导公众的,属于商标法第五十七条第二项规定的侵犯注册商标专用权的行为。

《著作权法实施条例》

第二条　著作权法所称作品,是指文学、艺术和科学领域内具有独创性并能以某种有形形式复制的智力成果。

第二十六条　著作权法和本条例所称与著作权有关的权益,是指出版者对其出版的图书和期刊的版式设计享有的权利,表演者对其表演享有的权利,录音录像制作者对其制作的录音录像制品享有的权利,广播电台、电视台对其播放的广播、电视节目享有的权利。

第二十七条　出版者、表演者、录音录像制作者、广播电台、电视台行使权利,不得损害被使用作品和原作品著作权人的权利。

第二十八条　图书出版合同中约定图书出版者享有专有出版权但没有明确其具体内容的,视为图书出版者享有在合同有效期限内和在合同约定的地域范围内以同种文字的原版、修订版出版图书的专有权利。

第三十三条　外国人、无国籍人在中国境内的表演,受著作权法保护。

外国人、无国籍人根据中国参加的国际条约对其表演享有的权利,受著作权法保护。

第三十四条　外国人、无国籍人在中国境内制作、发行的录音制品,受著作权法保护。

外国人、无国籍人根据中国参加的国际条约对其制作、发行的录音制品享有的权利,受著作权法保护。

第三十五条　外国的广播电台、电视台根据中国参加的国际条约对其播放的广播、电视节目享有的权利,受著作权法保护。

《计算机软件保护条例》

第一条　为了保护计算机软件著作权人的权益,调整计算机软件在开发、传播和使用中发生的利益关系,鼓励计算机软件的开发与应用,促进软件产业和国民经济信息化的发展,根据《中华人民共和国著作权法》,制定本条例。

第二条　本条例所称计算机软件(以下简称软件),是指计算机程序及其有关文档。

第三条　本条例下列用语的含义:

(一)计算机程序,是指为了得到某种结果而可以由计算机等具有信息处理能力的装置执行的代码化指令序列,或者可以被自动转换成代码化指令序列的符号化指令序列或者符号化语句序列。同一计算机程序的源程序和目标程序为同一作品。

（二）文档，是指用来描述程序的内容、组成、设计、功能规格、开发情况、测试结果及使用方法的文字资料和图表等，如程序设计说明书、流程图、用户手册等。

（三）软件开发者，是指实际组织开发、直接进行开发，并对开发完成的软件承担责任的法人或者其他组织；或者依靠自己具有的条件独立完成软件开发，并对软件承担责任的自然人。

（四）软件著作权人，是指依照本条例的规定，对软件享有著作权的自然人、法人或者其他组织。

第四条　受本条例保护的软件必须由开发者独立开发，并已固定在某种有形物体上。

第五条　中国公民、法人或者其他组织对其所开发的软件，不论是否发表，依照本条例享有著作权。

外国人、无国籍人的软件首先在中国境内发行的，依照本条例享有著作权。

外国人、无国籍人的软件，依照其开发者所属国或者经常居住地国同中国签订的协议或者依照中国参加的国际条约享有的著作权，受本条例保护。

第六条　本条例对软件著作权的保护不延及开发软件所用的思想、处理过程、操作方法或者数学概念等。

第七条　软件著作权人可以向国务院著作权行政管理部门认定的软件登记机构办理登记。软件登记机构发放的登记证明文件是登记事项的初步证明。

办理软件登记应当缴纳费用。软件登记的收费标准由国务院著作权行政管理部门会同国务院价格主管部门规定。

第八条　软件著作权人享有下列各项权利：

（一）发表权，即决定软件是否公之于众的权利；

（二）署名权，即表明开发者身份，在软件上署名的权利；

（三）修改权，即对软件进行增补、删节，或者改变指令、语句顺序的权利；

（四）复制权，即将软件制作一份或者多份的权利；

（五）发行权，即以出售或者赠与方式向公众提供软件的原件或者复制件的权利；

（六）出租权，即有偿许可他人临时使用软件的权利，但是软件不是出租的主要标的的除外；

（七）信息网络传播权，即以有线或者无线方式向公众提供软件，使公众可以在其个人选定的时间和地点获得软件的权利；

（八）翻译权，即将原软件从一种自然语言文字转换成另一种自然语言文字的权利；

(九)应当由软件著作权人享有的其他权利。

软件著作权人可以许可他人行使其软件著作权,并有权获得报酬。

软件著作权人可以全部或者部分转让其软件著作权,并有权获得报酬。

第九条　软件著作权属于软件开发者,本条例另有规定的除外。

如无相反证明,在软件上署名的自然人、法人或者其他组织为开发者。

第十条　由两个以上的自然人、法人或者其他组织合作开发的软件,其著作权的归属由合作开发者签订书面合同约定。无书面合同或者合同未作明确约定,合作开发的软件可以分割使用的,开发者对各自开发的部分可以单独享有著作权;但是,行使著作权时,不得扩展到合作开发的软件整体的著作权。合作开发的软件不能分割使用的,其著作权由各合作开发者共同享有,通过协商一致行使;不能协商一致,又无正当理由的,任何一方不得阻止他方行使除转让权以外的其他权利,但是所得收益应当合理分配给所有合作开发者。

第十一条　接受他人委托开发的软件,其著作权的归属由委托人与受托人签订书面合同约定;无书面合同或者合同未作明确约定的,其著作权由受托人享有。

第十二条　由国家机关下达任务开发的软件,著作权的归属与行使由项目任务书或者合同规定;项目任务书或者合同中未作明确规定的,软件著作权由接受任务的法人或者其他组织享有。

第十三条　自然人在法人或者其他组织中任职期间所开发的软件有下列情形之一的,该软件著作权由该法人或者其他组织享有,该法人或者其他组织可以对开发软件的自然人进行奖励:

(一)针对本职工作中明确指定的开发目标所开发的软件;

(二)开发的软件是从事本职工作活动所预见的结果或者自然的结果;

(三)主要使用了法人或者其他组织的资金、专用设备、未公开的专门信息等物质技术条件所开发并由法人或者其他组织承担责任的软件。

第十四条　软件著作权自软件开发完成之日起产生。

自然人的软件著作权,保护期为自然人终生及其死亡后50年,截止于自然人死亡后第50年的12月31日;软件是合作开发的,截止于最后死亡的自然人死亡后第50年的12月31日。

法人或者其他组织的软件著作权,保护期为50年,截止于软件首次发表后第50年的12月31日,但软件自开发完成之日起50年内未发表的,本条例不再保护。

第十五条　软件著作权属于自然人的,该自然人死亡后,在软件著作权的保护期内,软件著作权的继承人可以依照《中华人民共和国继承法》的有关规定,继承本条例第八条规定的除署名权以外的其他权利。

软件著作权属于法人或者其他组织的,法人或者其他组织变更、终止后,其著作权在本条例规定的保护期内由承受其权利义务的法人或者其他组织享有;没有承受其权利义务的法人或者其他组织的,由国家享有。

第十六条　软件的合法复制品所有人享有下列权利:

(一)根据使用的需要把该软件装入计算机等具有信息处理能力的装置内;

(二)为了防止复制品损坏而制作备份复制品。这些备份复制品不得通过任何方式提供给他人使用,并在所有人丧失该合法复制品的所有权时,负责将备份复制品销毁;

(三)为了把该软件用于实际的计算机应用环境或者改进其功能、性能而进行必要的修改;但是,除合同另有约定外,未经该软件著作权人许可,不得向任何第三方提供修改后的软件。

第十七条　为了学习和研究软件内含的设计思想和原理,通过安装、显示、传输或者存储软件等方式使用软件的,可以不经软件著作权人许可,不向其支付报酬。

第十八条　许可他人行使软件著作权的,应当订立许可使用合同。

许可使用合同中软件著作权人未明确许可的权利,被许可人不得行使。

第十九条　许可他人专有行使软件著作权的,当事人应当订立书面合同。

没有订立书面合同或者合同中未明确约定为专有许可的,被许可行使的权利应当视为非专有权利。

第二十条　转让软件著作权的,当事人应当订立书面合同。

第二十一条　订立许可他人专有行使软件著作权的许可合同,或者订立转让软件著作权合同,可以向国务院著作权行政管理部门认定的软件登记机构登记。

第二十二条　中国公民、法人或者其他组织向外国人许可或者转让软件著作权的,应当遵守《中华人民共和国技术进出口管理条例》的有关规定。

第二十三条　除《中华人民共和国著作权法》或者本条例另有规定外,有下列侵权行为的,应当根据情况,承担停止侵害、消除影响、赔礼道歉、赔偿损失等民事责任:

(一)未经软件著作权人许可,发表或者登记其软件的;

(二)将他人软件作为自己的软件发表或者登记的;

(三)未经合作者许可,将与他人合作开发的软件作为自己单独完成的软件发表或者登记的;

(四)在他人软件上署名或者更改他人软件上的署名;

（五）未经软件著作权人许可，修改、翻译其软件的；

（六）其他侵犯软件著作权的行为。

第二十四条　除《中华人民共和国著作权法》、本条例或者其他法律、行政法规另有规定外，未经软件著作权人许可，有下列侵权行为的，应当根据情况，承担停止侵害、消除影响、赔礼道歉、赔偿损失等民事责任；同时损害社会公共利益的，由著作权行政管理部门责令停止侵权行为，没收违法所得，没收、销毁侵权复制品，可以并处罚款；情节严重的，著作权行政管理部门并可以没收主要用于制作侵权复制品的材料、工具、设备等；触犯刑律的，依照刑法关于侵犯著作权罪、销售侵权复制品罪的规定，依法追究刑事责任：

（一）复制或者部分复制著作权人的软件的；

（二）向公众发行、出租、通过信息网络传播著作权人的软件的；

（三）故意避开或者破坏著作权人为保护其软件著作权而采取的技术措施的；

（四）故意删除或者改变软件权利管理电子信息的；

（五）转让或者许可他人行使著作权人的软件著作权的。

有前款第一项或者第二项行为的，可以并处每件100元或者货值金额1倍以上5倍以下的罚款；有前款第三项、第四项或者第五项行为的，可以并处20万元以下的罚款。

第二十五条　侵犯软件著作权的赔偿数额，依照《中华人民共和国著作权法》第四十九条的规定确定。

第二十六条　软件著作权人有证据证明他人正在实施或者即将实施侵犯其权利的行为，如不及时制止，将会使其合法权益受到难以弥补的损害的，可以依照《中华人民共和国著作权法》第五十条的规定，在提起诉讼前向人民法院申请采取责令停止有关行为和财产保全的措施。

第二十七条　为了制止侵权行为，在证据可能灭失或者以后难以取得的情况下，软件著作权人可以依照《中华人民共和国著作权法》第五十一条的规定，在提起诉讼前向人民法院申请保全证据。

第二十八条　软件复制品的出版者、制作者不能证明其出版、制作有合法授权的，或者软件复制品的发行者、出租者不能证明其发行、出租的复制品有合法来源的，应当承担法律责任。

第二十九条　软件开发者开发的软件，由于可供选用的表达方式有限而与已经存在的软件相似的，不构成对已经存在的软件的著作权的侵犯。

第三十条　软件的复制品持有人不知道也没有合理理由应当知道该软件是侵权复制品的，不承担赔偿责任；但是，应当停止使用、销毁该侵权复制品。如果停止使用并销毁该侵权复制品将给复制品使用人造成重大损失的,复制品使用人可以在向软件著作权人支付合理费用后继续使用。

第三十一条　软件著作权侵权纠纷可以调解。

软件著作权合同纠纷可以依据合同中的仲裁条款或者事后达成的书面仲裁协议,向仲裁机构申请仲裁。

当事人没有在合同中订立仲裁条款,事后又没有书面仲裁协议的,可以直接向人民法院提起诉讼。

第三十二条　本条例施行前发生的侵权行为,依照侵权行为发生时的国家有关规定处理。

《信息网络传播权保护条例》

第一条　为保护著作权人、表演者、录音录像制作者(以下统称权利人)的信息网络传播权,鼓励有益于社会主义精神文明、物质文明建设的作品的创作和传播,根据《中华人民共和国著作权法》(以下简称著作权法),制定本条例。

第二条　权利人享有的信息网络传播权受著作权法和本条例保护。除法律、行政法规另有规定的外,任何组织或者个人将他人的作品、表演、录音录像制品通过信息网络向公众提供,应当取得权利人许可,并支付报酬。

第三条　依法禁止提供的作品、表演、录音录像制品,不受本条例保护。

权利人行使信息网络传播权,不得违反宪法和法律、行政法规,不得损害公共利益。

第四条　为了保护信息网络传播权,权利人可以采取技术措施。

任何组织或者个人不得故意避开或者破坏技术措施,不得故意制造、进口或者向公众提供主要用于避开或者破坏技术措施的装置或者部件,不得故意为他人避开或者破坏技术措施提供技术服务。但是,法律、行政法规规定可以避开的除外。

第五条　未经权利人许可,任何组织或者个人不得进行下列行为:

(一)故意删除或者改变通过信息网络向公众提供的作品、表演、录音录像制品的权利管理电子信息,但由于技术上的原因无法避免删除或者改变的除外;

(二)通过信息网络向公众提供明知或者应知未经权利人许可被删除或者改变权利管理电子信息的作品、表演、录音录像制品。

第六条　通过信息网络提供他人作品,属于下列情形的,可以不经著作权人许可,不向其支付报酬:

(一)为介绍、评论某一作品或者说明某一问题,在向公众提供的作品中适当引用已经发表的作品;

(二)为报道时事新闻,在向公众提供的作品中不可避免地再现或者引用已经发表的作品；

（三）为学校课堂教学或者科学研究，向少数教学、科研人员提供少量已经发表的作品；

（四）国家机关为执行公务，在合理范围内向公众提供已经发表的作品；

（五）将中国公民、法人或者其他组织已经发表的、以汉语言文字创作的作品翻译成的少数民族语言文字作品，向中国境内少数民族提供；

（六）不以营利为目的，以盲人能够感知的独特方式向盲人提供已经发表的文字作品；

（七）向公众提供在信息网络上已经发表的关于政治、经济问题的时事性文章；

（八）向公众提供在公众集会上发表的讲话。

第七条　图书馆、档案馆、纪念馆、博物馆、美术馆等可以不经著作权人许可，通过信息网络向本馆馆舍内服务对象提供本馆收藏的合法出版的数字作品和依法为陈列或者保存版本的需要以数字化形式复制的作品，不向其支付报酬，但不得直接或者间接获得经济利益。当事人另有约定的除外。

前款规定的为陈列或者保存版本需要以数字化形式复制的作品，应当是已经损毁或者濒临损毁、丢失或者失窃，或者其存储格式已经过时，并且在市场上无法购买或者只能以明显高于标定的价格购买的作品。

第八条　为通过信息网络实施九年制义务教育或者国家教育规划，可以不经著作权人许可，使用其已经发表作品的片断或者短小的文字作品、音乐作品或者单幅的美术作品、摄影作品制作课件，由制作课件或者依法取得课件的远程教育机构通过信息网络向注册学生提供，但应当向著作权人支付报酬。

第九条　为扶助贫困，通过信息网络向农村地区的公众免费提供中国公民、法人或者其他组织已经发表的种植养殖、防病治病、防灾减灾等与扶助贫困有关的作品和适应基本文化需求的作品，网络服务提供者应当在提供前公告拟提供的作品及其作者、拟支付报酬的标准。自公告之日起30日内，著作权人不同意提供的，网络服务提供者不得提供其作品；自公告之日起满30日，著作权人没有异议的，网络服务提供者可以提供其作品，并按照公告的标准向著作权人支付报酬。网络服务提供者提供著作权人的作品后，著作权人不同意提供的，网络服务提供者应当立即删除著作权人的作品，并按照公告的标准向著作权人支付提供作品期间的报酬。

依照前款规定提供作品的，不得直接或者间接获得经济利益。

第十条　依照本条例规定不经著作权人许可、通过信息网络向公众提供其作品的，还应当遵守下列规定：

(一)除本条例第六条第一项至第六项、第七条规定的情形外,不得提供作者事先声明不许提供的作品;

(二)指明作品的名称和作者的姓名(名称);

(三)依照本条例规定支付报酬;

(四)采取技术措施,防止本条例第七条、第八条、第九条规定的服务对象以外的其他人获得著作权人的作品,并防止本条例第七条规定的服务对象的复制行为对著作权人利益造成实质性损害;

(五)不得侵犯著作权人依法享有的其他权利。

第十一条　通过信息网络提供他人表演、录音录像制品的,应当遵守本条例第六条至第十条的规定。

第十二条　属于下列情形的,可以避开技术措施,但不得向他人提供避开技术措施的技术、装置或者部件,不得侵犯权利人依法享有的其他权利:

(一)为学校课堂教学或者科学研究,通过信息网络向少数教学、科研人员提供已经发表的作品、表演、录音录像制品,而该作品、表演、录音录像制品只能通过信息网络获取;

(二)不以营利为目的,通过信息网络以盲人能够感知的独特方式向盲人提供已经发表的文字作品,而该作品只能通过信息网络获取;

(三)国家机关依照行政、司法程序执行公务;

(四)在信息网络上对计算机及其系统或者网络的安全性能进行测试。

第十三条　著作权行政管理部门为了查处侵犯信息网络传播权的行为,可以要求网络服务提供者提供涉嫌侵权的服务对象的姓名(名称)、联系方式、网络地址等资料。

第十四条　对提供信息存储空间或者提供搜索、链接服务的网络服务提供者,权利人认为其服务所涉及的作品、表演、录音录像制品,侵犯自己的信息网络传播权或者被删除、改变了自己的权利管理电子信息的,可以向该网络服务提供者提交书面通知,要求网络服务提供者删除该作品、表演、录音录像制品,或者断开与该作品、表演、录音录像制品的链接。通知书应当包含下列内容:

(一)权利人的姓名(名称)、联系方式和地址;

(二)要求删除或者断开链接的侵权作品、表演、录音录像制品的名称和网络地址;

(三)构成侵权的初步证明材料。

权利人应当对通知书的真实性负责。

第十五条　网络服务提供者接到权利人的通知书后,应当立即删除涉嫌侵权的作品、表演、录音录像制品,或者断开与涉嫌侵权的作品、表演、录音录像制品的链接,并同时将通知书转送提供作品、表演、录音录像制品的服务对象;服务对象网络地址不明、无法转送的,应当将通知书的内容同时在信息网络上公告。

第十六条 服务对象接到网络服务提供者转送的通知书后,认为其提供的作品、表演、录音录像制品未侵犯他人权利的,可以向网络服务提供者提交书面说明,要求恢复被删除的作品、表演、录音录像制品,或者恢复与被断开的作品、表演、录音录像制品的链接。书面说明应当包含下列内容:

(一)服务对象的姓名(名称)、联系方式和地址;

(二)要求恢复的作品、表演、录音录像制品的名称和网络地址;

(三)不构成侵权的初步证明材料。

服务对象应当对书面说明的真实性负责。

第十七条 网络服务提供者接到服务对象的书面说明后,应当立即恢复被删除的作品、表演、录音录像制品,或者可以恢复与被断开的作品、表演、录音录像制品的链接,同时将服务对象的书面说明转送权利人。权利人不得再通知网络服务提供者删除该作品、表演、录音录像制品,或者断开与该作品、表演、录音录像制品的链接。

第十八条 违反本条例规定,有下列侵权行为之一的,根据情况承担停止侵害、消除影响、赔礼道歉、赔偿损失等民事责任;同时损害公共利益的,可以由著作权行政管理部门责令停止侵权行为,没收违法所得,非法经营额5万元以上的,可处非法经营额1倍以上5倍以下的罚款;没有非法经营额或者非法经营额5万元以下的,根据情节轻重,可处25万元以下的罚款;情节严重的,著作权行政管理部门可以没收主要用于提供网络服务的计算机等设备;构成犯罪的,依法追究刑事责任:

(一)通过信息网络擅自向公众提供他人的作品、表演、录音录像制品的;

(二)故意避开或者破坏技术措施的;

(三)故意删除或者改变通过信息网络向公众提供的作品、表演、录音录像制品的权利管理电子信息,或者通过信息网络向公众提供明知或者应知未经权利人许可而被删除或者改变权利管理电子信息的作品、表演、录音录像制品的;

(四)为扶助贫困通过信息网络向农村地区提供作品、表演、录音录像制品超过规定范围,或者未按照公告的标准支付报酬,或者在权利人不同意提供其作品、表演、录音录像制品后未立即删除的;

(五)通过信息网络提供他人的作品、表演、录音录像制品,未指明作品、表演、录音录像制品的名称或者作者、表演者、录音录像制作者的姓名(名称),或者未支付报酬,或者未依照本条例规定采取技术措施防止服务对象以外的其他人获得他人的作品、表演、录音录像制品,或者未防止服务对象的复制行为对权利人利益造成实质性损害的。

第十九条　违反本条例规定,有下列行为之一的,由著作权行政管理部门予以警告,没收违法所得,没收主要用于避开、破坏技术措施的装置或者部件;情节严重的,可以没收主要用于提供网络服务的计算机等设备;非法经营额5万元以上的,可处非法经营额1倍以上5倍以下的罚款;没有非法经营额或者非法经营额5万元以下的,根据情节轻重,可处25万元以下的罚款;构成犯罪的,依法追究刑事责任:

(一)故意制造、进口或者向他人提供主要用于避开、破坏技术措施的装置或者部件,或者故意为他人避开或者破坏技术措施提供技术服务的;

(二)通过信息网络提供他人的作品、表演、录音录像制品,获得经济利益的;

(三)为扶助贫困通过信息网络向农村地区提供作品、表演、录音录像制品,未在提供前公告作品、表演、录音录像制品的名称和作者、表演者、录音录像制作者的姓名(名称)以及报酬标准的。

第二十条　网络服务提供者根据服务对象的指令提供网络自动接入服务,或者对服务对象提供的作品、表演、录音录像制品提供自动传输服务,并具备下列条件的,不承担赔偿责任:

(一)未选择并且未改变所传输的作品、表演、录音录像制品;

(二)向指定的服务对象提供该作品、表演、录音录像制品,并防止指定的服务对象以外的其他人获得。

第二十一条　网络服务提供者为提高网络传输效率,自动存储从其他网络服务提供者获得的作品、表演、录音录像制品,根据技术安排自动向服务对象提供,并具备下列条件的,不承担赔偿责任:

(一)未改变自动存储的作品、表演、录音录像制品;

(二)不影响提供作品、表演、录音录像制品的原网络服务提供者掌握服务对象获取该作品、表演、录音录像制品的情况;

(三)在原网络服务提供者修改、删除或者屏蔽该作品、表演、录音录像制品时,根据技术安排自动予以修改、删除或者屏蔽。

第二十二条　网络服务提供者为服务对象提供信息存储空间,供服务对象通过信息网络向公众提供作品、表演、录音录像制品,并具备下列条件的,不承担赔偿责任:

(一)明确标示该信息存储空间是为服务对象所提供,并公开网络服务提供者的名称、联系人、网络地址;

(二)未改变服务对象所提供的作品、表演、录音录像制品;

（三）不知道也没有合理的理由应当知道服务对象提供的作品、表演、录音录像制品侵权；

（四）未从服务对象提供作品、表演、录音录像制品中直接获得经济利益；

（五）在接到权利人的通知书后，根据本条例规定删除权利人认为侵权的作品、表演、录音录像制品。

第二十三条　网络服务提供者为服务对象提供搜索或者链接服务，在接到权利人的通知书后，根据本条例规定断开与侵权的作品、表演、录音录像制品的链接的，不承担赔偿责任；但是，明知或者应知所链接的作品、表演、录音录像制品侵权的，应当承担共同侵权责任。

第二十四条　因权利人的通知导致网络服务提供者错误删除作品、表演、录音录像制品，或者错误断开与作品、表演、录音录像制品的链接，给服务对象造成损失的，权利人应当承担赔偿责任。

第二十五条　网络服务提供者无正当理由拒绝提供或者拖延提供涉嫌侵权的服务对象的姓名（名称）、联系方式、网络地址等资料的，由著作权行政管理部门予以警告；情节严重的，没收主要用于提供网络服务的计算机等设备。

第二十六条　本条例下列用语的含义：

信息网络传播权，是指以有线或者无线方式向公众提供作品、表演或者录音录像制品，使公众可以在其个人选定的时间和地点获得作品、表演或者录音录像制品的权利。

技术措施，是指用于防止、限制未经权利人许可浏览、欣赏作品、表演、录音录像制品的或者通过信息网络向公众提供作品、表演、录音录像制品的有效技术、装置或者部件。

权利管理电子信息，是指说明作品及其作者、表演及其表演者、录音录像制品及其制作者的信息，作品、表演、录音录像制品权利人的信息和使用条件的信息，以及表示上述信息的数字或者代码。

《专利法实施细则》

第八十四条　下列行为属于专利法第六十三条规定的假冒专利的行为：

（一）在未被授予专利权的产品或者其包装上标注专利标识，专利权被宣告无效后或者终止后继续在产品或者其包装上标注专利标识，或者未经许可在产品或者产品包装上标注他人的专利号；

（二）销售第（一）项所述产品；

（三）在产品说明书等材料中将未被授予专利权的技术或者设计称为专利技术或者专利设计，将专利申请称为专利，或者未经许可使用他人的专利号，使公众将所涉及的技术或者设计误认为是专利技术或者专利设计；

(四)伪造或者变造专利证书、专利文件或者专利申请文件;

(五)其他使公众混淆,将未被授予专利权的技术或者设计误认为是专利技术或者专利设计的行为。

专利权终止前依法在专利产品、依照专利方法直接获得的产品或者其包装上标注专利标识,在专利权终止后许诺销售、销售该产品的,不属于假冒专利行为。

销售不知道是假冒专利的产品,并且能够证明该产品合法来源的,由管理专利工作的部门责令停止销售,但免除罚款的处罚。

《集成电路布图设计保护条例》

第一条 为了保护集成电路布图设计专有权,鼓励集成电路技术的创新,促进科学技术的发展,制定本条例。

第二条 本条例下列用语的含义:

(一)集成电路,是指半导体集成电路,即以半导体材料为基片,将至少有一个是有源元件的两个以上元件和部分或者全部互连线路集成在基片之中或者基片之上,以执行某种电子功能的中间产品或者最终产品;

(二)集成电路布图设计(以下简称布图设计),是指集成电路中至少有一个是有源元件的两个以上元件和部分或者全部互连线路的三维配置,或者为制造集成电路而准备的上述三维配置;

(三)布图设计权利人,是指依照本条例的规定,对布图设计享有专有权的自然人、法人或者其他组织;

(四)复制,是指重复制作布图设计或者含有该布图设计的集成电路的行为;

(五)商业利用,是指为商业目的进口、销售或者以其他方式提供受保护的布图设计、含有该布图设计的集成电路或者含有该集成电路的物品的行为。

《专利权纠纷司法解释二》

第一条 权利要求书有两项以上权利要求的,权利人应当在起诉状中载明据以起诉被诉侵权人侵犯其专利权的权利要求。起诉状对此未记载或者记载不明的,人民法院应当要求权利人明确。经释明,权利人仍不予明确的,人民法院可以裁定驳回起诉。

第二条 权利人在专利侵权诉讼中主张的权利要求被国务院专利行政部门宣告无效的,审理侵犯专利权纠纷案件的人民法院可以裁定驳回权利人基于该无效权利要求的起诉。

有证据证明宣告上述权利要求无效的决定被生效的行政判决撤销的,权利人可以另行起诉。

专利权人另行起诉的,诉讼时效期间从本条第二款所称行政判决书送达之日起计算。

第三条　因明显违反专利法第二十六条第三款、第四款导致说明书无法用于解释权利要求,且不属于本解释第四条规定的情形,专利权因此被请求宣告无效的,审理侵犯专利权纠纷案件的人民法院一般应当裁定中止诉讼;在合理期限内专利权未被请求宣告无效的,人民法院可以根据权利要求的记载确定专利权的保护范围。

第四条　权利要求书、说明书及附图中的语法、文字、标点、图形、符号等存有歧义,但本领域普通技术人员通过阅读权利要求书、说明书及附图可以得出唯一理解的,人民法院应当根据该唯一理解予以认定。

第五条　在人民法院确定专利权的保护范围时,独立权利要求的前序部分、特征部分以及从属权利要求的引用部分、限定部分记载的技术特征均有限定作用。

第六条　人民法院可以运用与涉案专利存在分案申请关系的其他专利及其专利审查档案、生效的专利授权确权裁判文书解释涉案专利的权利要求。

专利审查档案,包括专利审查、复审、无效程序中专利申请人或者专利权人提交的书面材料,国务院专利行政部门制作的审查意见通知书、会晤记录、口头审理记录、生效的专利复审请求审查决定书和专利权无效宣告请求审查决定书等。

第七条　被诉侵权技术方案在包含封闭式组合物权利要求全部技术特征的基础上增加其他技术特征的,人民法院应当认定被诉侵权技术方案未落入专利权的保护范围,但该增加的技术特征属于不可避免的常规数量杂质的除外。

前款所称封闭式组合物权利要求,一般不包括中药组合物权利要求。

第八条　功能性特征,是指对于结构、组分、步骤、条件或其之间的关系等,通过其在发明创造中所起的功能或者效果进行限定的技术特征,但本领域普通技术人员仅通过阅读权利要求即可直接、明确地确定实现上述功能或者效果的具体实施方式的除外。

与说明书及附图记载的实现前款所称功能或者效果不可缺少的技术特征相比,被诉侵权技术方案的相应技术特征是以基本相同的手段,实现相同的功能,达到相同的效果,且本领域普通技术人员在被诉侵权行为发生时无需经过创造性劳动就能够联想到的,人民法院应当认定该相应技术特征与功能性特征相同或者等同。

第九条　被诉侵权技术方案不能适用于权利要求中使用环境特征所限定的使用环境的,人民法院应当认定被诉侵权技术方案未落入专利权的保护范围。

第十条　对于权利要求中以制备方法界定产品的技术特征,被诉侵权产品的制备方法与其不相同也不等同的,人民法院应当认定被诉侵权技术方案未落入专利权的保护范围。

第十一条　方法权利要求未明确记载技术步骤的先后顺序,但本领域普通技术人员阅读权利要求书、说明书及附图后直接、明确地认为该技术步骤应当按照特定顺序实施的,人民法院应当认定该步骤顺序对于专利权的保护范围具有限定作用。

第十二条　权利要求采用"至少""不超过"等用语对数值特征进行界定,且本领域普通技术人员阅读权利要求书、说明书及附图后认为专利技术方案特别强调该用语对技术特征的限定作用,权利人主张与其不相同的数值特征属于等同特征的,人民法院不予支持。

第十三条　权利人证明专利申请人、专利权人在专利授权确权程序中对权利要求书、说明书及附图的限缩性修改或者陈述被明确否定的,人民法院应当认定该修改或者陈述未导致技术方案的放弃。

第十四条　人民法院在认定一般消费者对于外观设计所具有的知识水平和认知能力时,一般应当考虑被诉侵权行为发生时授权外观设计所属相同或者相近种类产品的设计空间。设计空间较大的,人民法院可以认定一般消费者通常不容易注意到不同设计之间的较小区别;设计空间较小的,人民法院可以认定一般消费者通常更容易注意到不同设计之间的较小区别。

第十五条　对于成套产品的外观设计专利,被诉侵权设计与其一项外观设计相同或者近似的,人民法院应当认定被诉侵权设计落入专利权的保护范围。

第十六条　对于组装关系唯一的组件产品的外观设计专利,被诉侵权设计与其组合状态下的外观设计相同或者近似的,人民法院应当认定被诉侵权设计落入专利权的保护范围。

对于各构件之间无组装关系或者组装关系不唯一的组件产品的外观设计专利,被诉侵权设计与其全部单个构件的外观设计均相同或者近似的,人民法院应当认定被诉侵权设计落入专利权的保护范围;被诉侵权设计缺少其单个构件的外观设计或者与之不相同也不近似的,人民法院应当认定被诉侵权设计未落入专利权的保护范围。

第十七条　对于变化状态产品的外观设计专利,被诉侵权设计与变化状态图所示各种使用状态下的外观设计均相同或者近似的,人民法院应当认定被诉侵权设计落入专利权的保护范围;被诉侵权设计缺少其一种使用状态下的外观设计或者与之不相同也不近似的,人民法院应当认定被诉侵权设计未落入专利权的保护范围。

第十八条　权利人依据专利法第十三条诉请在发明专利申请公布日至授权公告日期间实施该发明的单位或者个人支付适当费用的,人民法院可以参照有关专利许可使用费合理确定。

发明专利申请公布时申请人请求保护的范围与发明专利公告授权时的专利权保护范围不一致,被诉技术方案均落入上述两种范围的,人民法院应当认定被告在前款所称期间内实施了该发明;被诉技术方案仅落入其中一种范围的,人民法院应当认定被告在前款所称期间内未实施该发明。

发明专利公告授权后,未经专利权人许可,为生产经营目的使用、许诺销售、销售在本条第一款所称期间内已由他人制造、销售、进口的产品,且该他人已支付或者书面承诺支付专利法第十三条规定的适当费用的,对于权利人关于上述使用、许诺销售、销售行为侵犯专利权的主张,人民法院不予支持。

第十九条　产品买卖合同依法成立的,人民法院应当认定属于专利法第十一条规定的销售。

第二十条　对于将依照专利方法直接获得的产品进一步加工、处理而获得的后续产品,进行再加工、处理的,人民法院应当认定不属于专利法第十一条规定的"使用依照该专利方法直接获得的产品"。

第二十一条　明知有关产品系专门用于实施专利的材料、设备、零部件、中间物等,未经专利权人许可,为生产经营目的将该产品提供给他人实施了侵犯专利权的行为,权利人主张该提供者的行为属于民法典第一千一百六十九条规定的帮助他人实施侵权行为的,人民法院应予支持。

明知有关产品、方法被授予专利权,未经专利权人许可,为生产经营目的积极诱导他人实施了侵犯专利权的行为,权利人主张该诱导者的行为属于民法典第一千一百六十九条规定的教唆他人实施侵权行为的,人民法院应予支持。

第二十二条　对于被诉侵权人主张的现有技术抗辩或者现有设计抗辩,人民法院应当依照专利申请日时施行的专利法界定现有技术或者现有设计。

第二十三条　被诉侵权技术方案或者外观设计落入在先的涉案专利权的保护范围,被诉侵权人以其技术方案或者外观设计被授予专利权为由抗辩不侵犯涉案专利权的,人民法院不予支持。

第二十四条　推荐性国家、行业或者地方标准明示所涉必要专利的信息,被诉侵权人以实施该标准无需专利权人许可为由抗辩不侵犯该专利权的,人民法院一般不予支持。

推荐性国家、行业或者地方标准明示所涉必要专利的信息,专利权人、被诉侵权人协商该专利的实施许可条件时,专利权人故意违反其在标准制定中承诺的公平、合理、无歧视的许可义务,导致无法达成专利实施许可合同,且被诉侵权人在协商中无明显过错的,对于权利人请求停止标准实施行为的主张,人民法院一般不予支持。

本条第二款所称实施许可条件,应当由专利权人、被诉侵权人协商确定。经充分协商,仍无法达成一致的,可以请求人民法院确定。人民法院在确定上述实施许可条件时,应当根据公平、合理、无歧视的原则,综合考虑专利的创新程度及其在标准中的作用、标准所属的技术领域、标准的性质、标准实施的范围和相关的许可条件等因素。

法律、行政法规对实施标准中的专利另有规定的,从其规定。

第二十五条 为生产经营目的使用、许诺销售或者销售不知道是未经专利权人许可而制造并售出的专利侵权产品,且举证证明该产品合法来源的,对于权利人请求停止上述使用、许诺销售、销售行为的主张,人民法院应予支持,但被诉侵权产品的使用者举证证明其已支付该产品的合理对价的除外。

本条第一款所称不知道,是指实际不知道且不应当知道。

本条第一款所称合法来源,是指通过合法的销售渠道、通常的买卖合同等正常商业方式取得产品。对于合法来源,使用者、许诺销售者或者销售者应当提供符合交易习惯的相关证据。

第二十六条 被告构成对专利权的侵犯,权利人请求判令其停止侵权行为的,人民法院应予支持,但基于国家利益、公共利益的考量,人民法院可以不判令被告停止被诉行为,而判令其支付相应的合理费用。

第二十七条 权利人因被侵权所受到的实际损失难以确定的,人民法院应当依照专利法第六十五条第一款的规定,要求权利人对侵权人因侵权所获得的利益进行举证;在权利人已经提供侵权人所获利益的初步证据,而与专利侵权行为相关的账簿、资料主要由侵权人掌握的情况下,人民法院可以责令侵权人提供该账簿、资料;侵权人无正当理由拒不提供或者提供虚假的账簿、资料的,人民法院可以根据权利人的主张和提供的证据认定侵权人因侵权所获得的利益。

第二十八条 权利人、侵权人依法约定专利侵权的赔偿数额或者赔偿计算方法,并在专利侵权诉讼中主张依据该约定确定赔偿数额的,人民法院应予支持。

第二十九条 宣告专利权无效的决定作出后,当事人根据该决定依法申请再审,请求撤销专利权无效宣告前人民法院作出但未执行的专利侵权的判决、调解书的,人民法院可以裁定中止再审审查,并中止原判决、调解书的执行。

专利权人向人民法院提供充分、有效的担保,请求继续执行前款所称判决、调解书的,人民法院应当继续执行;侵权人向人民法院提供充分、有效的反担保,请求中止执行的,人民法院应当准许。人民法院生效裁判未撤销宣告专利权无效的决定的,专利权人应当赔偿因继续执行给对方造成的损失;宣告专利权无效的决定被人民法院生效裁判撤销,专利权仍有效的,人民法院可以依据前款所称判决、调解书直接执行上述反担保财产。

第三十条 在法定期限内对宣告专利权无效的决定不向人民法院起诉或者起诉后生效裁判未撤销该决定,当事人根据该决定依法申请再审,请求撤销宣告专利权无效前人民法院作出但未执行的专利侵权的判决、调解书的,人民法院应当再审。当事人根据该决定,依法申请终结执行宣告专利权无效前人民法院作出但未执行的专利侵权的判决、调解书的,人民法院应当裁定终结执行。

《专利纠纷案件规定》

第一条 人民法院受理下列专利纠纷案件:

1. 专利申请权权属纠纷案件;
2. 专利权权属纠纷案件;
3. 专利合同纠纷案件;
4. 侵害专利权纠纷案件;
5. 假冒他人专利纠纷案件;
6. 发明专利临时保护期使用费纠纷案件;
7. 职务发明创造发明人、设计人奖励、报酬纠纷案件;
8. 诉前申请行为保全纠纷案件;
9. 诉前申请财产保全纠纷案件;
10. 因申请行为保全损害责任纠纷案件;
11. 因申请财产保全损害责任纠纷案件;
12. 发明创造发明人、设计人署名权纠纷案件;
13. 确认不侵害专利权纠纷案件;
14. 专利权宣告无效后返还费用纠纷案件;
15. 因恶意提起专利权诉讼损害责任纠纷案件;
16. 标准必要专利使用费纠纷案件;
17. 不服国务院专利行政部门维持驳回申请复审决定案件;
18. 不服国务院专利行政部门专利权无效宣告请求决定案件;
19. 不服国务院专利行政部门实施强制许可决定案件;
20. 不服国务院专利行政部门实施强制许可使用费裁决案件;
21. 不服国务院专利行政部门行政复议决定案件;
22. 不服国务院专利行政部门作出的其他行政决定案件;
23. 不服管理专利工作的部门行政决定案件;
24. 确认是否落入专利权保护范围纠纷案件;

25. 其他专利纠纷案件。

第二条 因侵犯专利权行为提起的诉讼，由侵权行为地或者被告住所地人民法院管辖。

侵权行为地包括：被诉侵犯发明、实用新型专利权的产品的制造、使用、许诺销售、销售、进口等行为的实施地；专利方法使用行为的实施地，依照该专利方法直接获得的产品的使用、许诺销售、销售、进口等行为的实施地；外观设计专利产品的制造、许诺销售、销售、进口等行为的实施地；假冒他人专利的行为实施地。上述侵权行为的侵权结果发生地。

第三条 原告仅对侵权产品制造者提起诉讼，未起诉销售者，侵权产品制造地与销售地不一致的，制造地人民法院有管辖权；以制造者与销售者为共同被告起诉的，销售地人民法院有管辖权。

销售者是制造者分支机构，原告在销售地起诉侵权产品制造者制造、销售行为的，销售地人民法院有管辖权。

第四条 对申请日在2009年10月1日前（不含该日）的实用新型专利提起侵犯专利权诉讼，原告可以出具由国务院专利行政部门作出的检索报告；对申请日在2009年10月1日以后的实用新型或者外观设计专利提起侵犯专利权诉讼，原告可以出具由国务院专利行政部门作出的专利权评价报告。根据案件审理需要，人民法院可以要求原告提交检索报告或者专利权评价报告。原告无正当理由不提交的，人民法院可以裁定中止诉讼或者判令原告承担可能的不利后果。

侵犯实用新型、外观设计专利权纠纷案件的被告请求中止诉讼的，应当在答辩期内对原告的专利权提出宣告无效的请求。

第五条 人民法院受理的侵犯实用新型、外观设计专利权纠纷案件，被告在答辩期间内请求宣告该项专利权无效的，人民法院应当中止诉讼，但具备下列情形之一的，可以不中止诉讼：

（一）原告出具的检索报告或者专利权评价报告未发现导致实用新型或者外观设计专利权无效的事由的；

（二）被告提供的证据足以证明其使用的技术已经公知的；

（三）被告请求宣告该项专利权无效所提供的证据或者依据的理由明显不充分的；

（四）人民法院认为不应当中止诉讼的其他情形。

第六条 人民法院受理的侵犯实用新型、外观设计专利权纠纷案件，被告在答辩期间届满后请求宣告该项专利权无效的，人民法院不应当中止诉讼，但经审查认为有必要中止诉讼的除外。

第七条　人民法院受理的侵犯发明专利权纠纷案件或者经国务院专利行政部门审查维持专利权的侵犯实用新型、外观设计专利权纠纷案件,被告在答辩期间内请求宣告该项专利权无效的,人民法院可以不中止诉讼。

第八条　人民法院决定中止诉讼,专利权人或者利害关系人请求责令被告停止有关行为或者采取其他制止侵权损害继续扩大的措施,并提供了担保,人民法院经审查符合有关法律规定的,可以在裁定中止诉讼的同时一并作出有关裁定。

第九条　人民法院对专利权进行财产保全,应当向国务院专利行政部门发出协助执行通知书,载明要求协助执行的事项,以及对专利权保全的期限,并附人民法院作出的裁定书。

对专利权保全的期限一次不得超过六个月,自国务院专利行政部门收到协助执行通知书之日起计算。如果仍然需要对该专利权继续采取保全措施的,人民法院应当在保全期限届满前向国务院专利行政部门另行送达继续保全的协助执行通知书。保全期限届满前未送达的,视为自动解除对该专利权的财产保全。

人民法院对出质的专利权可以采取财产保全措施,质权人的优先受偿权不受保全措施的影响;专利权人与被许可人已经签订的独占实施许可合同,不影响人民法院对该专利权进行财产保全。

人民法院对已经进行保全的专利权,不得重复进行保全。

第十条　2001年7月1日以前利用本单位的物质技术条件所完成的发明创造,单位与发明人或者设计人订有合同,对申请专利的权利和专利权的归属作出约定的,从其约定。

第十一条　人民法院受理的侵犯专利权纠纷案件,涉及权利冲突的,应当保护在先依法享有权利的当事人的合法权益。

第十二条　专利法第二十三条第三款所称的合法权利,包括就作品、商标、地理标志、姓名、企业名称、肖像,以及有一定影响的商品名称、包装、装潢等享有的合法权利或者权益。

第十三条　专利法第五十九条第一款所称的"发明或者实用新型专利权的保护范围以其权利要求的内容为准,说明书及附图可以用于解释权利要求的内容",是指专利权的保护范围应当以权利要求记载的全部技术特征所确定的范围为准,也包括与该技术特征相等同的特征所确定的范围。

等同特征,是指与所记载的技术特征以基本相同的手段,实现基本相同的功能,达到基本相同的效果,并且本领域普通技术人员在被诉侵权行为发生时无需经过创造性劳动就能够联想到的特征。

第十四条　专利法第六十五条规定的权利人因被侵权所受到的实际损失可

以根据专利权人的专利产品因侵权所造成销售量减少的总数乘以每件专利产品的合理利润所得之积计算。权利人销售量减少的总数难以确定的,侵权产品在市场上销售的总数乘以每件专利产品的合理利润所得之积可以视为权利人因被侵权所受到的实际损失。

专利法第六十五条规定的侵权人因侵权所获得的利益可以根据该侵权产品在市场上销售的总数乘以每件侵权产品的合理利润所得之积计算。侵权人因侵权所获得的利益一般按照侵权人的营业利润计算,对于完全以侵权为业的侵权人,可以按照销售利润计算。

第十五条 权利人的损失或者侵权人获得的利益难以确定,有专利许可使用费可以参照的,人民法院可以根据专利权的类型、侵权行为的性质和情节、专利许可的性质、范围、时间等因素,参照该专利许可使用费的倍数合理确定赔偿数额;没有专利许可使用费可以参照或者专利许可使用费明显不合理的,人民法院可以根据专利权的类型、侵权行为的性质和情节等因素,依照专利法第六十五条第二款的规定确定赔偿数额。

第十六条 权利人主张其为制止侵权行为所支付合理开支的,人民法院可以在专利法第六十五条确定的赔偿数额之外另行计算。

第十七条 侵犯专利权的诉讼时效为三年,自专利权人或者利害关系人知道或者应当知道权利受到损害以及义务人之日起计算。权利人超过三年起诉的,如果侵权行为在起诉时仍在继续,在该项专利权有效期内,人民法院应当判决被告停止侵权行为,侵权损害赔偿数额应当自权利人向人民法院起诉之日起向前推算三年计算。

第十八条 专利法第十一条、第六十九条所称的许诺销售,是指以做广告、在商店橱窗中陈列或者在展销会上展出等方式作出销售商品的意思表示。

第十九条 人民法院受理的侵犯专利权纠纷案件,已经过管理专利工作的部门作出侵权或者不侵权认定的,人民法院仍应当就当事人的诉讼请求进行全面审查。

《专利权纠纷司法解释一》

第一条 人民法院应当根据权利人主张的权利要求,依据专利法第五十九条第一款的规定确定专利权的保护范围。权利人在一审法庭辩论终结前变更其主张的权利要求的,人民法院应当准许。

权利人主张以从属权利要求确定专利权保护范围的,人民法院应当以该从属权利要求记载的附加技术特征及其引用的权利要求记载的技术特征,确定专利权的保护范围。

第二条 人民法院应当根据权利要求的记载,结合本领域普通技术人员阅读说明书及附图后对权利要求的理解,确定专利法第五十九条第一款规定的权利要求的内容。

第三条　人民法院对于权利要求,可以运用说明书及附图、权利要求书中的相关权利要求、专利审查档案进行解释。说明书对权利要求用语有特别界定的,从其特别界定。

以上述方法仍不能明确权利要求含义的,可以结合工具书、教科书等公知文献以及本领域普通技术人员的通常理解进行解释。

第四条　对于权利要求中以功能或者效果表述的技术特征,人民法院应当结合说明书和附图描述的该功能或者效果的具体实施方式及其等同的实施方式,确定该技术特征的内容。

第五条　对于仅在说明书或者附图中描述而在权利要求中未记载的技术方案,权利人在侵犯专利权纠纷案件中将其纳入专利权保护范围的,人民法院不予支持。

第六条　专利申请人、专利权人在专利授权或者无效宣告程序中,通过对权利要求、说明书的修改或者意见陈述而放弃的技术方案,权利人在侵犯专利权纠纷案件中又将其纳入专利权保护范围的,人民法院不予支持。

第七条　人民法院判定被诉侵权技术方案是否落入专利权的保护范围,应当审查权利人主张的权利要求所记载的全部技术特征。

被诉侵权技术方案包含与权利要求记载的全部技术特征相同或者等同的技术特征的,人民法院应当认定其落入专利权的保护范围;被诉侵权技术方案的技术特征与权利要求记载的全部技术特征相比,缺少权利要求记载的一个以上的技术特征,或者有一个以上技术特征不相同也不等同的,人民法院应当认定其没有落入专利权的保护范围。

第八条　在与外观设计专利产品相同或者相近种类产品上,采用与授权外观设计相同或者近似的外观设计的,人民法院应当认定被诉侵权设计落入专利法第五十九条第二款规定的外观设计专利权的保护范围。

第九条　人民法院应当根据外观设计产品的用途,认定产品种类是否相同或者相近。确定产品的用途,可以参考外观设计的简要说明、国际外观设计分类表、产品的功能以及产品销售、实际使用的情况等因素。

第十条　人民法院应当以外观设计专利产品的一般消费者的知识水平和认知能力,判断外观设计是否相同或者近似。

第十一条　人民法院认定外观设计是否相同或者近似时,应当根据授权外观设计、被诉侵权设计的设计特征,以外观设计的整体视觉效果进行综合判断;对于主要由技术功能决定的设计特征以及对整体视觉效果不产生影响的产品的材料、内部结构等特征,应当不予考虑。

下列情形,通常对外观设计的整体视觉效果更具有影响:

(一)产品正常使用时容易被直接观察到的部位相对于其他部位;

(二)授权外观设计区别于现有设计的设计特征相对于授权外观设计的其他设计特征。

被诉侵权设计与授权外观设计在整体视觉效果上无差异的,人民法院应当认定两者相同;在整体视觉效果上无实质性差异的,应当认定两者近似。

第十二条　将侵犯发明或者实用新型专利权的产品作为零部件,制造另一产品的,人民法院应当认定属于专利法第十一条规定的使用行为;销售该另一产品的,人民法院应当认定属于专利法第十一条规定的销售行为。

将侵犯外观设计专利权的产品作为零部件,制造另一产品并销售的,人民法院应当认定属于专利法第十一条规定的销售行为,但侵犯外观设计专利权的产品在该另一产品中仅具有技术功能的除外。

对于前两款规定的情形,被诉侵权人之间存在分工合作的,人民法院应当认定为共同侵权。

第十三条　对于使用专利方法获得的原始产品,人民法院应当认定为专利法第十一条规定的依照专利方法直接获得的产品。

对于将上述原始产品进一步加工、处理而获得后续产品的行为,人民法院应当认定属于专利法第十一条规定的使用依照该专利方法直接获得的产品。

第十四条　被诉落入专利权保护范围的全部技术特征,与一项现有技术方案中的相应技术特征相同或者无实质性差异的,人民法院应当认定被诉侵权人实施的技术属于专利法第六十二条规定的现有技术。

被诉侵权设计与一个现有设计相同或者无实质性差异的,人民法院应当认定被诉侵权人实施的设计属于专利法第六十二条规定的现有设计。

第十五条　被诉侵权人以非法获得的技术或者设计主张先用权抗辩的,人民法院不予支持。

有下列情形之一的,人民法院应当认定属于专利法第六十九条第(二)项规定的已经作好制造、使用的必要准备:

(一)已经完成实施发明创造所必需的主要技术图纸或者工艺文件;

(二)已经制造或者购买实施发明创造所必需的主要设备或者原材料。

专利法第六十九条第(二)项规定的原有范围,包括专利申请日前已有的生产规模以及利用已有的生产设备或者根据已有的生产准备可以达到的生产规模。

先用权人在专利申请日后将其已经实施或作好实施必要准备的技术或设计

转让或者许可他人实施,被诉侵权人主张该实施行为属于在原有范围内继续实施的,人民法院不予支持,但该技术或设计与原有企业一并转让或者承继的除外。

第十六条　人民法院依据专利法第六十五条第一款的规定确定侵权人因侵权所获得的利益,应当限于侵权人因侵犯专利权行为所获得的利益;因其他权利所产生的利益,应当合理扣除。

侵犯发明、实用新型专利权的产品系另一产品的零部件的,人民法院应当根据该零部件本身的价值及其在实现成品利润中的作用等因素合理确定赔偿数额。

侵犯外观设计专利权的产品为包装物的,人民法院应当按照包装物本身的价值及其在实现被包装产品利润中的作用等因素合理确定赔偿数额。

第十七条　产品或者制造产品的技术方案在专利申请日以前为国内外公众所知的,人民法院应当认定该产品不属于专利法第六十一条第一款规定的新产品。

第十八条　权利人向他人发出侵犯专利权的警告,被警告人或者利害关系人经书面催告权利人行使诉权,自权利人收到该书面催告之日起一个月内或者自书面催告发出之日起二个月内,权利人不撤回警告也不提起诉讼,被警告人或者利害关系人向人民法院提起请求确认其行为不侵犯专利权的诉讼的,人民法院应当受理。

第十九条　被诉侵犯专利权行为发生在 2009 年 10 月 1 日以前的,人民法院适用修改前的专利法;发生在 2009 年 10 月 1 日以后的,人民法院适用修改后的专利法。

被诉侵犯专利权行为发生在 2009 年 10 月 1 日以前且持续到 2009 年 10 月 1 日以后,依据修改前和修改后的专利法的规定侵权人均应承担赔偿责任的,人民法院适用修改后的专利法确定赔偿数额。

《植物新品种权纠纷案件规定》

第一条　植物新品种权所有人(以下称品种权人)或者利害关系人认为植物新品种权受到侵害的,可以依法向人民法院提起诉讼。

前款所称利害关系人,包括植物新品种实施许可合同的被许可人、品种权财产权利的合法继承人等。

独占实施许可合同的被许可人可以单独向人民法院提起诉讼;排他实施许可合同的被许可人可以和品种权人共同起诉,也可以在品种权人不起诉时,自行提起诉讼;普通实施许可合同的被许可人经品种权人明确授权,可以提起诉讼。

第二条　未经品种权人许可,生产、繁殖或者销售授权品种的繁殖材料,或者为商业目的将授权品种的繁殖材料重复使用于生产另一品种的繁殖材料的，人民法院应当认定为侵害植物新品种权。

被诉侵权物的特征、特性与授权品种的特征、特性相同，或者特征、特性的不同是因非遗传变异所致的，人民法院一般应当认定被诉侵权物属于生产、繁殖或者销售授权品种的繁殖材料。

被诉侵权人重复以授权品种的繁殖材料为亲本与其他亲本另行繁殖的，人民法院一般应当认定属于为商业目的将授权品种的繁殖材料重复使用于生产另一品种的繁殖材料。

第三条　侵害植物新品种权纠纷案件涉及的专门性问题需要鉴定的，由双方当事人协商确定的有鉴定资格的鉴定机构、鉴定人鉴定；协商不成的，由人民法院指定的有鉴定资格的鉴定机构、鉴定人鉴定。

没有前款规定的鉴定机构、鉴定人的，由具有相应品种检测技术水平的专业机构、专业人员鉴定。

第四条　对于侵害植物新品种权纠纷案件涉及的专门性问题可以采取田间观察检测、基因指纹图谱检测等方法鉴定。

对采取前款规定方法作出的鉴定结论，人民法院应当依法质证，认定其证明力。

第五条　品种权人或者利害关系人向人民法院提起侵害植物新品种权诉讼前，可以提出行为保全或者证据保全请求，人民法院经审查作出裁定。

人民法院采取证据保全措施时，可以根据案件具体情况，邀请有关专业技术人员按照相应的技术规程协助取证。

第六条　人民法院审理侵害植物新品种权纠纷案件，应当依照民法典第一百七十九条、第一千一百八十五条、种子法第七十三条的规定，结合案件具体情况，判决侵权人承担停止侵害、赔偿损失等民事责任。

人民法院可以根据权利人的请求，按照权利人因被侵权所受实际损失或者侵权人因侵权所得利益确定赔偿数额。权利人的损失或者侵权人获得的利益难以确定的，可以参照该植物新品种权许可使用费的倍数合理确定。权利人为制止侵权行为所支付的合理开支应当另行计算。

依照前款规定难以确定赔偿数额的，人民法院可以综合考虑侵权的性质、期间、后果，植物新品种权许可使用费的数额，植物新品种实施许可的种类、时间、范围及权利人调查、制止侵权所支付的合理费用等因素，在300万元以下确定赔偿数额。

故意侵害他人植物新品种权，情节严重的，可以按照第二款确定数额的一倍以上三倍以下确定赔偿数额。

第七条　权利人和侵权人均同意将侵权物折价抵扣权利人所受损失的,人民法院应当准许。权利人或者侵权人不同意折价抵扣的,人民法院依照当事人的请求,责令侵权人对侵权物作消灭活性等使其不能再被用作繁殖材料的处理。

侵权物正处其支付相应的合理费用。但法律、行政法规另有规定的除外。

第八条　以农业或者林业种植为业的个人、农村承包经营户接受他人委托代为繁殖侵害品种权的繁殖材料,不知道代繁物是侵害品种权的繁殖材料并说明委托人的,不承担赔偿责任。

《商标纠纷司法解释》

第一条　下列行为属于商标法第五十七条第(七)项规定的给他人注册商标专用权造成其他损害的行为:

(一)将与他人注册商标相同或者相近似的文字作为企业的字号在相同或者类似商品上突出使用,容易使相关公众产生误认的;

(二)复制、摹仿、翻译他人注册的驰名商标或其主要部分在不相同或者不相类似商品上作为商标使用,误导公众,致使该驰名商标注册人的利益可能受到损害的;

(三)将与他人注册商标相同或者相近似的文字注册为域名,并且通过该域名进行相关商品交易的电子商务,容易使相关公众产生误认的。

第二条　依据商标法第十三条第二款的规定,复制、摹仿、翻译他人未在中国注册的驰名商标或其主要部分,在相同或者类似商品上作为商标使用,容易导致混淆的,应当承担停止侵害的民事法律责任。

第三条　商标法第四十三条规定的商标使用许可包括以下三类:

(一)独占使用许可,是指商标注册人在约定的期间、地域和以约定的方式,将该注册商标仅许可一个被许可人使用,商标注册人依约定不得使用该注册商标;

(二)排他使用许可,是指商标注册人在约定的期间、地域和以约定的方式,将该注册商标仅许可一个被许可人使用,商标注册人依约定可以使用该注册商标但不得另行许可他人使用该注册商标;

(三)普通使用许可,是指商标注册人在约定的期间、地域和以约定的方式,许可他人使用其注册商标,并可自行使用该注册商标和许可他人使用其注册商标。

第四条　商标法第六十条第一款规定的利害关系人,包括注册商标使用许可合同的被许可人、注册商标财产权利的合法继承人等。

在发生注册商标专用权被侵害时,独占使用许可合同的被许可人可以向人民法院提起诉讼;排他使用许可合同的被许可人可以和商标注册人共同起诉,也可以在商标注册人不起诉的情况下,自行提起诉讼;普通使用许可合同的被许可人经商标注册人明确授权,可以提起诉讼。

第五条　商标注册人或者利害关系人在注册商标续展宽展期内提出续展申请,未获核准前,以他人侵犯其注册商标专用权提起诉讼的,人民法院应当受理。

第六条　因侵犯注册商标专用权行为提起的民事诉讼,由商标法第十三条、第五十七条所规定侵权行为的实施地、侵权商品的储藏地或者查封扣押地、被告住所地人民法院管辖。

前款规定的侵权商品的储藏地,是指大量或者经常性储存、隐匿侵权商品所在地;查封扣押地,是指海关等行政机关依法查封、扣押侵权商品所在地。

第七条　对涉及不同侵权行为实施地的多个被告提起的共同诉讼,原告可以选择其中一个被告的侵权行为实施地人民法院管辖;仅对其中某一被告提起的诉讼,该被告侵权行为实施地的人民法院有管辖权。

第八条　商标法所称相关公众,是指与商标所标识的某类商品或者服务有关的消费者和与前述商品或者服务的营销有密切关系的其他经营者。

第九条　商标法第五十七条第(一)(二)项规定的商标相同,是指被控侵权的商标与原告的注册商标相比较,二者在视觉上基本无差别。

商标法第五十七条第(二)项规定的商标近似,是指被控侵权的商标与原告的注册商标相比较,其文字的字形、读音、含义或者图形的构图及颜色,或者其各要素组合后的整体结构相似,或者其立体形状、颜色组合近似,易使相关公众对商品的来源产生误认或者认为其来源与原告注册商标的商品有特定的联系。

第十条　人民法院依据商标法第五十七条第(一)(二)项的规定,认定商标相同或者近似按照以下原则进行:

(一)以相关公众的一般注意力为标准;

(二)既要进行对商标的整体比对,又要进行对商标主要部分的比对,比对应当在比对对象隔离的状态下分别进行;

(三)判断商标是否近似,应当考虑请求保护注册商标的显著性和知名度。

第十一条　商标法第五十七条第(二)项规定的类似商品,是指在功能、用途、生产部门、销售渠道、消费对象等方面相同,或者相关公众一般认为其存在特定联系、容易造成混淆的商品。

类似服务,是指在服务的目的、内容、方式、对象等方面相同,或者相关公众一般认为存在特定联系、容易造成混淆的服务。

商品与服务类似,是指商品和服务之间存在特定联系,容易使相关公众混淆。

第十二条　人民法院依据商标法第五十七条第(二)项的规定,认定商品或者服务是否类似,应当以相关公众对商品或者服务的一般认识综合判断;《商标注册用商品和服务国际分类表》《类似商品和服务区分表》可以作为判断类似商品或者服务的参考。

第十三条　人民法院依据商标法第六十三条第一款的规定确定侵权人的赔偿责任时,可以根据权利人选择的计算方法计算赔偿数额。

第十四条　商标法第六十三条第一款规定的侵权所获得的利益,可以根据侵权商品销售量与该商品单位利润乘积计算;该商品单位利润无法查明的,按照注册商标商品的单位利润计算。

第十五条　商标法第六十三条第一款规定的因被侵权所受到的损失,可以根据权利人因侵权所造成商品销售减少量或者侵权商品销售量与该注册商标商品的单位利润乘积计算。

第十六条　权利人因被侵权所受于生长期或者销毁侵权物将导致重大不利后果的,人民法院可以不采取责令销毁侵权物的方法,而判令到的实际损失、侵权人因侵权所获得的利益、注册商标使用许可费均难以确定的,人民法院可以根据当事人的请求或者依职权适用商标法第六十三条第三款的规定确定赔偿数额。

人民法院在适用商标法第六十三条第三款规定确定赔偿数额时,应当考虑侵权行为的性质、期间、后果,侵权人的主观过错程度,商标的声誉及制止侵权行为的合理开支等因素综合确定。

当事人按照本条第一款的规定就赔偿数额达成协议的,应当准许。

第十七条　商标法第六十三条第一款规定的制止侵权行为所支付的合理开支,包括权利人或者委托代理人对侵权行为进行调查、取证的合理费用。

人民法院根据当事人的诉讼请求和案件具体情况,可以将符合国家有关部门规定的律师费用计算在赔偿范围内。

第十八条　侵犯注册商标专用权的诉讼时效为三年,自商标注册人或者利害权利人知道或者应当知道权利受到损害以及义务人之日起计算。商标注册人或者利害关系人超过三年起诉的,如果侵权行为在起诉时仍在持续,在该注册商标专用权有效期限内,人民法院应当判决被告停止侵权行为,侵权损害赔偿数额应当自权利人向人民法院起诉之日起向前推算三年计算。

第十九条　商标使用许可合同未经备案的,不影响该许可合同的效力,但当事人另有约定的除外。

第二十条　注册商标的转让不影响转让前已经生效的商标使用许可合同的效力,但商标使用许可合同另有约定的除外。

第二十一条　人民法院在审理侵犯注册商标专用权纠纷案件中,依据民法典第一百七十九条、商标法第六十条的规定和案件具体情况,可以判决侵权人承担停止侵害、排除妨碍、消除危险、赔偿损失、消除影响等民事责任,还可以作出罚款,收缴侵权商品、伪造的商标标识和主要用于生产侵权商品的材料、工具、设备等财物的民事制裁决定。罚款数额可以参照商标法第六十条第二款的有关规定确定。

行政管理部门对同一侵犯注册商标专用权行为已经给予行政处罚的,人民法院不再予以民事制裁。

第二十二条 人民法院在审理商标纠纷案件中,根据当事人的请求和案件的具体情况,可以对涉及的注册商标是否驰名依法作出认定。

认定驰名商标,应当依照商标法第十四条的规定进行。

当事人对曾经被行政主管机关或者人民法院认定的驰名商标请求保护的,对方当事人对涉及的商标驰名不持异议,人民法院不再审查。提出异议的,人民法院依照商标法第十四条的规定审查。

第二十三条 本解释有关商品商标的规定,适用于服务商标。

《著作权纠纷司法解释》

第一条 人民法院受理以下著作权民事纠纷案件:

(一)著作权及与著作权有关权益权属、侵权、合同纠纷案件;

(二)申请诉前停止侵犯著作权、与著作权有关权益行为,申请诉前财产保全、诉前证据保全案件;

(三)其他著作权、与著作权有关权益纠纷案件。

第二条 著作权民事纠纷案件,由中级以上人民法院管辖。

各高级人民法院根据本辖区的实际情况,可以报请最高人民法院批准,由若干基层人民法院管辖第一审著作权民事纠纷案件。

第三条 对著作权行政管理部门查处的侵犯著作权行为,当事人向人民法院提起诉讼追究该行为人民事责任的,人民法院应当受理。

人民法院审理已经过著作权行政管理部门处理的侵犯著作权行为的民事纠纷案件,应当对案件事实进行全面审查。

第四条 因侵害著作权行为提起的民事诉讼,由著作权法第四十七条、第四十八条所规定侵权行为的实施地、侵权复制品储藏地或者查封扣押地、被告住所地人民法院管辖。

前款规定的侵权复制品储藏地,是指大量或者经营性储存、隐匿侵权复制品所在地;查封扣押地,是指海关、版权等行政机关依法查封、扣押侵权复制品所在地。

第五条 对涉及不同侵权行为实施地的多个被告提起的共同诉讼,原告可以选择向其中一个被告的侵权行为实施地人民法院提起诉讼；仅对其中某一被告提起的诉讼，该被告侵权行为实施地的人民法院有管辖权。

第六条　依法成立的著作权集体管理组织，根据著作权人的书面授权，以自己的名义提起诉讼，人民法院应当受理。

第七条　当事人提供的涉及著作权的底稿、原件、合法出版物、著作权登记证书、认证机构出具的证明、取得权利的合同等，可以作为证据。

在作品或者制品上署名的自然人、法人或者非法人组织视为著作权、与著作权有关权益的权利人，但有相反证明的除外。

第八条　当事人自行或者委托他人以定购、现场交易等方式购买侵权复制品而取得的实物、发票等，可以作为证据。

公证人员在未向涉嫌侵权的一方当事人表明身份的情况下，如实对另一方当事人按照前款规定的方式取得的证据和取证过程出具的公证书，应当作为证据使用，但有相反证据的除外。

第九条　著作权法第十条第(一)项规定的"公之于众"，是指著作权人自行或者经著作权人许可将作品向不特定的人公开，但不以公众知晓为构成条件。

第十条　著作权法第十五条第二款所指的作品，著作权人是自然人的，其保护期适用著作权法第二十一条第一款的规定；著作权人是法人或非法人组织的，其保护期适用著作权法第二十一条第二款的规定。

第十一条　因作品署名顺序发生的纠纷，人民法院按照下列原则处理：有约定的按约定确定署名顺序；没有约定的，可以按照创作作品付出的劳动、作品排列、作者姓氏笔划等确定署名顺序。

第十二条　按照著作权法第十七条规定委托作品著作权属于受托人的情形，委托人在约定的使用范围内享有使用作品的权利；双方没有约定使用作品范围的，委托人可以在委托创作的特定目的范围内免费使用该作品。

第十三条　除著作权法第十一条第三款规定的情形外，由他人执笔，本人审阅定稿并以本人名义发表的报告、讲话等作品，著作权归报告人或者讲话人享有。著作权人可以支付执笔人适当的报酬。

第十四条　当事人合意以特定人物经历为题材完成的自传体作品，当事人对著作权权属有约定的，依其约定；没有约定的，著作权归该特定人物享有，执笔人或整理人对作品完成付出劳动的，著作权人可以向其支付适当的报酬。

第十五条　由不同作者就同一题材创作的作品，作品的表达系独立完成并且有创作性的，应当认定作者各自享有独立著作权。

第十六条　通过大众传播媒介传播的单纯事实消息属于著作权法第五条第(二)项规定的时事新闻。传播报道他人采编的时事新闻，应当注明出处。

第十七条　著作权法第三十二条第二款规定的转载,是指报纸、期刊登载其他报刊已发表作品的行为。转载未注明被转载作品的作者和最初登载的报刊出处的,应当承担消除影响、赔礼道歉等民事责任。

第十八条　著作权法第二十二条第(十)项规定的室外公共场所的艺术作品,是指设置或者陈列在室外社会公众活动处所的雕塑、绘画、书法等艺术作品。

对前款规定艺术作品的临摹、绘画、摄影、录像人,可以对其成果以合理的方式和范围再行使用,不构成侵权。

第十九条　出版者、制作者应当对其出版、制作有合法授权承担举证责任,发行者、出租者应当对其发行或者出租的复制品有合法来源承担举证责任。举证不能的,依据著作权法第四十七条、第四十八条的相应规定承担法律责任。

第二十条　出版物侵害他人著作权的,出版者应当根据其过错、侵权程度及损害后果等承担赔偿损失的责任。

出版者对其出版行为的授权、稿件来源和署名、所编辑出版物的内容等未尽到合理注意义务的,依据著作权法第四十九条的规定,承担赔偿损失的责任。

出版者应对其已尽合理注意义务承担举证责任。

第二十一条　计算机软件用户未经许可或者超过许可范围商业使用计算机软件的,依据著作权法第四十八条第(一)项、《计算机软件保护条例》第二十四条第(一)项的规定承担民事责任。

第二十二条　著作权转让合同未采取书面形式的,人民法院依据民法典第四百九十条的规定审查合同是否成立。

第二十三条　出版者将著作权人交付出版的作品丢失、毁损致使出版合同不能履行的,著作权人有权依据民法典第一百八十六条、第二百三十八条、第一千一百八十四条等规定要求出版者承担相应的民事责任。

第二十四条　权利人的实际损失,可以根据权利人因侵权所造成复制品发行减少量或者侵权复制品销售量与权利人发行该复制品单位利润乘积计算。发行减少量难以确定的,按照侵权复制品市场销售量确定。

第二十五条　权利人的实际损失或者侵权人的违法所得无法确定的,人民法院根据当事人的请求或者依职权适用著作权法第四十九条第二款的规定确定赔偿数额。

人民法院在确定赔偿数额时,应当考虑作品类型、合理使用费、侵权行为性质、后果等情节综合确定。

当事人按照本条第一款的规定就赔偿数额达成协议的,应当准许。

第二十六条　著作权法第四十九条第一款规定的制止侵权行为所支付的合理开支,包括权利人或者委托代理人对侵权行为进行调查、取证的合理费用。

人民法院根据当事人的诉讼请求和具体案情,可以将符合国家有关部门规定的律师费用计算在赔偿范围内。

第二十七条　侵犯著作权的诉讼时效为三年,自著作权人知道或者应当知道权利受到损害以及义务人之日起计算。权利人超过三年起诉的,如果侵权行为在起诉时仍在持续,在该著作权保护期内,人民法院应当判决被告停止侵权行为;侵权损害赔偿数额应当自权利人向人民法院起诉之日起向前推算三年计算。

第二十八条　人民法院采取保全措施的,依据民事诉讼法及《最高人民法院关于审查知识产权纠纷行为保全案件适用法律若干问题的规定》的有关规定办理。

第二十九条　除本解释另行规定外,人民法院受理的著作权民事纠纷案件,涉及著作权法修改前发生的民事行为的,适用修改前著作权法的规定;涉及著作权法修改以后发生的民事行为的,适用修改后著作权法的规定;涉及著作权法修改前发生,持续到著作权法修改后的民事行为的,适用修改后著作权法的规定。

《计算机网络域名民事纠纷司法解释》

第四条　人民法院审理域名纠纷案件,对符合以下各项条件的,应当认定被告注册、使用域名等行为构成侵权或者不正当竞争:

(一)原告请求保护的民事权益合法有效;

(二)被告域名或其主要部分构成对原告驰名商标的复制、模仿、翻译或音译;或者与原告的注册商标、域名等相同或近似,足以造成相关公众的误认;

(三)被告对该域名或其主要部分不享有权益,也无注册、使用该域名的正当理由;

(四)被告对该域名的注册、使用具有恶意。

第五条　被告的行为被证明具有下列情形之一的,人民法院应当认定其具有恶意:

(一)为商业目的将他人驰名商标注册为域名的;

(二)为商业目的注册、使用与原告的注册商标、域名等相同或近似的域名,故意造成与原告提供的产品、服务或者原告网站的混淆,误导网络用户访问其网站或其他在线站点的;

(三)曾要约高价出售、出租或者以其他方式转让该域名获取不正当利益的;

(四)注册域名后自己并不使用也未准备使用,而有意阻止权利人注册该域名的;

(五)具有其他恶意情形的。

被告举证证明在纠纷发生前其所持有的域名已经获得一定的知名度,且能与原告的注册商标、域名等相区别,或者具有其他情形足以证明其不具有恶意的,人民法院可以不认定被告具有恶意。

第六条 人民法院审理域名纠纷案件,根据当事人的请求以及案件的具体情况,可以对涉及的注册商标是否驰名依法作出认定。

《最高人民法院关于胡由之、郑乃章诉刘桢、卢碧亮著作权纠纷案的复函》

江西省高级人民法院:

你院赣法(民)发〔1991〕1号"关于胡由之、郑乃章诉刘桢、卢碧亮著作权纠纷案的请示"收悉。根据你院报告及案卷材料,我们研究认为:"由刘桢、胡由之、郑乃章三人署名,并请卢碧亮翻译成英文,向国际古陶瓷学术讨论会投稿的《镇窑结构及其特征的剖析》一文,是在原刘、胡、郑三人合作作品的基础上缩写而成。此后,刘桢将该文中"技术秘密"的内容去掉,文字上稍加修改润色,以《景德镇窑及其构造特征》(以下简称"特征")为题,请卢碧亮译成英文后发表在国外某杂志上,署名刘桢、卢碧亮。由于该文未署胡由之、郑乃章之名,侵犯了胡、郑二人的著作权,刘桢应承担民事责任。该文本应署名译者的卢碧亮却署名为作者,但由于该文署名方式主要系刘桢所为,卢碧亮对侵权无过错,可不承担民事责任。鉴于在诉讼中,刘桢已将"特征"的中文稿在国内有关杂志上以刘桢、胡由之、郑乃章三人的名义发表,并已向胡、郑二人赔礼道歉等情节,请审理时予以考虑。

以上意见,供参考。

《建立世界知识产权组织公约》

第二条 定义

本公约中:

(1)"本组织"系指世界知识产权组织(缩写WIPO);

(2)"国际局"系指知识产权国际局;

(3)"巴黎公约"系指1883年3月20日签订的保护工业产权公约及其一切修订本;

(4)"伯尔尼公约"系指1886年9月9日签订的保护文学艺术作品公约及其一切修订本;

(5)"巴黎联盟"系指根据巴黎公约成立的国际联盟;

(6)"伯尔尼联盟"系指根据伯尔尼公约成立的国际联盟;

(7)"各联盟"系指根据第四条(3)缴由本组织经营其行政事务的巴黎联盟及与之有关的专门联盟和协定、伯尔尼联盟以及其他促进知识产权保护的国际协定;

(8)"知识产权"包括：

——关于文学、艺术和科学作品的权利；

——关于表演艺术家的演出、录音和广播的权利；

——关于人们努力在一切领域的发明的权利；

——关于科学发现的权利；

——关于工业品式样的权利；

——关于商标、服务商标、厂商名称和标记的权利；

——关于制止不正当竞争的权利；

以及在工业、科学、文学或艺术领域里一切其他来自知识活动的权利。

《最高人民法院关于全面加强知识产权司法保护的意见》

2. 加强科技创新成果保护。制定专利授权确权行政案件司法解释，规范专利审查行为，促进专利授权质量提升；加强专利、植物新品种、集成电路布图设计、计算机软件等知识产权案件审判工作，实现知识产权保护范围、强度与其技术贡献程度相适应，推动科技进步和创新，充分发挥科技在引领经济社会发展过程中的支撑和驱动作用。加强药品专利司法保护研究，激发药品研发创新动力，促进医药产业健康发展。

3. 加强商业标志权益保护。综合考虑商标标志的近似程度、商品的类似程度、请求保护商标的显著性和知名度等因素，依法裁判侵害商标权案件和商标授权确权案件，增强商标标志的识别度和区分度。充分运用法律规则，在法律赋予的裁量空间内作出有效规制恶意申请注册商标行为的解释，促进商标申请注册秩序正常化和规范化。加强驰名商标保护，结合众所周知的驰名事实，依法减轻商标权人对于商标驰名的举证负担。加强地理标志保护，依法妥善处理地理标志与普通商标的权利冲突。

4. 加强著作权和相关权利保护。根据不同作品的特点，妥善把握作品独创性判断标准。妥善处理信息网络技术发展与著作权、相关权利保护的关系，统筹兼顾创作者、传播者、商业经营者和社会公众的利益，协调好激励创作、促进产业发展、保障基本文化权益之间的关系，促进文化创新和业态发展。依法妥善审理体育赛事、电子竞技传播纠纷等新类型案件，促进新兴业态规范发展。加强著作权诉讼维权模式问题研究，依法平衡各方利益，防止不正当牟利行为。

5. 加强商业秘密保护。正确把握侵害商业秘密民事纠纷和刑事犯罪的界限。合理适用民事诉讼举证责任规则，依法减轻权利人的维权负担。完善侵犯商业秘密犯罪行为认定标准，规范重大损失计算范围和方法，为减轻商业损害或者重新保障安全所产生的合理补救成本，可以作为认定刑事案件中"造成重大损失"或者"造成特别严重后果"的依据。加强保密商务信息等商业秘密保护,保障企业公平竞争、人才合理流动,促进科技创新。

6. 完善电商平台侵权认定规则。加强打击和整治网络侵犯知识产权行为,有效回应权利人在电子商务平台上的维权诉求。完善"通知–删除"等在内的电商平台治理规则,畅通权利人网络维权渠道。妥善审理网络侵犯知识产权纠纷和恶意投诉不正当竞争纠纷,既要依法免除错误下架通知善意提交者的责任,督促和引导电子商务平台积极履行法定义务,促进电子商务的健康发展,又要追究滥用权利、恶意投诉等行为人的法律责任,合理平衡各方利益。

7. 积极促进智力成果流转应用。依法妥善审理知识产权智力成果流转、转化、应用过程中的纠纷,秉持尊重当事人意思自治、降低交易成本的精神,合理界定智力成果从创造到应用各环节的法律关系、利益分配和责任承担,依法准确界定职务发明与非职务发明,有效保护职务发明人的产权权利,保障研发人员获得奖金和专利实施报酬的合法权益。

8. 依法惩治知识产权犯罪行为。严厉打击侵害知识产权的犯罪行为,进一步推进以审判为中心的刑事诉讼制度改革,切实落实庭审实质化要求,完善鉴定程序,规范鉴定人出庭作证制度和认罪认罚从宽制度。准确把握知识产权刑事法律关系与民事法律关系的界限,强化罚金刑的适用,对以盗窃、威胁、利诱等非法手段获取商业秘密以及其他社会危害性大的犯罪行为,依法从严从重处罚,有效发挥刑罚惩治和震慑知识产权犯罪的功能。

9. 平等保护中外主体合法权利。依法妥善审理因国际贸易、外商投资等引发的涉外知识产权纠纷,坚持依法平等保护,依法简化公证认证程序,进一步健全公正高效权威的纠纷解决机制,增强知识产权司法的国际影响力和公信力。

《最高人民法院关于涉网络知识产权侵权纠纷几个法律适用问题的批复》

一、知识产权权利人主张其权利受到侵害并提出保全申请,要求网络服务提供者、电子商务平台经营者迅速采取删除、屏蔽、断开链接等下架措施的,人民法院应当依法审查并作出裁定。

二、网络服务提供者、电子商务平台经营者收到知识产权权利人依法发出的通知后,应当及时将权利人的通知转送相关网络用户、平台内经营者,并根据构成侵权的初步证据和服务类型采取必要措施;未依法采取必要措施,权利人主张网络服务提供者、电子商务平台经营者对损害的扩大部分与网络用户、平台内经营者承担连带责任的,人民法院可以依法予以支持。

三、在依法转送的不存在侵权行为的声明到达知识产权权利人后的合理期限内,网络服务提供者、电子商务平台经营者未收到权利人已经投诉或者提起诉讼通知的,应当及时终止所采取的删除、屏蔽、断开链接等下架措施。因办理公证、认证手续等权利人无法控制的特殊情况导致的延迟,不计入上述期限,但该期限最长不超过 20 个工作日。

四、因恶意提交声明导致电子商务平台经营者终止必要措施并造成知识产权权利人损害，权利人依照有关法律规定请求相应惩罚性赔偿的，人民法院可以依法予以支持。

五、知识产权权利人发出的通知内容与客观事实不符，但其在诉讼中主张该通知系善意提交并请求免责，且能够举证证明的，人民法院依法审查属实后应当予以支持。

《商业秘密案件司法解释》

第一条　与技术有关的结构、原料、组分、配方、材料、样品、样式、植物新品种繁殖材料、工艺、方法或其步骤、算法、数据、计算机程序及其有关文档等信息，人民法院可以认定构成反不正当竞争法第九条第四款所称的技术信息。

与经营活动有关的创意、管理、销售、财务、计划、样本、招投标材料、客户信息、数据等信息，人民法院可以认定构成反不正当竞争法第九条第四款所称的经营信息。

前款所称的客户信息，包括客户的名称、地址、联系方式以及交易习惯、意向、内容等信息。

第二条　当事人仅以与特定客户保持长期稳定交易关系为由，主张该特定客户属于商业秘密的，人民法院不予支持。

客户基于对员工个人的信赖而与该员工所在单位进行交易，该员工离职后，能够证明客户自愿选择与该员工或者该员工所在的新单位进行交易的，人民法院应当认定该员工没有采用不正当手段获取权利人的商业秘密。

第三条　权利人请求保护的信息在被诉侵权行为发生时不为所属领域的相关人员普遍知悉和容易获得的，人民法院应当认定为反不正当竞争法第九条第四款所称的不为公众所知悉。

第四条　具有下列情形之一的，人民法院可以认定有关信息为公众所知悉：

（一）该信息在所属领域属于一般常识或者行业惯例的；

（二）该信息仅涉及产品的尺寸、结构、材料、部件的简单组合等内容，所属领域的相关人员通过观察上市产品即可直接获得的；

（三）该信息已经在公开出版物或者其他媒体上公开披露的；

（四）该信息已通过公开的报告会、展览等方式公开的；

（五）所属领域的相关人员从其他公开渠道可以获得该信息的。

将为公众所知悉的信息进行整理、改进、加工后形成的新信息，符合本规定第三条规定的，应当认定该新信息不为公众所知悉。

第五条　权利人为防止商业秘密泄露，在被诉侵权行为发生以前所采取的合理保密措施,人民法院应当认定为反不正当竞争法第九条第四款所称的相应保密措施。

人民法院应当根据商业秘密及其载体的性质、商业秘密的商业价值、保密措施的可识别程度、保密措施与商业秘密的对应程度以及权利人的保密意愿等因素,认定权利人是否采取了相应保密措施。

第六条 具有下列情形之一、在正常情况下足以防止商业秘密泄露的,人民法院应当认定权利人采取了相应保密措施:

(一)签订保密协议或者在合同中约定保密义务的;

(二)通过章程、培训、规章制度、书面告知等方式,对能够接触、获取商业秘密的员工、前员工、供应商、客户、来访者等提出保密要求的;

(三)对涉密的厂房、车间等生产经营场所限制来访者或者进行区分管理的;

(四)以标记、分类、隔离、加密、封存、限制能够接触或者获取的人员范围等方式,对商业秘密及其载体进行区分和管理的;

(五)对能够接触、获取商业秘密的计算机设备、电子设备、网络设备、存储设备、软件等,采取禁止或者限制使用、访问、存储、复制等措施的;

(六)要求离职员工登记、返还、清除、销毁其接触或者获取的商业秘密及其载体,继续承担保密义务的;

(七)采取其他合理保密措施的。

第七条 权利人请求保护的信息因不为公众所知悉而具有现实的或者潜在的商业价值的,人民法院经审查可以认定为反不正当竞争法第九条第四款所称的具有商业价值。

生产经营活动中形成的阶段性成果符合前款规定的,人民法院经审查可以认定该成果具有商业价值。

第八条 被诉侵权人以违反法律规定或者公认的商业道德的方式获取权利人的商业秘密的,人民法院应当认定属于反不正当竞争法第九条第一款所称的以其他不正当手段获取权利人的商业秘密。

第九条 被诉侵权人在生产经营活动中直接使用商业秘密,或者对商业秘密进行修改、改进后使用,或者根据商业秘密调整、优化、改进有关生产经营活动的,人民法院应当认定属于反不正当竞争法第九条所称的使用商业秘密。

第十条 当事人根据法律规定或者合同约定所承担的保密义务,人民法院应当认定属于反不正当竞争法第九条第一款所称的保密义务。

当事人未在合同中约定保密义务,但根据诚信原则以及合同的性质、目的、缔约过程、交易习惯等,被诉侵权人知道或者应当知道其获取的信息属于权利人的商业秘密的，人民法院应当认定被诉侵权人对其获取的商业秘密承担保密义务。

第十一条　法人、非法人组织的经营、管理人员以及具有劳动关系的其他人员，人民法院可以认定为反不正当竞争法第九条第三款所称的员工、前员工。

第十二条　人民法院认定员工、前员工是否有渠道或者机会获取权利人的商业秘密，可以考虑与其有关的下列因素：

（一）职务、职责、权限；

（二）承担的本职工作或者单位分配的任务；

（三）参与和商业秘密有关的生产经营活动的具体情形；

（四）是否保管、使用、存储、复制、控制或者以其他方式接触、获取商业秘密及其载体；

（五）需要考虑的其他因素。

第十三条　被诉侵权信息与商业秘密不存在实质性区别的，人民法院可以认定被诉侵权信息与商业秘密构成反不正当竞争法第三十二条第二款所称的实质上相同。

人民法院认定是否构成前款所称的实质上相同，可以考虑下列因素：

（一）被诉侵权信息与商业秘密的异同程度；

（二）所属领域的相关人员在被诉侵权行为发生时是否容易想到被诉侵权信息与商业秘密的区别；

（三）被诉侵权信息与商业秘密的用途、使用方式、目的、效果等是否具有实质性差异；

（四）公有领域中与商业秘密相关信息的情况；

（五）需要考虑的其他因素。

第十四条　通过自行开发研制或者反向工程获得被诉侵权信息的，人民法院应当认定不属于反不正当竞争法第九条规定的侵犯商业秘密行为。

前款所称的反向工程，是指通过技术手段对从公开渠道取得的产品进行拆卸、测绘、分析等而获得该产品的有关技术信息。

被诉侵权人以不正当手段获取权利人的商业秘密后，又以反向工程为由主张未侵犯商业秘密的，人民法院不予支持。

第二十六条　对于侵犯商业秘密行为，商业秘密独占使用许可合同的被许可人提起诉讼的，人民法院应当依法受理。

排他使用许可合同的被许可人和权利人共同提起诉讼，或者在权利人不起诉的情况下自行提起诉讼的，人民法院应当依法受理。

普通使用许可合同的被许可人和权利人共同提起诉讼，或者经权利人书面授权单独提起诉讼的,人民法院应当依法受理。

第一百二十四条 【继承权及其客体】

自然人依法享有继承权。

自然人合法的私有财产,可以依法继承。

【条文对照】

《民法典》总则编	《民法通则》
第一百二十四条 自然人依法享有继承权。 自然人合法的私有财产,可以依法继承。	第七十六条 公民依法享有财产继承权。

【条文释义】

本条对继承权及其客体进行了规定。

继承权是自然人依照法律规定或被继承人所立的合法遗嘱所享有的继承被继承人遗产的权利。继承权的主体是自然人,法人、非法人组织或国家均不能享有继承权,继承权的客体是被继承人的合法私有财产,继承权的依据是法律规定或继承人所立的合法遗嘱。

遗产是被继承人死亡时遗留的可移转的个人合法财产,包括自然人所有的以下财产:(1)收入;(2)房屋、储蓄和生活用品;(3)林木、牲畜和家禽;(4)文物、图书资料;(5)法律允许自然人所有的生产资料;(6)著作权、专利权中的财产权利;(7)股权等权益;(8)其他合法财产。

【关联法规】

《宪法》

第十三条 公民的合法的私有财产不受侵犯。

国家依照法律规定保护公民的私有财产权和继承权。

国家为了公共利益的需要,可以依照法律规定对公民的私有财产实行征收或者征用并给予补偿。

《民法典》继承编

第一千一百一十九条 本编调整因继承产生的民事关系。

第一千一百二十一条 继承从被继承人死亡时开始。

相互有继承关系的数人在同一事件中死亡,难以确定死亡时间的,推定没有其他继承人的人先死亡。都有其他继承人,辈份不同的,推定长辈先死亡;辈份相同的,推定同时死亡,相互不发生继承。

第一千一百二十二条　遗产是自然人死亡时遗留的个人合法财产。

依照法律规定或者根据其性质不得继承的遗产,不得继承。

第一千一百二十三条　继承开始后,按照法定继承办理;有遗嘱的,按照遗嘱继承或者遗赠办理;有遗赠扶养协议的,按照协议办理。

第一千一百二十五条　继承人有下列行为之一的,丧失继承权:

(一)故意杀害被继承人;

(二)为争夺遗产而杀害其他继承人;

(三)遗弃被继承人,或者虐待被继承人情节严重;

(四)伪造、篡改、隐匿或者销毁遗嘱,情节严重;

(五)以欺诈、胁迫手段迫使或者妨碍被继承人设立、变更或者撤回遗嘱,情节严重。

继承人有前款第三项至第五项行为,确有悔改表现,被继承人表示宽恕或者事后在遗嘱中将其列为继承人的,该继承人不丧失继承权。

受遗赠人有本条第一款规定行为的,丧失受遗赠权。

第一千一百二十七条　遗产按照下列顺序继承:

(一)第一顺序:配偶、子女、父母;

(二)第二顺序:兄弟姐妹、祖父母、外祖父母。

继承开始后,由第一顺序继承人继承,第二顺序继承人不继承;没有第一顺序继承人继承的,由第二顺序继承人继承。

本编所称子女,包括婚生子女、非婚生子女、养子女和有扶养关系的继子女。

本编所称父母,包括生父母、养父母和有扶养关系的继父母。

本编所称兄弟姐妹,包括同父母的兄弟姐妹、同父异母或者同母异父的兄弟姐妹、养兄弟姐妹、有扶养关系的继兄弟姐妹。

第一千一百三十三条　自然人可以依照本法规定立遗嘱处分个人财产,并可以指定遗嘱执行人。

自然人可以立遗嘱将个人财产指定由法定继承人中的一人或者数人继承。

自然人可以立遗嘱将个人财产赠与国家、集体或者法定继承人以外的组织、个人。

自然人可以依法设立遗嘱信托。

第一千一百五十八条　自然人可以与继承人以外的组织或者个人签订遗赠扶养协议。按照协议,该组织或者个人承担该自然人生养死葬的义务,享有受遗赠的权利。

第一千一百六十条　无人继承又无人受遗赠的遗产,归国家所有,用于公益事业;死者生前是集体所有制组织成员的,归所在集体所有制组织所有。

第一千一百六十一条　继承人以所得遗产实际价值为限清偿被继承人依法应当缴纳的税款和债务。超过遗产实际价值部分，继承人自愿偿还的不在此限。

继承人放弃继承的，对被继承人依法应当缴纳的税款和债务可以不负清偿责任。

第一千一百六十二条　执行遗赠不得妨碍清偿遗赠人依法应当缴纳的税款和债务。

《民法典》侵权责任编

第一千一百六十四条　本编调整因侵害民事权益产生的民事关系。

《民法典继承编司法解释一》

第一条　继承从被继承人生理死亡或者被宣告死亡时开始。

宣告死亡的，根据民法典第四十八条规定确定的死亡日期，为继承开始的时间。

第二条　承包人死亡时尚未取得承包收益的，可以将死者生前对承包所投入的资金和所付出的劳动及其增值和孳息，由发包单位或者接续承包合同的人合理折价、补偿。其价额作为遗产。

第三条　被继承人生前与他人订有遗赠扶养协议，同时又立有遗嘱的，继承开始后，如果遗赠扶养协议与遗嘱没有抵触，遗产分别按协议和遗嘱处理；如果有抵触，按协议处理，与协议抵触的遗嘱全部或者部分无效。

第四条　遗嘱继承人依遗嘱取得遗产后，仍有权依照民法典第一千一百三十条的规定取得遗嘱未处分的遗产。

第五条　在遗产继承中，继承人之间因是否丧失继承权发生纠纷，向人民法院提起诉讼的，由人民法院依据民法典第一千一百二十五条的规定，判决确认其是否丧失继承权。

第六条　继承人是否符合民法典第一千一百二十五条第一款第三项规定的"虐待被继承人情节严重"，可以从实施虐待行为的时间、手段、后果和社会影响等方面认定。

虐待被继承人情节严重的，不论是否追究刑事责任，均可确认其丧失继承权。

第七条　继承人故意杀害被继承人的，不论是既遂还是未遂，均应当确认其丧失继承权。

第八条　继承人有民法典第一千一百二十五条第一款第一项或者第二项所列之行为，而被继承人以遗嘱将遗产指定由该继承人继承的，可以确认遗嘱无效，并确认该继承人丧失继承权。

第九条　继承人伪造、篡改、隐匿或者销毁遗嘱，侵害了缺乏劳动能力又无生活来源的继承人的利益,并造成其生活困难的,应当认定为民法典第一千一百二十五条第一款第四项规定的"情节严重"。

第十条　被收养人对养父母尽了赡养义务,同时又对生父母扶养较多的,除可以依照民法典第一千一百二十七条的规定继承养父母的遗产外,还可以依照民法典第一千一百三十一条的规定分得生父母适当的遗产。

《最高人民法院民事审判庭关于盲人刘春和生前从事"算命"所积累的财产死后可否视为非法所得加以没收的电话答复》

江苏省高级人民法院:

关于盲人刘春和生前从事"算命"所积累的财产,死后可否视为非法所得加以没收的请示,我们研究认为:

《中华人民共和国治安管理处罚条例》第二十四条四款"利用封建迷信手段,扰乱社会秩序或骗取财物"和第三十二条第一款"赌博或者为赌博提供条件的",对这两种行为人予以拘留或罚款。据公安部法规局、政策研究室的同志解释,是指正在进行非法活动之当时,对其所得予以没收,对其他财产则不予追缴。本案中刘春和死后遗留的财产,没有没收的法律依据。第二,事实上也无充分的事实根据和确凿的证据证明刘春和死后遗留这笔财产都是"算命"所得。据此,我们同意你院审委会的意见,即:刘春和遗留的存款和其他财产,应视为遗产,由其法定继承人继承。

附:江苏省高级人民法院请示〔1987〕民请第 4 号

最高人民法院:

最近,我院收到常州市中级人民法院报告,请示一件关于生前为"算命"的盲人,他从事这种迷信活动所积累的财产,是否应该视为非法所得,并按《民法通则》第一百三十四条第三款的规定予以没收的问题(案情见武进县人民法院的报告)。对此,研究中有两种意见。一种意见认为:瞎子算命所得,是利用迷信进行欺骗取得的,法院只能保护合法财产的继承权,非法财产在审理案件时可以依法没收。另一种意见认为:瞎子算命固然是一种迷信活动,但是一种社会现象,不同于一般的欺诈行为,现在并无取缔"算命",没收其所得的法规,对其遗产予以没收无法律依据,可以作遗产继承。我们研究,倾向于可以作遗产继承。因对这种案件过去很少碰到,政策界限究竟应该如何掌握吃不准,特此报告,请予复示。

1987 年 2 月 25 日

第一百二十五条　【投资性权利】

民事主体依法享有股权和其他投资性权利。

【条文对照】

本条为《民法典》总则编"新增条文",无可对照编纂对象。

【条文释义】

本条对股权和其他投资性权利进行了规定。

股权是指民事主体投资于公司成为公司股东而享有的股东权利。根据《公司法》的规定,股东依法享有资产收益、参与重大决策和选择管理者的权利。股权虽然主要由《公司法》进行调整,但仍然为现代社会的一种重要财产权,受到民事法律的保护。就股权的保护而言,《民法典》和《公司法》构成一般法和特别法的关系,《公司法》的相关规定应优先于《民法典》的适用。

其他投资性权利,包括公司债券、政府债券、证券投资基金份额和各种证券衍生品种,适用特别法的相关规定。

【关联法规】

《证券法》

第二条 在中华人民共和国境内,股票、公司债券、存托凭证和国务院依法认定的其他证券的发行和交易,适用本法;本法未规定的,适用《中华人民共和国公司法》和其他法律、行政法规的规定。

政府债券、证券投资基金份额的上市交易,适用本法;其他法律、行政法规另有规定的,适用其规定。

资产支持证券、资产管理产品发行、交易的管理办法,由国务院依照本法的原则规定。

在中华人民共和国境外的证券发行和交易活动,扰乱中华人民共和国境内市场秩序,损害境内投资者合法权益的,依照本法有关规定处理并追究法律责任。

第二十九条 证券公司承销证券,应当对公开发行募集文件的真实性、准确性、完整性进行核查。发现有虚假记载、误导性陈述或者重大遗漏的,不得进行销售活动;已经销售的,必须立即停止销售活动,并采取纠正措施。

证券公司承销证券,不得有下列行为:

(一)进行虚假的或者误导投资者的广告宣传或者其他宣传推介活动;

(二)以不正当竞争手段招揽承销业务;

(三)其他违反证券承销业务规定的行为。

证券公司有前款所列行为,给其他证券承销机构或者投资者造成损失的,应当依法承担赔偿责任。

第五十条 禁止证券交易内幕信息的知情人和非法获取内幕信息的人利用

内幕信息从事证券交易活动。

第五十一条 证券交易内幕信息的知情人包括:

(一)发行人及其董事、监事、高级管理人员;

(二)持有公司百分之五以上股份的股东及其董事、监事、高级管理人员,公司的实际控制人及其董事、监事、高级管理人员;

(三)发行人控股或者实际控制的公司及其董事、监事、高级管理人员;

(四)由于所任公司职务或者因与公司业务往来可以获取公司有关内幕信息的人员;

(五)上市公司收购人或者重大资产交易方及其控股股东、实际控制人、董事、监事和高级管理人员;

(六)因职务、工作可以获取内幕信息的证券交易场所、证券公司、证券登记结算机构、证券服务机构的有关人员;

(七)因职责、工作可以获取内幕信息的证券监督管理机构工作人员;

(八)因法定职责对证券的发行、交易或者对上市公司及其收购、重大资产交易进行管理可以获取内幕信息的有关主管部门、监管机构的工作人员;

(九)国务院证券监督管理机构规定的可以获取内幕信息的其他人员。

第五十二条 证券交易活动中,涉及发行人的经营、财务或者对该发行人证券的市场价格有重大影响的尚未公开的信息,为内幕信息。

本法第八十条第二款、第八十一条第二款所列重大事件属于内幕信息。

第五十三条 证券交易内幕信息的知情人和非法获取内幕信息的人,在内幕信息公开前,不得买卖该公司的证券,或者泄露该信息,或者建议他人买卖该证券。

持有或者通过协议、其他安排与他人共同持有公司百分之五以上股份的自然人、法人、非法人组织收购上市公司的股份,本法另有规定的,适用其规定。

内幕交易行为给投资者造成损失的,应当依法承担赔偿责任。

第五十五条 禁止任何人以下列手段操纵证券市场,影响或者意图影响证券交易价格或者证券交易量:

(一)单独或者通过合谋,集中资金优势、持股优势或者利用信息优势联合或者连续买卖;

(二)与他人串通,以事先约定的时间、价格和方式相互进行证券交易;

(三)在自己实际控制的账户之间进行证券交易;

(四)不以成交为目的,频繁或者大量申报并撤销申报;

(五)利用虚假或者不确定的重大信息,诱导投资者进行证券交易;

(六)对证券、发行人公开作出评价、预测或者投资建议,并进行反向证交易；

（七）利用在其他相关市场的活动操纵证券市场；

（八）操纵证券市场的其他手段。

操纵证券市场行为给投资者造成损失的，应当依法承担赔偿责任。

第五十六条　禁止任何单位和个人编造、传播虚假信息或者误导性信息，扰乱证券市场。

禁止证券交易场所、证券公司、证券登记结算机构、证券服务机构及其从业人员，证券业协会、证券监督管理机构及其工作人员，在证券交易活动中作出虚假陈述或者信息误导。

各种传播媒介传播证券市场信息必须真实、客观，禁止误导。传播媒介及其从事证券市场信息报道的工作人员不得从事与其工作职责发生利益冲突的证券买卖。

编造、传播虚假信息或者误导性信息，扰乱证券市场，给投资者造成损失的，应当依法承担赔偿责任。

第五十七条　禁止证券公司及其从业人员从事下列损害客户利益的行为：

（一）违背客户的委托为其买卖证券；

（二）不在规定时间内向客户提供交易的确认文件；

（三）未经客户的委托，擅自为客户买卖证券，或者假借客户的名义买卖证券；

（四）为牟取佣金收入，诱使客户进行不必要的证券买卖；

（五）其他违背客户真实意思表示，损害客户利益的行为。

违反前款规定给客户造成损失的，应当依法承担赔偿责任。

《公司法》

第四条　公司股东依法享有资产收益、参与重大决策和选择管理者等权利。

第二十条　公司股东应当遵守法律、行政法规和公司章程，依法行使股东权利，不得滥用股东权利损害公司或者其他股东的利益；不得滥用公司法人独立地位和股东有限责任损害公司债权人的利益。

公司股东滥用股东权利给公司或者其他股东造成损失的，应当依法承担赔偿责任。

公司股东滥用公司法人独立地位和股东有限责任，逃避债务，严重损害公司债权人利益的，应当对公司债务承担连带责任。

第二十一条　公司的控股股东、实际控制人、董事、监事、高级管理人员不得利用其关联关系损害公司利益。

违反前款规定，给公司造成损失的，应当承担赔偿责任。

第三十一条　有限责任公司成立后,应当向股东签发出资证明书。

出资证明书应当载明下列事项:

(一)公司名称;

(二)公司成立日期;

(三)公司注册资本;

(四)股东的姓名或者名称、缴纳的出资额和出资日期;

(五)出资证明书的编号和核发日期。

出资证明书由公司盖章。

第三十二条　有限责任公司应当置备股东名册,记载下列事项:

(一)股东的姓名或者名称及住所;

(二)股东的出资额;

(三)出资证明书编号。

记载于股东名册的股东,可以依股东名册主张行使股东权利。

公司应当将股东的姓名或者名称向公司登记机关登记;登记事项发生变更的,应当办理变更登记。未经登记或者变更登记的,不得对抗第三人。

第三十四条　股东按照实缴的出资比例分取红利;公司新增资本时,股东有权优先按照实缴的出资比例认缴出资。但是,全体股东约定不按照出资比例分取红利或者不按照出资比例优先认缴出资的除外。

第一百五十二条　董事、高级管理人员违反法律、行政法规或者公司章程的规定,损害股东利益的,股东可以向人民法院提起诉讼。

《证券投资基金法》

第三条　基金管理人、基金托管人和基金份额持有人的权利、义务,依照本法在基金合同中约定。

基金管理人、基金托管人依照本法和基金合同的约定,履行受托职责。

通过公开募集方式设立的基金(以下简称公开募集基金)的基金份额持有人按其所持基金份额享受收益和承担风险,通过非公开募集方式设立的基金(以下简称非公开募集基金)的收益分配和风险承担由基金合同约定。

《信托法》

第二条　本法所称信托,是指委托人基于对受托人的信任,将其财产权委托给受托人,由受托人按委托人的意愿以自己的名义,为受益人的利益或者特定目的,进行管理或者处分的行为。

第二十条　委托人有权了解其信托财产的管理运用、处分及收支情况,并有权要求受托人作出说明。

委托人有权查阅、抄录或者复制与其信托财产有关的信托帐目以及处理信托事务的其他文件。

第二十一条 因设立信托时未能预见的特别事由,致使信托财产的管理方法不利于实现信托目的或者不符合受益人的利益时,委托人有权要求受托人调整该信托财产的管理方法。

《最高人民法院关于审理证券市场因虚假陈述引发的民事赔偿案件的若干规定》

第一条 本规定所称证券市场因虚假陈述引发的民事赔偿案件(以下简称虚假陈述证券民事赔偿案件),是指证券市场投资人以信息披露义务人违反法律规定,进行虚假陈述并致使其遭受损失为由,而向人民法院提起诉讼的民事赔偿案件。

第二条 本规定所称投资人,是指在证券市场上从事证券认购和交易的自然人、法人或者其他组织。

本规定所称证券市场,是指发行人向社会公开募集股份的发行市场,通过证券交易所报价系统进行证券交易的市场,证券公司代办股份转让市场以及国家批准设立的其他证券市场。

第三条 因下列交易发生的民事诉讼,不适用本规定:
(一)在国家批准设立的证券市场以外进行的交易;
(二)在国家批准设立的证券市场上通过协议转让方式进行的交易。

第四条 人民法院审理虚假陈述证券民事赔偿案件,应当着重调解,鼓励当事人和解。

第五条 投资人对虚假陈述行为人提起民事赔偿的诉讼时效期间,适用民法通则第一百三十五条的规定,根据下列不同情况分别起算:
(一)中国证券监督管理委员会或其派出机构公布对虚假陈述行为人作出处罚决定之日;
(二)中华人民共和国财政部、其他行政机关以及有权作出行政处罚的机构公布对虚假陈述行为人作出处罚决定之日;
(三)虚假陈述行为人未受行政处罚,但已被人民法院认定有罪的,作出刑事判决生效之日。

因同一虚假陈述行为,对不同虚假陈述行为人作出两个以上行政处罚;或者既有行政处罚,又有刑事处罚的,以最先作出的行政处罚决定公告之日或者作出的刑事判决生效之日,为诉讼时效起算之日。

第十二条 本规定所涉证券民事赔偿案件的原告可以选择单独诉讼或者共同诉讼方式提起诉讼。

第十三条 多个原告因同一虚假陈述事实对相同被告提起的诉讼,既有单独诉讼也有共同诉讼的,人民法院可以通知提起单独诉讼的原告参加共同诉讼。

多个原告因同一虚假陈述事实对相同被告同时提起两个以上共同诉讼的,人民法院可以将其合并为一个共同诉讼。

第十四条 共同诉讼的原告人数应当在开庭审理前确定。原告人数众多的可以推选二至五名诉讼代表人,每名诉讼代表人可以委托一至二名诉讼代理人。

第十五条 诉讼代表人应当经过其所代表的原告特别授权,代表原告参加开庭审理、变更或者放弃诉讼请求、与被告进行和解或者达成调解协议。

第十六条 人民法院判决被告对人数众多的原告承担民事赔偿责任时,可以在判决主文中对赔偿总额作出判决,并将每个原告的姓名、应获得赔偿金额等列表附于民事判决书后。

第十七条 证券市场虚假陈述,是指信息披露义务人违反证券法律规定,在证券发行或者交易过程中,对重大事件作出违背事实真相的虚假记载、误导性陈述,或者在披露信息时发生重大遗漏、不正当披露信息的行为。

对于重大事件,应当结合证券法第五十九条、第六十条、第六十一条、第六十二条、第七十二条及相关规定的内容认定。

虚假记载,是指信息披露义务人在披露信息时,将不存在的事实在信息披露文件中予以记载的行为。

误导性陈述,是指虚假陈述行为人在信息披露文件中或者通过媒体,作出使投资人对其投资行为发生错误判断并产生重大影响的陈述。

重大遗漏,是指信息披露义务人在信息披露文件中,未将应当记载的事项完全或者部分予以记载。

不正当披露,是指信息披露义务人未在适当期限内或者未以法定方式公开披露应当披露的信息。

第十八条 投资人具有以下情形的,人民法院应当认定虚假陈述与损害结果之间存在因果关系:

(一)投资人所投资的是与虚假陈述直接关联的证券;

(二)投资人在虚假陈述实施日及以后,至揭露日或者更正日之前买入该证券;

(三)投资人在虚假陈述揭露日或者更正日及以后,因卖出该证券发生亏损,或者因持续持有该证券而产生亏损。

第十九条 被告举证证明原告具有以下情形的,人民法院应当认定虚假陈述与损害结果之间不存在因果关系:

(一)在虚假陈述揭露日或者更正日之前已经卖出证券;

(二)在虚假陈述揭露日或者更正日及以后进行的投资;

(三)明知虚假陈述存在而进行的投资;

(四)损失或者部分损失是由证券市场系统风险等其他因素所导致;

(五)属于恶意投资、操纵证券价格的。

第二十条　本规定所指的虚假陈述实施日,是指作出虚假陈述或者发生虚假陈述之日。

虚假陈述揭露日,是指虚假陈述在全国范围发行或者播放的报刊、电台、电视台等媒体上,首次被公开揭露之日。

虚假陈述更正日,是指虚假陈述行为人在中国证券监督管理委员会指定披露证券市场信息的媒体上,自行公告更正虚假陈述并按规定履行停牌手续之日。

第二十一条　发起人、发行人或者上市公司对其虚假陈述给投资人造成的损失承担民事赔偿责任。

发行人、上市公司负有责任的董事、监事和经理等高级管理人员对前款的损失承担连带赔偿责任。但有证据证明无过错的,应予免责。

第二十二条　实际控制人操纵发行人或者上市公司违反证券法律规定,以发行人或者上市公司名义虚假陈述并给投资人造成损失的,可以由发行人或者上市公司承担赔偿责任。发行人或者上市公司承担赔偿责任后,可以向实际控制人追偿。

实际控制人违反证券法第四条、第五条以及第一百八十八条规定虚假陈述,给投资人造成损失的,由实际控制人承担赔偿责任。

第二十三条　证券承销商、证券上市推荐人对虚假陈述给投资人造成的损失承担赔偿责任。但有证据证明无过错的,应予免责。

负有责任的董事、监事和经理等高级管理人员对证券承销商、证券上市推荐人承担的赔偿责任负连带责任。其免责事由同前款规定。

第二十四条　专业中介服务机构及其直接责任人违反证券法第一百六十一条和第二百零二条的规定虚假陈述,给投资人造成损失的,就其负有责任的部分承担赔偿责任。但有证据证明无过错的,应予免责。

第二十五条　本规定第七条第(七)项规定的其他作出虚假陈述行为的机构或者自然人,违反证券法第五条、第七十二条、第一百八十八条和第一百八十九条规定,给投资人造成损失的,应当承担赔偿责任。

第二十六条　发起人对发行人信息披露提供担保的,发起人与发行人对投资人的损失承担连带责任。

第二十七条　证券承销商、证券上市推荐人或者专业中介服务机构,知道或者应当知道发行人或者上市公司虚假陈述,而不予纠正或者不出具保留意见的,构成共同侵权,对投资人的损失承担连带责任。

第二十八条　发行人、上市公司、证券承销商、证券上市推荐人负有责任的董事、监事和经理等高级管理人员有下列情形之一的,应当认定为共同虚假陈述,分别与发行人、上市公司、证券承销商、证券上市推荐人对投资人的损失承担连带责任:

(一)参与虚假陈述的;

(二)知道或者应当知道虚假陈述而未明确表示反对的;

(三)其他应当负有责任的情形。

第二十九条　虚假陈述行为人在证券发行市场虚假陈述,导致投资人损失的,投资人有权要求虚假陈述行为人按本规定第三十条赔偿损失;导致证券被停止发行的,投资人有权要求返还和赔偿所缴股款及银行同期活期存款利率的利息。

第三十条　虚假陈述行为人在证券交易市场承担民事赔偿责任的范围,以投资人因虚假陈述而实际发生的损失为限。投资人实际损失包括:

(一)投资差额损失;

(二)投资差额损失部分的佣金和印花税。

前款所涉资金利息,自买入至卖出证券日或者基准日,按银行同期活期存款利率计算。

第三十一条　投资人在基准日及以前卖出证券的,其投资差额损失,以买入证券平均价格与实际卖出证券平均价格之差,乘以投资人所持证券数量计算。

第三十二条　投资人在基准日之后卖出或者仍持有证券的,其投资差额损失,以买入证券平均价格与虚假陈述揭露日或者更正日起至基准日期间,每个交易日收盘价的平均价格之差,乘以投资人所持证券数量计算。

第三十三条　投资差额损失计算的基准日,是指虚假陈述揭露或者更正后,为将投资人应获赔偿限定在虚假陈述所造成的损失范围内,确定损失计算的合理期间而规定的截止日期。基准日分别按下列情况确定:

(一)揭露日或者更正日起,至被虚假陈述影响的证券累计成交量达到其可流通部分100%之日。但通过大宗交易协议转让的证券成交量不予计算。

(二)按前项规定在开庭审理前尚不能确定的,则以揭露日或者更正日后第30个交易日为基准日。

(三)已经退出证券交易市场的,以摘牌日前一交易日为基准日。

(四)已经停止证券交易的,可以停牌日前一交易日为基准日;恢复交易的,可以本条第(一)项规定确定基准日。

第三十四条　投资人持股期间基于股东身份取得的收益,包括红利、红股、公积金转增所得的股份以及投资人持股期间出资购买的配股、增发股和转配股,不得冲抵虚假陈述行为人的赔偿金额。

第三十五条 已经除权的证券,计算投资差额损失时,证券价格和证券数量应当复权计算。

《最高人民法院关于审理虚假陈述侵权纠纷案件有关问题的复函》

黑龙江省高级人民法院:

你院《关于审理虚假陈述侵权纠纷案件有关问题的请示》收悉。对所请示的问题,经研究答复如下:

一、关于承销商的责任问题

申银万国证券有限责任公司(下称申银万国)承销大庆联谊石化股份有限公司(下称大庆联谊)的股票发行时,因未尽到审核义务,且其编制的上市材料中含有虚假信息,而被中国证监会予以行政处罚。申银万国作为承销商,应当知道大庆联谊是否存在虚假陈述的情况,而其没有对最初源于大庆联谊的虚假陈述予以纠正或出具保留意见,并且自己也编制和出具了虚假陈述文件,故根据本院《关于审理证券市场因虚假陈述引发的民事赔偿案件的若干规定》(下称《规定》)第二十七条内容,申银万国的虚假陈述与大庆联谊的虚假陈述构成共同侵权,对因此给投资人的损失,两者应互为承担连带责任。

申银万国没有尽到责任(并编制虚假上市材料),使得含有虚假信息的大庆联谊股票得以发行和上市,其虚假行为影响了广大投资人。在大庆联谊的虚假陈述行为没有被揭露或者更正之前,发行市场的虚假陈述必然对交易市场产生影响,包括对交易市场的投资人进行投资时的影响。故同意你院第一种意见。

你院对《规定》第二十三、二十七条内容的理解是正确的。

二、关于实际控制人承担责任的顺序

实际控制人直接承担民事责任的条件,是其以自己名义直接在证券市场作出虚假陈述行为,并给投资人造成了损失。中国证监会的处罚决定,认定了大庆联谊石油化工总厂(下称石化总厂)存在虚假陈述行为,并且该行为发生在大庆联谊成立之前。据此可以得出两个结论:一是石化总厂的虚假陈述行为是客观存在的;二是石化总厂的虚假陈述发生在大庆联谊成立之前,足以认定石化总厂作为实际控制人直接对证券市场实施了虚假陈述行为。石化总厂直接虚假陈述,也不排斥其操纵大庆联谊在发行股票、交易股份时,以大庆联谊名义进行虚假陈述。因此,石化总厂应当与大庆联谊对投资人因此所受损失共同承担民事责任。石化总厂与大庆联谊之间的责任划分问题,如当事人间有争议,可另行起诉。

三、关于揭露日或更正日的确定

关于大庆联谊揭露日、更正日的确定。1999年4月20日,大庆联谊仅就利润虚假、募集资金使用虚假等行为进行了自我更正,没有涉及发行阶段的虚假陈述行为。2000 年 4 月 27 日,中国证监会行政处罚公告后,大庆联谊虚假发行的事实才首次得以公开披露。故原则同意你院关于大庆联谊虚假陈述揭露日确定的第二种意见及处理方案。

关于圣方科技揭露日或更正日的确定。2001 年 5 月 19 日,圣方科技就所收购的圣方显示器公司虚假注册资本 500 万元作出了更正,中国证监会事后主要就该虚假陈述内容进行行政处罚,故认定 2001 年 5 月 19 日为更正日,符合客观事实。同意你院第一种意见。

四、关于中介服务机构民事责任承担问题

《规定》第二十四条内容,是从归责角度对中介服务机构及其直接责任人作出过错推定责任承担总的规定,无论故意或过失,只要行为人主观具有过错,客观给他人造成了损失,该类虚假陈述行为人就其负有责任的部分承担民事责任。《规定》第二十七条内容,是从共同侵权角度对承担过错推定责任的各类虚假陈述行为人,如何判断其与发行人、上市公司构成共同侵权并承担连带责任作出的规定。当发行人或者上市公司存在虚假陈述行为时,上述负有特定义务的各类行为人如没有对虚假陈述内容予以纠正或保留意见,又没有证据证明其无过错(包括故意和过失),则其与发行人或者上市公司构成共同侵权,对投资人因此造成的损失承担连带责任。但专业中介服务机构及其直接责任人的民事责任限定于其负有责任的部分。

如果本案不存在其他法律障碍,请你院在收到本院答复意见后,督促有关法院尽快结案。

此复

第一百二十六条 【其他民事权益】

民事主体享有法律规定的其他民事权利和利益。

【条文对照】

本条为《民法典》总则编"新增条文",无可对照编纂对象。

【条文释义】

本条是关于民事权益的兜底性规定,是对上述条文没有规定但是实践中逐渐出现并得到法律认可的新型民事权益受到法律保护的规定。

本条采用了"法律规定"的限定,实际上采纳了民事权益"法定说"。这一"法律"应该理解为广义的法律,即包括法律、行政法规、司法解释等。

【关联法规】

《民法典》侵权责任编

第一千一百六十四条　本编调整因侵害民事权益产生的民事关系。

《精神损害赔偿司法解释》

第三条　死者的姓名、肖像、名誉、荣誉、隐私、遗体、遗骨等受到侵害，其近亲属向人民法院提起诉讼请求精神损害赔偿的，人民法院应当依法予以支持。

第一百二十七条　【对数据和网络虚拟财产的保护】

法律对数据、网络虚拟财产的保护有规定的，依照其规定。

【条文对照】

本条为《民法典》总则编"新增条文"，无可对照编纂对象。

【条文释义】

数据是对互联网上包括个人信息在内的各种信息加工处理后所形成的具有价值的数字信息，能够体现特定的人格利益或财产利益。网络虚拟财产，是指虚拟的网络本身以及存在于网络上的具有财产性的电磁记录，是一种能够用现有的度量标准度量其价值的数字化的新型财产，包括网络游戏、电子邮件、网络寻呼等一系列信息类产品。这类财产也具有使用价值，属于财产利益，但学界目前对其属于物权还是债权存在争议。鉴于目前对于数据和网络虚拟财产的研究尚不深入，因而本法并未对其概念和保护规则予以规定，而是预留了一个特别法与本法对接的通道，如果其他法律有特别保护规定的，依照其规定。

【关联法规】

《反不正当竞争法》

第九条　经营者不得实施下列侵犯商业秘密的行为：

（一）以盗窃、贿赂、欺诈、胁迫、电子侵入或者其他不正当手段获取权利人的商业秘密；

（二）披露、使用或者允许他人使用以前项手段获取的权利人的商业秘密；

（三）违反保密义务或者违反权利人有关保守商业秘密的要求，披露、使用或者允许他人使用其所掌握的商业秘密；

（四）教唆、引诱、帮助他人违反保密义务或者违反权利人有关保守商业秘密的要求，获取、披露、使用或者允许他人使用权利人的商业秘密。

经营者以外的其他自然人、法人和非法人组织实施前款所列违法行为的，视为侵犯商业秘密。

第三人明知或者应知商业秘密权利人的员工、前员工或者其他单位、个人实施本条第一款所列违法行为,仍获取、披露、使用或者允许他人使用该商业秘密的,视为侵犯商业秘密。

本法所称的商业秘密,是指不为公众所知悉、具有商业价值并经权利人采取相应保密措施的技术信息、经营信息等商业信息。

《刑法》

第二百八十五条 违反国家规定,侵入国家事务、国防建设、尖端科学技术领域的计算机信息系统的,处三年以下有期徒刑或者拘役。

违反国家规定,侵入前款规定以外的计算机信息系统或者采用其他技术手段,获取该计算机信息系统中存储、处理或者传输的数据,或者对该计算机信息系统实施非法控制,情节严重的,处三年以下有期徒刑或者拘役,并处或者单处罚金;情节特别严重的,处三年以上七年以下有期徒刑,并处罚金。

提供专门用于侵入、非法控制计算机信息系统的程序、工具,或者明知他人实施侵入、非法控制计算机信息系统的违法犯罪行为而为其提供程序、工具,情节严重的,依照前款的规定处罚。

单位犯前三款罪的,对单位判处罚金,并对其直接负责的主管人员和其他直接责任人员,依照各该款的规定处罚。

第二百八十六条 违反国家规定,对计算机信息系统功能进行删除、修改、增加、干扰,造成计算机信息系统不能正常运行,后果严重的,处五年以下有期徒刑或者拘役;后果特别严重的,处五年以上有期徒刑。

违反国家规定,对计算机信息系统中存储、处理或者传输的数据和应用程序进行删除、修改、增加的操作,后果严重的,依照前款的规定处罚。

故意制作、传播计算机病毒等破坏性程序,影响计算机系统正常运行,后果严重的,依照第一款的规定处罚。

单位犯前三款罪的,对单位判处罚金,并对其直接负责的主管人员和其他直接责任人员,依照第一款的规定处罚。

《网络安全法》

第十条 建设、运营网络或者通过网络提供服务,应当依照法律、行政法规的规定和国家标准的强制性要求,采取技术措施和其他必要措施,保障网络安全、稳定运行,有效应对网络安全事件,防范网络违法犯罪活动,维护网络数据的完整性、保密性和可用性。

第二十一条 国家实行网络安全等级保护制度。网络运营者应当按照网络安全等级保护制度的要求,履行下列安全保护义务,保障网络免受干扰、破坏或者未经授权的访问,防止网络数据泄露或者被窃取、篡改:

（一）制定内部安全管理制度和操作规程，确定网络安全负责人，落实网络安全保护责任；

（二）采取防范计算机病毒和网络攻击、网络侵入等危害网络安全行为的技术措施；

（三）采取监测、记录网络运行状态、网络安全事件的技术措施，并按照规定留存相关的网络日志不少于六个月；

（四）采取数据分类、重要数据备份和加密等措施；

（五）法律、行政法规规定的其他义务。

第二十七条　任何个人和组织不得从事非法侵入他人网络、干扰他人网络正常功能、窃取网络数据等危害网络安全的活动；不得提供专门用于从事侵入网络、干扰网络正常功能及防护措施、窃取网络数据等危害网络安全活动的程序、工具；明知他人从事危害网络安全的活动的，不得为其提供技术支持、广告推广、支付结算等帮助。

第七十六条　本法下列用语的含义：

（一）网络，是指由计算机或者其他信息终端及相关设备组成的按照一定的规则和程序对信息进行收集、存储、传输、交换、处理的系统。

（二）网络安全，是指通过采取必要措施，防范对网络的攻击、侵入、干扰、破坏和非法使用以及意外事故，使网络处于稳定可靠运行的状态，以及保障网络数据的完整性、保密性、可用性的能力。

（三）网络运营者，是指网络的所有者、管理者和网络服务提供者。

（四）网络数据，是指通过网络收集、存储、传输、处理和产生的各种电子数据。

（五）个人信息，是指以电子或者其他方式记录的能够单独或者与其他信息结合识别自然人个人身份的各种信息，包括但不限于自然人的姓名、出生日期、身份证件号码、个人生物识别信息、住址、电话号码等。

《著作权法》

第十五条　汇编若干作品、作品的片段或者不构成作品的数据或者其他材料，对其内容的选择或者编排体现独创性的作品，为汇编作品，其著作权由汇编人享有，但行使著作权时，不得侵犯原作品的著作权。

第一百二十八条　【对弱势群体的特别保护】

法律对未成年人、老年人、残疾人、妇女、消费者等的民事权利保护有特别规定的，依照其规定。

【条文对照】

本条为《民法典》总则编"新增条文",无可对照编纂对象。

【条文释义】

本条是对未成年人、老年人、残疾人、妇女、消费者等弱势群体民事权利的保护规定。由于他们处于弱势地位,严格遵循民法的形式平等,会造成实质的不公,因此法律对他们予以特别的、倾斜性保护。

严格地说,本条较之《民法通则》第104条和第105条,放弃了宣誓性规定的模式,改为适用特别法。由于司法实务无法直接适用本条,本条在权利保护的实际作用上,显得更为消极。

【关联法规】

《宪法》

第四十八条　中华人民共和国妇女在政治的、经济的、文化的、社会的和家庭的生活等各方面享有同男子平等的权利。

国家保护妇女的权利和利益,实行男女同工同酬,培养和选拔妇女干部。

第四十九条　婚姻、家庭、母亲和儿童受国家的保护。

夫妻双方有实行计划生育的义务。

父母有抚养教育未成年子女的义务,成年子女有赡养扶助父母的义务。

禁止破坏婚姻自由,禁止虐待老人、妇女和儿童。

《老年人权益保障法》

第十四条　赡养人应当履行对老年人经济上供养、生活上照料和精神上慰藉的义务,照顾老年人的特殊需要。

赡养人是指老年人的子女以及其他依法负有赡养义务的人。

赡养人的配偶应当协助赡养人履行赡养义务。

第十六条　赡养人应当妥善安排老年人的住房,不得强迫老年人居住或者迁居条件低劣的房屋。

老年人自有的或者承租的住房,子女或者其他亲属不得侵占,不得擅自改变产权关系或者租赁关系。

老年人自有的住房,赡养人有维修的义务。

第二十一条　老年人的婚姻自由受法律保护。子女或者其他亲属不得干涉老年人离婚、再婚及婚后的生活。

赡养人的赡养义务不因老年人的婚姻关系变化而消除。

《妇女权益保障法》

第二十七条　任何单位不得因结婚、怀孕、产假、哺乳等情形,降低女职工的工资,辞退女职工,单方解除劳动(聘用)合同或者服务协议。但是,女职工要求终止劳动(聘用)合同或者服务协议的除外。

各单位在执行国家退休制度时,不得以性别为由歧视妇女。

第三十三条 任何组织和个人不得以妇女未婚、结婚、离婚、丧偶等为由,侵害妇女在农村集体经济组织中的各项权益。

因结婚男方到女方住所落户的,男方和子女享有与所在地农村集体经济组织成员平等的权益。

第三十七条 妇女的人身自由不受侵犯。禁止非法拘禁和以其他非法手段剥夺或者限制妇女的人身自由;禁止非法搜查妇女的身体。

第三十八条 妇女的生命健康权不受侵犯。禁止溺、弃、残害女婴;禁止歧视、虐待生育女婴的妇女和不育的妇女;禁止用迷信、暴力等手段残害妇女;禁止虐待、遗弃病、残妇女和老年妇女。

第三十九条 禁止拐卖、绑架妇女;禁止收买被拐卖、绑架的妇女;禁止阻碍解救被拐卖、绑架的妇女。

各级人民政府和公安、民政、劳动和社会保障、卫生等部门按照其职责及时采取措施解救被拐卖、绑架的妇女,做好善后工作,妇女联合会协助和配合做好有关工作。任何人不得歧视被拐卖、绑架的妇女。

第四十条 禁止对妇女实施性骚扰。受害妇女有权向单位和有关机关投诉。

第四十二条 妇女的名誉权、荣誉权、隐私权、肖像权等人格权受法律保护。

禁止用侮辱、诽谤等方式损害妇女的人格尊严。禁止通过大众传播媒介或者其他方式贬低损害妇女人格。未经本人同意,不得以营利为目的,通过广告、商标、展览橱窗、报纸、期刊、图书、音像制品、电子出版物、网络等形式使用妇女肖像。

《残疾人保障法》

第三条 残疾人在政治、经济、文化、社会和家庭生活等方面享有同其他公民平等的权利。

残疾人的公民权利和人格尊严受法律保护。

禁止基于残疾的歧视。禁止侮辱、侵害残疾人。禁止通过大众传播媒介或者其他方式贬低损害残疾人人格。

第四条 国家采取辅助方法和扶持措施,对残疾人给予特别扶助,减轻或者消除残疾影响和外界障碍,保障残疾人权利的实现。

第十二条 国家和社会对残疾军人、因公致残人员以及其他为维护国家和人民利益致残的人员实行特别保障,给予抚恤和优待。

《消费者权益保护法》

第七条　消费者在购买、使用商品和接受服务时享有人身、财产安全不受损害的权利。

消费者有权要求经营者提供的商品和服务，符合保障人身、财产安全的要求。

第八条　消费者享有知悉其购买、使用的商品或者接受的服务的真实情况的权利。

消费者有权根据商品或者服务的不同情况，要求经营者提供商品的价格、产地、生产者、用途、性能、规格、等级、主要成份、生产日期、有效期限、检验合格证明、使用方法说明书、售后服务，或者服务的内容、规格、费用等有关情况。

第九条　消费者享有自主选择商品或者服务的权利。

消费者有权自主选择提供商品或者服务的经营者，自主选择商品品种或者服务方式，自主决定购买或者不购买任何一种商品、接受或者不接受任何一项服务。

消费者在自主选择商品或者服务时，有权进行比较、鉴别和挑选。

第十条　消费者享有公平交易的权利。

消费者在购买商品或者接受服务时，有权获得质量保障、价格合理、计量正确等公平交易条件，有权拒绝经营者的强制交易行为。

第十一条　消费者因购买、使用商品或者接受服务受到人身、财产损害的，享有依法获得赔偿的权利。

第十二条　消费者享有依法成立维护自身合法权益的社会组织的权利。

第十三条　消费者享有获得有关消费和消费者权益保护方面的知识的权利。

消费者应当努力掌握所需商品或者服务的知识和使用技能，正确使用商品，提高自我保护意识。

第十四条　消费者在购买、使用商品和接受服务时，享有人格尊严、民族风俗习惯得到尊重的权利，享有个人信息依法得到保护的权利。

第十五条　消费者享有对商品和服务以及保护消费者权益工作进行监督的权利。

消费者有权检举、控告侵害消费者权益的行为和国家机关及其工作人员在保护消费者权益工作中的违法失职行为，有权对保护消费者权益工作提出批评、建议。

《未成年人保护法》

第三条　未成年人享有生存权、发展权、受保护权、参与权等权利，国家根据未成年人身心发展特点给予特殊、优先保护,保障未成年人的合法权益不受侵犯。

未成年人享有受教育权,国家、社会、学校和家庭尊重和保障未成年人的受教育权。

未成年人不分性别、民族、种族、家庭财产状况、宗教信仰等,依法平等地享有权利。

第三十九条 任何组织或者个人不得披露未成年人的个人隐私。

对未成年人的信件、日记、电子邮件,任何组织或者个人不得隐匿、毁弃;除因追查犯罪的需要,由公安机关或者人民检察院依法进行检查,或者对无行为能力的未成年人的信件、日记、电子邮件由其父母或者其他监护人代为开拆、查阅外,任何组织或者个人不得开拆、查阅。

第四十条 学校、幼儿园、托儿所和公共场所发生突发事件时,应当优先救护未成年人。

第四十一条 禁止拐卖、绑架、虐待未成年人,禁止对未成年人实施性侵害。

禁止胁迫、诱骗、利用未成年人乞讨或者组织未成年人进行有害其身心健康的表演等活动。

《最高人民法院印发〈关于依法妥善审理涉新冠肺炎疫情民事案件若干问题的指导意见(一)〉的通知》

五、依法适用惩罚性赔偿。经营者在经营口罩、护目镜、防护服、消毒液等防疫物品以及食品、药品时,存在《中华人民共和国消费者权益保护法》第五十五条、《中华人民共和国食品安全法》第一百四十八条第二款、《中华人民共和国药品管理法》第一百四十四条第三款、《最高人民法院关于审理食品药品纠纷案件适用法律若干问题的规定》第十五条规定情形,消费者主张依法适用惩罚性赔偿的,人民法院应予支持。

《化妆品监督管理条例》

第八条 消费者协会和其他消费者组织对违反本条例规定损害消费者合法权益的行为,依法进行社会监督。

第四十二条 美容美发机构、宾馆等在经营中使用化妆品或者为消费者提供化妆品的,应当履行本条例规定的化妆品经营者义务。

第四十三条 化妆品广告的内容应当真实、合法。

化妆品广告不得明示或者暗示产品具有医疗作用,不得含有虚假或者引人误解的内容,不得欺骗、误导消费者。

第四十四条 化妆品注册人、备案人发现化妆品存在质量缺陷或者其他问题,可能危害人体健康的,应当立即停止生产,召回已经上市销售的化妆品,通知相关化妆品经营者和消费者停止经营、使用,并记录召回和通知情况。化妆品注册人、备案人应当对召回的化妆品采取补救、无害化处理、销毁等措施,并将化妆品召回和处理情况向所在地省、自治区、直辖市人民政府药品监督管理部门报告。

受托生产企业、化妆品经营者发现其生产、经营的化妆品有前款规定情形的,应当立即停止生产、经营,通知相关化妆品注册人、备案人。化妆品注册人、备案人应当立即实施召回。

负责药品监督管理的部门在监督检查中发现化妆品有本条第一款规定情形的,应当通知化妆品注册人、备案人实施召回,通知受托生产企业、化妆品经营者停止生产、经营。

化妆品注册人、备案人实施召回的,受托生产企业、化妆品经营者应当予以配合。

化妆品注册人、备案人、受托生产企业、经营者未依照本条规定实施召回或者停止生产、经营的,负责药品监督管理的部门责令其实施召回或者停止生产、经营。

第六十九条　化妆品广告违反本条例规定的,依照《中华人民共和国广告法》的规定给予处罚;采用其他方式对化妆品作虚假或者引人误解的宣传的,依照有关法律的规定给予处罚;构成犯罪的,依法追究刑事责任。

第七十六条　违反本条例规定,造成人身、财产或者其他损害的,依法承担赔偿责任。

第一百二十九条　【民事权利的取得方式】

民事权利可以依据民事法律行为、事实行为、法律规定的事件或者法律规定的其他方式取得。

【条文对照】

本条为《民法典》总则编"新增条文",无可对照编纂对象。

【条文释义】

本条对民事权利的取得方式进行了规定。

民事权利的取得方式包括民事法律行为、事实行为、法律规定的事件以及其他方式。所有这些能够引起民事权利产生或取得的事实就是民事法律事实。

民事法律行为是指民事主体通过意思表示设立、变更、终止民事法律关系的行为。

事实行为,是指行为人主观上不一定具有设立、变更、终止民事法律关系的意思,但是客观上能够依照法律的规定引起一定法律后果的行为。

法律规定的事件,是指不直接包含人的意志而根据法律规定能够引起民事法律关系设立、变更、终止的法律事实,包括人的出生和死亡,以及灾害、时间的经过等。这些事实虽然与人的意志无关,或者不直接具有意志性,但是其一旦发生,就依法在一定的主体之间产生设立、变更或者终止一定民事法律关系的效果。

此外,民事权利还可以依据国家公权力机关的法律文书例如民事裁判书、征收决定等方式取得。

【关联法规】

《民法典》物权编

第二百二十九条 因人民法院、仲裁机构的法律文书或者人民政府的征收决定等,导致物权设立、变更、转让或者消灭的,自法律文书或者征收决定等生效时发生效力。

第二百三十条 因继承取得物权的,自继承开始时发生效力。

第二百三十一条 因合法建造、拆除房屋等事实行为设立或者消灭物权的,自事实行为成就时发生效力。

《民法典物权编司法解释一》

第八条 依据民法典第二百二十九条至第二百三十一条规定享有物权,但尚未完成动产交付或者不动产登记的权利人,依据民法典第二百三十五条至第二百三十八条的规定,请求保护其物权的,应予支持。

第一百三十条 【权利行使的自愿原则】

民事主体按照自己的意愿依法行使民事权利,不受干涉。

【条文对照】

本条为《民法典》总则编"新增条文",无可对照编纂对象。

【条文释义】

本条规定了权利行使的自愿原则。作为基本原则的自愿原则保障民事主体按照自己的意思设立、变更、终止民事法律关系,不受干涉。而本条是作为基本原则的自愿原则在民事权利行使领域的具体化。

民事权利是法律赋予民事主体得以享受特定利益的可能性。在民事权利所划定的范围内,权利人具有广泛的自由,只要不违反法律和公序良俗,其可以按照自己的意愿去行使权利:权利人有权按照自己的意愿选择行使或者不行使民事权利,有权按照自己的意愿选择依法行使民事权利的内容,有权按照自己的意愿选择依法行使民事权利的方式,任何机关和个人不得非法干涉或侵害。

【关联法规】

《民法典》总则编

第五条 民事主体从事民事活动,应当遵循自愿原则,按照自己的意思设立、变更、终止民事法律关系。

《民法典》婚姻家庭编

第一千零四十六条 结婚应当男女双方完全自愿,禁止任何一方对另一方加以强迫,禁止任何组织或者个人加以干涉。

第一千零七十八条 婚姻登记机关查明双方确实是自愿离婚,并已经对子女抚养、财产以及债务处理等事项协商一致的,予以登记,发给离婚证。

《种子法》

第四十四条 种子使用者有权按照自己的意愿购买种子,任何单位和个人不得非法干预。

第一百三十一条 【权利人的义务履行】

民事主体行使权利时,应当履行法律规定的和当事人约定的义务。

【条文对照】

本条为《民法典》总则编"新增条文",无可对照编纂对象。

【条文释义】

人类共同生活,不但需要享有民事权利以满足其需求,还需要承担民事义务以满足他人的需求。另外,民事权利并非绝对的,权利的行使受到诚实信用原则、公序良俗原则以及信赖保护原则的限制,任何权利人均需履行遵守上述原则的义务。因此,民事权利肯定与民事义务对应,民事主体在行使民事权利时,还应当履行相应的民事义务,不能单方面享有权利却拒绝履行义务,这也是社会主义核心价值观的体现。

民事义务主要包括合同义务以及基于侵权、无因管理、不当得利等事实产生的法定义务,前面提到的诚实信用原则、公序良俗原则等亦是法律规定的所有民事主体应当履行的义务。

【关联法规】

《民法典》物权编

第二百七十三条 业主对建筑物专有部分以外的共有部分,享有权利,承担义务;不得以放弃权利为由不履行义务。

业主转让建筑物内的住宅、经营性用房,其对共有部分享有的共有和共同管理的权利一并转让。

《民法典》合同编

第五百零九条　当事人应当按照约定全面履行自己的义务。

当事人应当遵循诚信原则,根据合同的性质、目的和交易习惯履行通知、协助、保密等义务。

当事人在履行合同过程中,应当避免浪费资源、污染环境和破坏生态。

第一百三十二条　【禁止权利滥用】

民事主体不得滥用民事权利损害国家利益、社会公共利益或者他人合法权益。

【条文对照】

本条为《民法典》总则编"新增条文",无可对照编纂对象。

【条文释义】

权利的行使,原则上应当依照权利人的自由意思,不受他人非法干涉。但是,任何权利的行使都应当有其正当的界限和必要的限度。如果权利的行使超越了正当的界限和必要的限度,损害他人合法权益和社会公共利益,则构成权利的滥用。

禁止权利滥用原则是诚实信用原则的当然内容。判断是否构成滥用民事权利的关键,在于权利人是否超出了合理限度行使权利,而是否超出合理限度通常判断是否存在损害他人的故意或是否以损害他人为目的行使权利。因此,在合理限度内行使权利,即使因过失造成他人或社会利益损害亦不构成权利滥用。

需要说明的是,构成权利滥用的,以滥用方式行使权利不发生相应的法律效果,但法律并不因为权利人滥用权利而否认其享有该权利。只要权利人在法律规定的正当的界限和必要的限度内重新行使权利,也可以依法产生相应的法律后果。

【关联法规】

《宪法》

第五十一条　中华人民共和国公民在行使自由和权利的时候,不得损害国家的、社会的、集体的利益和其他公民的合法的自由和权利。

第六章　民事法律行为

第一节　一般规定

第一百三十三条　【民事法律行为的概念】

民事法律行为是民事主体通过意思表示设立、变更、终止民事法律关系的行为。

【条文对照】

《民法典》总则编	《民法通则》
第一百三十三条　民事法律行为是民<u>事主体通过意思表示</u>设立、变更、终止<u>民事法律关系</u>的行为。	第五十四条　民事法律行为是<u>公民或者法人</u>设立、变更、终止<u>民事权利和民事义务</u>的合法行为。

【条文释义】

我国的民事法律行为概念来自德国法中的法律行为概念。基于物权行为和债权行为的分离，德国民法学家抽象出了法律行为的概念来概括商品流转领域中的各种交易行为和其他表意行为，对德国民法理论体系和立法体系的形成，具有不可或缺的作用。《德国民法典》总则主要是由规定自然人和法人的主体法以及规定法律行为的行为法构成，如果没有抽象出法律行为概念，《德国民法典》总则将只剩下主体法，成为一具空壳。因此，法律行为的概念对德国民法理论体系和立法体系的形成具有不可或缺的作用。

我国立法机关在《民法通则》制定过程中，认为法律行为有泛指一切具有法律后果和法律意义的行为的趋势，因此使用了"民事法律行为"的概念，以示区别。但由于我国《民法通则》既未规定意思表示为民事法律行为的核心内容，又不恰当地将其限定为合法行为，因此《民法通则》中的民事法律行为概念已不同于德国法中的法律行为概念。

本次民法典编纂对《民法通则》中有关法律行为理论的不完善之处进行了适当修改：(1)特别强调了民事法律行为的意思表示要素。民事法律行为以意思表示为核心，没有意思表示就没有民事法律行为。《民法通则》没有意识到意思表示在法律行为中的核心地位，并未定义出法律行为的实质。根据《民法通则》的规定，无因管理亦完全符合民事法律行为的定义。(2)不再将合法性作为民事法律行为的实质要素。民事法律行为合法与否属于民事法律行为效力判断层面的问题，而非民事法律行为本体的构成要件。(3)将"民事权利和民事义务"改为"民事法律关系",表述更加准确。

【关联法规】

《民法典》合同编

第四百六十四条 合同是民事主体之间设立、变更、终止民事法律关系的协议。

婚姻、收养、监护等有关身份关系的协议,适用有关该身份关系的法律规定;没有规定的,可以根据其性质参照适用本编规定。

第一百三十四条 【民事法律行为的成立】

民事法律行为可以基于双方或者多方的意思表示一致成立,也可以基于单方的意思表示成立。

法人、非法人组织依照法律或者章程规定的议事方式和表决程序作出决议的,该决议行为成立。

【条文对照】

本条为《民法典》总则编"新增条文",无可对照编纂对象。

【条文释义】

本条是对民事法律行为成立的规定。根据民事法律行为参与人数的不同,本条规定了不同的成立方式,并形成了双方民事法律行为、多方民事法律行为、单方民事法律行为、决议行为等不同的民事法律行为类型。

双方民事法律行为,是指双方当事人的意思表示达成一致才能成立的民事法律行为,是现实社会经济生活中最为广泛的民事法律行为,以合同为典型形式。

多方民事法律行为,是指两个以上的当事人的意思表示达成一致才能成立的民事法律行为,订立公司章程和签订合伙协议的行为就是典型的多方民事法律行为。

单方民事法律行为,是指根据一方当事人的意思表示就可以成立的法律行为。这种行为无须他方当事人的同意,依据行为人自己一方的意志就可以发生所期待的法律效果。订立遗嘱、放弃继承权、撤销委托代理、免除债务、追认无权代理等行为,都属于单方行为。

决议行为,是指两个或两个以上的当事人基于并行的意思表示,为实现一定的法律效果而实施的民事法律行为。决议行为与双方民事法律行为、多方民事法律行为的区别在于:(1)双方民事法律行为、多方民事法律行为需要所有当事人的意思表示一致才能成立;而决议行为并不要求所有当事人的意思表示一致,只要符合法律或章程规定的议事方式和表决程序,多数人意思表示一致即可成立决议行为。(2)决议行为一般发生在法人或非法人组织内部的治理方面,须依照法律或章程规定的议事方式和表决程序进行;而双方民事法律行为、多方民事法律行为一般发生在法人或非法人组织内部治理以外,无须格外遵守法律或章程规定的议事方式和表决程序。

【关联法规】

《民法典》合同编

第四百七十二条 要约是希望与他人订立合同的意思表示,该意思表示应当符合下列条件:

(一)内容具体确定;

(二)表明经受要约人承诺,要约人即受该意思表示约束。

第四百七十九条 承诺是受要约人同意要约的意思表示。

第四百八十三条 承诺生效时合同成立,但是法律另有规定或者当事人另有约定的除外。

《民法典》婚姻家庭编

第一千零四十六条 结婚应当男女双方完全自愿,禁止任何一方对另一方加以强迫,禁止任何组织或者个人加以干涉。

第一千零七十八条 婚姻登记机关查明双方确实是自愿离婚,并已经对子女抚养、财产以及债务处理等事项协商一致的,予以登记,发给离婚证。

第一千零九十七条 生父母送养子女,应当双方共同送养。生父母一方不明或者查找不到的,可以单方送养。

第一千一百零一条 有配偶者收养子女,应当夫妻共同收养。

第一千一百零四条 收养人收养与送养人送养,应当双方自愿。收养八周岁以上未成年人的,应当征得被收养人的同意。

第一千一百零五条 收养应当向县级以上人民政府民政部门登记。收养关系自登记之日起成立。

收养查找不到生父母的未成年人的,办理登记的民政部门应当在登记前予以公告。

收养关系当事人愿意签订收养协议的,可以签订收养协议。

收养关系当事人各方或者一方要求办理收养公证的,应当办理收养公证。

县级以上人民政府民政部门应当依法进行收养评估。

第一千一百一十六条 当事人协议解除收养关系的,应当到民政部门办理解除收养关系登记。

《民法典》继承编

第一千一百三十三条　自然人可以依照本法规定立遗嘱处分个人财产,并可以指定遗嘱执行人。

自然人可以立遗嘱将个人财产指定由法定继承人中的一人或者数人继承。

自然人可以立遗嘱将个人财产赠与国家、集体或者法定继承人以外的组织、个人。

自然人可以依法设立遗嘱信托。

第一千一百五十八条　自然人可以与继承人以外的组织或者个人签订遗赠扶养协议。按照协议,该组织或者个人承担该自然人生养死葬的义务,享有受遗赠的权利。

《公司法》

第四十二条　股东会会议由股东按照出资比例行使表决权;但是,公司章程另有规定的除外。

第四十三条　股东会的议事方式和表决程序,除本法有规定的外,由公司章程规定。

股东会会议作出修改公司章程、增加或者减少注册资本的决议,以及公司合并、分立、解散或者变更公司形式的决议,必须经代表三分之二以上表决权的股东通过。

《合伙企业法》

第四条　合伙协议依法由全体合伙人协商一致、以书面形式订立。

第十八条　合伙协议应当载明下列事项:

(一)合伙企业的名称和主要经营场所的地点;

(二)合伙目的和合伙经营范围;

(三)合伙人的姓名或者名称、住所;

(四)合伙人的出资方式、数额和缴付期限;

(五)利润分配、亏损分担方式;

(六)合伙事务的执行;

(七)入伙与退伙;

(八)争议解决办法;

(九)合伙企业的解散与清算;

(十)违约责任。

《公司法司法解释四》

第一条　公司股东、董事、监事等请求确认股东会或者股东大会、董事会决议无效或者不成立的,人民法院应当依法予以受理。

第四条 股东请求撤销股东会或者股东大会、董事会决议，符合民法典第八十五条、公司法第二十二条第二款规定的，人民法院应当予以支持，但会议召集程序或者表决方式仅有轻微瑕疵，且对决议未产生实质影响的，人民法院不予支持。

第一百三十五条 【民事法律行为的形式】

民事法律行为可以采用书面形式、口头形式或者其他形式；法律、行政法规规定或者当事人约定采用特定形式的，应当采用特定形式。

【条文对照】

《民法典》总则编	《民法通则》
第一百三十五条 民事法律行为可以采用书面形式、口头形式或者其他形式；法律、**行政法规**规定**或者当事人约定**采用特定形式的，应当<u>采用特定形式</u>。	第五十六条 民事法律行为可以采用书面形式、口头形式或者其他形式。法律规定用特定形式的，应当<u>依照法律规定</u>。

【条文释义】

本条对法律行为的形式进行了规定。根据本条规定，民事法律行为可以采用口头形式、书面形式或者其他形式。

口头形式，是指以谈话的方式进行的意思表示。当面交谈、电话交谈、托人带口信、当众宣布自己的意思等，都是口头形式。口头形式具有简便、迅速的优点，但发生纠纷时举证较为困难。口头形式主要适用于即时清结或者标的数额较小的民事法律行为。

书面形式，是指以书面文字的方式进行的意思表示，又分为一般书面形式和特殊书面形式。一般书面形式是指用一般性的文字记载形式进行的意思表示。特殊书面形式是指以获得国家机关或者其他职能部门认可的形式进行的意思表示，电子数据、电报信件、传真等都是特殊的书面形式。书面形式可以促使当事人在深思熟虑后实施民事法律行为，使权利义务关系明确化，并方便证据保存，主要适用于不能即时清结、标的数额较大的民事法律行为。

除了口头形式和书面形式外，如果法律规定或者当事人约定采用特殊形式的，则应当采用特殊形式，比如登记、备案或特定标的物的交付等形式。

【关联法规】

《民法典》合同编

第四百六十九条 当事人订立合同，可以采用书面形式、口头形式或者其他形式。

书面形式是合同书、信件、电报、电传、传真等可以有形地表现所载内容的形式。

以电子数据交换、电子邮件等方式能够有形地表现所载内容,并可以随时调取查用的数据电文,视为书面形式。

《建筑法》

第十五条　建筑工程的发包单位与承包单位应当依法订立书面合同,明确双方的权利和义务。

发包单位和承包单位应当全面履行合同约定的义务。不按照合同约定履行义务的,依法承担违约责任。

《电子签名法》

第三条　民事活动中的合同或者其他文件、单证等文书,当事人可以约定使用或者不使用电子签名、数据电文。

当事人约定使用电子签名、数据电文的文书,不得仅因为其采用电子签名、数据电文的形式而否定其法律效力。

前款规定不适用下列文书:

(一)涉及婚姻、收养、继承等人身关系的;

(二)涉及停止供水、供热、供气等公用事业服务的;

(三)法律、行政法规规定的不适用电子文书的其他情形。

第四条　能够有形地表现所载内容,并可以随时调取查用的数据电文,视为符合法律、法规要求的书面形式。

《农村土地承包法》

第二十二条　发包方应当与承包方签订书面承包合同。

承包合同一般包括以下条款:

(一)发包方、承包方的名称,发包方负责人和承包方代表的姓名、住所;

(二)承包土地的名称、坐落、面积、质量等级;

(三)承包期限和起止日期;

(四)承包土地的用途;

(五)发包方和承包方的权利和义务;

(六)违约责任。

《劳动法》

第十九条　劳动合同应当以书面形式订立,并具备以下条款:

(一)劳动合同期限;

(二)工作内容;

(三)劳动保护和劳动条件;

（四）劳动报酬；

（五）劳动纪律；

（六）劳动合同终止的条件；

（七）违反劳动合同的责任。

劳动合同除前款规定的必备条款外，当事人可以协商约定其他内容。

《广告法》

第三十条　广告主、广告经营者、广告发布者之间在广告活动中应当依法订立书面合同。

《慈善法》

第四十五条　设立慈善信托、确定受托人和监察人，应当采取书面形式。受托人应当在慈善信托文件签订之日起七日内，将相关文件向受托人所在地县级以上人民政府民政部门备案。

未按照前款规定将相关文件报民政部门备案的，不享受税收优惠。

《商业银行法》

第三十七条　商业银行贷款，应当与借款人订立书面合同。合同应当约定贷款种类、借款用途、金额、利率、还款期限、还款方式、违约责任和双方认为需要约定的其他事项。

《保险法》

第十三条　投保人提出保险要求，经保险人同意承保，保险合同成立。保险人应当及时向投保人签发保险单或者其他保险凭证。

保险单或者其他保险凭证应当载明当事人双方约定的合同内容。当事人也可以约定采用其他书面形式载明合同内容。

依法成立的保险合同，自成立时生效。投保人和保险人可以对合同的效力约定附条件或者附期限。

《合伙企业法》

第四条　合伙协议依法由全体合伙人协商一致、以书面形式订立。

《信托法》

第八条　设立信托，应当采取书面形式。

书面形式包括信托合同、遗嘱或者法律、行政法规规定的其他书面文件等。

采取信托合同形式设立信托的，信托合同签订时，信托成立。采取其他书面形式设立信托的，受托人承诺信托时，信托成立。

《个人独资企业法》

第十九条　个人独资企业投资人可以自行管理企业事务，也可以委托或者聘用其他具有民事行为能力的人负责企业的事务管理。

投资人委托或者聘用他人管理个人独资企业事务,应当与受托人或者被聘用的人签订书面合同,明确委托的具体内容和授予的权利范围。

受托人或者被聘用的人员应当履行诚信、勤勉义务,按照与投资人签订的合同负责个人独资企业的事务管理。

投资人对受托人或者被聘用的人员职权的限制,不得对抗善意第三人。

《买卖合同司法解释》

第一条 当事人之间没有书面合同,一方以送货单、收货单、结算单、发票等主张存在买卖合同关系的,人民法院应当结合当事人之间的交易方式、交易习惯以及其他相关证据,对买卖合同是否成立作出认定。

对账确认函、债权确认书等函件、凭证没有记载债权人名称,买卖合同当事人一方以此证明存在买卖合同关系的,人民法院应予支持,但有相反证据足以推翻的除外。

第一百三十六条 【民事法律行为的生效】

民事法律行为自成立时生效,但是法律另有规定或者当事人另有约定的除外。

行为人非依法律规定或者未经对方同意,不得擅自变更或者解除民事法律行为。

【条文对照】

《民法典》总则编	《民法通则》
第一百三十六条 民事法律行为自成立时生效,但是法律另有规定或者当事人另有约定的除外。 行为人非依法律规定或者未经对方同意,不得擅自变更或者解除民事法律行为。	第五十七条 民事法律行为从成立时起具有法律约束力。行为人非依法律规定或者取得对方同意,不得擅自变更或者解除。

【条文释义】

民事法律行为有成立和生效之分。民事法律行为的成立,是指当事人完成意思表示,民事法律行为在客观上已存在,是一个事实层面的问题。而民事法律行为的生效,是指已经成立的民事法律行为,因符合法定的生效要件,产生了当事人所欲求的法律效果,是一个效力层面的问题。依据本条规定,原则上来说,民事法律行为的成立和生效是同时发生的,除非法律另有规定或当事人另有约定。

依照法律规定,民事法律行为已成立未生效的情形有以下三种:(1)效力未定的民事法律行为。效力未定的民事法律行为只有经过追认权人的追认才能发生效力,追认之前,民事法律行为成立但未生效。(2)无效的民事法律行为。无效的民事法律行为虽然成立,但欠缺法律规定的生效要件,自始、确定、当然无效。(3)需要登记、批准或其他事实出现后才能生效的民事法律行为。法律特别规定民事法律行为需要登记、批准的,在登记、批准前,民事法律行为不生效。另外,法律还规定遗嘱只有在被继承人死亡时才生效。

当事人另有约定的已成立未生效的民事法律行为主要是附生效条件的民事法律行为和附始期的民事法律行为。

民事法律行为一旦生效,即被赋予法律约束力。非依法律规定或者未经对方同意,当事人不得擅自变更或者解除民事法律行为,是民事法律行为产生效力的应有之义。

【关联法规】

《民法典》合同编

第四百六十五条　依法成立的合同,受法律保护。

依法成立的合同,仅对当事人具有法律约束力,但是法律另有规定的除外。

第五百零二条　依法成立的合同,自成立时生效,但是法律另有规定或者当事人另有约定的除外。

依照法律、行政法规的规定,合同应当办理批准等手续的,依照其规定。未办理批准等手续影响合同生效的,不影响合同中履行报批等义务条款以及相关条款的效力。应当办理申请批准等手续的当事人未履行义务的,对方可以请求其承担违反该义务的责任。

依照法律、行政法规的规定,合同的变更、转让、解除等情形应当办理批准等手续的,适用前款规定。

《民法典担保制度司法解释》

第九条　相对人根据上市公司公开披露的关于担保事项已经董事会或者股东大会决议通过的信息,与上市公司订立担保合同,相对人主张担保合同对上市公司发生效力,并由上市公司承担担保责任的,人民法院应予支持。

相对人未根据上市公司公开披露的关于担保事项已经董事会或者股东大会决议通过的信息,与上市公司订立担保合同,上市公司主张担保合同对其不发生效力,且不承担担保责任或者赔偿责任的,人民法院应予支持。

相对人与上市公司已公开披露的控股子公司订立的担保合同,或者相对人与股票在国务院批准的其他全国性证券交易场所交易的公司订立的担保合同,适用前两款规定。

第二节　意思表示

第一百三十七条　【有特定相对人的意思表示的生效时间】

以对话方式作出的意思表示,相对人知道其内容时生效。

以非对话方式作出的意思表示,到达相对人时生效。以非对话方式作出的采用数据电文形式的意思表示,相对人指定特定系统接收数据电文的,该数据电文进入该特定系统时生效;未指定特定系统的,相对人知道或者应当知道该数据电文进入其系统时生效。当事人对采用数据电文形式的意思表示的生效时间另有约定的,按照其约定。

【条文对照】

《民法典》总则编	《合同法》
第一百三十七条　以对话方式作出的意思表示,相对人知道其内容时生效。 以非对话方式作出的意思表示,到达相对人时生效。以非对话方式作出的采用数据电文形式的意思表示,相对人指定特定系统接收数据电文的,该数据电文进入该特定系统时生效;未指定特定系统的,相对人知道或者应当知道该数据电文进入其系统时生效。当事人对采用数据电文形式的意思表示的生效时间另有约定的,按照其约定。	第十六条　要约到达受要约人时生效。 采用数据电文形式订立合同,收件人指定特定系统接收数据电文的,该数据电文进入该特定系统的时间,视为到达时间;未指定特定系统的,该数据电文进入收件人的任何系统的首次时间,视为到达时间。

【条文释义】

本条虽未明确规定有特定相对人的意思表示的生效时间,但结合本条以及本法第138条、第139条的内容,本条规定的是有特定相对人的意思表示的生效时间,第138条规定的是无相对人的意思表示的生效时间,第139条规定的是无特定相对人的意思表示的生效时间。

有特定相对人的意思表示是指意思表示针对某特定的当事人作出,如合同要约。根据本条规定,以意思表示是否以对话方式作出而有不同的生效时间:(1)采用对话方式的,比如当面对话、电话通话以及其他即时通讯方式的意思表示,从相对人知道其内容时生效,这基本上也是到达相对人的时间。(2)采用非对话方式的,比如书信、电子邮件、电报等方式的意思表示,该意思表示自其到达相对人处时发生法律效力。(3)以非对话方式作出的采用数据电文形式的意思表示,相对人指定特定系统接收数据电文的,该数据电文进入该特定系统时生效;未指定特定系统的,相对人知道或者应当知道该数据电文进入其系统时生效。如果当事人对这种意思表示的生效时间另有特别约定的,其生效时间按照约定执行。

较之《合同法》的规定,《民法典》总则编第 137 条区分了以对话方式和非对话方式作出的意思表示的生效时间,但实质上均是采用"到达主义"。

【关联法规】

《民法典》合同编

第四百七十四条　要约生效的时间适用本法第一百三十七条的规定。

第四百八十一条　承诺应当在要约确定的期限内到达要约人。

要约没有确定承诺期限的,承诺应当依照下列规定到达:

(一)要约以对话方式作出的,应当即时作出承诺;

(二)要约以非对话方式作出的,承诺应当在合理期限内到达。

第四百八十四条　以通知方式作出的承诺,生效的时间适用本法第一百三十七条的规定。

承诺不需要通知的,根据交易习惯或者要约的要求作出承诺的行为时生效。

《电子签名法》

第十一条　数据电文进入发件人控制之外的某个信息系统的时间,视为该数据电文的发送时间。

收件人指定特定系统接收数据电文的,数据电文进入该特定系统的时间,视为该数据电文的接收时间;未指定特定系统的,数据电文进入收件人的任何系统的首次时间,视为该数据电文的接收时间。

当事人对数据电文的发送时间、接收时间另有约定的,从其约定。

第一百三十八条　【无相对人的意思表示的生效时间】

无相对人的意思表示,表示完成时生效。法律另有规定的,依照其规定。

【条文对照】

本条为《民法典》总则编"新增条文",无可对照编纂对象。

【条文释义】

无相对人的意思表示是指意思表示不针对特定当事人作出,仅为当事人处分其财产或处理特定事项的意思表示,无须特定人接受,如遗嘱。

有相对人的意思表示的生效要考虑相对人是否有可能了解或知悉该意思表示,而无相对人的意思表示因为没有特定的相对人和接受人,因此其意思表示在完成时即可生效。当然法律另有规定的,应当按照法律的规定处理。

【关联法规】

《民法典》继承编

第一千一百三十三条　自然人可以依照本法规定立遗嘱处分个人财产，并可以指定遗嘱执行人。

自然人可以立遗嘱将个人财产指定由法定继承人中的一人或者数人继承。

自然人可以立遗嘱将个人财产赠与国家、集体或者法定继承人以外的组织、个人。

自然人可以依法设立遗嘱信托。

第一百三十九条　【公告的意思表示的生效时间】

以公告方式作出的意思表示，公告发布时生效。

【条文对照】

本条为《民法典》总则编"新增条文"，无可对照编纂对象。

【条文释义】

本条对以公告方式作出的意思表示的生效时间进行了规定。

以公告方式作出意思表示是指对不特定人发布公告所作出的意思表示，最典型的方式是悬赏广告。

以公告方式作出的意思表示，是向不特定人作出的意思表示，既不同于向特定人作出的意思表示，也不同于无相对人的意思表示，要适当考虑意思表示接受人了解意思表示的可能性，因此自公告发布时生效。

第一百四十条　【意思表示的形式】

行为人可以明示或者默示作出意思表示。

沉默只有在有法律规定、当事人约定或者符合当事人之间的交易习惯时，才可以视为意思表示。

【条文对照】

《民法典》总则编	《民通意见》
第一百四十条　行为人可以明示或者默示作出意思表示。 沉默只有在有法律规定、当事人约定或者符合当事人之间的交易习惯时，才可以视为意思表示。	66. 一方当事人向对方当事人提出民事权利的要求，对方未用语言或者文字明确表示意见，但其行为表明已接受的，可以认定为默示。不作为的默示只有在法律有规定或者当事人双方有约定的情况下，才可以视为意思表示。

【条文释义】

明示的意思表示是指行为人以作为的方式,非常明确地向相对人表达的意思表示,一般包括口头形式和书面形式。口头形式是指以谈话的方式进行的意思表示,书面形式是指以书面文字的方式进行的意思表示。明示的意思表示,是意思表示的最典型和最常用的表示方式,具有明确、清晰、不易产生纠纷的优点。

默示的意思表示是指行为人虽然没有以口头或者书面等明示方式作出意思表示,但可以通过其行为推知其内在的意思。默示分为推定形式和沉默形式。推定形式的默示,又称意思实现,是指虽然没有以明示方式作出意思表示,但以有目的、有意识的积极行为表示其意思,使他人可以根据常识、交易习惯或者相互间的默契,推知当事人已经作出了某种意思表示,从而使民事法律行为成立的形式,例如续租。沉默形式的默示,是指既无语言表示又无行为表示的消极行为,在法律有特别规定、当事人约定或符合交易习惯的情况下,视为当事人的沉默已经构成了意思表示,因此而使民事法律行为成立。例如《继承法》规定,受遗赠人在两个月内未作出接受遗赠的表示的,视为放弃遗赠。

【关联法规】

《民法典》合同编

第四百六十九条　当事人订立合同,可以采用书面形式、口头形式或者其他形式。

书面形式是合同书、信件、电报、电传、传真等可以有形地表现所载内容的形式。

以电子数据交换、电子邮件等方式能够有形地表现所载内容,并可以随时调取查用的数据电文,视为书面形式。

第四百八十条　承诺应当以通知的方式作出;但是,根据交易习惯或者要约表明可以通过行为作出承诺的除外。

《民法典》继承编

第一千一百二十四条　继承开始后,继承人放弃继承的,应当在遗产处理前,以书面形式作出放弃继承的表示;没有表示的,视为接受继承。

受遗赠人应当在知道受遗赠后六十日内,作出接受或者放弃受遗赠的表示;到期没有表示的,视为放弃受遗赠。

第一百四十一条　【意思表示的撤回】

行为人可以撤回意思表示。撤回意思表示的通知应当在意思表示到达相对人前或者与意思表示同时到达相对人。

【条文对照】

本条为《民法典》总则编"新增条文",无可对照编纂对象。

【条文释义】

本条对意思表示的撤回进行了规定。

意思表示的撤回,是指在意思表示人发出意思表示之后、意思表示生效之前,宣告收回发出的意思表示,使其不发生效力。由于意思表示的撤回发生在生效之前,相对人既未了解意思表示的内容亦未被赋予承诺的资格,意思表示即使撤回亦不会损害相对人的信赖利益。

原则上来说,意思表示在生效之前都可以撤回。由于以对话方式作出的意思表示自相对人知道其内容时生效、无相对人的意思表示自表示完成时生效、公告作出的意思表示自公告发布时生效,上述三种意思表示实际上并无撤回的可能,因此,意思表示的撤回只能发生在有特定相对人的意思表示中。

需要注意的是,意思表示的撤回不同于撤销,撤回使得意思表示不生效,而撤销是使得已经生效的意思表示失其效力。为避免相对人对该意思表示产生信赖利益,因此法律规定意思表示的撤回通知应当在意思表示到达相对人之前或者同时到达相对人。

【关联法规】

《民法典》合同编

第四百七十五条 要约可以撤回。要约的撤回适用本法第一百四十一条的规定。

第四百七十六条 要约可以撤销,但是有下列情形之一的除外:

(一)要约人以确定承诺期限或者其他形式明示要约不可撤销;

(二)受要约人有理由认为要约是不可撤销的,并已经为履行合同做了合理准备工作。

第四百八十五条 承诺可以撤回。承诺的撤回适用本法第一百四十一条的规定。

第一百四十二条 【意思表示的解释】

有相对人的意思表示的解释,应当按照所使用的词句,结合相关条款、行为的性质和目的、习惯以及诚信原则,确定意思表示的含义。

无相对人的意思表示的解释,不能完全拘泥于所使用的词句,而应当结合相关条款、行为的性质和目的、习惯以及诚信原则,确定行为人的真实意思。

【条文对照】

《民法典》总则编	《合同法》
第一百四十二条 有相对人的意思表示的解释,应当按照所使用的词句,结合相关条款、行为的性质和目的、习惯以及诚信原则,确定意思表示的含义。 无相对人的意思表示的解释,不能完全拘泥于所使用的词句,而应当结合相关条款、行为的性质和目的、习惯以及诚信原则,确定行为人的真实意思。	第一百二十五条第一款 当事人对合同条款的理解有争议的,应当按照合同所使用的词句、合同的有关条款、合同的目的、交易习惯以及诚实信用原则,确定该条款的真实意思。

【条文释义】

意思表示的解释是意思表示理论乃至法律行为理论的重要方面,一直以来学界对这一问题都存在争议。本条对意思表示的解释进行了明确规定,确立了意思表示解释的基本原则,意义重大。意思表示的解释应当根据是否有相对人而采取不同的意思表示解释原则与方法。

有相对人的意思表示的解释,重点关注行为人所表示出来的意思。由于行为人的内在意思无法客观知晓,为了保护相对人的信赖利益和交易安全,对于有相对人意思表示的解释,原则上采取客观立场,在外在表示与内心意思不一致时,以相对人足以客观了解的表示内容为准。因此在解释时,应当依据表示人所使用的词句,结合相关条款上下文文意,以及表示人所实施的行为的性质和目的、同行的交易习惯尤其是遵循诚信原则去确定意思表示的具体内容和含义,所确认的是一般理性人依据生活常识和经验所客观理解的意思表示的含义。

无相对人的意思表示由于没有意思表示的接受人,因此不需要考虑或兼顾相对人的了解和信赖利益保护,解释的基本目的是要探求表示人的真实意思,其采用的解释原则不同于有相对人的意思表示。因此解释无相对人的意思表示时,不能完全拘泥于所使用的词句,而应当结合相关条款、行为的性质和目的、习惯以及诚信原则,探究词句背后行为人的真实意思。

【关联法规】

《民法典》合同编

第四百六十六条 当事人对合同条款的理解有争议的,应当依据本法第一百四十二条第一款的规定,确定争议条款的含义。

合同文本采用两种以上文字订立并约定具有同等效力的,对各文本使用的词句推定具有相同含义。各文本使用的词句不一致的,应当根据合同的相关条款、性质、目的以及诚信原则等予以解释。

第四百九十八条 对格式条款的理解发生争议的,应当按照通常理解予以解释。对格式条款有两种以上解释的,应当作出不利于提供格式条款一方的解释。格式条款和非格式条款不一致的,应当采用非格式条款。

第三节 民事法律行为的效力

第一百四十三条 【民事法律行为的有效条件】

具备下列条件的民事法律行为有效:
(一)行为人具有相应的民事行为能力;
(二)意思表示真实;
(三)不违反法律、行政法规的强制性规定,不违背公序良俗。

【条文对照】

《民法典》总则编	《民法通则》
第一百四十三条 具备下列条件的民事法律行为**有效**: (一)行为人具有相应的民事行为能力; (二)意思表示真实; (三)不违反法律、**行政法规的强制性规定**,<u>不违背公序良俗</u>。	第五十五条 民事法律行为应当具备下列条件: (一)行为人具有相应的民事行为能力; (二)意思表示真实; (三)不违反法律或者<u>社会公共利益</u>。

【条文释义】

本条是关于民事法律行为有效条件的规定。

有效的民事法律行为必须满足三个条件:(1)行为人具有相应的民事行为能力。民事法律行为以行为人的意思表示为核心要素,当事人必须具有健全的理智和判断能力,能够理解自己行为的性质和后果,能够独立表达自己的意思表示,因此必须具有相应的民事行为能力。(2)意思表示真实,是指当事人的内心意思与外部表示相一致。换言之,当事人必须在意思自由、能够意识到自己行为的法律效果的情况下进行意思表示,不存在欺诈、胁迫、重大误解等情况。(3)不违反法律、行政法规的强制性规定,不违背公序良俗。

值得注意的是,民事法律行为同时符合三项要件方为有效,而不符合三项要件却不可简单地反面解释为无效。民事法律行为违反第三项要件为无效,违反第一项和第二项要件的民事法律行为可能有效、可能无效也可能效力待定或可撤销。

【关联法规】

《民法典》总则编

第一百五十三条　违反法律、行政法规的强制性规定的民事法律行为无效。但是，该强制性规定不导致该民事法律行为无效的除外。

违背公序良俗的民事法律行为无效。

《民法典》合同编

第四百九十七条　有下列情形之一的，该格式条款无效：

（一）具有本法第一编第六章第三节和本法第五百零六条规定的无效情形；

（二）提供格式条款一方不合理地免除或者减轻其责任、加重对方责任、限制对方主要权利；

（三）提供格式条款一方排除对方主要权利。

第五百零二条　依法成立的合同，自成立时生效，但是法律另有规定或者当事人另有约定的除外。

依照法律、行政法规的规定，合同应当办理批准等手续的，依照其规定。未办理批准等手续影响合同生效的，不影响合同中履行报批等义务条款以及相关条款的效力。应当办理申请批准等手续的当事人未履行义务的，对方可以请求其承担违反该义务的责任。

依照法律、行政法规的规定，合同的变更、转让、解除等情形应当办理批准等手续的，适用前款规定。

第五百零六条　合同中的下列免责条款无效：

（一）造成对方人身损害的；

（二）因故意或者重大过失造成对方财产损失的。

第八百五十条　非法垄断技术或者侵害他人技术成果的技术合同无效。

《民法典》婚姻家庭编

第一千零四十七条　结婚年龄，男不得早于二十二周岁，女不得早于二十周岁。

第一千一百一十三条　有本法第一编关于民事法律行为无效规定情形或者违反本编规定的收养行为无效。

无效的收养行为自始没有法律约束力。

《民法典》继承编

第一千一百四十三条　无民事行为能力人或者限制民事行为能力人所立的遗嘱无效。

遗嘱必须表示遗嘱人的真实意思，受欺诈、胁迫所立的遗嘱无效。

伪造的遗嘱无效。

遗嘱被篡改的,篡改的内容无效。

《消费者权益保护法》

第二十六条　经营者在经营活动中使用格式条款的,应当以显著方式提请消费者注意商品或者服务的数量和质量、价款或者费用、履行期限和方式、安全注意事项和风险警示、售后服务、民事责任等与消费者有重大利害关系的内容,并按照消费者的要求予以说明。

经营者不得以格式条款、通知、声明、店堂告示等方式,作出排除或者限制消费者权利、减轻或者免除经营者责任、加重消费者责任等对消费者不公平、不合理的规定,不得利用格式条款并借助技术手段强制交易。

格式条款、通知、声明、店堂告示等含有前款所列内容的,其内容无效。

《民法典时间效力司法解释》

第八条　民法典施行前成立的合同,适用当时的法律、司法解释的规定合同无效而适用民法典的规定合同有效的,适用民法典的相关规定。

第一百四十四条　【无民事行为能力人实施的民事法律行为】

无民事行为能力人实施的民事法律行为无效。

【条文对照】

《民法典》总则编	《民法通则》
第一百四十四条　无民事行为能力人实施的民事法律行为无效。	第五十八条第一款第一项　下列民事行为无效: (一)无民事行为能力人实施的;

【条文释义】

民事法律行为以行为人的意思表示为核心要素,当事人必须具有健全的理智和判断能力,能够理解自己行为的性质和后果,能够独立表达自己的意思表示。因此无民事行为能力人不能实施民事法律行为,其所实施的民事法律行为无效。这种无效是绝对无效、确定无效和自始无效。

【关联法规】

《民法典》合同编

第四百九十七条　有下列情形之一的,该格式条款无效:

(一)具有本法第一编第六章第三节和本法第五百零六条规定的无效情形;

(二)提供格式条款一方不合理地免除或者减轻其责任、加重对方责任、限制对方主要权利；

(三)提供格式条款一方排除对方主要权利。

《民法典》婚姻家庭编

第一千一百一十三条　有本法第一编关于民事法律行为无效规定情形或者违反本编规定的收养行为无效。

无效的收养行为自始没有法律约束力。

《民法典》继承编

第一千一百四十三条　无民事行为能力人或者限制民事行为能力人所立的遗嘱无效。

遗嘱必须表示遗嘱人的真实意思,受欺诈、胁迫所立的遗嘱无效。

伪造的遗嘱无效。

遗嘱被篡改的,篡改的内容无效。

《票据法》

第六条　无民事行为能力人或者限制民事行为能力人在票据上签章的,其签章无效,但是不影响其他签章的效力。

第一百四十五条　【限制民事行为能力人实施的民事法律行为】

限制民事行为能力人实施的纯获利益的民事法律行为或者与其年龄、智力、精神健康状况相适应的民事法律行为有效;实施的其他民事法律行为经法定代理人同意或者追认后有效。

相对人可以催告法定代理人自收到通知之日起三十日内予以追认。法定代理人未作表示的,视为拒绝追认。民事法律行为被追认前,善意相对人有撤销的权利。撤销应当以通知的方式作出。

【条文对照】

《民法典》总则编	《合同法》
第一百四十五条　限制民事行为能力人实施的纯获利益的民事法律行为或者与其年龄、智力、精神健康状况相适应的民事法律行为有效;实施的其他民事法律行为经法定代理人同意或者追认后有效。 相对人可以催告法定代理人自收到通知之日起三十日内予以追认。法定代理人未作表示的,视为拒绝追认。民事法律行为被追认前,善意相对人有撤销的权利。撤销应当以通知的方式作出。	第四十七条　限制民事行为能力人订立的合同,经法定代理人追认后,该合同有效,但纯获利益的合同或者与其年龄、智力、精神健康状况相适应而订立的合同,不必经法定代理人追认。 相对人可以催告法定代理人在一个月内予以追认。法定代理人未作表示的,视为拒绝追认。合同被追认之前,善意相对人有撤销的权利。撤销应当以通知的方式作出。

【条文释义】

限制民事行为能力人已经具有一定的认识和判断能力,其在一定范围内实施的民事法律行为有效,超出该范围的民事法律行为效力待定,根据法定代理人是否同意或追认来确认民事法律行为的效力。

具体说来,限制民事行为能力人实施的纯获利益的民事法律行为或者与其年龄、智力、精神健康状况相适应的民事法律行为有效。纯获利益,是指单纯取得权利,免除义务,即限制民事行为能力人不因利益的获取而在法律上负有义务。这类行为,不存在损害限制民事行为能力人的可能性,限制民事行为能力人可以独立实施,例如对限制民事行为能力人为无负担的赠与、对限制民事行为能力人为债务的承认等。而无偿的借用、借贷等,虽然获得权利和利益,但因限制民事行为能力人须负返还义务,而违反此项义务时应负损害赔偿责任,因而不是纯获利益的行为。另外,限制民事行为能力人可以从事一些日常生活所必需的交易行为,否则不仅会限制他们的行为自由,也会给其生活造成不便。因此,限制民事行为能力的未成年人有权从事理发、购买零食或文具用品、看电影、到游乐场游玩等交易行为。

限制民事行为能力人实施的非纯获利益的、超出其年龄、智力、精神健康状况范围的民事法律行为属于效力待定,只有在其法定代理人事先同意或事后追认的情况下才有效。为了尽快确定这种民事法律行为的效力,法律行为的相对人可以催告限制民事行为能力人的法定代理人在收到通知之日起30日内予以追认,如果在30日内法定代理人未作表示的,视为拒绝追认,法律行为无效。当然,在民事法律行为被法定代理人追认前,善意相对人不知民事法律行为实施人为限制民事行为能力人的,有权撤销该法律行为。善意相对人撤销法律行为后,法定代理人即无须追认,即使追认亦不具有相应的法律效果。

【关联法规】

《民法典》合同编

第四百九十七条　有下列情形之一的,该格式条款无效:

(一)具有本法第一编第六章第三节和本法第五百零六条规定的无效情形;

(二)提供格式条款一方不合理地免除或者减轻其责任、加重对方责任、限制对方主要权利;

(三)提供格式条款一方排除对方主要权利。

《民法典》继承编

第一千一百四十三条　无民事行为能力人或者限制民事行为能力人所立的

遗嘱无效。

遗嘱必须表示遗嘱人的真实意思，受欺诈、胁迫所立的遗嘱无效。

伪造的遗嘱无效。

遗嘱被篡改的，篡改的内容无效。

《票据法》

第六条　无民事行为能力人或者限制民事行为能力人在票据上签章的，其签章无效，但是不影响其他签章的效力。

第一百四十六条　【虚假表示与隐藏行为效力】

行为人与相对人以虚假的意思表示实施的民事法律行为无效。

以虚假的意思表示隐藏的民事法律行为的效力，依照有关法律规定处理。

【条文对照】

《民法典》总则编	《民法通则》《合同法》
第一百四十六条　行为人与相对人<u>以虚假的意思表示</u>实施的民事法律行为无效。 　　<u>以虚假的意思表示隐藏</u>的民事法律行为的效力，依照有关法律规定处理。	《民法通则》 　　第五十八条第一款第六项　下列民事行为无效： 　　…… 　　（六）<u>以合法形式掩盖非法目的的</u>。 《合同法》 　　第五十二条第三项　有下列情形之一的，合同无效： 　　…… 　　（三）<u>以合法形式掩盖非法目的</u>；

【条文释义】

本条第1款对通谋虚假意思表示所实施的民事法律行为的效力进行了规定。

通谋虚假表示指的是双方当事人所实施的意思表示都不是其真实的意思表示，双方当事人都明知该意思表示是虚假的，且都不想使其发生效力。从表意人方面来看，由于其意思表示是不真实的，而不应承认其效力；从相对人方面来看，其不仅因自身的意思表示是不真实的而无效，还因其明知表意人的意思表示是不真实的，而无信赖利益需要保护，因此不应承认此种法律行为的效力。本款在体系上对应《民法通则》第58条第1款第（6）项和《合同法》第52条第（3）项规定的"以合法形式掩盖非法目的"而导致无效的情形。"以合法形式掩盖非法目的"针对的就是以掩盖真实的违法行为而进行的双方通谋的虚假表示。

本条第 2 款规定了"以虚假的意思表示隐藏的民事法律行为的效力",既包括本条第 1 款规定的双方虚假表示的情形,也可以适用于单方虚假表示的情形。就虚假表示行为与隐藏行为的对应关系,如果有虚假表示行为,不一定存在隐藏行为;但如果有隐藏行为,则一定存在虚假表示行为。至于双方通过虚假意思表示所隐藏和掩盖的民事法律行为的效力,则应另行根据民事法律行为效力规则来判断。

需要注意的是,《民法典》总则编并未规定虚假表示的民事法律行为对第三人的效力问题。根据法理及比较法经验,虚假的意思表示应不得对抗善意第三人。

【关联法规】

《民法典》总则编

第一百四十二条　有相对人的意思表示的解释,应当按照所使用的词句,结合相关条款、行为的性质和目的、习惯以及诚信原则,确定意思表示的含义。

无相对人的意思表示的解释,不能完全拘泥于所使用的词句,而应当结合相关条款、行为的性质和目的、习惯以及诚信原则,确定行为人的真实意思。

《民法典》合同编

第七百三十七条　当事人以虚构租赁物方式订立的融资租赁合同无效。

《民法典》婚姻家庭编

第一千一百一十三条　有本法第一编关于民事法律行为无效规定情形或者违反本编规定的收养行为无效。

无效的收养行为自始没有法律约束力。

《民法典担保制度司法解释》

第六十八条　债务人或者第三人与债权人约定将财产形式上转移至债权人名下,债务人不履行到期债务,债权人有权对财产折价或者以拍卖、变卖该财产所得价款偿还债务的,人民法院应当认定该约定有效。当事人已经完成财产权利变动的公示,债务人不履行到期债务,债权人请求参照民法典关于担保物权的有关规定就该财产优先受偿的,人民法院应予支持。

债务人或者第三人与债权人约定将财产形式上转移至债权人名下,债务人不履行到期债务,财产归债权人所有的,人民法院应当认定该约定无效,但是不影响当事人有关提供担保的意思表示的效力。当事人已经完成财产权利变动的公示,债务人不履行到期债务,债权人请求对该财产享有所有权的,人民法院不予支持;债权人请求参照民法典关于担保物权的规定对财产折价或者以拍卖、变卖该财产所得的价款优先受偿的,人民法院应予支持;债务人履行债务后请求返还财产,或者请求对财产折价或者以拍卖、变卖所得的价款清偿债务的,人民法院应予支持。

债务人与债权人约定将财产转移至债权人名下,在一定期间后再由债务人或者其指定的第三人以交易本金加上溢价款回购,债务人到期不履行回购义务,财产归债权人所有的,人民法院应当参照第二款规定处理。回购对象自始不存在的,人民法院应当依照民法典第一百四十六条第二款的规定,按照其实际构成的法律关系处理。

第一百四十七条 【重大误解】

基于重大误解实施的民事法律行为,行为人有权请求人民法院或者仲裁机构予以撤销。

【条文对照】

《民法典》总则编	《民法通则》《合同法》
第一百四十七条 基于重大误解实施的民事法律行为,行为人有权请求人民法院或者仲裁机构予以撤销。	《民法通则》 第五十九条第一款第一项 下列民事行为,一方有权请求人民法院或者仲裁机关予以变更或者撤销: (一)行为人对行为内容有重大误解的; 《合同法》 第五十四条第一款第一项 下列合同,当事人一方有权请求人民法院或者仲裁机构变更或者撤销: (一)因重大误解订立的;

【条文释义】

重大误解,是指一方当事人由于自己的过错,对民事法律行为的内容、性质、当事人以及标的物性质等发生误解。

重大误解的特点是:(1)误解是当事人对民事法律行为的内容、性质、当事人及标的物性质等发生认识上的错误。重大误解只有在误解方未受对方或第三人的不法影响时才能成立,即是由当事人自身的内心意思缺陷所导致,不是受欺诈等其他原因的影响。(2)误解是当事人对民事法律行为的内容、性质、当事人以及标的物性质等的认识错误。(3)所谓"重大",不仅是指对前述民事法律行为的重要方面的误解,亦指因误解而给误解方造成较大损失。

基于重大误解实施的民事法律行为可撤销,行为人可以请求人民法院或者仲裁机构予以撤销。需要注意的是,行为人不能自己向对方主张撤销而必须通过法院或仲裁机构行使撤销权。重大误解系当事人单方面主观上的认识错误,因此赋予有过错的误解方单方面变更民事法律行为的权利有悖公平原则。因此,较之《民法通则》和《合同法》的规定,本条取消了重大误解人的变更权,仅仅保留了撤销权。

《民法典》总则编没有对错误和误传作出规定。所谓错误,是指表意人因误认或者不知(如笔误、口误)而使其外在表示与内心意思不一致。所谓误传,是指因传达人的错误导致行为人的意思与表示不一致。错误和误传均可能导致重大误解,但又不同于重大误解,实务中应准用重大误解的规定,并适用《民法典》第142条的规定对传达给相对人的意思作客观解释,其本意不得对抗善意相对人。传达人有过错的,应该承担相应的责任。

另外,《民法典》总则编亦没有规定表意人因重大误解撤销民事法律行为后,善意相对人是否有权请求信赖利益赔偿,建议未来司法解释予以明确。

【关联法规】

《民法典》总则编

第一百四十二条　有相对人的意思表示的解释,应当按照所使用的词句,结合相关条款、行为的性质和目的、习惯以及诚信原则,确定意思表示的含义。

无相对人的意思表示的解释,不能完全拘泥于所使用的词句,而应当结合相关条款、行为的性质和目的、习惯以及诚信原则,确定行为人的真实意思。

《民法典》合同编

第四百九十七条　有下列情形之一的,该格式条款无效:

(一)具有本法第一编第六章第三节和本法第五百零六条规定的无效情形;

(二)提供格式条款一方不合理地免除或者减轻其责任、加重对方责任、限制对方主要权利;

(三)提供格式条款一方排除对方主要权利。

《人民法院网络司法拍卖规定》

第三十一条　当事人、利害关系人提出异议请求撤销网络司法拍卖,符合下列情形之一的,人民法院应当支持:

(一)由于拍卖财产的文字说明、视频或者照片展示以及瑕疵说明严重失实,致使买受人产生重大误解,购买目的无法实现的,但拍卖时的技术水平不能发现或者已经就相关瑕疵以及责任承担予以公示说明的除外;

(二)由于系统故障、病毒入侵、黑客攻击、数据错误等原因致使拍卖结果错

误,严重损害当事人或者其他竞买人利益的;

(三)竞买人之间,竞买人与网络司法拍卖服务提供者之间恶意串通,损害当事人或者其他竞买人利益的;

(四)买受人不具备法律、行政法规和司法解释规定的竞买资格的;

(五)违法限制竞买人参加竞买或者对享有同等权利的竞买人规定不同竞买条件的;

(六)其他严重违反网络司法拍卖程序且损害当事人或者竞买人利益的情形。

《劳动争议案件司法解释一》

第三十五条 劳动者与用人单位就解除或者终止劳动合同办理相关手续、支付工资报酬、加班费、经济补偿或者赔偿金等达成的协议,不违反法律、行政法规的强制性规定,且不存在欺诈、胁迫或者乘人之危情形的,应当认定有效。

前款协议存在重大误解或者显失公平情形,当事人请求撤销的,人民法院应予支持。

第一百四十八条 【欺诈】

一方以欺诈手段,使对方在违背真实意思的情况下实施的民事法律行为,受欺诈方有权请求人民法院或者仲裁机构予以撤销。

【条文对照】

《民法典》总则编	《合同法》
第一百四十八条 一方以欺诈手段,使对方在违背真实意思的情况下实施的民事法律行为,受欺诈方有权请求人民法院或者仲裁机构予以撤销。	第五十四条第二款 一方以欺诈、胁迫的手段或者乘人之危,使对方在违背真实意思的情况下订立的合同,受损害方有权请求人民法院或者仲裁机构变更或者撤销。

【条文释义】

《民法典》总则编对一方当事人欺诈和第三人欺诈进行了分别规定。本条规定的是一方当事人对另一方当事人实施的欺诈。

一方当事人采用虚构事实、隐瞒真相等欺骗方法使得对方当事人陷于错误的认识,并基于此错误认识而作出意思表示,受欺诈方可以请求人民法院或者仲裁机构予以撤销。受欺诈方的撤销权需要满足以下要件:(1)欺诈方主观上出于故意;(2)欺诈方客观上实施了欺诈行为,虚构事实,隐瞒真相;(3)受欺诈方因欺诈方的欺诈行为陷入错误;(4)受欺诈方因陷入错误而作出意思表示。另外需要注意的是,隐瞒真相的行为构成欺诈的前提是当事人一方负有法定或约定的告知或披露义务,否则不属于欺诈行为。

相比于《合同法》的规定,本条取消了受欺诈方的变更权,仅仅保留了撤销权。

【关联法规】

《民法典》合同编

第四百九十七条　有下列情形之一的,该格式条款无效:

(一)具有本法第一编第六章第三节和本法第五百零六条规定的无效情形;

(二)提供格式条款一方不合理地免除或者减轻其责任、加重对方责任、限制对方主要权利;

(三)提供格式条款一方排除对方主要权利。

《民法典》继承编

第一千一百四十三条　无民事行为能力人或者限制民事行为能力人所立的遗嘱无效。

遗嘱必须表示遗嘱人的真实意思,受欺诈、胁迫所立的遗嘱无效。

伪造的遗嘱无效。

遗嘱被篡改的,篡改的内容无效。

第一百四十九条　【第三人欺诈】

第三人实施欺诈行为,使一方在违背真实意思的情况下实施的民事法律行为,对方知道或者应当知道该欺诈行为的,受欺诈方有权请求人民法院或者仲裁机构予以撤销。

【条文对照】

本条为《民法典》总则编"新增条文",无可对照编纂对象。

【条文释义】

《民法典》总则编对一方当事人欺诈和第三人欺诈进行了分别规定。本条规定的是民事法律行为当事人以外的第三人实施欺诈的情况。

由于欺诈人并非民事法律行为的当事人,而是第三人,因此为了保护被欺诈人之外的另一方当事人的信赖利益,民事法律行为并非均可撤销。只有在被欺诈方之外的另一方当事人知道或应该知道欺诈行为的情况下,受欺诈方才有权请求人民法院或仲裁机构予以撤销。如果其不知情的,为了保护善意当事人的信赖利益,受欺诈方不得主张撤销。

【关联法规】

《民法典》合同编

第四百九十七条　有下列情形之一的,该格式条款无效:

(一)具有本法第一编第六章第三节和本法第五百零六条规定的无效情形;

(二)提供格式条款一方不合理地免除或者减轻其责任、加重对方责任、限制对方主要权利;

(三)提供格式条款一方排除对方主要权利。

第一百五十条　【胁迫】

一方或者第三人以胁迫手段,使对方在违背真实意思的情况下实施的民事法律行为,受胁迫方有权请求人民法院或者仲裁机构予以撤销。

【条文对照】

《民法典》总则编	《合同法》
第一百五十条　一方或者第三人以胁迫手段,使对方在违背真实意思的情况下实施的民事法律行为,受胁迫方有权请求人民法院或者仲裁机构予以撤销。	第五十四条第二款、第三款　一方以欺诈、胁迫的手段或者乘人之危,使对方在违背真实意思的情况下订立的合同,受损害方有权请求人民法院或者仲裁机构变更或者撤销。 当事人请求变更的,人民法院或者仲裁机构不得撤销。

【条文释义】

本条对受非法胁迫而实施的民事法律行为的效力进行了规定。

胁迫是指行为人通过威胁、恐吓等不法手段对他人的思想施加强制,使他人产生恐惧心理,并基于恐惧心理作出不自由、不真实的意思表示。不管胁迫人是民事法律行为的一方当事人还是民事法律行为当事人之外的第三人,只要民事法律行为的另一方当事人受到胁迫,且在胁迫的压力下违背其真实意思作出了意思表示,那么受胁迫一方都可以请求人民法院或者仲裁机构撤销该民事法律行为。

受胁迫方的撤销权需满足以下条件:(1)主观上存在胁迫的故意。(2)客观上存在胁迫行为,胁迫的实施者为民事法律行为当事人或第三人在所不问。(3)胁迫行为与被胁迫方作出不真实、不自由的意思表示之间有因果关系。(4)胁迫行为具有不法性,当事人以行使权利相威胁具有合法性,不构成胁迫。

相比于《合同法》的规定,本条有两个主要变化:(1)将适用范围扩张到了第三人胁迫的情形,但适用相同的规则;(2)取消了受胁迫方的变更权,仅仅保留了撤销权。

【关联法规】

《民法典》合同编

第四百九十七条　有下列情形之一的,该格式条款无效:

(一)具有本法第一编第六章第三节和本法第五百零六条规定的无效情形;

(二)提供格式条款一方不合理地免除或者减轻其责任、加重对方责任、限制对方主要权利;

(三)提供格式条款一方排除对方主要权利。

《民法典》婚姻家庭编

第一千零五十二条　因胁迫结婚的,受胁迫的一方可以向人民法院请求撤销婚姻。

请求撤销婚姻的,应当自胁迫行为终止之日起一年内提出。

被非法限制人身自由的当事人请求撤销婚姻的,应当自恢复人身自由之日起一年内提出。

《民法典婚姻家庭编司法解释一》

第十八条　行为人以给另一方当事人或者其近亲属的生命、身体、健康、名誉、财产等方面造成损害为要挟,迫使另一方当事人违背真实意愿结婚的,可以认定为民法典第一千零五十二条所称的"胁迫"。

因受胁迫而请求撤销婚姻的,只能是受胁迫一方的婚姻关系当事人本人。

第一百五十一条　【乘人之危导致的显失公平】

一方利用对方处于危困状态、缺乏判断能力等情形,致使民事法律行为成立时显失公平的,受损害方有权请求人民法院或者仲裁机构予以撤销。

【条文对照】

《民法典》总则编	《民法通则》《合同法》
第一百五十一条　一方利用对方处于危困状态、缺乏判断能力等情形,致使民事法律行为成立时显失公平的,受损害方有权请求人民法院或者仲裁机构予以撤销。	《民法通则》 第五十九条第一款第二项　下列民事行为,一方有权请求人民法院或者仲裁机关予以变更或者撤销: …… (二)显失公平的。

《民法典》总则编	《民法通则》《合同法》
	《合同法》 　第五十四条第一款第二项、第二款　下列合同，当事人一方有权请求人民法院或者仲裁机构变更或者撤销： 　　…… 　（二）在订立合同时显失公平的。 　一方以欺诈、胁迫的手段或者乘人之危，使对方在违背真实意思的情况下订立的合同，受损害方有权请求人民法院或者仲裁机构变更或者撤销。

【条文释义】

　　本条规定了乘人之危导致显失公平的民事法律行为的效力，将《民法通则》规定的乘人之危和显失公平的两种民事法律行为进行了合并处理，形成这一新的条文。

　　乘人之危导致显失公平的民事法律行为，是指行为人利用他人的危难处境或紧迫需要，强迫对方当事人接受某种明显不公平的条件并作出违背其真意的意思表示。例如，利用当事人急于救治危重患者的机会，抬高出租车的车价数倍的行为。

　　乘人之危行为的特点：（1）一方当事人故意利用对方当事人的危难、急迫状态或缺乏判断力的情形。危难、急迫状态是指当事人陷入暂时性的经济困境而对财物需求特别迫切；缺乏判断力主要是指当事人缺乏理性判断或评估民事法律行为后果的能力，例如金融从业人员向文化水平较低的老年人兜售高风险、高回报的金融产品。（2）利用危难或急迫的一方当事人提出的条件十分苛刻，而处于危难或急迫一方当事人因前述危难状态或缺乏判断力，不得不接受另一方提出的不公平条件，权利义务明显失衡，乘人之危的一方所获利益明显超出正常市场风险、交易行情、通常做法所获的正常利益，显失公平。因此，法律赋予受损害一方当事人请求人民法院或仲裁机构予以撤销的权利。

　　相比于《民法通则》《合同法》《民通意见》的规定，本条有三个主要变化：（1）形式上合并了乘人之危和显失公平的类型。乘人之危与显失公平其实就是德国民法中的暴利行为，《民法通则》将之分为乘人之危与显失公平，但其二者的本质相同，即民事法律行为的双方当事人的权利与义务显著失衡。《民法典》总则编将两者规定为一项统一的制度，弥补了《民法通则》的不完善之处。（2）实际效果是以"显失公平"替换"严重损害对方利益的"作为乘人之危的构成要件；同时保留了"缺乏判断能力等"原因导致的显失公平，包括"当事人利用优势"的类型。（3）取消了受损害方的变更权，仅仅保留了撤销权。

【关联法规】

《民法典》合同编

第四百九十七条 有下列情形之一的,该格式条款无效:

(一)具有本法第一编第六章第三节和本法第五百零六条规定的无效情形;

(二)提供格式条款一方不合理地免除或者减轻其责任、加重对方责任、限制对方主要权利;

(三)提供格式条款一方排除对方主要权利。

《劳动争议案件司法解释一》

第三十五条 劳动者与用人单位就解除或者终止劳动合同办理相关手续、支付工资报酬、加班费、经济补偿或者赔偿金等达成的协议,不违反法律、行政法规的强制性规定,且不存在欺诈、胁迫或者乘人之危情形的,应当认定有效。

前款协议存在重大误解或者显失公平情形,当事人请求撤销的,人民法院应予支持。

第一百五十二条 【撤销权的消灭】

有下列情形之一的,撤销权消灭:

(一)当事人自知道或者应当知道撤销事由之日起一年内、重大误解的当事人自知道或者应当知道撤销事由之日起九十日内没有行使撤销权;

(二)当事人受胁迫,自胁迫行为终止之日起一年内没有行使撤销权;

(三)当事人知道撤销事由后明确表示或者以自己的行为表明放弃撤销权。

当事人自民事法律行为发生之日起五年内没有行使撤销权的,撤销权消灭。

【条文对照】

《民法典》总则编	《合同法》《婚姻法》
第一百五十二条 有下列情形之一的,撤销权消灭: (一)当事人自知道或者应当知道撤销事由之日起一年内、**重大误解的当事人自知道或者应当知道撤销事由之日起九十日内没有行使撤销权**; (二)当事人受胁迫,自胁迫行为终止之日起一年内没有行使撤销权;	《合同法》 第五十五条 有下列情形之一的,撤销权消灭: (一)具有撤销权的当事人自知道或者应当知道撤销事由之日起一年内没有行使撤销权; (二)**具有撤销权的**当事人知道撤销事由后明确表示或者以自己的行为放弃撤销权。

《民法典》总则编	《合同法》《婚姻法》
（三）当事人知道撤销事由后明确表示或者以自己的行为**表明**放弃撤销权。 **当事人自民事法律行为发生之日起五年内没有行使撤销权的，撤销权消灭。**	《婚姻法》 　　**第十一条**　因胁迫结婚的，受胁迫的一方可以向婚姻登记机关或人民法院请求撤销该婚姻。受胁迫的一方撤销婚姻的请求，应当自结婚登记之日起一年内提出。被非法限制人身自由的当事人请求撤销婚姻的，应当自恢复人身自由之日起一年内提出。

【条文释义】

　　本条对撤销权的消灭事由进行了规定。

　　撤销权的消灭事由主要包括以下三个方面：

　　第一，除斥期间届满。撤销权属于形成权，受除斥期间的限制，除斥期间届满后撤销权消灭。不同情形下除斥期间长度不同，起算时间也不同：法律规定一般情况下当事人自知道或者应当知道撤销事由之日起满一年消灭，重大误解的情形下当事人自知道或者应当知道撤销事由之日起满90日消灭，受胁迫的情形下自胁迫行为终止之日起满一年消灭。

　　第二，当事人表示放弃撤销权，具体又包括当事人知道撤销事由后明确表示和以自己的行为表明放弃撤销权两种情形。

　　第三，民事法律行为发生后五年内没有行使撤销权，该期限系《民法典》总则编的新增规定，是撤销权的可行使的最长期限。

【关联法规】

《民法典》合同编

　　第四百九十七条　有下列情形之一的，该格式条款无效：

　　（一）具有本法第一编第六章第三节和本法第五百零六条规定的无效情形；

　　（二）提供格式条款一方不合理地免除或者减轻其责任、加重对方责任、限制对方主要权利；

　　（三）提供格式条款一方排除对方主要权利的。

第一百五十三条　【违反强制性规定；违背公序良俗】

　　违反法律、行政法规的强制性规定的民事法律行为无效。但是，该强制性规定不导致该民事法律行为无效的除外。

　　违背公序良俗的民事法律行为无效。

【条文对照】

《民法典》总则编	《合同法》《合同法司法解释二》
第一百五十三条　违反法律、行政法规的强制性规定的民事法律行为无效。但是，该强制性规定不导致该民事法律行为无效的除外。 违背公序良俗的民事法律行为无效。	《合同法》 　第五十二条第四项、第五项 　…… 　（四）损害社会公共利益； 　（五）违反法律、行政法规的强制性规定。 《合同法司法解释二》 　第十四条　合同法第五十二条第（五）项规定的"强制性规定"，是指效力性强制性规定。

【条文释义】

本条对违反法律、行政法规的强制性规定以及违背公序良俗的民事法律行为的效力进行了规定。

并非所有的强制性规定均会影响法律行为的效力。强制性规定亦分为管理性强制规定和效力性强制规定。依据比例原则，管理性强制规定仅为管理需要并无否定法律行为效力的目的，对此种规范的违反并不导致法律行为无效。效力性强制规定则会直接影响民事法律行为的效力，对效力性强制规定的违反，将导致民事法律行为无效。

此外，民事法律行为亦不得违背公序良俗，违背公序良俗的民事法律行为无效。公序良俗包括公共秩序和善良风俗。公共秩序主要是指公共利益和公共秩序，善良风俗主要是指社会通行的道德和价值观念。司法实践中，违背公序良俗的民事法律行为主要有性交易、贿赂协议以及学位买卖等行为。

【关联法规】

《民法典》总则编

第八条　民事主体从事民事活动，不得违反法律，不得违背公序良俗。

第一百四十三条　具备下列条件的民事法律行为有效：

（一）行为人具有相应的民事行为能力；

（二）意思表示真实；

（三）不违反法律、行政法规的强制性规定，不违背公序良俗。

《民法典》合同编

第四百九十六条　格式条款是当事人为了重复使用而预先拟定，并在订立合同时未与对方协商的条款。

采用格式条款订立合同的，提供格式条款的一方应当遵循公平原则确定当事人之间的权利和义务,并采取合理的方式提示对方注意免除或者减轻其责任等与对方有重大利害关系的条款,按照对方的要求,对该条款予以说明。提供格式条款的一方未履行提示或者说明义务,致使对方没有注意或者理解与其有重大利害关系的条款的,对方可以主张该条款不成为合同的内容。

第四百九十七条 有下列情形之一的,该格式条款无效:

(一)具有本法第一编第六章第三节和本法第五百零六条规定的无效情形;

(二)提供格式条款一方不合理地免除或者减轻其责任、加重对方责任、限制对方主要权利;

(三)提供格式条款一方排除对方主要权利。

第八百五十条 非法垄断技术或者侵害他人技术成果的技术合同无效。

《民法典》婚姻家庭编

第一千零五十一条 有下列情形之一的,婚姻无效:

(一)重婚;

(二)有禁止结婚的亲属关系;

(三)未到法定婚龄。

第一千一百一十三条 有本法第一编关于民事法律行为无效规定情形或者违反本编规定的收养行为无效。

无效的收养行为自始没有法律约束力。

《农村土地承包法》

第五十八条 承包合同中违背承包方意愿或者违反法律、行政法规有关不得收回、调整承包地等强制性规定的约定无效。

《公司法》

第二十二条 公司股东会或者股东大会、董事会的决议内容违反法律、行政法规的无效。

股东会或者股东大会、董事会的会议召集程序、表决方式违反法律、行政法规或者公司章程,或者决议内容违反公司章程的,股东可以自决议作出之日起六十日内,请求人民法院撤销。

股东依照前款规定提起诉讼的,人民法院可以应公司的请求,要求股东提供相应担保。

公司根据股东会或者股东大会、董事会决议已办理变更登记的,人民法院宣告该决议无效或者撤销该决议后,公司应当向公司登记机关申请撤销变更登记。

《劳动合同法》

第二十六条 下列劳动合同无效或者部分无效:

（一）以欺诈、胁迫的手段或者乘人之危,使对方在违背真实意思的情况下订立或者变更劳动合同的；

（二）用人单位免除自己的法定责任、排除劳动者权利的；

（三）违反法律、行政法规强制性规定的。

对劳动合同的无效或者部分无效有争议的,由劳动争议仲裁机构或者人民法院确认。

《建设工程施工合同司法解释一》

第一条　建设工程施工合同具有下列情形之一的,应当依据民法典第一百五十三条第一款的规定,认定无效：

（一）承包人未取得建筑业企业资质或者超越资质等级的；

（二）没有资质的实际施工人借用有资质的建筑施工企业名义的；

（三）建设工程必须进行招标而未招标或者中标无效的。

承包人因转包、违法分包建设工程与他人签订的建设工程施工合同,应当依据民法典第一百五十三条第一款及第七百九十一条第二款、第三款的规定,认定无效。

《民间借贷案件规定》

第十三条　具有下列情形之一的,人民法院应当认定民间借贷合同无效：

（一）套取金融机构贷款转贷的；

（二）以向其他营利法人借贷、向本单位职工集资,或者以向公众非法吸收存款等方式取得的资金转贷的；

（三）未依法取得放贷资格的出借人,以营利为目的向社会不特定对象提供借款的；

（四）出借人事先知道或者应当知道借款人借款用于违法犯罪活动仍然提供借款的；

（五）违反法律、行政法规强制性规定的；

（六）违背公序良俗的。

《民事诉讼法司法解释》

第四百零五条　人民法院审理再审案件应当围绕再审请求进行。当事人的再审请求超出原审诉讼请求的,不予审理；符合另案诉讼条件的,告知当事人可以另行起诉。

被申请人及原审其他当事人在庭审辩论结束前提出的再审请求,符合民事诉讼法第二百零五条规定的,人民法院应当一并审理。

人民法院经再审,发现已经发生法律效力的判决、裁定损害国家利益、社会公共利益、他人合法权益的,应当一并审理。

《民法典担保制度司法解释》

第五条　机关法人提供担保的,人民法院应当认定担保合同无效,但是经国务院批准为使用外国政府或者国际经济组织贷款进行转贷的除外。

居民委员会、村民委员会提供担保的,人民法院应当认定担保合同无效,但是依法代行村集体经济组织职能的村民委员会,依照村民委员会组织法规定的讨论决定程序对外提供担保的除外。

第一百五十四条　【恶意串通】

行为人与相对人恶意串通,损害他人合法权益的民事法律行为无效。

【条文对照】

《民法典》总则编	《民法通则》《合同法》
第一百五十四条　行为人与相对人恶意串通,损害他人合法权益的民事法律行为无效。	《民法通则》 第五十八条第一款第四项　下列民事行为无效: (四)恶意串通,损害国家、集体或者第三人利益的; 《合同法》 第五十二条第二项　有下列情形之一的,合同无效: (二)恶意串通,损害国家、集体或者第三人利益;

【条文释义】

本条对恶意串通损害他人权益的民事法律行为的效力进行了规定。

恶意串通损害他人合法权益的民事法律行为,是指当事人相互勾结,为谋取私利而实施的损害他人权益的民事法律行为,这种民事法律行为无效。

恶意串通的构成要件是:(1)当事人在主观上均具有谋取私利、损害他人合法权益的恶意。(2)当事人之间互相串通,可以是双方当事人经过串通共同达成一项协议,也可以是一方当事人提出某种实现非法目的的意思表示,另一方当事人明知其恶意而默示予以接受。(3)双方当事人串通实施的行为损害他人合法权益。需要注意的是,《民法典》总则编改变了《民法通则》关于恶意串通损害国家、集体或者第三人利益的规定,此处的他人合法权益,应包括国家、集体的合法权益。

司法实践中,恶意串通损害他人合法权益的民事法律行为主要包括以下类型:(1)双方当事人恶意串通,恶意转让财产或设立抵押权以逃避债务。(2)双方当事人恶意串通,欺诈第三人。(3)代理人与第三人恶意串通,损害被代理人的利益。(4)股权或商标权的双重转让。我国司法实践中,股权或商标权双重转让的,在后的恶意转让合同会被认定为无效。但是在物权的双重转让中,在后的恶意转让合同不会被认定为无效。

【关联法规】

《民法典》合同编

第四百九十七条 有下列情形之一的,该格式条款无效:

(一)具有本法第一编第六章第三节和本法第五百零六条规定的无效情形;

(二)提供格式条款一方不合理地免除或者减轻其责任、加重对方责任、限制对方主要权利;

(三)提供格式条款一方排除对方主要权利。

《民法典》婚姻家庭编

第一千一百一十三条 有本法第一编关于民事法律行为无效规定情形或者违反本编规定的收养行为无效。

无效的收养行为自始没有法律约束力。

《拍卖法》

第六十五条 违反本法第三十七条的规定,竞买人之间、竞买人与拍卖人之间恶意串通,给他人造成损害的,拍卖无效,应当依法承担赔偿责任。由工商行政管理部门对参与恶意串通的竞买人处最高应价百分之十以上百分之三十以下的罚款;对参与恶意串通的拍卖人处最高应价百分之十以上百分之五十以下的罚款。

《企业国有资产法》

第七十二条 在涉及关联方交易、国有资产转让等交易活动中,当事人恶意串通,损害国有资产权益的,该交易行为无效。

《海事诉讼特别程序法》

第四十一条 竞买人之间恶意串通的,拍卖无效。参与恶意串通的竞买人应当承担拍卖船舶费用并赔偿有关损失。海事法院可以对参与恶意串通的竞买人处最高应价百分之十以上百分之三十以下的罚款。

《虚假诉讼刑事案件司法解释》

第一条 采取伪造证据、虚假陈述等手段,实施下列行为之一,捏造民事法律关系,虚构民事纠纷,向人民法院提起民事诉讼的,应当认定为刑法第三百零七条之一第一款规定的"以捏造的事实提起民事诉讼":

(一)与夫妻一方恶意串通,捏造夫妻共同债务的;

(二)与他人恶意串通,捏造债权债务关系和以物抵债协议的;

（三）与公司、企业的法定代表人、董事、监事、经理或者其他管理人员恶意串通，捏造公司、企业债务或者担保义务的；

（四）捏造知识产权侵权关系或者不正当竞争关系的；

（五）在破产案件审理过程中申报捏造的债权的；

（六）与被执行人恶意串通，捏造债权或者对查封、扣押、冻结财产的优先权、担保物权的；

（七）单方或者与他人恶意串通，捏造身份、合同、侵权、继承等民事法律关系的其他行为。

隐瞒债务已经全部清偿的事实，向人民法院提起民事诉讼，要求他人履行债务的，以"以捏造的事实提起民事诉讼"论。

向人民法院申请执行基于捏造的事实作出的仲裁裁决、公证债权文书，或者在民事执行过程中以捏造的事实对执行标的提出异议、申请参与执行财产分配的，属于刑法第三百零七条之一第一款规定的"以捏造的事实提起民事诉讼"。

《外商投资企业纠纷规定一》

第二十条　实际投资者与外商投资企业名义股东之间的合同因恶意串通，损害国家、集体或者第三人利益，被认定无效的，人民法院应当将因此取得的财产收归国家所有或者返还集体、第三人。

《商品房买卖合同纠纷司法解释》

第七条　买受人以出卖人与第三人恶意串通，另行订立商品房买卖合同并将房屋交付使用，导致其无法取得房屋为由，请求确认出卖人与第三人订立的商品房买卖合同无效的，应予支持。

《企业改制民事纠纷案件规定》

第十八条　企业出售中，当事人双方恶意串通，损害国家利益的，人民法院在审理相关的民事纠纷案件时，应当确认该企业出售行为无效。

第一百五十五条　【无效或者被撤销民事法律行为自始无效】

无效的或者被撤销的民事法律行为自始没有法律约束力。

【条文对照】

《民法典》总则编	《合同法》
第一百五十五条　无效的或者被撤销的民事法律行为自始没有法律约束力。	第五十六条　无效的合同或者被撤销的合同自始没有法律约束力。合同部分无效，不影响其他部分效力的，其他部分仍然有效。

【条文释义】

本条规定了无效或被撤销的民事法律行为的溯及效力。

民事法律行为的无效,是指不发生当事人意思表示所指向的法律效果,而不是不产生任何法律后果。无论是无效还是被撤销的民事法律行为,自其成立时起就不具有法律约束力。如果民事法律行为还未履行,当事人不得再履行;如果民事法律行为已经履行或正在履行,则应恢复至履行前的财产状态。

【关联法规】

《民法典》合同编

第四百九十七条 有下列情形之一的,该格式条款无效:

(一)具有本法第一编第六章第三节和本法第五百零六条规定的无效情形;

(二)提供格式条款一方不合理地免除或者减轻其责任、加重对方责任、限制对方主要权利;

(三)提供格式条款一方排除对方主要权利。

《民法典》婚姻家庭编

第一千零五十四条 无效的或者被撤销的婚姻自始没有法律约束力,当事人不具有夫妻的权利和义务。同居期间所得的财产,由当事人协议处理;协议不成的,由人民法院根据照顾无过错方的原则判决。对重婚导致的无效婚姻的财产处理,不得侵害合法婚姻当事人的财产权益。当事人所生的子女,适用本法关于父母子女的规定。

婚姻无效或者被撤销的,无过错方有权请求损害赔偿。

第一千一百一十三条 有本法第一编关于民事法律行为无效规定情形或者违反本编规定的收养行为无效。

无效的收养行为自始没有法律约束力。

《民法典婚姻家庭编司法解释一》

第二十条 民法典第一千零五十四条所规定的"自始没有法律约束力",是指无效婚姻或者可撤销婚姻在依法被确认无效或者被撤销时,才确定该婚姻自始不受法律保护。

第一百五十六条 【民事法律行为部分无效】

民事法律行为部分无效,不影响其他部分效力的,其他部分仍然有效。

【条文对照】

《民法典》总则编	《民法通则》
第一百五十六条　民事法律行为部分无效,不影响其他部分效力的,其他部分仍然有效。	第六十条　民事行为部分无效,不影响其他部分的效力的,其他部分仍然有效。

【条文释义】

本条对民事法律行为的部分无效进行了规定。

根据无效原因存在于行为内容的全部或部分,民事法律行为可分为全部无效或部分无效。当无效原因存在于民事法律行为内容的全部时,则该民事法律行为全部不发生效力。当无效原因仅存在于民事法律行为的部分内容,且该部分的内容与其他部分之间不存在条件关系或牵连制约关系的,其他部分仍然有效。

【关联法规】

《民法典》合同编

第四百九十七条　有下列情形之一的,该格式条款无效:

(一)具有本法第一编第六章第三节和本法第五百零六条规定的无效情形;

(二)提供格式条款一方不合理地免除或者减轻其责任、加重对方责任、限制对方主要权利;

(三)提供格式条款一方排除对方主要权利。

《劳动法》

第十八条　下列劳动合同无效:

(一)违反法律、行政法规的劳动合同;

(二)采取欺诈、威胁等手段订立的劳动合同。

无效的劳动合同,从订立的时候起,就没有法律约束力。确认劳动合同部分无效的,如果不影响其余部分的效力,其余部分仍然有效。

劳动合同的无效,由劳动争议仲裁委员会或者人民法院确认。

《劳动合同法》

第二十七条　劳动合同部分无效,不影响其他部分效力的,其他部分仍然有效。

第一百五十七条　【民事法律行为无效、被撤销、不发生效力的法律后果】

民事法律行为无效、被撤销或者确定不发生效力后,行为人因该行为取得的财产,应当予以返还;不能返还或者没有必要返还的,应当折价补偿。有过错的一方应当赔偿对方由此所受到的损失;各方都有过错的,应当各自承担相应的责任。法律另有规定的,依照其规定。

【条文对照】

《民法典》总则编	《民法通则》《合同法》
第一百五十七条　民事法律行为无效、被撤销或者确定不发生效力后,行为人因该行为取得的财产,应当予以返还;不能返还或者没有必要返还的,应当折价补偿。有过错的一方应当赔偿对方由此所受到的损失;各方都有过错的,应当各自承担相应的责任。**法律另有规定的,依照其规定。**	《民法通则》 　　第六十一条　民事行为被确认为无效或者被撤销后,当事人因该行为取得的财产,应当返还给受损失的一方。有过错的一方应当赔偿对方因此所受的损失,双方都有过错的,应当各自承担相应的责任。 　　双方恶意串通,实施民事行为损害国家的、集体的或者第三人的利益的,应当追缴双方取得的财产,收归国家、集体所有或者返还第三人。
	《合同法》 　　第五十八条　合同无效或者被撤销后,因该合同取得的财产,应当予以返还;不能返还或者没有必要返还的,应当折价补偿。有过错的一方应当赔偿对方因此所受到的损失,双方都有过错的,应当各自承担相应的责任。

【条文释义】

本条对民事法律行为无效的法律后果进行了规定,其中被撤销或确定不发生效力亦属于民事法律行为无效的情形。民事法律行为无效的法律后果主要包括返还财产、折价补偿和损害赔偿等。

返还财产是恢复原状的一种处理方式,无效、被撤销或确定不发生效力的民事法律行为由于自始没有法律约束力,已经按照约定履行的应恢复到没有履行前的状况,已接受履行的一方应将其所接受的财产返还给对方,此乃恢复原状的最基本的方式。但是并不是所有已经履行的无效民事法律行为都能够或者需要采取返还财产的方式。有些民事法律行为的性质决定了无法采取返还方式,如提供劳务的无效合同、提供工作成果的合同(如建设工程承包合同);有些无效合同因返还需要的费用较高,强制返还会带来经济上的极大浪费,因而应当进行折价补偿。

民事法律行为无效、被撤销或确定不发生效力后造成损失的,有过错的一方应当赔偿对方因此所受到的损失。双方都有过错的,应当各自承担相应的责任。如果当事人没有过错,则不应承担赔偿责任。

【关联法规】

《民法典》合同编

第四百九十七条　有下列情形之一的,该格式条款无效:

(一)具有本法第一编第六章第三节和本法第五百零六条规定的无效情形;

(二)提供格式条款一方不合理地免除或者减轻其责任、加重对方责任、限制对方主要权利;

(三)提供格式条款一方排除对方主要权利。

《民法典》婚姻家庭编

第一千零五十四条　无效的或者被撤销的婚姻自始没有法律约束力,当事人不具有夫妻的权利和义务。同居期间所得的财产,由当事人协议处理;协议不成的,由人民法院根据照顾无过错方的原则判决。对重婚导致的无效婚姻的财产处理,不得侵害合法婚姻当事人的财产权益。当事人所生的子女,适用本法关于父母子女的规定。

婚姻无效或者被撤销的,无过错方有权请求损害赔偿。

第四节　民事法律行为的附条件和附期限

第一百五十八条　【附条件的民事法律行为】

民事法律行为可以附条件,但是根据其性质不得附条件的除外。附生效条件的民事法律行为,自条件成就时生效。附解除条件的民事法律行为,自条件成就时失效。

【条文对照】

《民法典》总则编	《民法通则》《合同法》
第一百五十八条　民事法律行为可以附条件,**但是根据其性质不得附条件的除外**。附生效条件的民事法律行为,<u>自条件成就时生效</u>。附解除条件的民事法律行为,自条件成就时失效。	《民法通则》 　　第六十二条　民事法律行为可以附条件,附条件的民事法律行为<u>在符合所附条件时生效</u>。 《合同法》 　　第四十五条第一款　当事人对合同的效力可以约定附条件。附生效条件的合同,自条件成就时生效。附解除条件的合同,自条件成就时失效。

【条文释义】

本条是关于附条件民事法律行为的规定。

民事法律行为是行为人意思自治的体现,其可以按照自己的意愿去设立、变更或者终止民事法律关系。附条件民事法律行为是指民事法律行为效力的开始或者终止,取决于将来不确定事实的发生或不发生的法律行为。

附条件民事法律行为给行为人提供了更大的意思自治空间,将未来不特定事件的影响纳入民事法律行为中予以规定,更能满足行为人的现实需求。法律规定民事法律行为可以附加条件,目的就是以所附的条件来确定或者终止民事法律行为的效力。

民事法律行为可以附加生效条件或解除条件。生效条件也叫作延缓条件,是指民事法律行为效力的发生决定于所附条件的成就。当一个民事法律行为成立之后,当事人若不想使它立即生效,可以约定生效条件,该民事法律行为自所附条件成就后生效;如果该条件不成就,该民事法律行为则不生效。解除条件是指民事法律行为中所确定的民事权利和民事义务应当在所附条件成就时失去法律效力的条件。行为人在民事法律行为中约定解除条件的,当解除条件成就时,该项民事法律行为的效力即告终止。

需要注意的是,并非所有的民事法律行为都可以附条件。"根据其性质不得附条件的"民事法律行为主要是指以下三类:(1)基于公共利益或公序良俗的要求,结婚、收养、离婚、认领等身份行为不能附加条件。(2)基于交易安全的要求,票据行为不能附条件。(3)基于法律秩序稳定的要求,抵销、解除、追认、撤销等法定形成权的行使不能附条件。

【关联法规】

《民法典》合同编

第五百六十八条　当事人互负债务,该债务的标的物种类、品质相同的,任何一方可以将自己的债务与对方的到期债务抵销;但是,根据债务性质、按照当事人约定或者依照法律规定不得抵销的除外。

当事人主张抵销的,应当通知对方。通知到达对方时生效。抵销不得附条件或者附期限。

《保险法》

第十三条　投保人提出保险要求,经保险人同意承保,保险合同成立。保险人应当及时向投保人签发保险单或者其他保险凭证。

保险单或者其他保险凭证应当载明当事人双方约定的合同内容。当事人也可以约定采用其他书面形式载明合同内容。

依法成立的保险合同,自成立时生效。投保人和保险人可以对合同的效力约定附条件或者附期限。

《票据法》

第三十三条　背书不得附有条件。背书时附有条件的,所附条件不具有汇票上的效力。

将汇票金额的一部分转让的背书或者将汇票金额分别转让给二人以上的背书无效。

第一百五十九条　【条件成就或不成就的拟制】

附条件的民事法律行为,当事人为自己的利益不正当地阻止条件成就的,视为条件已经成就;不正当地促成条件成就的,视为条件不成就。

【条文对照】

《民法典》总则编	《合同法》
第一百五十九条　附条件的民事法律行为,当事人为自己的利益不正当地阻止条件成就的,视为条件已经成就;不正当地促成条件成就的,视为条件不成就。	第四十五条第二款　当事人为自己的利益不正当地阻止条件成就的,视为条件已成就;不正当地促成条件成就的,视为条件不成就。

【条文释义】

附条件民事法律行为的本质是将未来不特定事件发生的风险纳入意思自治的范畴,从而对民事法律行为的效力予以控制。如果人为干预民事法律行为所附条件的成就或不成就,就违背了民事法律行为所附条件的意义,使所附条件的成就或者不成就受到一方当事人的意志控制,违背民法的公平原则和诚实信用原则。因此,本条规定凡是当事人不正当地阻止所附条件成就的,视为条件已经成就;凡是当事人不正当地促成所附条件成就的,视为条件不成就,以此维护交易秩序,保护交易安全。

【关联法规】

《最高人民法院经济审判庭关于对一企业租赁经营合同规定由主管部门鉴证后合同生效的条款效力如何认定问题的复函》

山东省高级人民法院:

你院鲁法(经)发〔1990〕70号《关于对一企业租赁经营合同规定由主管部门鉴证后合同生效的条款效力如何认定问题的请示报告》收悉。经研究,答复如下:

本案合同第六条第三项"本合同经双方签字,并经鉴证后生效"的约定,是合同当事人双方真实意思表示,现行法律没有禁止性规定,且,合同鉴证实行的是自愿原则,因此,这一条款不宜认定无效。但就本案而言,在当事人送交鉴证的合同正式文本上,原告方拒绝签字,合同不能视为成立,也不发生法律效力。故,认定合同第六条第三项条款效力如何,似无实际意义。

此复

第一百六十条 【附期限的民事法律行为】

民事法律行为可以附期限,但是根据其性质不得附期限的除外。附生效期限的民事法律行为,自期限届至时生效。附终止期限的民事法律行为,自期限届满时失效。

【条文对照】

《民法典》总则编	《合同法》
第一百六十条 民事法律行为可以附期限,但是根据其性质不得附期限的除外。附生效期限的民事法律行为,自期限届至时生效。附终止期限的民事法律行为,自期限届满时失效。	第四十六条 当事人对合同的效力可以约定附期限。附生效期限的合同,自期限届至时生效。附终止期限的合同,自期限届满时失效。

【条文释义】

本条对附期限的民事法律行为进行了规定。

附期限的民事法律行为,是指在民事法律行为中附有一定的期限,该期限到来时,民事法律行为生效或终止。

附期限民事法律行为可以分为附生效期限的民事法律行为和附终止期限的民事法律行为。前者是指在民事法律行为中规定的期限到来之前,该民事法律行为虽已成立但尚未生效,期限到来时方才生效;后者是指在民事法律行为中约定的期限到来时,该民事法律行为即行失效。

与附条件民事法律行为的限制类似,并非所有的民事法律行为都可以附期限。"根据其性质不得附期限的"民事法律行为主要是指以下三类:(1)基于公共利益和公序良俗的要求,结婚、收养、离婚、认领等身份行为不能附期限。(2)基于交易安全的要求,票据行为不能附期限。(3)基于法律秩序稳定的要求,抵销、解除、追认、撤销等法定形成权的行使不能附期限。

【关联法规】

《民法典》合同编

第五百六十八条 当事人互负债务,该债务的标的物种类、品质相同的,任何一方可以将自己的债务与对方的到期债务抵销;但是,根据债务性质、按照当事人约定或者依照法律规定不得抵销的除外。

当事人主张抵销的,应当通知对方。通知自到达对方时生效。抵销不得附条件或者附期限。

《保险法》

第十三条　投保人提出保险要求,经保险人同意承保,保险合同成立。保险人应当及时向投保人签发保险单或者其他保险凭证。

保险单或者其他保险凭证应当载明当事人双方约定的合同内容。当事人也可以约定采用其他书面形式载明合同内容。

依法成立的保险合同,自成立时生效。投保人和保险人可以对合同的效力约定附条件或者附期限。

第七章　代　理

第一节　一般规定

第一百六十一条　【代理的适用范围】

民事主体可以通过代理人实施民事法律行为。

依照法律规定、当事人约定或者民事法律行为的性质,应当由本人亲自实施的民事法律行为,不得代理。

【条文对照】

《民法典》总则编	《民法通则》
第一百六十一条　<u>民事主体</u>可以通过代理人实施民事法律行为。 依照法律规定、当事人约定**或者民事律行为的性质**,应当由本人亲自实施的民事法律行为,不得代理。	第六十三条第一款、第三款　公民、法人可以通过代理人实施民事法律行为。 依照法律规定或者按照双方当事人约定,应当由本人实施的民事法律行为,不得代理。

【条文释义】

本条规定了代理的适用范围。

原则上,一般的民事法律行为均可通过代理人实施。但根据法律规定、当事人约定或者民事法律行为的性质应当由本人亲自实施的民事法律行为,不得代理。

可以通过代理实施的民事法律行为主要包括:(1)双方民事法律行为,如买卖、租赁、借贷、承揽、保险等;(2)单方民事法律行为,例如代理他人行使追认权、撤销权等;(3)准民事法律行为,例如代理他人进行要约邀请、要约撤回、承诺撤回、债权的主张和承认等。

除了民事法律行为外,在实践中代理还可以适用于下列行为:(1)申请行为,即请求国家有关部门授予某种资格或者特权的行为,如代理申请注册商标。(2)申报行为,即向国家有关部门履行法定的告知义务和给付义务的行为,如申报纳税行为。(3)诉讼行为,即代理诉讼中的当事人进行各种诉讼行为。

除了当事人约定应当由本人亲自实施的民事法律行为之外,依照法律规定或者民事法律行为的性质不得通过代理人实施的民事法律行为包括:(1)违法行为或法律禁止的行为。(2)身份行为。意思表示具有严格的人身性质而且必须由本人亲自作出决定和予以表达的行为,如订立遗嘱、婚姻登记、收养子女等。(3)人身性质的债务。具有强烈人身性质的债务,如受约演出等。

【关联法规】

《民法典》婚姻家庭编

第一千零四十九条　要求结婚的男女双方应当亲自到婚姻登记机关申请结婚登记。符合本法规定的,予以登记,发给结婚证。完成结婚登记,即确立婚姻关系。未办理结婚登记的,应当补办登记。

第一千零七十八条　婚姻登记机关查明双方确实是自愿离婚,并已经对子女抚养、财产以及债务处理等事项协商一致的,予以登记,发给离婚证。

第一千零七十九条　夫妻一方要求离婚的,可以由有关组织进行调解或者直接向人民法院提起离婚诉讼。

人民法院审理离婚案件,应当进行调解;如果感情确已破裂,调解无效的,应当准予离婚。

有下列情形之一,调解无效的,应当准予离婚:

(一)重婚或者与他人同居;

(二)实施家庭暴力或者虐待、遗弃家庭成员;

(三)有赌博、吸毒等恶习屡教不改;

(四)因感情不和分居满二年;

(五)其他导致夫妻感情破裂的情形。

一方被宣告失踪,另一方提起离婚诉讼的,应当准予离婚。

经人民法院判决不准离婚后,双方又分居满一年,一方再次提起离婚诉讼的,应当准予离婚。

第一千零九十七条　生父母送养子女,应当双方共同送养。生父母一方不明或者查找不到的,可以单方送养。

第一千一百零一条　有配偶者收养子女,应当夫妻共同收养。

第一千一百零五条　收养应当向县级以上人民政府民政部门登记。收养关系自登记之日起成立。

收养查找不到生父母的未成年人的,办理登记的民政部门应当在登记前予以公告。

收养关系当事人愿意签订收养协议的,可以签订收养协议。

收养关系当事人各方或者一方要求办理收养公证的,应当办理收养公证。

县级以上人民政府民政部门应当依法进行收养评估。

第一千一百零九条 外国人依法可以在中华人民共和国收养子女。

外国人在中华人民共和国收养子女,应当经其所在国主管机关依照该国法律审查同意。收养人应当提供由其所在国有权机构出具的有关其年龄、婚姻、职业、财产、健康、有无受过刑事处罚等状况的证明材料,并与送养人签订书面协议,亲自向省、自治区、直辖市人民政府民政部门登记。

前款规定的证明材料应当经收养人所在国外交机关或者外交机关授权的机构认证,并经中华人民共和国驻该国使领馆认证,但是国家另有规定的除外。

第一千一百一十六条 当事人协议解除收养关系的,应当到民政部门办理解除收养关系登记。

《民法典》继承编

第一千一百三十九条 公证遗嘱由遗嘱人经公证机构办理。

《海关法》

第十一条 进出口货物收发货人、报关企业办理报关手续,必须依法经海关注册登记。未依法经海关注册登记,不得从事报关业务。

报关企业和报关人员不得非法代理他人报关,或者超出其业务范围进行报关活动。

《保险法》

第一百一十七条 保险代理人是根据保险人的委托,向保险人收取佣金,并在保险人授权的范围内代为办理保险业务的机构或者个人。

保险代理机构包括专门从事保险代理业务的保险专业代理机构和兼营保险代理业务的保险兼业代理机构。

《拍卖法》

第二十六条 委托人可以自行办理委托拍卖手续,也可以由其代理人代为办理委托拍卖手续。

第三十四条 竞买人可以自行参加竞买,也可以委托其代理人参加竞买。

《执业医师法》

第二十三条 医师实施医疗、预防、保健措施,签署有关医学证明文件,必须亲自诊查、调查,并按照规定及时填写医学文书,不得隐匿、伪造或者销毁医学文书及有关资料。

医师不得出具与自己执业范围无关或者与执业类别不相符的医学证明文件。

《中国公民收养子女登记办法》

第四条 收养关系当事人应当亲自到收养登记机关办理成立收养关系的登记手续。

夫妻共同收养子女的,应当共同到收养登记机关办理登记手续;一方因故不能亲自前往的,应当书面委托另一方办理登记手续,委托书应当经过村民委员会或者居民委员会证明或者经过公证。

《婚姻登记条例》

第四条 内地居民结婚,男女双方应当共同到一方当事人常住户口所在地的婚姻登记机关办理结婚登记。

中国公民同外国人在中国内地结婚的,内地居民同香港居民、澳门居民、台湾居民、华侨在中国内地结婚的,男女双方应当共同到内地居民常住户口所在地的婚姻登记机关办理结婚登记。

第十条 内地居民自愿离婚的,男女双方应当共同到一方当事人常住户口所在地的婚姻登记机关办理离婚登记。

中国公民同外国人在中国内地自愿离婚的,内地居民同香港居民、澳门居民、台湾居民、华侨在中国内地自愿离婚的,男女双方应当共同到内地居民常住户口所在地的婚姻登记机关办理离婚登记。

《外国人在中华人民共和国收养子女登记办法》

第八条 外国人来华收养子女,应当亲自来华办理登记手续。夫妻共同收养的,应当共同来华办理收养手续;一方因故不能来华的,应当书面委托另一方。委托书应当经所在国公证和认证。

第一百六十二条 【代理的效力】

代理人在代理权限内,以被代理人名义实施的民事法律行为,对被代理人发生效力。

【条文对照】

《民法典》总则编	《民法通则》
第一百六十二条 代理人在代理权限内,以被代理人名义实施的民事法律行为,对被代理人发生效力。	第六十三条第二款 代理人在代理权限内,以被代理人的名义实施民事法律行为。被代理人对代理人的代理行为,承担民事责任。

【条文释义】

本条规定了代理的效力。

代理是代理人在代理权范围内,以被代理人的名义独立实施的民事法律行为,由此产生的法律效果直接归属于被代理人的民法制度。有效的代理必须具有以下三个构成要件:(1)代理人必须在代理权限内实施民事法律行为,不得超越授权范围。(2)代理人必须以被代理人名义实施行为,不得以自己名义或其他人名义实施民事法律行为。以自己名义实施民事法律行为再通过与委托人的法律关系转给委托人的,属于行纪行为,不属于代理行为。(3)代理人必须独立实施民事法律行为,进行意思表示。如果仅仅将他人的意思表示进行转达而非自己独立进行意思表示,那也不属于代理。

符合上述三个构成要件的代理,具有以下法律后果:代理人所实施的法律行为的后果直接由被代理人承受,对被代理人发生法律效力。

《民法典》总则编没有对隐名代理和间接代理进行规定。隐名代理和间接代理应适用《民法典》合同编第925条和第926条的规定。

【关联法规】

《民法典》合同编

第九百一十九条 委托合同是委托人和受托人约定,由受托人处理委托人事务的合同。

第九百二十五条 受托人以自己的名义,在委托人的授权范围内与第三人订立的合同,第三人在订立合同时知道受托人与委托人之间的代理关系的,该合同直接约束委托人和第三人;但是,有确切证据证明该合同只约束受托人和第三人的除外。

第九百二十六条 受托人以自己的名义与第三人订立合同时,第三人不知道受托人与委托人之间的代理关系的,受托人因第三人的原因对委托人不履行义务,受托人应当向委托人披露第三人,委托人因此可以行使受托人对第三人的权利。但是,第三人与受托人订立合同时如果知道该委托人就不会订立合同的除外。

受托人因委托人的原因对第三人不履行义务,受托人应当向第三人披露委托人,第三人因此可以选择受托人或者委托人作为相对人主张其权利,但是第三人不得变更选定的相对人。

委托人行使受托人对第三人的权利的,第三人可以向委托人主张其对受托人的抗辩。第三人选定委托人作为其相对人的,委托人可以向第三人主张其对受托人的抗辩以及受托人对第三人的抗辩。

第九百五十一条 行纪合同是行纪人以自己的名义为委托人从事贸易活

动,委托人支付报酬的合同。

第九百六十一条　中介合同是中介人向委托人报告订立合同的机会或者提供订立合同的媒介服务,委托人支付报酬的合同。

第一百六十三条　【代理的类型】

代理包括委托代理和法定代理。

委托代理人按照被代理人的委托行使代理权。法定代理人依照法律的规定行使代理权。

【条文对照】

《民法典》总则编	《民法通则》
第一百六十三条　代理包括委托代理和法定代理。 委托代理人按照被代理人的委托行使代理权。法定代理人依照法律的规定行使代理权。	第六十四条　代理包括委托代理、法定代理和指定代理。 委托代理人按照被代理人的委托行使代理权,法定代理人依照法律的规定行使代理权,指定代理人按照人民法院或者指定单位的指定行使代理权。

【条文释义】

本条规定了代理的类型。

以代理发生的原因为标准,代理可分为委托代理和法定代理。与《民法通则》相比,《民法典》总则编中的法定代理,其实还包括了指定代理。

委托代理,也称为意定代理,是基于被代理人的委托授权所产生的代理。委托合同和授权委托行为是产生委托代理的依据。其中,委托合同又叫作委任合同,是委托人与受托人约定,由受托人处理委托人事务的合同。委托合同是产生委托代理权的基础关系。委托授权行为是被代理人将代理权授予代理人的行为,是委托代理产生的直接原因。在委托代理关系中,一般情况下代理权的产生是基于两个行为:一是委托合同,二是委托授权行为。在委托代理中,委托合同的成立和生效并不当然产生代理权,只有在委托人作出授予代理权的单方行为之后,代理权才产生。因此,代理人取得代理权,一般要以委托合同和委托授权行为同时有效存在为前提。但除委托合同外,劳务合同亦可以产生委托代理关系。有的情况下只有授权行为而无基础关系,亦能产生委托代理关系。

法定代理,是指基于法律的直接规定而产生的代理。在法定代理中,代理权的授予是基于法律的直接规定,而不是依据授权行为。法定代理主要适用于被代理人是无民事行为能力人或者限制民事行为能力人的情况。法律规定法定代理的目的,一是保护特定民事主体的利益,二是为了维护交易安全。

【关联法规】

《民法典》合同编

第九百一十九条　委托合同是委托人和受托人约定,由受托人处理委托人事务的合同。

第九百二十条　委托人可以特别委托受托人处理一项或者数项事务,也可以概括委托受托人处理一切事务。

第九百二十一条　委托人应当预付处理委托事务的费用。受托人为处理委托事务垫付的必要费用,委托人应当偿还该费用并支付利息。

第九百二十二条　受托人应当按照委托人的指示处理委托事务。需要变更委托人指示的,应当经委托人同意;因情况紧急,难以和委托人取得联系的,受托人应当妥善处理委托事务,但是事后应当将该情况及时报告委托人。

第一百六十四条　【不当代理的民事责任】

代理人不履行或者不完全履行职责,造成被代理人损害的,应当承担民事责任。

代理人和相对人恶意串通,损害被代理人合法权益的,代理人和相对人应当承担连带责任。

【条文对照】

《民法典》总则编	《民法通则》
第一百六十四条　代理人不履行<u>或者不完全履行职责</u>,<u>造成被代理人损害的</u>,应当承担民事责任。 代理人和相对人<u>恶意</u>串通,损害被代理人<u>合法权益</u>的,代理人和<u>相对人应当承担</u>连带责任。	第六十六条第二款、第三款　代理人不履行职责而<u>给被代理人造成</u>损害的,应当承担民事责任。 代理人和<u>第三人</u>串通、损害被代理人的<u>利益</u>的,由代理人和<u>第三人</u>负连带责任。

【条文释义】

本条规定了不当代理的民事责任。

被代理人设定代理的目的是为了利用代理人的知识和劳动为自己服务。代理人的活动,则是为了实现被代理人的利益。因此,代理人应当以如同处理自己事务的注意,谨慎、勤勉、忠实地按照代理宗旨,维护被代理人的利益。

同时,代理人还应当履行报告义务和保密义务。代理人应将处理代理事务过程中发生的一切重要情况如实地向被代理人报告,以使被代理人知晓事务的进展和自己财产或者利益的损益情况。在代理事务处理完毕后,代理人还应向被代理人提交必要的文件材料。代理人就处理代理事项过程中所获知的保密信息,应予以保密。

如果代理人不履行上述义务或者不当履行上述义务,并对被代理人造成损失的,应当向被代理人赔偿损失。如果代理人与第三人恶意串通损害被代理人的利益,根据本法第154条的规定,通谋行为无效,代理人还应与第三人根据本条的规定承担连带赔偿责任。

【关联法规】

《民法典》合同编

第九百二十九条　有偿的委托合同,因受托人的过错造成委托人损失的,委托人可以请求赔偿损失。无偿的委托合同,因受托人的故意或者重大过失造成委托人损失的,委托人可以请求赔偿损失。

受托人超越权限造成委托人损失的,应当赔偿损失。

《民事诉讼法司法解释》

第一百零九条　当事人对欺诈、胁迫、恶意串通事实的证明,以及对口头遗嘱或者赠与事实的证明,人民法院确信该待证事实存在的可能性能够排除合理怀疑的,应当认定该事实存在。

第二节　委托代理

第一百六十五条　【委托代理授权的形式要求】

委托代理授权采用书面形式的,授权委托书应当载明代理人的姓名或者名称、代理事项、权限和期限,并由被代理人签名或者盖章。

【条文对照】

《民法典》总则编	《民法通则》
第一百六十五条　委托代理授权采用书面形式的,授权委托书应当载明代理人的姓名或者名称、代理事项、权限和<u>期限</u>,并由<u>被代理人</u>签名或者盖章。	第六十五条第二款　书面委托代理的授权委托书应当载明代理人的姓名或者名称、代理事项、权限和<u>期间</u>,并由<u>委托人</u>签名或盖章。

【条文释义】

本条规定了委托代理授权的形式要求。

授权委托书是委托授权行为的凭证,被代理人通过授权委托书将代理权授予代理人。因此,授权委托书是委托代理产生的直接原因。需要注意的是,授权委托书不同于委托合同,委托合同是委托人与受托人约定由受托人处理委托人事务的合同,是产生委托代理权的基础关系。但仅有委托合同并不当然产生代理权,只有在委托人作出授予代理权的单方行为之后,代理权才产生。但除委托合同外,劳务合同亦可以产生委托代理关系。有的情况下只有授权行为而无基础关系,亦能产生委托代理关系。司法实践中,亦普遍将委托合同内容及授权委托书内容合二为一,在一份文书中予以载明。

授权委托书具有对外效力,是出示给交易相对人的,因而应当载明代理人姓名、被代理人姓名、代理所从事的具体法律行为或事项内容、代理权的权限及其时间期限等,最后应当由被代理人签名或者盖章,便于交易相对人确认代理人的代理权。

本条删除了《民法通则》第65条第3款的规定:"委托书授权不明的,被代理人应当向第三人承担民事责任,代理人负连带责任。"该规则不尽合理,本次立法删除了代理人负连带责任的规定,但代理人仍然可能因存在过错而承担相应的责任。

【关联法规】

《民法典》合同编

第九百一十九条　委托合同是委托人和受托人约定,由受托人处理委托人事务的合同。

第一百六十六条　【共同代理】

数人为同一代理事项的代理人的,应当共同行使代理权,但是当事人另有约定的除外。

【条文对照】

本条为《民法典》总则编"新增条文",无可对照编纂对象。

【条文释义】

本条规定了共同代理。

共同代理是指数个代理人共同行使一项代理权的代理。因此,只有全体代理人的共同同意,才能行使代理权,所实施的行为是全体代理人的共同行为。共同代理的规范意图在于通过共同代理人之间的制约和协作,以维护被代理人的利益。

需要强调的是,本条规定的共同代理应仅限于积极代理行为。代理人从事代理受领他人的意思表示或义务的履行时,不涉及代理人之间的制约和协作问题,因此消极代理行为即使存在数个代理人,也不应适用本条共同行使代理权的规定。

另外,如果实施的共同代理行为给被代理人或第三人造成了损失,应由全体代理人负连带责任。但是如果其中一个或数个代理人未与其他代理人协商而擅自行使代理权,给被代理人造成的损失,应属于超越代表权,构成无权代理,无权代理人应承担民事责任。

【关联法规】

《民法典》合同编

第九百三十二条 两个以上的受托人共同处理委托事务的,对委托人承担连带责任。

《信托法》

第三十一条 同一信托的受托人有两个以上的,为共同受托人。

共同受托人应当共同处理信托事务,但信托文件规定对某些具体事务由受托人分别处理的,从其规定。

共同受托人共同处理信托事务,意见不一致时,按信托文件规定处理;信托文件未规定的,由委托人、受益人或者其利害关系人决定。

第一百六十七条 【违法代理的责任承担】

代理人知道或者应当知道代理事项违法仍然实施代理行为,或者被代理人知道或者应当知道代理人的代理行为违法未作反对表示的,被代理人和代理人应当承担连带责任。

【条文对照】

《民法典》总则编	《民法通则》
第一百六十七条 代理人知道或者应当知道代理事项违法仍然实施代理行为,或者被代理人知道或者应当知道代理人的代理行为违法未作反对表示的,被代理人和代理人应当承担连带责任。	第六十七条 代理人知道被委托代理的事项违法仍然进行代理活动的,或者被代理人知道代理人的代理行为违法不表示反对的,由被代理人和代理人负连带责任。

【条文释义】

本条规定了违法代理的责任承担。

违法代理分为两类,一类是代理事项本身违法而代理人知道或应当知道,一类是代理行为违法而被代理人知道或应当知道。前述两类违法代理中,知道或应当知道代理人或被代理人均未就违法事项或违法行为提出反对,因此,法律规定被代理人和代理人应承担连带责任。

代理事项或代理行为违法,具体表现可能是代理人实施的民事法律行为本身违反法律、行政法规的强制性规定,违背公序良俗原则;也可能是代理人实施民事法律行为时,存在欺诈、胁迫、乘人之危导致显失公平、恶意串通损害他人合法权益等不法行为。

第一百六十八条 【禁止自己代理;禁止双方代理】

代理人不得以被代理人的名义与自己实施民事法律行为,但是被代理人同意或者追认的除外。

代理人不得以被代理人的名义与自己同时代理的其他人实施民事法律行为,但是被代理的双方同意或者追认的除外。

【条文对照】

本条为《民法典》总则编"新增条文",无可对照编纂对象。

【条文释义】

本条规定了自己代理和双方代理的禁止。

自己代理,是指代理人在代理权限内与自己实施民事法律行为。在这种情况下,代理人同时为代理关系的代理人和交易相对人。交易双方的意思表示实际上是由代理人一人所作出,或者说交易行为是由同一个人实施的。由于交易都是以对方利益为代价追求自身利益的最大化,自己代理面临着代理人为自己的利益而牺牲被代理人利益的极大危险。因此,为防止滥用代理权,除非事前得到被代理人的同意或者事后得到追认,法律不承认自己代理的效力。

双方代理,又称为同时代理,是指一个代理人同时代理双方当事人实施法律行为。由于交易双方当事人的利益总是相互冲突的,通过讨价还价才能使双方的利益达到平衡。而由同一个人同时代表两种利益,难免顾此失彼,最终单方面倾向于某一方的利益。而且同一个人代表两方利益,无法实现讨价还价的过程,两方利益均难以达到平衡。因此,除非事前得到被代理人的同意或者事后得到追认,法律不承认双方代理的效力。

【关联法规】

《民法典》合同编

第九百五十六条 行纪人卖出或者买入具有市场定价的商品,除委托人有相反的意思表示外,行纪人自己可以作为买受人或者出卖人。

行纪人有前款规定情形的,仍然可以请求委托人支付报酬。

第九百六十一条 中介合同是中介人向委托人报告订立合同的机会或者提供订立合同的媒介服务,委托人支付报酬的合同。

《公司法》

第一百四十八条 董事、高级管理人员不得有下列行为:

（一）挪用公司资金；

（二）将公司资金以其个人名义或者以其他个人名义开立账户存储；

（三）违反公司章程的规定，未经股东会、股东大会或者董事会同意，将公司资金借贷给他人或者以公司财产为他人提供担保；

（四）违反公司章程的规定或者未经股东会、股东大会同意，与本公司订立合同或者进行交易；

（五）未经股东会或者股东大会同意，利用职务便利为自己或者他人谋取属于公司的商业机会，自营或者为他人经营与所任职公司同类的业务；

（六）接受他人与公司交易的佣金归为己有；

（七）擅自披露公司秘密；

（八）违反对公司忠实义务的其他行为。

董事、高级管理人员违反前款规定所得的收入应当归公司所有。

《保险法》

第一百零八条　保险公司应当按照国务院保险监督管理机构的规定，建立对关联交易的管理和信息披露制度。

第一百零九条　保险公司的控股股东、实际控制人、董事、监事、高级管理人员不得利用关联交易损害公司的利益。

《信托法》

第二十八条　受托人不得将其固有财产与信托财产进行交易或者将不同委托人的信托财产进行相互交易，但信托文件另有规定或者经委托人或者受益人同意，并以公平的市场价格进行交易的除外。

受托人违反前款规定，造成信托财产损失的，应当承担赔偿责任。

第一百六十九条　【转委托代理】

代理人需要转委托第三人代理的，应当取得被代理人的同意或者追认。

转委托代理经被代理人同意或者追认的，被代理人可以就代理事务直接指示转委托的第三人，代理人仅就第三人的选任以及对第三人的指示承担责任。

转委托代理未经被代理人同意或者追认的，代理人应当对转委托的第三人的行为承担责任；但是，在紧急情况下代理人为了维护被代理人的利益需要转委托第三人代理的除外。

【条文对照】

《民法典》总则编	《民法通则》
第一百六十九条　代理人需要转委托第三人代理的,应当取得被代理人的同意或者追认。 转委托代理经被代理人同意或者追认的,被代理人可以就代理事务直接指示转委托的第三人,代理人仅就第三人的选任以及对第三人的指示承担责任。 转委托代理未经被代理人同意或者追认的,代理人应当对转委托的第三人的行为承担责任;但是,在紧急情况下代理人为了维护被代理人的利益需要转委托第三人代理的除外。	第六十八条　委托代理人为被代理人的利益需要转托他人代理的,应当事先取得被代理人的同意。事先没有取得被代理人同意的,应当在事后及时告诉被代理人,如果被代理人不同意,由代理人对自己所转托的人的行为负民事责任,但在紧急情况下,为了保护被代理人的利益而转托他人代理的除外。的,代理人应当对转委托的第三人的行为承担责任;但是,在紧急情况下代理人为了维护被代理人的利益需要转委托第三人代理的除外。

【条文释义】

转委托代理也叫复代理,与本代理相对应,是指代理人为完成代理权限内的全部或者部分事项,以自己的名义选定他人担任被代理人的代理人,并由该他人代理被代理人实施法律行为的情形。被选定的他人为复代理人,其代理实施民事法律行为的法律效果直接归属于被代理人。由于被代理人与代理人之间存在着人身信赖关系,代理人因此负有亲自处理代理事务的义务,原则上不得转委托他人处理代理事务,除非转委托经被代理人事先同意或者事后追认。

被代理人事先同意或者事后追认的复代理中,复代理人是为了被代理人的利益实施民事法律行为,其为被代理人的代理人。因此,被代理人自然可以就代理事务直接指示复代理人。对于被代理人的指示,代理人不承担责任。代理人仅就对复代理人的选择以及对复代理人的指示承担责任。在此范围内,由于复代理人的原因造成被代理人损害的,代理人就此与复代理人一起对被代理人承担责任。

如果代理人的转委托未经被代理人事先同意或事后追认,那么代理人应当就复代理人的行为向被代理人承担责任。但在紧急情况下,代理人不能亲自处理代理事务,不及时转委托又会损害被代理人的利益时,法律允许不经过被代理人事先同意或事后追认进行转委托。所谓的紧急情况,通常是指代理人身患急病、与被代理人通讯联络中断等特殊原因,代理人不能处理代理事项,又不能与被代理人及时取得联系,如果不及时转托他人代理,就会给被代理人的利益造成损失或者扩大损失的情况。在此情况下,代理人对于复代理人的行为不承担责任。

【关联法规】

《民法典》合同编

第九百二十三条 受托人应当亲自处理委托事务。经委托人同意,受托人可以转委托。转委托经同意或者追认的,委托人可以就委托事务直接指示转委托的第三人,受托人仅就第三人的选任及其对第三人的指示承担责任。转委托未经同意或者追认的,受托人应当对转委托的第三人的行为承担责任;但是,在紧急情况下受托人为了维护委托人的利益需要转委托第三人的除外。

《信托法》

第三十条 受托人应当自己处理信托事务,但信托文件另有规定或者有不得已事由的,可以委托他人代为处理。

受托人依法将信托事务委托他人代理的,应当对他人处理信托事务的行为承担责任。

第一百七十条 【职务代理】

执行法人或者非法人组织工作任务的人员,就其职权范围内的事项,以法人或者非法人组织的名义实施的民事法律行为,对法人或者非法人组织发生效力。

法人或者非法人组织对执行其工作任务的人员职权范围的限制,不得对抗善意相对人。

【条文对照】

《民法典》总则编	《民法通则》《合同法》
第一百七十条 执行法人或者非法人组织工作任务的人员,就其职权范围内的事项,以法人或者非法人组织的名义实施的民事法律行为,对法人或者非法人组织发生效力。 法人或者非法人组织对执行其工作任务的人员职权范围的限制,不得对抗善意相对人。	《民法通则》 第四十三条 企业法人对它的法定代表人和其他工作人员的经营活动,承担民事责任。 《合同法》 第五十条 法人或者其他组织的法定代表人、负责人超越权限订立的合同,除相对人知道或者应当知道其超越权限的以外,该代表行为有效。

【条文释义】

本条规定了职务代理。

职务代理需满足两个条件:(1)行为人是在执行法人或非法人组织的工作任务。(2)行为人以法人或法人组织的名义实施民事法律行为。

根据代理原理,职务代理行为的法律后果归属于法人或非法人组织。由于法人或非法人组织对行为人职权范围的内部限制导致行为人行为事实上超越授权范围的,如果相对人对此限制并不知情的,其行为后果仍应由法人或非法人组织承担。

【关联法规】

《民法典》总则编

第六十一条　依照法律或者法人章程的规定,代表法人从事民事活动的负责人,为法人的法定代表人。

法定代表人以法人名义从事的民事活动,其法律后果由法人承受。

法人章程或者法人权力机构对法定代表人代表权的限制,不得对抗善意相对人。

《民法典》合同编

第五百零四条　法人的法定代表人或者非法人组织的负责人超越权限订立的合同,除相对人知道或者应当知道其超越权限外,该代表行为有效,订立的合同对法人或者非法人组织发生效力。

《合伙企业法》

第二十六条　合伙人对执行合伙事务享有同等的权利。

按照合伙协议的约定或者经全体合伙人决定,可以委托一个或者数个合伙人对外代表合伙企业,执行合伙事务。

作为合伙人的法人、其他组织执行合伙事务的,由其委派的代表执行。

第二十七条　依照本法第二十六条第二款规定委托一个或者数个合伙人执行合伙事务的,其他合伙人不再执行合伙事务。

不执行合伙事务的合伙人有权监督执行事务合伙人执行合伙事务的情况。

第二十八条　由一个或者数个合伙人执行合伙事务的,执行事务合伙人应当定期向其他合伙人报告事务执行情况以及合伙企业的经营和财务状况,其执行合伙事务所产生的收益归合伙企业,所产生的费用和亏损由合伙企业承担。

合伙人为了解合伙企业的经营状况和财务状况,有权查阅合伙企业会计账簿等财务资料。

第一百七十一条　【无权代理】

行为人没有代理权、超越代理权或者代理权终止后,仍然实施代理行为,未经被代理人追认的,对被代理人不发生效力。

相对人可以催告被代理人自收到通知之日起三十日内予以追认。被代理人未作表示的,视为拒绝追认。行为人实施的行为被追认前,善意相对人有撤销的权利。撤销应当以通知的方式作出。

行为人实施的行为未被追认的,善意相对人有权请求行为人履行债务或者就其受到的损害请求行为人赔偿。但是,赔偿的范围不得超过被代理人追认时相对人所能获得的利益。

相对人知道或者应当知道行为人无权代理的,相对人和行为人按照各自的过错承担责任。

【条文对照】

《民法典》总则编	《民法通则》
第一百七十一条 行为人没有代理权、超越代理权或者代理权终止后,仍然实施代理行为,未经被代理人追认的,对被代理人不发生效力。 相对人可以催告被代理人自收到通知之日起三十日内予以追认。被代理人未作表示的,视为拒绝追认。行为人实施的行为被追认前,善意相对人有撤销的权利。撤销应当以通知的方式作出。 行为人实施的行为未被追认的,善意相对人有权请求行为人履行债务或者就其受到的损害请求行为人赔偿。但是,赔偿的范围不得超过被代理人追认时相对人所能获得的利益。 相对人知道或者应当知道行为人无权代理的,相对人和行为人按照各自的过错承担责任。	第六十六条第一款、第四款 没有代理权、超越代理权或者代理权终止后的行为,只有经过被代理人的追认,被代理人才承担民事责任。未经追认的行为,由行为人承担民事责任。本人知道他人以本人名义实施民事行为而不作否认表示的,视为同意。 …… 第三人知道行为人没有代理权、超越代理权或者代理权已终止还与行为人实施民事行为给他人造成损害的,由第三人和行为人负连带责任。

【条文释义】

本条规定了无权代理。

无权代理,是指代理人不具有相应代理权限而实施的代理行为。无权代理包括行为人没有代理权、超越代理权或者代理权终止后仍然实施代理行为三类情况:(1)在未经授权的代理中,"代理人"实施代理行为根本没有获得代理人的任何授权。"代理人"或者明知自己没有代理权,或者误以为被代理人已作出了授权而实际上并没有进行授权。(2)在超越代理权的行为中,代理人获得了被代理人的授权,但实施的代理行为超越了被代理人所授予的权限。超越代理权的部分构成无权代理。(3)在代理权终止的代理中,代理人本来是已经获得了被代理人的授权的,但代理权终止后,仍然继续实施代理行为,这种代理亦构成无权代理。以上三种情况中,行为人实施的代理行为均属于无权代理,在未经被代理人追认的情况下,对被代理人不发生法律效力。

无权代理行为发生之后,被代理人享有追认或者拒绝追认的选择权,因此无权代理实施的民事法律行为处于效力未定的状态。此时,相对人可以催告被代理人尽快选择追认或者拒绝追认。被代理人可以明确表示拒绝追认;若在 30 日催告期间内不作出追认表示的,视为拒绝追认。

无权代理人实施的民事法律行为,如果经过被代理人的追认,无权代理的权利瑕疵即得到补正,转化为有权代理。无权代理人实施的民事法律行为未被追认的,善意相对人有权请求行为人履行债务或者就其受到的损害请求行为人赔偿,但是赔偿的范围不得超过被代理人追认时相对人所能获得的利益。相对人知道或者应当知道行为人无权代理的,相对人和行为人按照各自的过错承担责任。这改变了《民法通则》第 66 条第 4 款"由第三人和行为人负连带责任"的规定。

为了平衡当事人之间的利益关系,与被代理人享有的追认权相对应,不知也不应知行为人为无权代理的善意交易相对人,享有对无权代理行为的撤销权。撤销权一经行使,该无权代理实施的民事法律行为则不发生法律效力。

第一百七十二条 【表见代理】

行为人没有代理权、超越代理权或者代理权终止后,仍然实施代理行为,相对人有理由相信行为人有代理权的,代理行为有效。

【条文对照】

《民法典》总则编	《合同法》
第一百七十二条 行为人没有代理权、超越代理权或者代理权终止后,<u>仍然实施代理行为</u>,相对人有理由相信行为人有代理权的,代理行为有效。	第四十九条 行为人没有代理权、超越代理权或者代理权终止后<u>以被代理人名义订立合同</u>,相对人有理由<u>相信行为人有代理权的</u>,该代理行为有效。

【条文释义】

本条规定了表见代理。

表见代理,是指行为人虽然没有代理权,但相对人有理由相信其享有代理权,并基于这种信赖与无权代理人实施民事法律行为,该代理行为有效。

表见代理需满足以下构成要件:(1)行为人没有代理权。(2)客观上存在该行为人被授予代理权的外表或者假象,且相对人对行为人具有代理权建立了信赖。如果行为人仅仅具有代理权的外表或者假象,但是相对人并没有建立起对行为人具有代理权的信赖,也不能构成表见代理。(3)行为人与相对人实施了民事法律行为。(4)相对人对信赖的产生没有过失,即相对人尽到合理注意义务仍然不能发现代理人没有代理权。

第三节 代理终止

第一百七十三条 【委托代理的终止】

有下列情形之一的,委托代理终止:
(一)代理期限届满或者代理事务完成;
(二)被代理人取消委托或者代理人辞去委托;
(三)代理人丧失民事行为能力;
(四)代理人或者被代理人死亡;
(五)作为代理人或者被代理人的法人、非法人组织终止。

【条文对照】

《民法典》总则编	《民法通则》
第一百七十三条 有下列情形之一的,委托代理终止: (一)代理期限届满或者代理事务完成; (二)被代理人取消委托或者代理人辞去委托; (三)代理人丧失民事行为能力; (四)代理人**或者被代理人**死亡; (五)作为代理人或者被代理人的法人、**非法人组织**终止。	第六十九条 有下列情形之一的,委托代理终止: (一)代理期间届满或者代理事务完成; (二)被代理人取消委托或者代理人辞去委托; (三)代理人死亡; (四)代理人丧失民事行为能力; (五)作为代理人或者被代理人的法人终止。

【条文释义】

本条规定了委托代理的终止事由。

第一,代理期限届满或者代理事务完成。代理人代理的期限届满以及代理事务的完成,是代理权终止的主要原因。此时,代理授权所要进行的工作已经结束,或者代理的时间有效期限已经到期,因此委托代理关系终止。

第二,被代理人取消委托或者代理人辞去委托。代理关系存续期间,被代理人可以随时取消委托,代理人亦可以辞去委托。

第三,代理人丧失民事行为能力。代理人因为各种原因丧失民事行为能力的,就不再具有实施民事法律行为的能力,无法完成代理事项。

第四,代理人或者被代理人死亡。代理人或被代理人死亡,不再存在委托代理法律关系的主体,因此委托代理关系终止。

第五,作为代理人或者被代理人的法人、非法人组织终止。

【关联法规】

《民法典》合同编

第九百三十四条 委托人死亡、终止或者受托人死亡、丧失民事行为能力、终止的,委托合同终止;但是,当事人另有约定或者根据委托事务的性质不宜终止的除外。

第九百三十五条 因委托人死亡或者被宣告破产、解散,致使委托合同终止将损害委托人利益的,在委托人的继承人、遗产管理人或者清算人承受委托事务之前,受托人应当继续处理委托事务。

第九百三十六条 因受托人死亡、丧失民事行为能力或者被宣告破产、解散,致使委托合同终止的,受托人的继承人、遗产管理人、法定代理人或者清算人应当及时通知委托人。因委托合同终止将损害委托人利益的,在委托人作出善后处理之前,受托人的继承人、遗产管理人、法定代理人或者清算人应当采取必要措施。

《信托法》

第十五条 信托财产与委托人未设立信托的其他财产相区别。设立信托后,委托人死亡或者依法解散、被依法撤销、被宣告破产时,委托人是唯一受益人的,信托终止,信托财产作为其遗产或者清算财产;委托人不是唯一受益人的,信托存续,信托财产不作为其遗产或者清算财产;但作为共同受益人的委托人死亡或者依法解散、被依法撤销、被宣告破产时,其信托受益权作为其遗产或者清算财产。

第五十二条 信托不因委托人或者受托人的死亡、丧失民事行为能力、依法解散、被依法撤销或者被宣告破产而终止,也不因受托人的辞任而终止。但本法或者信托文件另有规定的除外。

第五十三条 有下列情形之一的,信托终止:

(一)信托文件规定的终止事由发生;

(二)信托的存续违反信托目的;

(三)信托目的已经实现或者不能实现;

(四)信托当事人协商同意;

(五)信托被撤销;

(六)信托被解除。

第一百七十四条 【委托代理终止的例外】

被代理人死亡后,有下列情形之一的,委托代理人实施的代理行为有效:

(一)代理人不知道且不应当知道被代理人死亡;

(二)被代理人的继承人予以承认；
(三)授权中明确代理权在代理事务完成时终止；
(四)被代理人死亡前已经实施,为了被代理人的继承人的利益继续代理。
作为被代理人的法人、非法人组织终止的,参照适用前款规定。

【条文对照】

《民法典》总则编	《民通意见》
第一百七十四条　被代理人死亡后,有下列情形之一的,委托代理人实施的代理行为有效: (一)代理人不知道<u>且不应当知道</u>被代理人死亡; (二)被代理人的继承人予以承认; (三)<u>授权中明确代理权在代理事务完成时终止</u>; (四)被代理人死亡前<u>已经实施</u>,为了被代理人的继承人的利益继续<u>代理</u>。 **作为被代理人的法人、非法人组织终止的,参照适用前款规定。**	82.被代理人死亡后有下列情况之一的,委托代理人实施的代理行为有效: (1)代理人不知道被代理人死亡的;(2)被代理人的继承人均予承认的;(3)<u>被代理人与代理人约定到代理事项完成时代理权终止的</u>;(4)在被代理人死亡前已经进行、而在被代理人死亡后为了被代理人的继承人的利益继续<u>完成</u>的。

【条文释义】

本条规定了委托代理终止的例外情形。

原则上,被代理人死亡后,委托代理关系终止。但是在以下几种特殊情况中,代理继续有效:(1)代理人不知道并且不应当知道被代理人已死亡的。(2)被代理人的继承人对代理关系予以承认,表示愿意接受代理行为的后果。(3)授权书中明确代理权在代理事务完成时才终止,那么代理就不因被代理人死亡而终止。(4)被代理人死亡前已经开始实施代理,为了被代理人的继承人的利益而继续代理。

如果被代理人是法人或非法人组织,其终止后如果存在上述情况的,代理也可以继续有效,代理行为的后果由法人或非法人组织的继受人承担。

【关联法规】

《民法典》合同编

第九百三十五条　因委托人死亡或者被宣告破产、解散,致使委托合同终止将损害委托人利益的,在委托人的继承人、遗产管理人或者清算人承受委托事务之前,受托人应当继续处理委托事务。

第一百七十五条　【法定代理的终止】

有下列情形之一的,法定代理终止:

（一）被代理人取得或者恢复完全民事行为能力；
（二）代理人丧失民事行为能力；
（三）代理人或者被代理人死亡；
（四）法律规定的其他情形。

【条文对照】

《民法典》总则编	《民法通则》
第一百七十五条　有下列情形之一的，法定代理终止： （一）被代理人取得或者恢复完全民事行为能力； （二）<u>代理人丧失民事行为能力</u>； （三）<u>代理人或者被代理人死亡</u>； （四）**法律规定的其他情形**。	第七十条　有下列情形之一的，法定代理或者指定代理终止： （一）被代理人取得或者恢复民事行为能力； （二）<s>被代理人或者代理人死亡</s>； （三）<s>代理人丧失民事行为能力</s>； （四）<s>指定代理的人民法院或者指定单位取消指定</s>； （五）<s>由其他原因引起的被代理人和代理人之间的监护关系消灭</s>。

【条文释义】

本条规定了法定代理的终止事由。

第一，被代理人取得或者恢复完全民事行为能力。无民事行为能力人或者限制民事行为能力人的法定代理保护，在其取得了民事行为能力或者恢复了民事行为能力后，即没有存在的基础和必要，法定代理的代理权应终止。

第二，代理人丧失民事行为能力。代理人丧失民事行为能力后，即无法代理实施民事法律行为，因此代理权应终止。

第三，被代理人或者代理人死亡。代理人或者被代理人死亡，法定代理关系的主体不再存在，代理权亦应终止。

【关联法规】

《民法典》总则编

第三十九条　有下列情形之一的，监护关系终止：
（一）被监护人取得或者恢复完全民事行为能力；
（二）监护人丧失监护能力；
（三）被监护人或者监护人死亡；
（四）人民法院认定监护关系终止的其他情形。
监护关系终止后，被监护人仍然需要监护的，应当依法另行确定监护人。

第八章 民事责任

第一百七十六条 【民事义务的履行和民事责任的承担】
民事主体依照法律规定或者按照当事人约定,履行民事义务,承担民事责任。

【条文对照】

《民法典》总则编	《民法通则》
第一百七十六条 民事主体依照法律规定或者按照当事人约定,履行民事义务,承担民事责任。	第一百零六条第一款 公民、法人违反合同或者不履行其他义务的,应当承担民事责任。

【条文释义】
本条是关于民事责任的一般规定。
民事责任,是民事主体不履行或者不完全履行民事义务所应当依法承担的不利后果。民事责任既是违反民事义务所承担的法律后果,又是民事权利救济的必要措施。
民事义务来源于法律的规定或当事人的约定。根据民事义务来源的不同,民事责任分为违约责任、缔约过失责任和侵权责任,其中违约责任是对约定义务的违反,缔约过失责任和侵权责任是对法定义务的违反。

【关联法规】
《民法典》总则编
第一百一十八条 民事主体依法享有债权。
债权是因合同、侵权行为、无因管理、不当得利以及法律的其他规定,权利人请求特定义务人为或者不为一定行为的权利。
第一百一十九条 依法成立的合同,对当事人具有法律约束力。
第一百二十条 民事权益受到侵害的,被侵权人有权请求侵权人承担侵权责任。
第一百二十一条 没有法定的或者约定的义务,为避免他人利益受损失而进行管理的人,有权请求受益人偿还由此支出的必要费用。
第一百二十二条 因他人没有法律根据,取得不当利益,受损失的人有权请求其返还不当利益。
第一百三十一条 民事主体行使权利时,应当履行法律规定的和当事人约定的义务。

《民法典》合同编

第五百零九条　当事人应当按照约定全面履行自己的义务。

当事人应当遵循诚信原则,根据合同的性质、目的和交易习惯履行通知、协助、保密等义务。

当事人在履行合同过程中,应当避免浪费资源、污染环境和破坏生态。

第五百七十八条　当事人一方明确表示或者以自己的行为表明不履行合同义务的,对方可以在履行期限届满前请求其承担违约责任。

第五百八十四条　当事人一方不履行合同义务或者履行合同义务不符合约定,造成对方损失的,损失赔偿额应当相当于因违约所造成的损失,包括合同履行后可以获得的利益;但是,不得超过违约一方订立合同时预见到或者应当预见到的因违约可能造成的损失。

第五百八十五条　当事人可以约定一方违约时应当根据违约情况向对方支付一定数额的违约金,也可以约定因违约产生的损失赔偿额的计算方法。

约定的违约金低于造成的损失的,人民法院或者仲裁机构可以根据当事人的请求予以增加;约定的违约金过分高于造成的损失的,人民法院或者仲裁机构可以根据当事人的请求予以适当减少。

当事人就迟延履行约定违约金的,违约方支付违约金后,还应当履行债务。

第五百九十六条　买卖合同的内容一般包括标的物的名称、数量、质量、价款、履行期限、履行地点和方式、包装方式、检验标准和方法、结算方式、合同使用的文字及其效力等条款。

《民法典》侵权责任编

第一千一百六十四条　本编调整因侵害民事权益产生的民事关系。

第一千一百六十五条　行为人因过错侵害他人民事权益造成损害的,应当承担侵权责任。

依照法律规定推定行为人有过错,其不能证明自己没有过错的,应当承担侵权责任。

第一千一百六十六条　行为人造成他人民事权益损害,不论行为人有无过错,法律规定应当承担侵权责任的,依照其规定。

《建筑法》

第十五条　建筑工程的发包单位与承包单位应当依法订立书面合同,明确双方的权利和义务。

发包单位和承包单位应当全面履行合同约定的义务。不按照合同约定履行义务的,依法承担违约责任。

《劳动合同法》

第二十九条　用人单位与劳动者应当按照劳动合同的约定,全面履行各自的义务。

《买卖合同司法解释》

第二十条　买卖合同因违约而解除后,守约方主张继续适用违约金条款的,人民法院应予支持;但约定的违约金过分高于造成的损失的,人民法院可以参照民法典第五百八十五条第二款的规定处理。

第一百七十七条　【按份责任】

二人以上依法承担按份责任,能够确定责任大小的,各自承担相应的责任;难以确定责任大小的,平均承担责任。

【条文对照】

《民法典》总则编	《侵权责任法》
第一百七十七条　二人以上依法承担按份责任,能够确定责任大小的,各自承担相应的责任;难以确定责任大小的,平均承担责任。	第十二条　二人以上分别实施侵权行为造成同一损害,能够确定责任大小的,各自承担相应的责任;难以确定责任大小的,平均承担赔偿责任。

【条文释义】

本条规定了按份责任的承担规则,是对《侵权责任法》规定的按份责任规则的一般化。

按份责任是指责任人为多人时,各责任人按照一定的份额向权利人承担民事责任,各责任人承担的责任份额不具有连带性。责任自负是民法的基本原则和价值,因此按份责任应是多人责任的基本形态,其核心是每个人仅对自己的责任负责。

按份责任的承担规则如下:如果能够确定每个人的责任大小的,每个人就其责任部分承担相应的责任;如果每个人的责任大小难以确定的,法律只好对责任进行平均分割,要求每个人平均承担责任份额。

【关联法规】

《道路交通事故司法解释》

第十条　多辆机动车发生交通事故造成第三人损害,当事人请求多个侵权人承担赔偿责任的,人民法院应当区分不同情况,依照民法典第一千一百七十条、第一千一百七十一条、第一千一百七十二条的规定,确定侵权人承担连带责任或者按份责任。

第一百七十八条 【连带责任】

二人以上依法承担连带责任的,权利人有权请求部分或者全部连带责任人承担责任。

连带责任人的责任份额根据各自责任大小确定;难以确定责任大小的,平均承担责任。实际承担责任超过自己责任份额的连带责任人,有权向其他连带责任人追偿。

连带责任,由法律规定或者当事人约定。

【条文对照】

《民法典》总则编	《侵权责任法》
第一百七十八条 二人以上依法承担连带责任的,权利人有权请求部分或者全部连带责任人承担责任。 连带责任人的责任份额根据各自责任大小确定;难以确定责任大小的,平均承担责任。实际承担责任超过自己责任份额的连带责任人,有权向其他连带责任人追偿。 连带责任,由法律规定或者当事人约定。	第十三条 法律规定承担连带责任的,被侵权人有权请求部分或者全部连带责任人承担责任。 第十四条 连带责任人根据各自责任大小确定相应的赔偿数额;难以确定责任大小的,平均承担赔偿责任。 支付超出自己赔偿数额的连带责任人,有权向其他连带责任人追偿。

【条文释义】

本条规定了连带责任的承担规则,是对《侵权责任法》规定的连带责任规则的一般化。需要强调的是,连带责任必须由法律规定或者当事人约定,如果没有法律规定也没有当事人的特别约定,不得对责任人适用连带责任。

连带责任的承担规则如下:(1)连带责任对外是整体的责任,连带责任中的每个人都需要对权利人承担全部责任。被请求承担全部责任的连带责任人,不得要求根据自己的过错程度来承担相应的责任份额。(2)连带责任赋予被侵权人更多的选择权,对其保护更充分。权利人可以请求一个或者数个连带责任人承担全部或者部分的赔偿责任,更加有利于权利的实现。(3)连带责任是法定责任,责任人不能约定改变连带责任的性质,其对内部责任份额的约定对外不发生效力。

连带责任人对外承担了赔偿责任后,需要在责任人内部确定各自的责任。责任的大小一般根据以下原则确定:(1)比较过错大小。大多数责任以过错为构成要件,以过错程度确定连带责任人之间的责任,能够体现公平的原则,也是我国司法实践的通常做法。(2)比较原因力。原因力是指在构成责任的多个原因中,每一个原因对于责任的发生或者扩大所起的作用。(3)平均分担赔偿数额。如果根据过错和原因力难以确定责任大小的,可以视各连带责任人的过错程度和原因力大小是相当的,在这种情况下应当由各连带责任人平均承担赔偿责任。

不同于按份责任的是,连带责任中存在追偿权。追偿权在连带责任的内部关系中处于重要地位,能够保障连带责任人内部合理分担风险。通过行使追偿权,承担赔偿责任的连带责任人也完成了角色的转化,从对外承担赔偿责任的责任人,转化为对内请求公平分担损失的债权人。

【关联法规】

《人身损害赔偿司法解释》

第二条 赔偿权利人起诉部分共同侵权人的,人民法院应当追加其他共同侵权人作为共同被告。赔偿权利人在诉讼中放弃对部分共同侵权人的诉讼请求的,其他共同侵权人对被放弃诉讼请求的被告应当承担的赔偿份额不承担连带责任。责任范围难以确定的,推定各共同侵权人承担同等责任。

人民法院应当将放弃诉讼请求的法律后果告知赔偿权利人,并将放弃诉讼请求的情况在法律文书中叙明。①

第一百七十九条 【民事责任的承担方式】

承担民事责任的方式主要有:

(一)停止侵害;

(二)排除妨碍;

(三)消除危险;

(四)返还财产;

(五)恢复原状;

(六)修理、重作、更换;

(七)继续履行;

(八)赔偿损失;

(九)支付违约金;

(十)消除影响、恢复名誉;

(十一)赔礼道歉。

法律规定惩罚性赔偿的,依照其规定。

本条规定的承担民事责任的方式,可以单独适用,也可以合并适用。

---

① 建议废止《人身损害赔偿司法解释》第2条,理由:与《民法典》总则编第178条冲突。

【条文对照】

《民法典》总则编	《民法通则》
第一百七十九条　承担民事责任的方式主要有： （一）停止侵害； （二）排除妨碍； （三）消除危险； （四）返还财产； （五）恢复原状； （六）修理、重作、更换； **（七）继续履行；** （八）赔偿损失； （九）支付违约金； （十）消除影响、恢复名誉； （十一）赔礼道歉。 **法律规定惩罚性赔偿的，依照其规定。** **本条规定**的承担民事责任的方式，可以单独适用，也可以合并适用。	第一百三十四条　承担民事责任的方式主要有： （一）停止侵害； （二）排除妨碍； （三）消除危险； （四）返还财产； （五）恢复原状； （六）修理、重作、更换； （七）赔偿损失； （八）支付违约金； （九）消除影响、恢复名誉； （十）赔礼道歉。 以上承担民事责任的方式，可以单独适用，也可以合并适用。 人民法院审理民事案件，除适用上述规定外，还可以予以训诫、责令具结悔过、收缴进行非法活动的财物和非法所得，并可以依照法律规定处以罚款、拘留。

【条文释义】

根据本条规定，承担民事责任的方式主要有：

停止侵害，是指有权要求行为人不实施某种侵害。这种责任方式以侵权行为正在进行或者仍在延续为条件。人民法院可以在审理案件之前或审理过程中发布停止侵害令，也可以在判决中责令行为人停止侵害。

排除妨碍，指行为人实施的行为使他人无法行使或者不能正常行使人身、财产权益的，受害人有权要求行为人排除妨碍权益实施的障碍。受害人请求排除的妨碍必须具有不法性。

消除危险，是指行为人的行为对他人人身、财产权益造成威胁的，他人有权要求行为人采取有效措施消除这种威胁。适用这种责任方式的前提必须是危险确实存在，对他人人身、财产安全造成现实威胁，但还未发生实际损害。

返还财产，是指没有法律或者合同根据而无权占有他人财产，侵害了他人财产权益，行为人应当返还该财产。适用该责任方式的前提是该财产还存在。

恢复原状，是指法院判令行为人通过修理等手段使受到损坏的财产恢复到损坏前状况的一种责任方式。采用该责任方式的前提是：受到损坏的财产仍然存在且有恢复原状的可能，且受害人认为恢复原状是必要的并具有经济上的合理性。在环境侵权责任案件中，修复生态环境也是一种特殊的恢复原状责任。

修理、重作、更换，是违约责任的一种。如果交付的标的物存在瑕疵或缺陷，行为人应当进行修理，如果无法修理或修理不好，应当重作或者更换。

继续履行，也是违约责任的一种。如果合同一方当事人未履行合同义务或者未全面履行合同义务的，只要合同存在继续履行的可能，行为人就应当继续按照合同法的约定履行其义务。《民法典》总则编将继续履行作为民事责任的承担方式，值得肯定。

赔偿损失，是指行为人向受害人支付一定数额的金钱以弥补其损失的责任方式，这是最基本也是运用最广泛的责任方式，包括人身损害赔偿、财产损失赔偿和精神损害赔偿。

支付违约金，违约金是当事人在合同中约定或由法律直接规定的一方违反合同时应向对方支付的金钱，支付违约金是违约责任的最常见形式。

消除影响、恢复名誉，是指人民法院根据受害人的请求，责令行为人在一定范围内采取适当方式消除对受害人名誉的不利影响以使其名誉得到恢复的一种责任方式，主要适用于侵害名誉权的情形，一般不适用于侵犯隐私权的情形。

赔礼道歉，是指行为人通过口头、书面或者其他方式向受害人进行道歉，以取得谅解的一种责任方式，主要适用于侵害名誉权、隐私权、姓名权、肖像权等人格权益的情形。赔礼道歉可以公开或私下进行，也可以口头或书面等方式进行。行为人不赔礼道歉的，人民法院可以判决按照特定的方式进行，产生的所有费用由行为人承担。

《民法典》总则编还对惩罚性赔偿责任进行了一般性的规定，并将惩罚性赔偿责任的设定限于法律。《民法典》通过后，我国惩罚性赔偿责任已扩展至消费者保护领域、产品责任领域、食品安全领域、知识产权领域、不正当竞争领域以及环境污染和生态破坏责任领域等。

本条规定的民事责任方式各有特点。在救济受害人的总体目标下，受害人有权根据具体的需要进行选择，既可以单独采用一种方式，也可以采用多种方式。

【关联法规】

《民法典》物权编

第二百三十五条　无权占有不动产或者动产的，权利人可以请求返还原物。

第二百三十六条　妨害物权或者可能妨害物权的，权利人可以请求排除妨害或者消除危险。

第二百三十七条　造成不动产或者动产毁损的,权利人可以依法请求修理、重作、更换或者恢复原状。

《民法典》合同编

第五百七十七条　当事人一方不履行合同义务或者履行合同义务不符合约定的,应当承担继续履行、采取补救措施或者赔偿损失等违约责任。

《民法典》侵权责任编

第一千一百八十五条　故意侵害他人知识产权,情节严重的,被侵权人有权请求相应的惩罚性赔偿。

第一千二百零七条　明知产品存在缺陷仍然生产、销售,或者没有依据前条规定采取有效补救措施,造成他人死亡或者健康严重损害的,被侵权人有权请求相应的惩罚性赔偿。

第一千二百三十二条　侵权人违反法律规定故意污染环境、破坏生态造成严重后果的,被侵权人有权请求相应的惩罚性赔偿。

《药品管理法》

第一百四十四条　药品上市许可持有人、药品生产企业、药品经营企业或者医疗机构违反本法规定,给用药者造成损害的,依法承担赔偿责任。

因药品质量问题受到损害的,受害人可以向药品上市许可持有人、药品生产企业请求赔偿损失,也可以向药品经营企业、医疗机构请求赔偿损失。接到受害人赔偿请求的,应当实行首负责任制,先行赔付;先行赔付后,可以依法追偿。

生产假药、劣药或者明知是假药、劣药仍然销售、使用的,受害人或者其近亲属除请求赔偿损失外,还可以请求支付价款十倍或者损失三倍的赔偿金;增加赔偿的金额不足一千元的,为一千元。

《商标法》

第六十三条第一、二、三款　侵犯商标专用权的赔偿数额,按照权利人因被侵权所受到的实际损失确定;实际损失难以确定的,可以按照侵权人因侵权所获得的利益确定;权利人的损失或者侵权人获得的利益难以确定的,参照该商标许可使用费的倍数合理确定。对恶意侵犯商标专用权,情节严重的,可以在按照上述方法确定数额的一倍以上五倍以下确定赔偿数额。赔偿数额应当包括权利人为制止侵权行为所支付的合理开支。

人民法院为确定赔偿数额,在权利人已经尽力举证,而与侵权行为相关的账簿、资料主要由侵权人掌握的情况下,可以责令侵权人提供与侵权行为相关的账簿、资料;侵权人不提供或者提供虚假的账簿、资料的,人民法院可以参考权利人的主张和提供的证据判定赔偿数额。

权利人因被侵权所受到的实际损失、侵权人因侵权所获得的利益、注册商标许可使用费难以确定的,由人民法院根据侵权行为的情节判决给予五百万元以下的赔偿。

《食品安全法》

第一百四十八条　消费者因不符合食品安全标准的食品受到损害的,可以向经营者要求赔偿损失,也可以向生产者要求赔偿损失。接到消费者赔偿要求的生产经营者,应当实行首负责任制,先行赔付,不得推诿;属于生产者责任的,经营者赔偿后有权向生产者追偿;属于经营者责任的,生产者赔偿后有权向经营者追偿。

生产不符合食品安全标准的食品或者经营明知是不符合食品安全标准的食品,消费者除要求赔偿损失外,还可以向生产者或者经营者要求支付价款十倍或者损失三倍的赔偿金;增加赔偿的金额不足一千元的,为一千元。但是,食品的标签、说明书存在不影响食品安全且不会对消费者造成误导的瑕疵的除外。

《电子商务法》

第四十二条　知识产权权利人认为其知识产权受到侵害的,有权通知电子商务平台经营者采取删除、屏蔽、断开链接、终止交易和服务等必要措施。通知应当包括构成侵权的初步证据。

电子商务平台经营者接到通知后,应当及时采取必要措施,并将该通知转送平台内经营者;未及时采取必要措施的,对损害的扩大部分与平台内经营者承担连带责任。

因通知错误造成平台内经营者损害的,依法承担民事责任。恶意发出错误通知,造成平台内经营者损失的,加倍承担赔偿责任。

《消费者权益保护法》

第五十条　经营者侵害消费者的人格尊严、侵犯消费者人身自由或者侵害消费者个人信息依法得到保护的权利的,应当停止侵害、恢复名誉、消除影响、赔礼道歉,并赔偿损失。

第五十二条　经营者提供商品或者服务,造成消费者财产损害的,应当依照法律规定或者当事人约定承担修理、重作、更换、退货、补足商品数量、退还货款和服务费用或者赔偿损失等民事责任。

第五十五条　经营者提供商品或者服务有欺诈行为的,应当按照消费者的要求增加赔偿其受到的损失,增加赔偿的金额为消费者购买商品的价款或者接受服务的费用的三倍;增加赔偿的金额不足五百元的,为五百元。法律另有规定的,依照其规定。

经营者明知商品或者服务存在缺陷,仍然向消费者提供,造成消费者或者其他受害人死亡或者健康严重损害的,受害人有权要求经营者依照本法第四十九条、第五十一条等法律规定赔偿损失,并有权要求所受损失二倍以下的惩罚性赔偿。

《农业法》

第九十条 违反本法规定,侵害农民和农业生产经营组织的土地承包经营权等财产权或者其他合法权益的,应当停止侵害,恢复原状;造成损失、损害的,依法承担赔偿责任。

国家工作人员利用职务便利或者以其他名义侵害农民和农业生产经营组织的合法权益的,应当赔偿损失,并由其所在单位或者上级主管机关给予行政处分。

《著作权法》

第五十二条 有下列侵权行为的,应当根据情况,承担停止侵害、消除影响、赔礼道歉、赔偿损失等民事责任:

(一)未经著作权人许可,发表其作品的;

(二)未经合作作者许可,将与他人合作创作的作品当作自己单独创作的作品发表的;

(三)没有参加创作,为谋取个人名利,在他人作品上署名的;

(四)歪曲、篡改他人作品的;

(五)剽窃他人作品的;

(六)未经著作权人许可,以展览、摄制视听作品的方法使用作品,或者以改编、翻译、注释等方式使用作品的,本法另有规定的除外;

(七)使用他人作品,应当支付报酬而未支付的;

(八)未经视听作品、计算机软件、录音录像制品的著作权人、表演者或者录音录像制作者许可,出租其作品或者录音录像制品的原件或者复制件的,本法另有规定的除外;

(九)未经出版者许可,使用其出版的图书、期刊的版式设计的;

(十)未经表演者许可,从现场直播或者公开传送其现场表演,或者录制其表演的;

(十一)其他侵犯著作权以及与著作权有关的权利的行为。

《专利法》

第六十条 未经专利权人许可,实施其专利,即侵犯其专利权,引起纠纷的,由当事人协商解决;不愿协商或者协商不成的,专利权人或者利害关系人可以向人民法院起诉,也可以请求管理专利工作的部门处理。管理专利工作的部门处理时,认定侵权行为成立的,可以责令侵权人立即停止侵权行为,当事人不服的,可以自收到处理通知之日起十五日内依照《中华人民共和国行政诉讼法》向人民法院起诉;侵权人期满不起诉又不停止侵权行为的,管理专利工作的部门可以申请人民法院强制执行。进行处理的管理专利工作的部门应当事人的请求，可以就侵犯专利权的赔偿数额进行调解；调解不成的，当事人可以依照《中华人民共和国民事诉讼法》向人民法院起诉。

《人身损害赔偿司法解释》

第二十三条　精神损害抚慰金适用《最高人民法院关于确定民事侵权精神损害赔偿责任若干问题的解释》予以确定。

《医疗损害责任纠纷司法解释》

第二十三条　医疗产品的生产者、销售者、药品上市许可持有人明知医疗产品存在缺陷仍然生产、销售，造成患者死亡或者健康严重损害，被侵权人请求生产者、销售者、药品上市许可持有人赔偿损失及二倍以下惩罚性赔偿的，人民法院应予支持。

《食品药品纠纷司法解释》

第十五条　生产不符合安全标准的食品或者销售明知是不符合安全标准的食品，消费者除要求赔偿损失外，依据食品安全法等法律规定向生产者、销售者主张赔偿金的，人民法院应予支持。

生产假药、劣药或者明知是假药、劣药仍然销售、使用的，受害人或者其近亲属除请求赔偿损失外，依据药品管理法等法律规定向生产者、销售者主张赔偿金的，人民法院应予支持。

《化妆品监督管理条例》

第七十六条　违反本条例规定，造成人身、财产或者其他损害的，依法承担赔偿责任。

第一百八十条　【不可抗力】

因不可抗力不能履行民事义务的，不承担民事责任。法律另有规定的，依照其规定。

不可抗力是不能预见、不能避免且不能克服的客观情况。

【条文对照】

《民法典》总则编	《民法通则》
第一百八十条　因不可抗力不能履行民事义务的，不承担民事责任。法律另有规定的，依照其规定。 不可抗力是不能预见、不能避免且不能克服的客观情况。	第一百零七条　因不可抗力不能履行合同或者造成他人损害的，不承担民事责任，法律另有规定的除外。 第一百五十三条　本法所称的"不可抗力"，是指不能预见、不能避免并不能克服的客观情况。

【条文释义】

不可抗力是指不能预见、不能避免且不能克服的客观情况,包括某些自然现象(如地震、台风、洪水、海啸、陨石坠落等)和某些社会现象(如战争等)。不可抗力是独立于人的行为之外,并且不受当事人的意志所支配的现象,是最重要的免责事由。除法律另有规定外,不可抗力将导致当事人被部分或者全部免责。

较之《民法通则》分别规定不可抗力的法律效果和定义的体例不同,《民法典》总则编将其合并规定在一条,较为合理。

【关联法规】

《民法典》合同编

第五百九十条 当事人一方因不可抗力不能履行合同的,根据不可抗力的影响,部分或者全部免除责任,但是法律另有规定的除外。因不可抗力不能履行合同的,应当及时通知对方,以减轻可能给对方造成的损失,并应当在合理期限内提供证明。

当事人迟延履行后发生不可抗力的,不免除其违约责任。

第八百三十二条 承运人对运输过程中货物的毁损、灭失承担赔偿责任。但是,承运人证明货物的毁损、灭失是因不可抗力、货物本身的自然性质或者合理损耗以及托运人、收货人的过错造成的,不承担赔偿责任。

《民法典》侵权责任编

第一千二百三十七条 民用核设施或者运入运出核设施的核材料发生核事故造成他人损害的,民用核设施的营运单位应当承担侵权责任;但是,能够证明损害是因战争、武装冲突、暴乱等情形或者受害人故意造成的,不承担责任。

《电力法》

第六十条 因电力运行事故给用户或者第三人造成损害的,电力企业应当依法承担赔偿责任。

电力运行事故由下列原因之一造成的,电力企业不承担赔偿责任:

(一)不可抗力;

(二)用户自身的过错。

因用户或者第三人的过错给电力企业或者其他用户造成损害的,该用户或者第三人应当依法承担赔偿责任。

《旅游法》

第六十七条 因不可抗力或者旅行社、履行辅助人已尽合理注意义务仍不能避免的事件,影响旅游行程的,按照下列情形处理:

（一）合同不能继续履行的，旅行社和旅游者均可以解除合同。合同不能完全履行的，旅行社经向旅游者作出说明，可以在合理范围内变更合同；旅游者不同意变更的，可以解除合同。

（二）合同解除的，组团社应当在扣除已向地接社或者履行辅助人支付且不可退还的费用后，将余款退还旅游者；合同变更的，因此增加的费用由旅游者承担，减少的费用退还旅游者。

（三）危及旅游者人身、财产安全的，旅行社应当采取相应的安全措施，因此支出的费用，由旅行社与旅游者分担。

（四）造成旅游者滞留的，旅行社应当采取相应的安置措施。因此增加的食宿费用，由旅游者承担；增加的返程费用，由旅行社与旅游者分担。

《水污染防治法》

第九十六条　因水污染受到损害的当事人，有权要求排污方排除危害和赔偿损失。

由于不可抗力造成水污染损害的，排污方不承担赔偿责任；法律另有规定的除外。

水污染损害是由受害人故意造成的，排污方不承担赔偿责任。水污染损害是由受害人重大过失造成的，可以减轻排污方的赔偿责任。

水污染损害是由第三人造成的，排污方承担赔偿责任后，有权向第三人追偿。

《慈善法》

第一百零六条　慈善服务过程中，因慈善组织或者志愿者过错造成受益人、第三人损害的，慈善组织依法承担赔偿责任；损害是由志愿者故意或者重大过失造成的，慈善组织可以向其追偿。

志愿者在参与慈善服务过程中，因慈善组织过错受到损害的，慈善组织依法承担赔偿责任；损害是由不可抗力造成的，慈善组织应当给予适当补偿。

《铁路法》

第十八条　由于下列原因造成的货物、包裹、行李损失的，铁路运输企业不承担赔偿责任：

（一）不可抗力。

（二）货物或者包裹、行李中的物品本身的自然属性，或者合理损耗。

（三）托运人、收货人或者旅客的过错。

《最高人民法院印发〈关于依法妥善审理涉新冠肺炎疫情民事案件若干问题的指导意见（一）〉的通知》

二、依法准确适用不可抗力规则。人民法院审理涉疫情民事案件，要准确适用不可抗力的具体规定,严格把握适用条件。对于受疫情或者疫情防控措施直接影响而产生的民事纠纷,符合不可抗力法定要件的,适用《中华人民共和国民法总则》第一百八十条、《中华人民共和国合同法》第一百一十七条和第一百一十八条等规定妥善处理;其他法律、行政法规另有规定的,依照其规定。当事人主张适用不可抗力部分或者全部免责的,应当就不可抗力直接导致民事义务部分或者全部不能履行的事实承担举证责任。

三、依法妥善审理合同纠纷案件。受疫情或者疫情防控措施直接影响而产生的合同纠纷案件,除当事人另有约定外,在适用法律时,应当综合考量疫情对不同地区、不同行业、不同案件的影响,准确把握疫情或者疫情防控措施与合同不能履行之间的因果关系和原因力大小,按照以下规则处理:

(一)疫情或者疫情防控措施直接导致合同不能履行的,依法适用不可抗力的规定,根据疫情或者疫情防控措施的影响程度部分或者全部免除责任。当事人对于合同不能履行或者损失扩大有可归责事由的,应当依法承担相应责任。因疫情或者疫情防控措施不能履行合同义务,当事人主张其尽到及时通知义务的,应当承担相应举证责任。

(二)疫情或者疫情防控措施仅导致合同履行困难的,当事人可以重新协商;能够继续履行的,人民法院应当切实加强调解工作,积极引导当事人继续履行。当事人以合同履行困难为由请求解除合同的,人民法院不予支持。继续履行合同对于一方当事人明显不公平,其请求变更合同履行期限、履行方式、价款数额等的,人民法院应当结合案件实际情况决定是否予以支持。合同依法变更后,当事人仍然主张部分或者全部免除责任的,人民法院不予支持。因疫情或者疫情防控措施导致合同目的不能实现,当事人请求解除合同的,人民法院应予支持。

(三)当事人存在因疫情或者疫情防控措施得到政府部门补贴资助、税费减免或者他人资助、债务减免等情形的,人民法院可以作为认定合同能否继续履行等案件事实的参考因素。

《最高人民法院印发〈关于依法妥善审理涉新冠肺炎疫情民事案件若干问题的指导意见(三)〉的通知》

6.对于与疫情相关的涉外商事海事纠纷等案件的适用法律问题,人民法院应当依照《中华人民共和国涉外民事关系法律适用法》等法律以及相关司法解释的规定,确定应当适用的法律。

应当适用我国法律的,关于不可抗力规则的具体适用,按照《最高人民法院关于依法妥善审理涉新冠肺炎疫情民事案件若干问题的指导意见(一)》执行。

应当适用域外法律的,人民法院应当准确理解该域外法中与不可抗力规则类似的成文法规定或者判例法的内容,正确适用,不能以我国法律中关于不可抗力的规定当然理解域外法的类似规定。

8. 在审理信用证纠纷案件时,人民法院应当遵循信用证的独立抽象性原则与严格相符原则。准确区分恶意不交付货物与因疫情或者疫情防控措施导致不能交付货物的情形,严格依据《最高人民法院关于审理信用证纠纷案件若干问题的规定》第十一条的规定,审查当事人以存在信用证欺诈为由,提出中止支付信用证项下款项的申请应否得到支持。

适用国际商会《跟单信用证统一惯例》(UCP600)的,人民法院要正确适用该惯例第36条关于银行不再进行承付或者议付的具体规定。当事人主张因疫情或者疫情防控措施导致银行营业中断的,人民法院应当依法对是否构成该条规定的不可抗力作出认定。当事人关于不可抗力及其责任另有约定的除外。

9. 在审理独立保函纠纷案件时,人民法院应当遵循保函独立性原则与严格相符原则。依据《最高人民法院关于审理独立保函纠纷案件若干问题的规定》第十二条的规定,严格认定构成独立保函欺诈的情形,并依据该司法解释第十四条的规定,审查当事人以独立保函欺诈为由,提出中止支付独立保函项下款项的申请应否得到支持。

独立保函载明适用国际商会《见索即付保函统一规则》(URDG758)的,人民法院要正确适用该规则第26条因不可抗力导致独立保函或者反担保函项下的交单或者付款无法履行的规定以及相应的展期制度的规定。当事人主张因疫情或者疫情防控措施导致相关营业中断的,人民法院应当依法对是否构成该条规定的不可抗力作出认定。当事人关于不可抗力及其责任另有约定的除外。

第一百八十一条 【正当防卫】

因正当防卫造成损害的,不承担民事责任。

正当防卫超过必要的限度,造成不应有的损害的,正当防卫人应当承担适当的民事责任。

【条文对照】

《民法典》总则编	《民法通则》
第一百八十一条 因正当防卫造成损害的,不承担民事责任。 正当防卫超过必要的限度,造成不应有的损害的,**正当防卫人**应当承担适当的民事责任。	第一百二十八条 因正当防卫造成损害的,不承担民事责任。正当防卫超过必要的限度,造成不应有的损害的,应当承担适当的民事责任。

【条文释义】

本条规定了正当防卫的责任承担规则。

正当防卫,是指本人、他人的人身权利、财产权利遭受不法侵害时,行为人采取一定的防卫措施给侵权人造成损害的,行为人因防卫正当而不承担责任或减轻责任。正当防卫人不承担责任或减轻责任的根据是其行为的正当性、合法性,防卫人主观上没有过错。

正当防卫应当具备以下要件:(1)必须是为了使本人、他人的人身、财产权利免受不法侵害而实施。(2)必须有不法侵害行为发生。所谓"不法侵害",指对某种权利或利益的侵害为法律所明文禁止,既包括犯罪行为,也包括其他违法的侵害行为。(3)必须针对的是正在进行的不法侵害,否则就是防卫不适时,应当承担民事责任。(4)必须是本人、他人的人身权利、财产权利遭受不法侵害,来不及请求有关国家机关救助的情况下,才能实施防卫行为。(5)必须是针对不法侵害者本人实施。(6)不能明显超过必要限度造成损害。即正当防卫应以足以制止不法侵害为限。

本条所指的"造成损害",仅是指对侵权人造成的损害,既包括对侵权人人身权利的损害,也包括对侵权人财产权利的损害。"适当的责任",指不对侵权人的全部损失赔偿,而是根据防卫人过错的程度,由防卫人在损失范围内承担一部分责任。

【关联法规】

《刑法》

第二十条 为了使国家、公共利益、本人或者他人的人身、财产和其他权利免受正在进行的不法侵害,而采取的制止不法侵害的行为,对不法侵害人造成损害的,属于正当防卫,不负刑事责任。

正当防卫明显超过必要限度造成重大损害的,应当负刑事责任,但是应当减轻或者免除处罚。

对正在进行行凶、杀人、抢劫、强奸、绑架以及其他严重危及人身安全的暴力犯罪,采取防卫行为,造成不法侵害人伤亡的,不属于防卫过当,不负刑事责任。

《民事、行政诉讼中司法赔偿案件司法解释》

第七条 具有下列情形之一的,国家不承担赔偿责任:

(一)属于民事诉讼法第一百零五条、第一百零七条第二款和第二百三十三条规定情形的;

(二)申请执行人提供执行标的物错误的,但人民法院明知该标的物错误仍予以执行的除外;

（三）人民法院依法指定的保管人对查封、扣押、冻结的财产违法动用、隐匿、毁损、转移或者变卖的；

（四）人民法院工作人员与行使职权无关的个人行为；

（五）因不可抗力、正当防卫和紧急避险造成损害后果的；

（六）依法不应由国家承担赔偿责任的其他情形。

第一百八十二条 【紧急避险】

因紧急避险造成损害的,由引起险情发生的人承担民事责任。

危险由自然原因引起的,紧急避险人不承担民事责任,可以给予适当补偿。

紧急避险采取措施不当或者超过必要的限度,造成不应有的损害的,紧急避险人应当承担适当的民事责任。

【条文对照】

《民法典》总则编	《民法通则》
第一百八十二条　因紧急避险造成损害的,由引起险情发生的人承担民事责任。 危险由自然原因引起的,紧急避险人不承担民事责任,**可以给予适当补偿**。 紧急避险采取措施不当或者超过必要的限度,造成不应有的损害的,紧急避险人应当承担适当的民事责任。	第一百二十九条　因紧急避险造成损害的,由引起险情发生的人承担民事责任。如果危险是由自然原因引起的,紧急避险人不承担民事责任或者承担适当的民事责任。因紧急避险采取措施不当或者超过必要的限度,造成不应有的损害的,紧急避险人应当承担适当的民事责任。

【条文释义】

紧急避险,是指为了使本人或者他人的人身、财产和其他权利免受正在发生的危险,不得已采取的紧急避险行为造成损害的,紧急避险人不承担责任或者减轻责任。危险可以来自人的行为,也可以来自自然原因。

紧急避险应当具备以下要件：(1)必须是为了使本人、他人的人身、财产权利免受危险的损害。(2)必须是对正在发生的危险采取的行为。某人基于对危险状况的误解、臆想而采取避险措施,造成他人利益损害的,应向他人承担民事责任。(3)必须是在不得已情况下采取避险措施,即当事人面对突然而遇的危险,不得不采取紧急避险措施,以保全更大的利益,且这个利益是法律所保护的。(4)避险行为不能超过必要限度,即紧急避险行为所引起的损害应轻于危险所可能带来的损害。

因紧急避险造成损害的,由险情引起人对受害人承担损害赔偿责任,紧急避险人不承担责任。危险由自然原因引起的,紧急避险人不承担民事责任,但可以综合受害人的损害以及避险人的受益对受害人给予适当补偿。此外,如果紧急避险措施不当或者超过必要的限度,由此造成的损害由紧急避险人承担适当的民事责任。适当责任的具体认定应根据受害人的损害、避险人的过错程度,以及避险人的受益予以判定。本条所指的"造成损害"包括财产权利的损害和人身权利的损害。

【关联法规】

《刑法》

第二十一条　为了使国家、公共利益、本人或者他人的人身、财产和其他权利免受正在发生的危险,不得已采取的紧急避险行为,造成损害的,不负刑事责任。

紧急避险超过必要限度造成不应有的损害的,应当负刑事责任,但是应当减轻或者免除处罚。

第一款中关于避免本人危险的规定,不适用于职务上、业务上负有特定责任的人。

《民事、行政诉讼中司法赔偿案件司法解释》

第七条　具有下列情形之一的,国家不承担赔偿责任:

(一)属于民事诉讼法第一百零五条、第一百零七条第二款和第二百三十三条规定情形的;

(二)申请执行人提供执行标的物错误的,但人民法院明知该标的物错误仍予以执行的除外;

(三)人民法院依法指定的保管人对查封、扣押、冻结的财产违法动用、隐匿、毁损、转移或者变卖的;

(四)人民法院工作人员与行使职权无关的个人行为;

(五)因不可抗力、正当防卫和紧急避险造成损害后果的;

(六)依法不应由国家承担赔偿责任的其他情形。

第一百八十三条　【见义勇为的侵权责任和补偿责任】

因保护他人民事权益使自己受到损害的,由侵权人承担民事责任,受益人可以给予适当补偿。没有侵权人、侵权人逃逸或者无力承担民事责任,受害人请求补偿的,受益人应当给予适当补偿。

【条文对照】

《民法典》总则编	《民法通则》
第一百八十三条　因保护他人民事权益使自己受到损害的,由<u>侵权人</u>承担民事责任,受益人可以给予适当补偿。**没有侵权人、侵权人逃逸或者无力承担民事责任,受害人请求补偿的,受益人应当给予适当补偿。**	第一百零九条　因防止、制止国家的、集体的财产或者他人的财产、人身遭受侵害而使自己受到损害的,由<u>侵害人</u>承担赔偿责任,受益人也可以给予适当的补偿。

【条文释义】

本条规定了见义勇为者的特别请求权。

因见义勇为、保护他人民事权益使自己受到损害的,首先应当由侵权人承担民事责任,受益人在此基础上可以给予适当补偿。在没有侵权人、侵权人逃逸或者侵权人根本无力赔偿的情况下,应当由受益人给予适当的补偿。

本条需要注意以下三点:(1)受益人补偿的前提是没有侵权人、逃逸的侵权人确实找不到,或者侵权人确实无力赔偿。(2)有明确的受益人,且被侵权人明确提出了要求受益人补偿的请求。(3)受益人给予的是适当的补偿,而不是赔偿。赔偿一般遵循填平原则,即受损多少赔偿多少,而补偿仅能填补损害的一部分。本条用的是"给予适当的补偿",就是要根据被侵权人的受损情况、受益人的受益情况等决定补偿的数额。本条充分体现了《民法典》总则编对弘扬社会主义核心价值观立法目的的贯彻。

【关联法规】

《道路交通安全法》

第七十条　在道路上发生交通事故,车辆驾驶人应当立即停车,保护现场;造成人身伤亡的,车辆驾驶人应当立即抢救受伤人员,并迅速报告执勤的交通警察或者公安机关交通管理部门。因抢救受伤人员变动现场的,应当标明位置。乘车人、过往车辆驾驶人、过往行人应当予以协助。

在道路上发生交通事故,未造成人身伤亡,当事人对事实及成因无争议的,可以即行撤离现场,恢复交通,自行协商处理损害赔偿事宜;不即行撤离现场的,应当迅速报告执勤的交通警察或者公安机关交通管理部门。

在道路上发生交通事故,仅造成轻微财产损失,并且基本事实清楚的,当事人应当先撤离现场再进行协商处理。

《工伤保险条例》

第十五条　职工有下列情形之一的,视同工伤:

（一）在工作时间和工作岗位，突发疾病死亡或者在48小时之内经抢救无效死亡的；

（二）在抢险救灾等维护国家利益、公共利益活动中受到伤害的；

（三）职工原在军队服役，因战、因公负伤致残，已取得革命伤残军人证，到用人单位后旧伤复发的。

职工有前款第（一）项、第（二）项情形的，按照本条例的有关规定享受工伤保险待遇；职工有前款第（三）项情形的，按照本条例的有关规定享受除一次性伤残补助金以外的工伤保险待遇。

第一百八十四条 【紧急救助的责任豁免】

因自愿实施紧急救助行为造成受助人损害的，救助人不承担民事责任。

【条文对照】

本条为《民法典》总则编"新增条文"，无可对照编纂对象。

【条文释义】

因自愿实施紧急救助行为造成受助人损害的，是否应当赔偿一直是考验道德和法律的一个难题。既有法律关于无因管理的规定对此也没有作出规定，本次立法对此予以了明确。

需要注意的是：(1)本条规定的救助行为仅限于紧急救助，也就是说是在紧急且必须的情况下为了挽回比较严重的损失或规避比较大的现实风险情况下所实施的救助。如果当时有条件、有时间寻求医疗机构和医护人员等专业人员实施救助的，一般人员不应擅自实施救助，否则不属于紧急救助。(2)本条仅适用于自愿实施紧急救助行为，既不包括专业人员，也不包括职务行为。专业人员和依职务进行救助的，不适用于本条。

本条亦是《民法典》总则编对弘扬社会主义核心价值观立法目的的贯彻，能有效消除"彭宇案"等热点事件给社会带来的负面影响。在紧急情况下实施的紧急救助行为，是为了救助受害人不得已实施的行为，是人类共同生活中的互助行为，属于善良的高尚行为，其价值值得肯定。由此导致受助人损害的，救助人不承担民事责任，否则将严重打击社会不特定人实施救助行为的积极性。但是如果在紧急救助过程中，救助人故意实施侵害行为导致被救助人损害的，自然应当承担侵权损害赔偿责任。

【关联法规】

《民法典》总则编

第一百八十三条 因保护他人民事权益使自己受到损害的，由侵权人承担民事责任,受益人可以给予适当补偿。没有侵权人、侵权人逃逸或者无力承担民事责任,受害人请求补偿的,受益人应当给予适当补偿。

第一百八十五条 【英雄烈士人格利益的保护】

侵害英雄烈士等的姓名、肖像、名誉、荣誉,损害社会公共利益的,应当承担民事责任。

【条文对照】

《民法典》总则编	《精神损害赔偿司法解释》(2001)
第一百八十五条 侵害英雄烈士等的姓名、肖像、名誉、荣誉,**损害社会公共利益的**,**应当承担民事责任**。	第三条 自然人死亡后,其近亲属因下列侵权行为遭受精神痛苦,向人民法院起诉请求赔偿精神损害的,人民法院应当依法予以受理: (一)以侮辱、诽谤、贬损、丑化或者违反社会公共利益、社会公德的其他方式,侵害死者姓名、肖像、名誉、荣誉; (二)非法披露、利用死者隐私,或者以违反社会公共利益、社会公德的其他方式侵害死者隐私; (三)非法利用、损害遗体、遗骨,或者以违反社会公共利益、社会公德的其他方式侵害遗体、遗骨。

【条文释义】

本条规定了英雄烈士等的人格利益的保护,是《民法典》总则编对弘扬社会主义核心价值观立法目的的贯彻。

自然人虽然已经死亡,但其所享有的姓名、肖像、名誉、荣誉、隐私等社会性人格要素仍然继续存在。为了维护自然人正当的人格形象和人格尊严,法律仍然应当对这些人格要素予以保护。本条并非一般性地保护所有死者的人格利益,而仅规定了英雄烈士等的人格权益保护。另外,所有的人格要素中仅英雄烈士的姓名、肖像、名誉、荣誉权益受到法律保护,且必须满足损害公共利益的要件。对于本条没有列出的英雄烈士等的隐私利益,应该适用《精神损害赔偿司法解释》第3条第(2)项进行保护。

为永远铭记抗日英烈的不朽功勋,大力弘扬爱国主义精神,凝聚实现中华民族伟大复兴的精神力量,2014年8月31日第十二届全国人民代表大会常务委员会第十次会议通过了《全国人民代表大会常务委员会关于设立烈士纪念日的决定》。另外,经党中央、国务院批准,民政部也在2014年9月1日和2015年8月

24 日分别公布了第一批(300 名)和第二批(600 名)在抗日战争中顽强奋战、为国捐躯的著名抗日英烈和英雄群体名录。

除了在《民法典》总则编立法过程中引起较大争议的"狼牙山五壮士"名誉权纠纷案,《中华人民共和国最高人民法院公报》2002 年第 6 期也刊登过《彭家惠诉〈中国故事〉杂志社名誉权纠纷案》,可以作为参考。

【关联法规】

《英雄烈士保护法》

第二十二条 禁止歪曲、丑化、亵渎、否定英雄烈士事迹和精神。

英雄烈士的姓名、肖像、名誉、荣誉受法律保护。任何组织和个人不得在公共场所、互联网或者利用广播电视、电影、出版物等,以侮辱、诽谤或者其他方式侵害英雄烈士的姓名、肖像、名誉、荣誉。任何组织和个人不得将英雄烈士的姓名、肖像用于或者变相用于商标、商业广告,损害英雄烈士的名誉、荣誉。

公安、文化、新闻出版、广播电视、电影、网信、市场监督管理、负责英雄烈士保护工作的部门发现前款规定行为的,应当依法及时处理。

第二十三条 网信和电信、公安等有关部门在对网络信息进行依法监督管理工作中,发现发布或者传输以侮辱、诽谤或者其他方式侵害英雄烈士的姓名、肖像、名誉、荣誉的信息的,应当要求网络运营者停止传输,采取消除等处置措施和其他必要措施;对来源于中华人民共和国境外的上述信息,应当通知有关机构采取技术措施和其他必要措施阻断传播。

网络运营者发现其用户发布前款规定的信息的,应当立即停止传输该信息,采取消除等处置措施,防止信息扩散,保存有关记录,并向有关主管部门报告。网络运营者未采取停止传输、消除等处置措施的,依照《中华人民共和国网络安全法》的规定处罚。

第二十五条 对侵害英雄烈士的姓名、肖像、名誉、荣誉的行为,英雄烈士的近亲属可以依法向人民法院提起诉讼。

英雄烈士没有近亲属或者近亲属不提起诉讼的,检察机关依法对侵害英雄烈士的姓名、肖像、名誉、荣誉,损害社会公共利益的行为向人民法院提起诉讼。

负责英雄烈士保护工作的部门和其他有关部门在履行职责过程中发现第一款规定的行为,需要检察机关提起诉讼的,应当向检察机关报告。

英雄烈士近亲属依照第一款规定提起诉讼的,法律援助机构应当依法提供法律援助服务。

第二十六条 以侮辱、诽谤或者其他方式侵害英雄烈士的姓名、肖像、名誉、荣誉,损害社会公共利益的,依法承担民事责任;构成违反治安管理行为的,由公安机关依法给予治安管理处罚;构成犯罪的,依法追究刑事责任。

《设立烈士纪念日的决定》

近代以来,为了争取民族独立和人民自由幸福,为了国家繁荣富强,无数的英雄献出了生命,烈士的功勋彪炳史册,烈士的精神永垂不朽。为了弘扬烈士精神,缅怀烈士功绩,培养公民的爱国主义、集体主义精神和社会主义道德风尚,培育和践行社会主义核心价值观,增强中华民族的凝聚力,激发实现中华民族伟大复兴中国梦的强大精神力量,第十二届全国人民代表大会常务委员会第十次会议决定:

将9月30日设立为烈士纪念日。每年9月30日国家举行纪念烈士活动。

《烈士褒扬条例》

第二条 公民在保卫祖国和社会主义建设事业中牺牲被评定为烈士的,依照本条例的规定予以褒扬。烈士的遗属,依照本条例的规定享受抚恤优待。

第八条 公民牺牲符合下列情形之一的,评定为烈士:

(一)在依法查处违法犯罪行为、执行国家安全工作任务、执行反恐怖任务和处置突发事件中牺牲的;

(二)抢险救灾或者其他为了抢救、保护国家财产、集体财产、公民生命财产牺牲的;

(三)在执行外交任务或者国家派遣的对外援助、维持国际和平任务中牺牲的;

(四)在执行武器装备科研试验任务中牺牲的;

(五)其他牺牲情节特别突出,堪为楷模的。

现役军人牺牲,预备役人员、民兵、民工以及其他人员因参战、参加军事演习和军事训练、执行军事勤务牺牲应当评定烈士的,依照《军人抚恤优待条例》的有关规定评定。

第九条 申报烈士的,由死者生前所在工作单位、死者遗属或者事件发生地的组织、公民向死者生前工作单位所在地、死者遗属户口所在地或者事件发生地的县级人民政府退役军人事务部门提供有关死者牺牲情节的材料,由收到材料的县级人民政府退役军人事务部门调查核实后提出评定烈士的报告,报本级人民政府审核。

属于本条例第八条第一款第一项、第二项规定情形的,由县级人民政府提出评定烈士的报告并逐级上报至省、自治区、直辖市人民政府审查评定。评定为烈士的,由省、自治区、直辖市人民政府送国务院退役军人事务部门备案。

属于本条例第八条第一款第三项、第四项规定情形的,由国务院有关部门提出评定烈士的报告,送国务院退役军人事务部门审查评定。

属于本条例第八条第一款第五项规定情形的,由县级人民政府提出评定烈士的报告并逐级上报至省、自治区、直辖市人民政府,由省、自治区、直辖市人民政府审查后送国务院退役军人事务部门审查评定。

第十三条 县级以上人民政府每年在烈士纪念日举行颁授仪式,向烈士遗属颁授烈士证书。

第二十六条 按照国家有关规定修建的烈士陵园、纪念堂馆、纪念碑亭、纪念塔祠、纪念塑像、烈士骨灰堂、烈士墓等烈士纪念设施,受法律保护。

第二十九条 各级人民政府应当组织收集、整理烈士史料,编纂烈士英名录。

烈士纪念设施保护单位应当搜集、整理、保管、陈列烈士遗物和事迹史料。属于文物的,依照有关法律、法规的规定予以保护。

第三十二条 在烈士纪念设施保护范围内不得从事与纪念烈士无关的活动。禁止以任何方式破坏、污损烈士纪念设施。

第三十七条 未经批准迁移烈士纪念设施,非法侵占烈士纪念设施保护范围内的土地、设施,破坏、污损烈士纪念设施,或者在烈士纪念设施保护范围内为烈士以外的其他人修建纪念设施、安放骨灰、埋葬遗体的,由烈士纪念设施保护单位的上级主管部门责令改正,恢复原状、原貌;造成损失的,依法承担赔偿责任;构成犯罪的,依法追究刑事责任。

第四十一条 烈士证书、烈士通知书由国务院退役军人事务部门印制。

《军人抚恤优待条例》

第八条 现役军人死亡,符合下列情形之一的,批准为烈士:

(一)对敌作战死亡,或者对敌作战负伤在医疗终结前因伤死亡的;

(二)因执行任务遭敌人或者犯罪分子杀害,或者被俘、被捕后不屈遭敌人杀害或者被折磨致死的;

(三)为抢救和保护国家财产、人民生命财产或者执行反恐怖任务和处置突发事件死亡的;

(四)因执行军事演习、战备航行飞行、空降和导弹发射训练、试航试飞任务以及参加武器装备科研试验死亡的;

(五)在执行外交任务或者国家派遣的对外援助、维持国际和平任务中牺牲的;

(六)其他死难情节特别突出,堪为楷模的。

现役军人在执行对敌作战、边海防执勤或者抢险救灾任务中失踪,经法定程序宣告死亡的,按照烈士对待。

批准烈士,属于因战死亡的,由军队团级以上单位政治机关批准;属于非因战死亡的,由军队军级以上单位政治机关批准;属于本条第一款第六项规定情形的,由中国人民解放军总政治部批准。

第十一条 对烈士遗属、因公牺牲军人遗属、病故军人遗属,由县级人民政府退役军人事务部门分别发给《中华人民共和国烈士证明书》、《中华人民共和国军人因公牺牲证明书》、《中华人民共和国军人病故证明书》。

《民法典时间效力司法解释》

第六条 《中华人民共和国民法总则》施行前,侵害英雄烈士等的姓名、肖像、名誉、荣誉,损害社会公共利益引起的民事纠纷案件,适用民法典第一百八十五条的规定。

《公安机关人民警察奖励条令》

第八条 集体奖励由低至高依次为:嘉奖,记三等功、二等功、一等功,授予荣誉称号。集体授予荣誉称号的名称,根据受奖集体的事迹特点确定。

个人奖励由低至高依次为:嘉奖,记三等功、二等功、一等功,授予荣誉称号。授予个人的荣誉称号分为全国公安系统二级英雄模范、一级英雄模范称号。

第三十七条 获得记三等功以上奖励(含追记、追授的)的个人死亡后,按照国家有关规定增发一次性抚恤金。

获得全国公安系统一级英雄模范、二级英雄模范称号的个人死亡后,按照有关规定进行吊唁。

《中国人民解放军纪律条令(试行)》

第八十三条 对获得三等功、二等功、一等功奖励的个人,分别授予三等功、二等功、一等功奖章,并颁授证书。对获得三等功、二等功、一等功奖励的单位颁发奖状。

荣誉称号由中央军委决定,中央军委主席向个人颁授英模奖章和证书、向单位颁授奖旗。一般在每年建军节前夕举行颁授仪式,也可以视情及时授予。荣誉称号的名称,根据授予对象的事迹特点确定。

八一勋章由中央军委决定,中央军委主席签发证书并颁授,一般每5年授予一次。

中央军委政治工作部可以根据实际情况,规定具体的奖励比例,其中对担任团级以上领导职务的军官(文职干部)的奖励应当从严控制。

第一百零五条 献身国防纪念章颁发给烈士和因公牺牲、因公致残的人员,其中,给烈士颁发金质纪念章,给因公牺牲军人颁发银质纪念章,给因公致残军人颁发铜质纪念章。

第一百八十六条 【违约责任与侵权责任的竞合】

因当事人一方的违约行为,损害对方人身权益、财产权益的,受损害方有权选择请求其承担违约责任或者侵权责任。

【条文对照】

《民法典》总则编	《合同法》
第一百八十六条　因当事人一方的违约行为,<u>损害</u>对方人身<u>权益</u>、财产权益的,受损害方有权选择<u>请求</u>其承担违约责任或者侵权责任。	第一百二十二条　因当事人一方的违约行为,<u>侵害</u>对方人身、财产权益的,受损害方有权选择<u>依照本法</u>要求其承担违约责任或者<u>依照其他法律</u>要求其承担侵权责任。

【条文释义】

本条对违约责任与侵权责任的竞合规则进行了规定。

违约责任与侵权责任竞合,是指合同当事人一方的违约行为同时又符合侵权要件,导致违约责任与侵权责任一并产生,违约责任的请求权与侵权责任的索赔请求权发生重叠,形成请求权的竞合。

违约责任与侵权责任的竞合需要满足以下条件:(1)必须是同一不法行为造成的。同一个不法行为产生数个法律责任是责任竞合构成的前提条件。如果行为人实施两个以上的不法行为分别引起侵权责任与违约责任同时发生的,应适用不同的法律规定,承担不同的责任。(2)同一不法行为必须既符合侵权责任的构成要件,又符合违约责任的构成要件。(3)引起违约责任与侵权责任同时产生的同一不法行为,是由同一个民事主体实施的。责任竞合的法律后果是,受害人只能在违约责任与侵权责任中选择一种责任提出请求,而不能基于两种责任提出两种请求,一种请求权的满足将消灭另一种请求权。

本条的适用范围相对较窄,未能将合同、侵权行为、无因管理、不当得利以及法律规定的其他债的发生原因所对应的民事责任纳入竞合范围,仅适用于违约责任与侵权责任竞合的典型情况。

【关联法规】

《民法典》总则编

第一百一十八条　民事主体依法享有债权。

债权是因合同、侵权行为、无因管理、不当得利以及法律的其他规定,权利人请求特定义务人为或者不为一定行为的权利。

《利用信息网络侵害人身权益纠纷案件规定》

第五条　其发布的信息被采取删除、屏蔽、断开链接等措施的网络用户,主张网络服务提供者承担违约责任或者侵权责任,网络服务提供者以收到民法典第一千一百九十五条第一款规定的有效通知为由抗辩的,人民法院应予支持。

《旅游纠纷司法解释》

第三条　因旅游经营者方面的同一原因造成旅游者人身损害、财产损失，旅游者选择请求旅游经营者承担违约责任或者侵权责任的，人民法院应当根据当事人选择的案由进行审理。

《无正本提单交付货物规定》

第三条第一款　承运人因无正本提单交付货物造成正本提单持有人损失的，正本提单持有人可以要求承运人承担违约责任，或者承担侵权责任。

第一百八十七条　【民事责任优先】

民事主体因同一行为应当承担民事责任、行政责任和刑事责任的，承担行政责任或者刑事责任不影响承担民事责任；民事主体的财产不足以支付的，优先用于承担民事责任。

【条文对照】

《民法典》总则编	《侵权责任法》
第一百八十七条　民事主体因同一行为应当承担民事责任、行政责任和刑事责任的，承担行政责任或者刑事责任不影响承担民事责任；民事主体的财产不足以支付的，优先用于承担民事责任。	第四条　侵权人因同一行为应当承担行政责任或者刑事责任的，不影响依法承担侵权责任。 因同一行为应当承担侵权责任和行政责任、刑事责任，侵权人的财产不足以支付的，先承担侵权责任。

【条文释义】

民事责任、行政责任和刑事责任是三种不同性质的法律责任，互不排斥。当三种责任因同一法律行为而产生时，发生法律责任的聚合现象，责任人承担行政责任或者刑事责任并不影响其承担民事责任。但在特殊情况下，民事主体的财产存在不足以支付的可能，应当规定其优先顺序。

本条规定了民事责任优先原则，其原因在于：(1)实现法的价值的需要。民事责任优先可以取得良好的社会效益，也更能体现法律的人道和正义。(2)维护市场经济秩序和交易安全的需要。(3)民事责任和行政责任、刑事责任的目的和功能不同。与民事责任单一的财产性特征相比，行政、刑事责任具有人身性和财产性的双重特征。在三者发生聚合时，即使民事责任的优先适用可能造成财产性的罚款、罚金及没收财产等行政制裁或刑事制裁难以实施，却并不影响责任人承担人身方面的行政责任、刑事责任，以达到制裁责任人的最终目的。

需要注意的是，民事责任优先原则的适用是有条件的：(1)民事责任、行政责任和刑事责任须基于民事主体的同一个行为产生。(2)责任主体所承担的民事责任须合法,其发生的依据或基于法律规定或基于约定。(3)责任主体的财产不足以同时满足民事责任、行政责任和刑事责任。如果都能满足,则三种责任并行不悖,责任人同时承担三种责任。

【关联法规】

《证券法》

第二百二十条　违反本法规定,应当承担民事赔偿责任和缴纳罚款、罚金、违法所得,违法行为人的财产不足以支付的,优先用于承担民事赔偿责任。

《产品质量法》

第六十四条　违反本法规定,应当承担民事赔偿责任和缴纳罚款、罚金,其财产不足以同时支付时,先承担民事赔偿责任。

《食品安全法》

第一百四十七条　违反本法规定,造成人身、财产或者其他损害的,依法承担赔偿责任。生产经营者财产不足以同时承担民事赔偿责任和缴纳罚款、罚金时,先承担民事赔偿责任。

《公司法》

第二百一十四条　公司违反本法规定,应当承担民事赔偿责任和缴纳罚款、罚金的,其财产不足以支付时,先承担民事赔偿责任。

《刑法》

第三十六条　由于犯罪行为而使被害人遭受经济损失的,对犯罪分子除依法给予刑事处罚外,并应根据情况判处赔偿经济损失。

承担民事赔偿责任的犯罪分子,同时被判处罚金,其财产不足以全部支付的,或者被判处没收财产的,应当先承担对被害人的民事赔偿责任。

《行政处罚法》

第八条　公民、法人或者其他组织因违法行为受到行政处罚,其违法行为对他人造成损害的,应当依法承担民事责任。

违法行为构成犯罪,应当依法追究刑事责任的,不得以行政处罚代替刑事处罚。

《证券投资基金法》

第一百五十条　违反本法规定,应当承担民事赔偿责任和缴纳罚款、罚金,其财产不足以同时支付时,先承担民事赔偿责任。

《消费者权益保护法》

第五十八条　经营者违反本法规定,应当承担民事赔偿责任和缴纳罚款、罚金,其财产不足以同时支付的,先承担民事赔偿责任。

《特种设备安全法》

第九十七条　违反本法规定,造成人身、财产损害的,依法承担民事责任。

违反本法规定,应当承担民事赔偿责任和缴纳罚款、罚金,其财产不足以同时支付时,先承担民事赔偿责任。

《合伙企业法》

第一百零六条　违反本法规定,应当承担民事赔偿责任和缴纳罚款、罚金,其财产不足以同时支付的,先承担民事赔偿责任。

《个人独资企业法》

第四十三条　投资人违反本法规定,应当承担民事赔偿责任和缴纳罚款、罚金,其财产不足以支付的,或者被判处没收财产的,应当先承担民事赔偿责任。

第九章　诉讼时效

第一百八十八条　【普通诉讼时效】

向人民法院请求保护民事权利的诉讼时效期间为三年。法律另有规定的,依照其规定。

诉讼时效期间自权利人知道或者应当知道权利受到损害以及义务人之日起计算。法律另有规定的,依照其规定。但是,自权利受到损害之日起超过二十年的,人民法院不予保护,有特殊情况的,人民法院可以根据权利人的申请决定延长。

【条文对照】

《民法典》总则编	《民法通则》
第一百八十八条　向人民法院请求保护民事权利的诉讼时效期间为<u>三年</u>。法律另有规定的,<u>依照其规定</u>。 诉讼时效期间<u>自</u>权利人知道或者应当知道权利受到损害<u>以及义务人之日起计算。法律另有规定的,依照其规定。但是,自</u>权利受到损害<u>之日</u>起超过二十年的,人民法院不予保护<u>,</u>有特殊情况的,人民法院可以<u>根据权利人的申请</u>决定延长。	第一百三十五条　向人民法院请求保护民事权利的诉讼时效期间为<u>二年</u>,法律另有规定的<u>除外</u>。 第一百三十七条　诉讼时效期间从知道或者应当知道权利<u>被侵害时</u>起计算。但是,<u>从</u>权利<u>被侵害之日</u>起超过二十年的,人民法院不予保护。有特殊情况的,人民法院可以<u>延长</u>诉讼时效期间。 第一百四十一条　法律对诉讼时效另有规定的,依照法律规定。

【条文释义】

本条对普通诉讼时效的期间及起算时间进行了规定。

《民法通则》对普通诉讼时效期间的规定是2年,不利于权利人权利的行使。这次将普通诉讼时效延长至3年,具有重要意义。需要注意的是,诉讼时效3年期间的规定也只是一般规定。如果法律关于诉讼时效期间有另外规定的,属于特别诉讼时效期间,应当依照其规定执行。

诉讼时效期间起算点判断的基本原则是权利人能够行使权利之时。具体来说就是权利人知道或者应当知道权利受到损害之日,并且权利人知道义务人之日。如果义务人的义务已到履行之日,但是义务人却不履行义务,就可以认定为权利人知道或者应当知道权利受到损害之日。需要注意的是,本条与《民法通则》比较起来增加了权利人知道或者应当知道义务人这一条件,如果权利人虽然知道其权利受到损害,但并不知道义务人,则诉讼时效不能开始起算,因为这种情况下权利人根本无法行使权利,计算诉讼时效对权利人不公平。此外,本条对最长诉讼时效也进行了规定:不管权利人是否知道其权利受到损害,也不管其是否知道义务人,权利的诉讼时效最长为20年,自权利被侵害之日起算。当然如果有特殊情况的,例如因为海峡两岸特殊关系的历史原因长期未能得到处理的极个别民事纠纷,人民法院可以根据权利人的申请决定是否予以延长。

《民法典》总则编第188条第2款第1、2句规定的"诉讼时效期间自权利人知道或者应当知道权利受到损害以及义务人之日起计算。法律另有规定的,依照其规定"。作为例外规定的诉讼时效起算时间点,包括本法第189条、第190条和第191条等。

值得注意的是,《民法通则》之所以规定普通诉讼时效为2年,很有可能与《继承法》有关。《继承法》先于《民法通则》颁布和实施,《继承法》第8条规定的诉讼时效就是2年。《民法通则》将普通诉讼时效确定为2年很有可能是为了与《继承法》保持一致。可以作为佐证的是,二者对最长保护期的规定也都是20年。

应当指出,《民法典》总则编第188条实质上废止了《民法通则》第136条关于较短特殊诉讼时效的规定。该条规定本来就是历史遗留产物,并无合理性,本次《民法典》总则编删除该条文,相当于将《民法通则》第135条和第137条的内容合并为一个条文,系有意为之。

与这一结论相关的推论是,为了将《民法通则》第136条第2项规定的"(二)出售质量不合格的商品未声明的;"的诉讼时效从1年修正为2年,《产品质量法》第45条第1款规定:"因产品存在缺陷造成损害要求赔偿的诉讼时效期间为二年,自当事人知道或者应当知道其权益受到损害时起计算。"按照《民法典》总则编第 188 条第 1 款的规定,产品责任也应该适用 3 年的诉讼时效而不应再继续适用 2 年的诉讼时效。

而《保险法》第 26 条第 1 款规定的:"人寿保险以外的其他保险的被保险人或者受益人,向保险人请求赔偿或者给付保险金的诉讼时效期间为二年,自其知道或者应当知道保险事故发生之日起计算。"因其目的在于区别于该条第 2 款的规定:"人寿保险的被保险人或者受益人向保险人请求给付保险金的诉讼时效期间为五年,自其知道或者应当知道保险事故发生之日起计算。"且不存在对应的《民法通则》第 136 条需要修正的内容,因此《保险法》第 26 条第 1 款仍然继续有效。另外,《海商法》第十三章"时效"属于依据国际海商事惯例进行的诉讼时效规定,也不受《民法典》总则编这一调整的影响。

【关联法规】

《民法典》总则编

第一百八十九条　当事人约定同一债务分期履行的,诉讼时效期间自最后一期履行期限届满之日起计算。

第一百九十条　无民事行为能力人或者限制民事行为能力人对其法定代理人的请求权的诉讼时效期间,自该法定代理终止之日起计算。

第一百九十一条　未成年人遭受性侵害的损害赔偿请求权的诉讼时效期间,自受害人年满十八周岁之日起计算。

《民法典》物权编

第四百一十九条　抵押权人应当在主债权诉讼时效期间行使抵押权;未行使的,人民法院不予保护。

《民法典》合同编

第五百九十四条　因国际货物买卖合同和技术进出口合同争议提起诉讼或者申请仲裁的时效期间为四年。

《民用航空法》

第一百三十五条　航空运输的诉讼时效期间为二年,自民用航空器到达目的地点、应当到达目的地点或者运输终止之日起计算。

第一百七十一条　地面第三人损害赔偿的诉讼时效期间为二年,自损害发生之日起计算;但是,在任何情况下,时效期间不得超过自损害发生之日起三年。

《产品质量法》

第四十五条　因产品存在缺陷造成损害要求赔偿的诉讼时效期间为二年,自当事人知道或者应当知道其权益受到损害时起计算。

因产品存在缺陷造成损害要求赔偿的请求权,在造成损害的缺陷产品交付最初消费者满十年丧失;但是,尚未超过明示的安全使用期的除外。

《民事诉讼法》

第五十四条 诉讼标的是同一种类、当事人一方人数众多在起诉时人数尚未确定的,人民法院可以发出公告,说明案件情况和诉讼请求,通知权利人在一定期间向人民法院登记。

向人民法院登记的权利人可以推选代表人进行诉讼;推选不出代表人的,人民法院可以与参加登记的权利人商定代表人。

代表人的诉讼行为对其所代表的当事人发生效力,但代表人变更、放弃诉讼请求或者承认对方当事人的诉讼请求,进行和解,必须经被代表的当事人同意。

人民法院作出的判决、裁定,对参加登记的全体权利人发生效力。未参加登记的权利人在诉讼时效期间提起诉讼的,适用该判决、裁定。

第一百九十三条 判决认定财产无主后,原财产所有人或者继承人出现,在民法通则规定的诉讼时效期间可以对财产提出请求,人民法院审查属实后,应当作出新判决,撤销原判决。

《保险法》

第二十六条 人寿保险以外的其他保险的被保险人或者受益人,向保险人请求赔偿或者给付保险金的诉讼时效期间为二年,自其知道或者应当知道保险事故发生之日起计算。

人寿保险的被保险人或者受益人向保险人请求给付保险金的诉讼时效期间为五年,自其知道或者应当知道保险事故发生之日起计算。

《拍卖法》

第六十一条 拍卖人、委托人违反本法第十八条第二款、第二十七条的规定,未说明拍卖标的的瑕疵,给买受人造成损害的,买受人有权向拍卖人要求赔偿;属于委托人责任的,拍卖人有权向委托人追偿。

拍卖人、委托人在拍卖前声明不能保证拍卖标的的真伪或者品质的,不承担瑕疵担保责任。

因拍卖标的存在瑕疵未声明的,请求赔偿的诉讼时效期间为一年,自当事人知道或者应当知道权利受到损害之日起计算。

因拍卖标的存在缺陷造成人身、财产损害请求赔偿的诉讼时效期间,适用《中华人民共和国产品质量法》和其他法律的有关规定。

《环境保护法》

第六十六条 提起环境损害赔偿诉讼的时效期间为三年,从当事人知道或者应当知道其受到损害时起计算。

《国家赔偿法》

第三十九条　赔偿请求人请求国家赔偿的时效为两年,自其知道或者应当知道国家机关及其工作人员行使职权时的行为侵犯其人身权、财产权之日起计算,但被羁押等限制人身自由期间不计算在内。在申请行政复议或者提起行政诉讼时一并提出赔偿请求的,适用行政复议法、行政诉讼法有关时效的规定。

赔偿请求人在赔偿请求时效的最后六个月内,因不可抗力或者其他障碍不能行使请求权的,时效中止。从中止时效的原因消除之日起,赔偿请求时效期间继续计算。

《涉外民事关系法律适用法》

第七条　诉讼时效,适用相关涉外民事关系应当适用的法律。

《专利法》

第七十四条　侵犯专利权的诉讼时效为三年,自专利权人或者利害关系人知道或者应当知道侵权行为以及侵权人之日起计算。

发明专利申请公布后至专利权授予前使用该发明未支付适当使用费的,专利权人要求支付使用费的诉讼时效为三年,自专利权人知道或者应当知道他人使用其发明之日起计算,但是,专利权人于专利权授予之日前即已知道或者应当知道的,自专利权授予之日起计算。

《票据法》

第十七条　票据权利在下列期限内不行使而消灭:

(一)持票人对票据的出票人和承兑人的权利,自票据到期日起二年。见票即付的汇票、本票,自出票日起二年;

(二)持票人对支票出票人的权利,自出票日起六个月;

(三)持票人对前手的追索权,自被拒绝承兑或者被拒绝付款之日起六个月;

(四)持票人对前手的再追索权,自清偿日或者被提起诉讼之日起三个月。

票据的出票日、到期日由票据当事人依法确定。

第十八条　持票人因超过票据权利时效或者因票据记载事项欠缺而丧失票据权利的,仍享有民事权利,可以请求出票人或者承兑人返还其与未支付的票据金额相当的利益。

《海商法》

第二百五十七条　就海上货物运输向承运人要求赔偿的请求权,时效期间为一年,自承运人交付或者应当交付货物之日起计算;在时效期间内或者时效期间届满后,被认定为负有责任的人向第三人提起追偿请求的,时效期间为九十日,自追偿请求人解决原赔偿请求之日起或者收到受理对其本人提起诉讼的法院的起诉状副本之日起计算。

有关航次租船合同的请求权,时效期间为二年,自知道或者应当知道权利被侵害之日起计算。

第二百五十八条 就海上旅客运输向承运人要求赔偿的请求权,时效期间为二年,分别依照下列规定计算:

(一)有关旅客人身伤害的请求权,自旅客离船或者应当离船之日起计算;

(二)有关旅客死亡的请求权,发生在运送期间的,自旅客应当离船之日起计算;因运送期间内的伤害而导致旅客离船后死亡的,自旅客死亡之日起计算,但是此期限自离船之日起不得超过三年;

(三)有关行李灭失或者损坏的请求权,自旅客离船或者应当离船之日起计算。

第二百五十九条 有关船舶租用合同的请求权,时效期间为二年,自知道或者应当知道权利被侵害之日起计算。

第二百六十一条 有关船舶碰撞的请求权,时效期间为二年,自碰撞事故发生之日起计算;本法第一百六十九条第三款规定的追偿请求权,时效期间为一年,自当事人连带支付损害赔偿之日起计算。

第二百六十二条 有关海难救助的请求权,时效期间为二年,自救助作业终止之日起计算。

第二百六十三条 有关共同海损分摊的请求权,时效期间为一年,自理算结束之日起计算。

第二百六十五条 有关船舶发生油污损害的请求权,时效期间为三年,自损害发生之日起计算;但是,在任何情况下时效期间不得超过从造成损害的事故发生之日起六年。

第二百六十六条 在时效期间的最后六个月内,因不可抗力或者其他障碍不能行使请求权的,时效中止。自中止时效的原因消除之日起,时效期间继续计算。

第二百六十七条 时效因请求人提起诉讼、提交仲裁或者被请求人同意履行义务而中断。但是,请求人撤回起诉、撤回仲裁或者起诉被裁定驳回的,时效不中断。

请求人申请扣船的,时效自申请扣船之日起中断。

自中断时起,时效期间重新计算。

《铁路货物运输合同实施细则》

第二十二条 承运人同托运人或收货人相互间要求赔偿或退补费用的时效

期限为 180 日(要求铁路支付运到期限违约金为 60 日)。

托运人或收货人向承运人要求赔偿或退还运输费用的时效期限,由下列日期起算:

一、货物灭失、短少、变质、污染、损坏,为车站交给货运记录的次日;

二、货物全部灭失未编有货运记录,为运到期限满期的第 16 日,但鲜活货物为运到期限满期的次日;

三、要求支付货物运到期限违约金,为交付货物的次日;

四、多收运输费用,为核收该项费用的次日。

承运人向托运人或收货人要求赔偿或补收运输费用的时效期限,由发生该项损失或少收运输费用的次日起算。

《水路货物运输合同实施细则》

第三十条 承运人与托运人或收货人彼此之间要求赔偿的时效,从货运记录交给托运人或收货人的次日起算不超过 180 日。赔偿要求应以书面形式提出,对方应在收到书面赔偿要求的次日起 60 日内处理。

承、托运双方相互索取各项违约金、滞纳金、速遣奖金或滞期费的时效,按有关规定办理。

《专利纠纷案件规定》

第十七条 侵犯专利权的诉讼时效为三年,自专利权人或者利害关系人知道或者应当知道权利受到损害以及义务人之日起计算。权利人超过三年起诉的,如果侵权行为在起诉时仍在继续,在该项专利权有效期内,人民法院应当判决被告停止侵权行为,侵权损害赔偿数额应当自权利人向人民法院起诉之日起向前推算三年计算。

《专利权纠纷司法解释二》

第二条 权利人在专利侵权诉讼中主张的权利要求被国务院专利行政部门宣告无效的,审理侵犯专利权纠纷案件的人民法院可以裁定驳回权利人基于该无效权利要求的起诉。

有证据证明宣告上述权利要求无效的决定被生效的行政判决撤销的,权利人可以另行起诉。

专利权人另行起诉的,诉讼时效期间从本条第二款所称行政判决书送达之日起计算。

《民事案件诉讼时效规定》

第四条 未约定履行期限的合同,依照民法典第五百一十条、第五百一十一条的规定,可以确定履行期限的,诉讼时效期间从履行期限届满之日起计算;不能确定履行期限的,诉讼时效期间从债权人要求债务人履行义务的宽限期届满之日起计算,但债务人在债权人第一次向其主张权利之时明确表示不履行义务的,诉讼时效期间从债务人明确表示不履行义务之日起计算。

第六条 返还不当得利请求权的诉讼时效期间,从当事人一方知道或者应当知道不当得利事实及对方当事人之日起计算。

第七条 管理人因无因管理行为产生的给付必要管理费用、赔偿损失请求权的诉讼时效期间,从无因管理行为结束并且管理人知道或者应当知道本人之日起计算。

本人因不当无因管理行为产生的赔偿损失请求权的诉讼时效期间,从其知道或者应当知道管理人及损害事实之日起计算。

《最高人民法院关于印发〈最高人民法院第八次全国法院民事商事审判工作会议(民事部分)纪要〉的通知》

18.买受人请求出卖人支付逾期办证的违约金,从合同约定或者法定期限届满之次日起计算诉讼时效期间。

合同没有约定违约责任或者损失数额难以确定的,可参照《最高人民法院关于审理民间借贷案件适用法律若干问题的规定》第二十九条第二款规定处理。

第一百八十九条 【分期履行债务诉讼时效的起算】

当事人约定同一债务分期履行的,诉讼时效期间自最后一期履行期限届满之日起计算。

【条文对照】

《民法典》总则编	《民事案件诉讼时效规定》(2008)
第一百八十九条 当事人约定同一债务分期履行的,诉讼时效期间自最后一期履行期限届满之日起计算。	第五条 当事人约定同一债务分期履行的,诉讼时效期间从最后一期履行期限届满之日起计算。

【条文释义】

本条对分期履行债务的诉讼时效起算时间进行了规定。

分期履行之债,是指当事人在同一份合同中约定,对合同约定的债务分期履行,其债权债务的总额是确定的,只是具体履行方式并非一次性履行而是分次履行。

由于债权是同一的,诉讼时效起算也应当是同一的。因此为了保护债权人的债权,法律给予其充分、合理的权利行使期间,整个债权的诉讼时效应当从最后一期履行期限届满之日起算。这是《民法典》总则编 188 条第 2 款第 1、2 句规定的"诉讼时效期间自权利人知道或者应当知道权利受到损害以及义务人之日起计算。法律另有规定的,依照其规定"作为例外规定的诉讼时效起算时间点。

【关联法规】

《民法典》总则编

第一百八十八条 向人民法院请求保护民事权利的诉讼时效期间为三年。法律另有规定的,依照其规定。

诉讼时效期间自权利人知道或者应当知道权利受到损害以及义务人之日起计算。法律另有规定的,依照其规定。但是,自权利受到损害之日起超过二十年的,人民法院不予保护,有特殊情况的,人民法院可以根据权利人的申请决定延长。

《最高人民法院关于分期履行的合同中诉讼时效应如何计算问题的答复》云南省高级人民法院:

你院《云南省高级人民法院关于继续性租金债权的诉讼时效期间如何计算的请示》收悉。经研究,答复如下:

对分期履行合同的每一期债务发生争议的,诉讼时效期间自该期债务履行期届满之日的次日起算。

此复。

第一百九十条 【对法定代理人请求权诉讼时效的起算】

无民事行为能力人或者限制民事行为能力人对其法定代理人的请求权的诉讼时效期间,自该法定代理终止之日起计算。

【条文对照】

本条为《民法典》总则编"新增条文",无可对照编纂对象。

【条文释义】

诉讼时效自权利人能够行使其权利之时起算,在权利人还无法行使权利时就计算诉讼时效实际上缩短了权利人的诉讼时效,是对其权利的侵害。

因为无民事行为能力人或者限制民事行为能力人的请求权需要由法定代理人代为主张,而基于利益冲突原则,法定代理人是不大可能代为主张对自己的请求权的。因此,在法定代理关系存续期间,无民事行为能力人或者限制民事行为能力人对其法定代理人的请求权实际上无法行使或主张。

只有法定代理关系终止后,权利人具有完全民事行为能力的,由权利人自己主张或者不具有完全民事行为能力的,由新的法定代理人代为主张才有可能。

因此其请求权的诉讼时效应当自该法定代理关系终止之日起算。这是《民法典》总则编第188条第2款第1、2句规定的"诉讼时效期间自权利人知道或者应当知道权利受到损害以及义务人之日起计算。法律另有规定的,依照其规定"作为例外规定的诉讼时效起算时间点。

【关联法规】

《民法典》总则编

第一百七十五条　有下列情形之一的,法定代理终止：

(一)被代理人取得或者恢复完全民事行为能力；

(二)代理人丧失民事行为能力；

(三)代理人或者被代理人死亡；

(四)法律规定的其他情形。

第一百八十八条　向人民法院请求保护民事权利的诉讼时效期间为三年。法律另有规定的,依照其规定。

诉讼时效期间自权利人知道或者应当知道权利受到损害以及义务人之日起计算。法律另有规定的,依照其规定。但是,自权利受到损害之日起超过二十年的,人民法院不予保护,有特殊情况的,人民法院可以根据权利人的申请决定延长。

《依法处理监护人侵害未成年人权益行为意见》

41. 撤销监护人资格诉讼终结后六个月内,未成年人及其现任监护人可以向人民法院申请人身安全保护裁定。

44. 民政部门担任监护人的,承担抚养职责的儿童福利机构可以送养未成年人。

送养未成年人应当在人民法院作出撤销监护人资格判决一年后进行。侵害人有本意见第40条第2款规定情形的,不受一年后送养的限制。

第一百九十一条　【未成年人遭受性侵害的损害赔偿诉讼时效的起算】

未成年人遭受性侵害的损害赔偿请求权的诉讼时效期间,自受害人年满十八周岁之日起计算。

【条文对照】

本条为《民法典》总则编"新增条文",无可对照编纂对象。

【条文释义】

未成年人由于心智尚未成熟,而且对性的认识并不清晰,且属于限制民事行为能力人或无民事行为能力人,难以自己寻求法律保护。在遭受性侵的情况下,往往选择隐忍而不懂得去主张损害赔偿的请求权。如果按照诉讼时效的一般起算规则,在其成年后知道维护自己的权利主张损害赔偿请求权时诉讼时效可能已经届满,不利于其权利的保护。因此,本条对未成年人遭受性侵害的损害赔偿请求权的诉讼时效起算时间进行了特别的规定,从受害人年满18周岁时开始起算。

本条的表述在一定程度上可能引起误解,即"未成年人遭受性侵害的损害赔偿请求权的诉讼时效期间"必须等"受害人年满18周岁之日起"才能计算。本条应该理解为,如果受害人年满18周岁之前因为各种原因无法请求赔偿的,年满18周岁之日,可以作为《民法典》总则编第188条第2款第1、2句规定的"诉讼时效期间自权利人知道或者应当知道权利受到损害以及义务人之日起计算。法律另有规定的,依照其规定"例外规定开始计算诉讼时效。

【关联法规】

《民法典》总则编

第一百八十八条 向人民法院请求保护民事权利的诉讼时效期间为三年。法律另有规定的,依照其规定。

诉讼时效期间自权利人知道或者应当知道权利受到损害以及义务人之日起计算。法律另有规定的,依照其规定。但是,自权利受到损害之日起超过二十年的,人民法院不予保护,有特殊情况的,人民法院可以根据权利人的申请决定延长。

《未成年人保护法》

第四十一条 禁止拐卖、绑架、虐待未成年人,禁止对未成年人实施性侵害。

禁止胁迫、诱骗、利用未成年人乞讨或者组织未成年人进行有害其身心健康的表演等活动。

第一百九十二条 【诉讼时效届满的法律后果】

诉讼时效期间届满的,义务人可以提出不履行义务的抗辩。

诉讼时效期间届满后,义务人同意履行的,不得以诉讼时效期间届满为由抗辩;义务人已经自愿履行的,不得请求返还。

【条文对照】

《民法典》总则编	《民法通则》
第一百九十二条 诉讼时效期间届满的,义务人可以提出不履行义务的抗辩。 诉讼时效期间届满后,义务人同意履行的,不得以诉讼时效期间届满为由抗辩;义务人已经自愿履行的,不得请求返还。	第一百三十八条 超过诉讼时效期间,当事人自愿履行的,不受诉讼时效限制。

【条文释义】

本条对诉讼时效届满的法律后果进行了规定。

自《民法通则》规定诉讼时效以来,关于诉讼时效的法律后果争议颇多。早期大多认为诉讼时效届满的法律后果为胜诉权消灭,后来逐渐转为抗辩权发生的观点,司法实践中近些年也普遍采用诉讼时效届满债务人产生抗辩权的做法。

本条的规定就是对近年来学界和司法实践中的抗辩权观点的明确承认,避免了争议的继续存在。诉讼时效届满后,债务人获得了一种抗辩权,据此抗辩权其可以拒绝履行义务,此种抗辩权是永久性的灭却抗辩权。债务人获得的是抗辩权,既然是一种权利,其自然有自由决定行使或者不行使,也就是说诉讼时效届满后如果义务人同意履行义务,那就是对抗辩权的放弃,此后其自然不得再以诉讼时效届满为由进行抗辩,也不得要求对已经实行的履行予以返还。

【关联法规】

《民事诉讼法司法解释》

第二百一十九条 当事人超过诉讼时效期间起诉的,人民法院应予受理。受理后对方当事人提出诉讼时效抗辩,人民法院经审理认为抗辩事由成立的,判决驳回原告的诉讼请求。

第四百八十三条 申请执行人超过申请执行时效期间向人民法院申请强制执行的,人民法院应予受理。被执行人对申请执行时效期间提出异议,人民法院经审查异议成立的,裁定不予执行。

被执行人履行全部或者部分义务后,又以不知道申请执行时效期间届满为由请求执行回转的,人民法院不予支持。

第五百一十七条 债权人根据民事诉讼法第二百五十四条规定请求人民法院继续执行的,不受民事诉讼法第二百三十九条规定申请执行时效期间的限制。

第五百一十九条 经过财产调查未发现可供执行的财产,在申请执行人签字确认或者执行法院组成合议庭审查核实并经院长批准后,可以裁定终结本次执行程序。

依照前款规定终结执行后,申请执行人发现被执行人有可供执行财产的,可以再次申请执行。再次申请不受申请执行时效期间的限制。

第五百二十条 因撤销申请而终结执行后,当事人在民事诉讼法第二百三十九条规定的申请执行时效期间内再次申请执行的,人民法院应当受理。

《人民法院赔偿委员会适用质证程序审理国家赔偿案件的规定》

第七条 下列情形,由赔偿义务机关负举证责任:

(一)属于法定免责情形;

（二）赔偿请求超过法定时效；

（三）具有其他抗辩事由。

《票据纠纷案件规定》

第十五条　票据债务人依照票据法第九条、第十七条、第十八条、第二十二条和第三十一条的规定,对持票人提出下列抗辩的,人民法院应予支持：

（一）欠缺法定必要记载事项或者不符合法定格式的；

（二）超过票据权利时效的；

（三）人民法院作出的除权判决已经发生法律效力的；

（四）以背书方式取得但背书不连续的；

（五）其他依法不得享有票据权利的。

《民事案件诉讼时效规定》

第三条　当事人在一审期间未提出诉讼时效抗辩,在二审期间提出的,人民法院不予支持,但其基于新的证据能够证明对方当事人的请求权已过诉讼时效期间的情形除外。

当事人未按照前款规定提出诉讼时效抗辩,以诉讼时效期间届满为由申请再审或者提出再审抗辩的,人民法院不予支持。

第十八条　主债务诉讼时效期间届满,保证人享有主债务人的诉讼时效抗辩权。

保证人未主张前述诉讼时效抗辩权,承担保证责任后向主债务人行使追偿权的,人民法院不予支持,但主债务人同意给付的情形除外。

第十九条　诉讼时效期间届满,当事人一方向对方当事人作出同意履行义务的意思表示或者自愿履行义务后,又以诉讼时效期间届满为由进行抗辩的,人民法院不予支持。

当事人双方就原债务达成新的协议,债权人主张义务人放弃诉讼时效抗辩权的,人民法院应予支持。

超过诉讼时效期间,贷款人向借款人发出催收到期贷款通知单,债务人在通知单上签字或者盖章,能够认定借款人同意履行诉讼时效期间已经届满的义务的,对于贷款人关于借款人放弃诉讼时效抗辩权的主张,人民法院应予支持。

《民法典担保制度司法解释》

第三十五条　保证人知道或者应当知道主债权诉讼时效期间届满仍然提供保证或者承担保证责任,又以诉讼时效期间届满为由拒绝承担保证责任或者请求返还财产的,人民法院不予支持;保证人承担保证责任后向债务人追偿的,人民法院不予支持,但是债务人放弃诉讼时效抗辩的除外。

第一百九十三条　【诉讼时效援引的当事人主义】

人民法院不得主动适用诉讼时效的规定。

【条文对照】

《民法典》总则编	《民事案件诉讼时效规定》(2008)
第一百九十三条　人民法院<u>不得</u>主动适用诉讼时效的规定。	第三条　当事人未提出诉讼时效抗辩,人民法院<u>不应</u>对诉讼时效问题进行释明及主动适用诉讼时效的规定进行裁判。

【条文释义】

本条对司法实践中诉讼时效法律适用存在的疑虑进行了澄清,采纳了诉讼时效适用的当事人主义。

由于早期曾认为诉讼时效的法律后果是胜诉权消灭,因此司法实践中法院可主动依职权适用诉讼时效判决驳回权利人的诉讼请求。虽然此后不再采用胜诉权消灭的观点,但鉴于此前做法的广泛影响,实践中仍有法院依职权主动适用诉讼时效。为了彻底避免这一现象的存在,本次立法中在本条对此予以明确规定,诉讼时效只能由义务人作为抗辩权提出,人民法院不得主动对诉讼时效予以释明,也不得主动适用诉讼时效进行裁判。

第一百九十四条　【诉讼时效的中止】

在诉讼时效期间的最后六个月内,因下列障碍,不能行使请求权的,诉讼时效中止:

(一)不可抗力;
(二)无民事行为能力人或者限制民事行为能力人没有法定代理人,或者法定代理人死亡、丧失民事行为能力、丧失代理权;
(三)继承开始后未确定继承人或者遗产管理人;
(四)权利人被义务人或者其他人控制;
(五)其他导致权利人不能行使请求权的障碍。

自中止时效的原因消除之日起满六个月,诉讼时效期间届满。

【条文对照】

《民法典》总则编	《民法通则》《民事案件诉讼时效规定》(2008)
第一百九十四条　在诉讼时效期间的最后六个月内,因下列障碍,不	《民法通则》 第一百三十九条　在诉讼时效期间的最后六个

《民法典》总则编	《民法通则》《民事案件诉讼时效规定》(2008)
能行使请求权的,诉讼时效中止: （一）不可抗力； （二）无民事行为能力人或者限制民事行为能力人没有法定代理人,或者法定代理人死亡、丧失民事行为能力、丧失代理权； （三）继承开始后未确定继承人或者遗产管理人； （四）权利人被义务人或者其他人控制； （五）其他导致权利人不能行使请求权的障碍。 **自中止时效的原因消除之日起满六个月,诉讼时效期间届满。**	月内,因不可抗力或者其他障碍不能行使请求权的,诉讼时效中止。从中止时效的原因消除之日起,诉讼时效期间继续计算。 **《民事案件诉讼时效规定》(2008)** 　　**第二十条**　有下列情形之一的,应当认定为民法通则第一百三十九条规定的"其他障碍",诉讼时效中止: （一）权利被侵害的无民事行为能力人、限制民事行为能力人没有法定代理人,或者法定代理人死亡、丧失代理权、丧失行为能力； （二）继承开始后未确定继承人或者遗产管理人； （三）权利人被义务人或者其他人控制无法主张权利； （四）其他导致权利人不能主张权利的客观情形。

【条文释义】

本条对诉讼时效的中止进行了规定。

诉讼时效期间中止,是指在诉讼时效进行中,由于某种法定事由的发生,致使权利人不能行使请求权,因而暂时停止时效期间的计算,待阻碍时效期间进行的事由消除后,时效期间再继续计算的消灭时效制度。时效制度意在敦促权利人及时行使权利,但其适用以权利人可以行使权利而怠于行使为前提,如果出现客观障碍而使权利人无法行使权利,则继续计算时效未免有失公平,因此应暂停计算期间以保证权利人有行使权利的必要时间,从而保护其权益。诉讼时效中止应满足以下两个条件:

第一,应当存在中止的法定事由。法定事由的根本特征是导致权利人无法行使权利。包括:(1)不可抗力,指当事人不能预见、不能避免并不能克服的客观情况,如严重的自然灾害和战争等。(2)无民事行为能力人或者限制民事行为能力人没有法定代理人,或者法定代理人死亡、丧失民事行为能力、丧失代理权。(3)继承开始后未确定继承人或者遗产管理人。(4)权利人被义务人或者其他人控制,主要是指权利人被限制人身自由。(5)其他致使权利人无法行使请求权的障碍。

第二,法定事由发生在诉讼时效期间的最后6个月内,否则不能发生诉讼时效中止的效果。

中止诉讼时效的法定事由消除之日起,诉讼时效继续计算,满6个月时诉讼时效届满。需要注意的是,这里诉讼时效继续计算的方法与《民法通则》的规定有所不同。原来的规定是中止事由消除后,诉讼时效继续计算至 2 年,而这里是统一再继续计算 6 个月。

【关联法规】

《国防动员法》

第六十七条　因国家发布动员令,诉讼、行政复议、仲裁活动不能正常进行的,适用有关时效中止和程序中止的规定,但法律另有规定的除外。

《海商法》

第二百六十六条　在时效期间的最后六个月内,因不可抗力或者其他障碍不能行使请求权的,时效中止。自中止时效的原因消除之日起,时效期间继续计算。

《民事诉讼法执行程序司法解释》

第十九条　在申请执行时效期间的最后六个月内,因不可抗力或者其他障碍不能行使请求权的,申请执行时效中止。从中止时效的原因消除之日起,申请执行时效期间继续计算。

《民法典担保制度司法解释》

第二十八条　一般保证中,债权人依据生效法律文书对债务人的财产依法申请强制执行,保证债务诉讼时效的起算时间按照下列规则确定:

(一)人民法院作出终结本次执行程序裁定,或者依照民事诉讼法第二百五十七条第三项、第五项的规定作出终结执行裁定的,自裁定送达债权人之日起开始计算;

(二)人民法院自收到申请执行书之日起一年内未作出前项裁定的,自人民法院收到申请执行书满一年之日起开始计算,但是保证人有证据证明债务人仍有财产可供执行的除外。

一般保证的债权人在保证期间届满前对债务人提起诉讼或者申请仲裁,债权人举证证明存在民法典第六百八十七条第二款但书规定情形的,保证债务的诉讼时效自债权人知道或者应当知道该情形之日起开始计算。

第三十五条　保证人知道或者应当知道主债权诉讼时效期间届满仍然提供保证或者承担保证责任,又以诉讼时效期间届满为由拒绝承担保证责任或者请求返还财产的,人民法院不予支持;保证人承担保证责任后向债务人追偿的,人民法院不予支持,但是债务人放弃诉讼时效抗辩的除外。

第四十四条　主债权诉讼时效期间届满后,抵押权人主张行使抵押权的,人民法院不予支持;抵押人以主债权诉讼时效期间届满为由,主张不承担担保责任的,人民法院应予支持。主债权诉讼时效期间届满前,债权人仅对债务人提起诉讼,经人民法院判决或者调解后未在民事诉讼法规定的申请执行时效期间内对债务人申请强制执行,其向抵押人主张行使抵押权的,人民法院不予支持。

主债权诉讼时效期间届满后,财产被留置的债务人或者对留置财产享有所有权的第三人请求债权人返还留置财产的,人民法院不予支持;债务人或者第三人请求拍卖、变卖留置财产并以所得价款清偿债务的,人民法院应予支持。

主债权诉讼时效期间届满的法律后果,以登记作为公示方式的权利质权,参照适用第一款的规定;动产质权、以交付权利凭证作为公示方式的权利质权,参照适用第二款的规定。

第一百九十五条 【诉讼时效的中断】

有下列情形之一的,诉讼时效中断,从中断、有关程序终结时起,诉讼时效期间重新计算:

(一)权利人向义务人提出履行请求;
(二)义务人同意履行义务;
(三)权利人提起诉讼或者申请仲裁;
(四)与提起诉讼或者申请仲裁具有同等效力的其他情形。

【条文对照】

《民法典》总则编	《民法通则》
第一百九十五条 有下列情形之一的,诉讼时效中断,从中断、有关程序终结时起,诉讼时效期间重新计算: (一)权利人向义务人提出履行请求; (二)义务人同意履行义务; (三)权利人提起诉讼或者申请仲裁; (四)与提起诉讼或者申请仲裁具有同等效力的其他情形。	第一百四十条 诉讼时效因提起诉讼、当事人一方提出要求或者同意履行义务而中断。从中断时起,诉讼时效期间重新计算。

【条文释义】

本条对诉讼时效的中断进行了规定。

诉讼时效期间中断,是指在诉讼时效期间进行中发生了法定事由,以前经过的期间归于消灭,自中断事由终止后重新开始计算诉讼时效。诉讼时效中断的主要事由是权利人行使权利。具体包括如下几种情形:

第一,权利人向义务人提出履行请求。主要是指权利人对义务人,于诉讼之外行使其权利的意思表示。

第二,义务人同意履行义务。义务人同意履行,是指义务人通过一定方式(口头的或书面的)向权利人作出愿意履行义务的意思表示。这样,就使双方当事人之间的权利义务关系重新明确并稳定下来,可以发生诉讼时效中断的法律后果。

第三,权利人提起诉讼或者申请仲裁。起诉或仲裁后的诉讼时效期间自当事人向法院或仲裁机构提起诉讼或仲裁时中断。因为时效期间中断是否发生,关键在于权利人有无积极行使权利的状态,在权利人向法院提出起诉状或向仲裁机构提起仲裁时,就已表明其已经开始行使自己的权利,时效期间应当中断。

诉讼时效从权利人提出履行请求、义务人同意履行义务或者权利人提出起诉或仲裁之日起中断,诉讼时效从此时重新起算。

【关联法规】

《海商法》

第二百六十七条 时效因请求人提起诉讼、提交仲裁或者被请求人同意履行义务而中断。但是,请求人撤回起诉、撤回仲裁或者起诉被裁定驳回的,时效不中断。

请求人申请扣船的,时效自申请扣船之日起中断。

自中断时起,时效期间重新计算。

《企业破产法司法解释二》

第十九条 债务人对外享有债权的诉讼时效,自人民法院受理破产申请之日起中断。

债务人无正当理由未对其到期债权及时行使权利,导致其对外债权在破产申请受理前一年内超过诉讼时效期间的,人民法院受理破产申请之日起重新计算上述债权的诉讼时效期间。

《无正本提单交付货物规定》

第十五条 正本提单持有人以承运人无正本提单交付货物为由提起的诉讼,时效中断适用海商法第二百六十七条的规定。

正本提单持有人以承运人与无正本提单提取货物的人共同实施无正本提单交付货物行为为由提起的侵权诉讼,时效中断适用本条前款规定。

《票据纠纷案件规定》

第十九条 票据法第十七条规定的票据权利时效发生中断的,只对发生时效中断事由的当事人有效。

《民事诉讼法执行程序司法解释》

第二十条 申请执行时效因申请执行、当事人双方达成和解协议、当事人一方提出履行要求或者同意履行义务而中断。从中断时起,申请执行时效期间重新计算。

《民事案件诉讼时效规定》

第八条 具有下列情形之一的,应当认定为民法典第一百九十五条规定的"权利人向义务人提出履行请求",产生诉讼时效中断的效力:

(一)当事人一方直接向对方当事人送交主张权利文书,对方当事人在文书上签字、盖章、按指印或者虽未签字、盖章、按指印但能够以其他方式证明该文书到达对方当事人的;

(二)当事人一方以发送信件或者数据电文方式主张权利,信件或者数据电文到达或者应当到达对方当事人的;

(三)当事人一方为金融机构,依照法律规定或者当事人约定从对方当事人账户中扣收欠款本息的;

(四)当事人一方下落不明,对方当事人在国家级或者下落不明的当事人一方住所地的省级有影响的媒体上刊登具有主张权利内容的公告的,但法律和司法解释另有特别规定的,适用其规定。

前款第(一)项情形中,对方当事人为法人或者其他组织的,签收人可以是其法定代表人、主要负责人、负责收发信件的部门或者被授权主体;对方当事人为自然人的,签收人可以是自然人本人、同住的具有完全行为能力的亲属或者被授权主体。

第九条 权利人对同一债权中的部分债权主张权利,诉讼时效中断的效力及于剩余债权,但权利人明确表示放弃剩余债权的情形除外。

第十条 当事人一方向人民法院提交起诉状或者口头起诉的,诉讼时效从提交起诉状或者口头起诉之日起中断。

第十一条 下列事项之一,人民法院应当认定与提起诉讼具有同等诉讼时效中断的效力:

(一)申请支付令;

(二)申请破产、申报破产债权;

(三)为主张权利而申请宣告义务人失踪或死亡;

(四)申请诉前财产保全、诉前临时禁令等诉前措施;

(五)申请强制执行;

(六)申请追加当事人或者被通知参加诉讼;

(七)在诉讼中主张抵销;

(八)其他与提起诉讼具有同等诉讼时效中断效力的事项。

第十二条 权利人向人民调解委员会以及其他依法有权解决相关民事纠纷的国家机关、事业单位、社会团体等社会组织提出保护相应民事权利的请求,诉讼时效从提出请求之日起中断。

第十三条　权利人向公安机关、人民检察院、人民法院报案或者控告，请求保护其民事权利的，诉讼时效从其报案或者控告之日起中断。

上述机关决定不立案、撤销案件、不起诉的，诉讼时效期间从权利人知道或者应当知道不立案、撤销案件或者不起诉之日起重新计算；刑事案件进入审理阶段，诉讼时效期间从刑事裁判文书生效之日起重新计算。

第十四条　义务人作出分期履行、部分履行、提供担保、请求延期履行、制定清偿债务计划等承诺或者行为的，应当认定为民法典第一百九十五条规定的"义务人同意履行义务"。

第十五条　对于连带债权人中的一人发生诉讼时效中断效力的事由，应当认定对其他连带债权人也发生诉讼时效中断的效力。

对于连带债务人中的一人发生诉讼时效中断效力的事由，应当认定对其他连带债务人也发生诉讼时效中断的效力。

第十六条　债权人提起代位权诉讼的，应当认定对债权人的债权和债务人的债权均发生诉讼时效中断的效力。

第十七条　债权转让的，应当认定诉讼时效从债权转让通知到达债务人之日起中断。

债务承担情形下，构成原债务人对债务承认的，应当认定诉讼时效从债务承担意思表示到达债权人之日起中断。

《海上保险纠纷规定》

第十五条　保险人取得代位请求赔偿权利后，以被保险人向第三人提起诉讼、提交仲裁、申请扣押船舶或者第三人同意履行义务为由主张诉讼时效中断的，人民法院应予支持。

《民法典担保制度司法解释》

第二十八条　一般保证中，债权人依据生效法律文书对债务人的财产依法申请强制执行，保证债务诉讼时效的起算时间按照下列规则确定：

（一）人民法院作出终结本次执行程序裁定，或者依照民事诉讼法第二百五十七条第三项、第五项的规定作出终结执行裁定的，自裁定送达债权人之日起开始计算；

（二）人民法院自收到申请执行书之日起一年内未作出前项裁定的，自人民法院收到申请执行书满一年之日起开始计算，但是保证人有证据证明债务人仍有财产可供执行的除外。

一般保证的债权人在保证期间届满前对债务人提起诉讼或者申请仲裁，债权人举证证明存在民法典第六百八十七条第二款但书规定情形的，保证债务的诉讼时效自债权人知道或者应当知道该情形之日起开始计算。

第三十五条　保证人知道或者应当知道主债权诉讼时效期间届满仍然提供保证或者承担保证责任,又以诉讼时效期间届满为由拒绝承担保证责任或者请求返还财产的,人民法院不予支持;保证人承担保证责任后向债务人追偿的,人民法院不予支持,但是债务人放弃诉讼时效抗辩的除外。

第四十四条　主债权诉讼时效期间届满后,抵押权人主张行使抵押权的,人民法院不予支持;抵押人以主债权诉讼时效期间届满为由,主张不承担担保责任的,人民法院应予支持。主债权诉讼时效期间届满前,债权人仅对债务人提起诉讼,经人民法院判决或者调解后未在民事诉讼法规定的申请执行时效期间内对债务人申请强制执行,其向抵押人主张行使抵押权的,人民法院不予支持。

主债权诉讼时效期间届满后,财产被留置的债务人或者对留置财产享有所有权的第三人请求债权人返还留置财产的,人民法院不予支持;债务人或者第三人请求拍卖、变卖留置财产并以所得价款清偿债务的,人民法院应予支持。

主债权诉讼时效期间届满的法律后果,以登记作为公示方式的权利质权,参照适用第一款的规定;动产质权、以交付权利凭证作为公示方式的权利质权,参照适用第二款的规定。

《最高人民法院关于超过诉讼时效期间借款人在催款通知单上签字或者盖章的法律效力问题的批复》

河北省高级人民法院:

你院[1998]冀经一请字第38号《关于超过诉讼时效期间信用社向借款人发出的"催收到期贷款通知单"是否受法律保护的请示》收悉。经研究,答复如下:

根据《中华人民共和国民法通则》第四条、第九十条规定的精神,对于超过诉讼时效期间,信用社向借款人发出催收到期贷款通知单,债务人在该通知单上签字或者盖章的,应当视为对原债务的重新确认,该债权债务关系应受法律保护。

此复

第一百九十六条　【不适用诉讼时效的请求权】

下列请求权不适用诉讼时效的规定:

(一)请求停止侵害、排除妨碍、消除危险;

(二)不动产物权和登记的动产物权的权利人请求返还财产;

(三)请求支付抚养费、赡养费或者扶养费;

(四)依法不适用诉讼时效的其他请求权。

【条文对照】

本条为《民法典》总则编"新增条文",无可对照编纂对象。

【条文释义】

并非所有的请求权均适用诉讼时效,本条对不适用诉讼时效的请求权进行了规定。

设立诉讼时效制度的主要目的,是为了客观地促进权利关系安定,及时结束权利义务的不确定状态,稳定法律秩序,降低社会交易成本。由于有些请求权的存在并不会造成权利义务的不确定状态,只要基础法律关系存在,请求权就会依据该基础法律关系而持续产生和存在,因此,这类请求权不适用诉讼时效。

具体来说,不适用诉讼时效的请求权包括:(1)请求停止侵害、排除妨碍、消除危险的请求权。只要针对基础权利的妨害和侵害存在,此类请求权就会一直存续,因此不适用诉讼时效。(2)不动产物权和登记的动产物权的权利人请求返还财产。不动产和登记的动产物权都有明确的登记制度,因此其权利义务状态是非常明确的,即使长时间不行使返还请求权也不会造成不确定的状态,这类请求权也不适用诉讼时效。(3)同理,支付抚养费、赡养费或者扶养费的请求权是依据基础的父母子女身份或配偶身份而持续存在的,也不适用诉讼时效。此外,如果法律有专门规定某种请求权不适用诉讼时效的,从其规定。

【关联法规】

《民法典》物权编

第四百一十九条 抵押权人应当在主债权诉讼时效期间行使抵押权;未行使的,人民法院不予保护。

《公司法司法解释三》

第十九条 公司股东未履行或者未全面履行出资义务或者抽逃出资,公司或者其他股东请求其向公司全面履行出资义务或者返还出资,被告股东以诉讼时效为由进行抗辩的,人民法院不予支持。

公司债权人的债权未过诉讼时效期间,其依照本规定第十三条第二款、第十四条第二款的规定请求未履行或者未全面履行出资义务或者抽逃出资的股东承担赔偿责任,被告股东以出资义务或者返还出资义务超过诉讼时效期间为由进行抗辩的,人民法院不予支持。

《企业破产法司法解释二》

第二十条 管理人代表债务人提起诉讼,主张出资人向债务人依法缴付未履行的出资或者返还抽逃的出资本息,出资人以认缴出资尚未届至公司章程规定的缴纳期限或者违反出资义务已经超过诉讼时效为由抗辩的,人民法院不予支持。

管理人依据公司法的相关规定代表债务人提起诉讼,主张公司的发起人和负有监督股东履行出资义务的董事、高级管理人员,或者协助抽逃出资的其他股东、董事、高级管理人员、实际控制人等,对股东违反出资义务或者抽逃出资承担相应责任,并将财产归入债务人财产的,人民法院应予支持。

《民事案件诉讼时效规定》

第一条 当事人可以对债权请求权提出诉讼时效抗辩,但对下列债权请求权提出诉讼时效抗辩的,人民法院不予支持:

(一)支付存款本金及利息请求权;

(二)兑付国债、金融债券以及向不特定对象发行的企业债券本息请求权;

(三)基于投资关系产生的缴付出资请求权;

(四)其他依法不适用诉讼时效规定的债权请求权。

《最高人民法院关于审理中央级财政资金转为部分中央企业国家资本金有关纠纷案件的通知》

三、除人民法院已经受理的案件外,有关中央企业返还资金请求权的诉讼时效期间自《通知》第五条规定的期限届满之日起算。

当事人主张确认公司或企业出资人权益请求权不适用诉讼时效的规定。

第一百九十七条 【诉讼时效法定】

诉讼时效的期间、计算方法以及中止、中断的事由由法律规定,当事人约定无效。

当事人对诉讼时效利益的预先放弃无效。

【条文对照】

《民法典》总则编	《民事案件诉讼时效规定》(2008)
第一百九十七条 诉讼时效的期间、计算方法以及中止、中断的事由**由法律规定**,当事人约定无效。 当事人对诉讼时效利益的预先放弃无效。	第二条 当事人违反法律规定,约定延长或者缩短诉讼时效期间、预先放弃诉讼时效利益的,<u>人民法院不予认可</u>。

【条文释义】

由于诉讼时效事关权利义务状态的确定,涉及交易安全和公共秩序,并非双方当事人可以协商确定的事项,因此诉讼时效实行法定。

诉讼时效的期间、其计算方法以及中止、中断等事项必须由法律予以规定,当事人不得私自进行约定,当事人进行的约定无效。此外,基于同样的理由,当事人也不得对于诉讼时效预先放弃,只能待诉讼时效届满后作出放弃诉讼时效抗辩权的决定。

第一百九十八条 【仲裁时效的准用】

法律对仲裁时效有规定的,依照其规定;没有规定的,适用诉讼时效的规定。

【条文对照】

《民法典》总则编	《仲裁法》
第一百九十八条 法律对仲裁时效有规定的,依照其规定;没有规定的,适用诉讼时效的规定。	第七十四条 法律对仲裁时效有规定的,适用该规定。法律对仲裁时效没有规定的,适用诉讼时效的规定。

【条文释义】

仲裁是诉讼之外的一种解决民事纠纷的法律程序,有其特殊的程序规定,但亦应当根据民事实体法对纠纷进行仲裁。

诉讼时效及其法律后果的规定是实体性的法律规定,仲裁也应该遵循其基本规则。只不过基于仲裁的便捷性,法律如果对仲裁时效有不同于诉讼时效的特别规定的,应该予以适用。如果不存在规定的,则应适用诉讼时效的规定。

【关联法规】

《民法典》总则编

第五百九十四条 因国际货物买卖合同和技术进出口合同争议提起诉讼或者申请仲裁的时效期间为四年。

《农村土地承包经营纠纷调解仲裁法》

第十八条 农村土地承包经营纠纷申请仲裁的时效期间为二年,自当事人知道或者应当知道其权利被侵害之日起计算。

《劳动争议调解仲裁法》

第二十七条 劳动争议申请仲裁的时效期间为一年。仲裁时效期间从当事人知道或者应当知道其权利被侵害之日起计算。

前款规定的仲裁时效,因当事人一方向对方当事人主张权利,或者向有关部门请求权利救济,或者对方当事人同意履行义务而中断。从中断时起,仲裁时效期间重新计算。

因不可抗力或者有其他正当理由,当事人不能在本条第一款规定的仲裁时效期间申请仲裁的,仲裁时效中止。从中止时效的原因消除之日起,仲裁时效期间继续计算。

劳动关系存续期间因拖欠劳动报酬发生争议的,劳动者申请仲裁不受本条第一款规定的仲裁时效期间的限制；但是，劳动关系终止的，应当自劳动关系终止之日起一年内提出。

《农村土地承包经营纠纷调解仲裁案件司法解释》

第一条　农村土地承包仲裁委员会根据农村土地承包经营纠纷调解仲裁法第十八条规定，以超过申请仲裁的时效期间为由驳回申请后，当事人就同一纠纷提起诉讼的，人民法院应予受理。

《最高人民法院关于人事争议申请仲裁的时效期间如何计算的批复》

四川省高级人民法院：

你院《关于事业单位人事争议仲裁时效如何计算的请示》（川高法〔2012〕430号）收悉。经研究，批复如下：

依据《中华人民共和国劳动争议调解仲裁法》第二十七条第一款、第五十二条的规定，当事人自知道或者应当知道其权利被侵害之日起一年内申请仲裁，仲裁机构予以受理的，人民法院应予认可。

《最高人民法院关于对国外仲裁机构的裁决申请承认和申请执行是否应一并提出问题的请示的复函》

陕西省高级人民法院：

你院〔2013〕陕民三他字第1号《关于对国外仲裁机构的裁决申请承认和申请执行是否应一并提出问题的请示》收悉。经研究，答复如下：

1. 对于外国仲裁裁决，法律没有规定当事人必须一并申请承认和执行，当事人可以选择仅申请人民法院承认，也可以选择申请人民法院承认和执行。当事人先申请人民法院承认外国仲裁裁决，人民法院经审查裁定予以承认的，当事人还可以申请人民法院执行该仲裁裁决。

2. 根据《最高人民法院关于人民法院处理与涉外仲裁及外国仲裁事项有关问题的通知》（法发〔1995〕18号）的精神，泰王国泰普克沥青（大众）有限公司（以下简称泰普克公司）申请执行涉案外国仲裁裁决，西安市中级人民法院在拟裁定不予受理前，应当逐级上报最高人民法院，待最高人民法院答复后作出相应裁定。

3. 西安市中级人民法院于2009年12月7日裁定承认涉案外国仲裁裁决，泰普克公司于2010年1月27日申请执行该仲裁裁决，西安市中级人民法院审查是否执行该仲裁裁决，应当适用当时施行的《中华人民共和国民事诉讼法（2007）》。依照《中华人民共和国民事诉讼法（2007）》第二百一十五条第一款的规定，申请执行的期间为二年；申请执行时效的中止、中断，适用法律有关诉讼时效中止、中断的规定。西安市中级人民法院裁定承认仲裁裁决后，泰普克公司申请执行该仲裁裁决的期限从该裁定生效之日起重新计算。泰普克公司申请执行该仲裁裁决,并未超过《中华人民共和国民事诉讼法(2007)》规定的二年申请执行期限。西安市中级人民法院以泰普克公司申请执行超过《中华人民共和国民事诉讼法(2007)》规定的申请执行期限为由,裁定不予受理,适用法律不当,应予纠正。

此复

第一百九十九条 【除斥期间】

法律规定或者当事人约定的撤销权、解除权等权利的存续期间,除法律另有规定外,自权利人知道或者应当知道权利产生之日起计算,不适用有关诉讼时效中止、中断和延长的规定。存续期间届满,撤销权、解除权等权利消灭。

【条文对照】

《民法典》总则编	《合同法》
第一百九十九条　法律规定或者当事人约定的**撤销权**、解除权等权利的**存续期间**,除法律另有规定外,自权利人知道或者应当知道权利产生之日起计算,不适用有关诉讼时效中止、中断和延长的规定。存续期间届满,撤销权、解除权等权利消灭。	第九十五条　法律规定或者当事人约定解除权行使期限,期限届满当事人不行使的,该权利消灭。 法律没有规定或者当事人没有约定解除权行使期限,经对方催告后在合理期限内不行使的,该权利消灭。

【条文释义】

本条对除斥期间进行了规定。

除斥期间,也称为不变期间,是指法律对某种权利所规定的存续期间。除斥期间适用于形成权,其他权利不适用除斥期间。除斥期间都是法律明确规定的期间,是法定期间,不是当事人约定的期间,也不准许当事人约定。除斥期间的起算时间一般从权利成立之时计算,只有在例外的时候,即可撤销合同的撤销权除斥期间的起算时间是从当事人知道或者应当知道撤销事由之日起计算;并且除斥期间不适用中止、中断和延长的规定。除斥期间完成的法律效果是直接消灭权利,权利本身不复存在。除斥期间完成后消灭实体权利,不管当事人是否提出主张,法院都可以主动审查,确认除斥期间完成,直接确认权利丧失;同时,除斥期间完成,不准许当事人抛弃期间利益。以上这些方面的特点表明除斥期间与诉讼时效存在较大差异。

除了撤销权和解除权,《民法典》总则编第 145 条第 2 款规定的"相对人可以催告法定代理人自收到通知之日起三十日内予以追认"和第 171 条第 2 款规定的"相对人可以催告被代理人自收到通知之日起三十日内予以追认"涉及的追认权除斥期间,也适用本条规定。

【关联法规】

《民法典》总则编

第一百四十五条 限制民事行为能力人实施的纯获利益的民事法律行为或者与其年龄、智力、精神健康状况相适应的民事法律行为有效;实施的其他民事法律行为经法定代理人同意或者追认后有效。

相对人可以催告法定代理人自收到通知之日起三十日内予以追认。法定代理人未作表示的,视为拒绝追认。民事法律行为被追认前,善意相对人有撤销的权利。撤销应当以通知的方式作出。

第一百五十二条 有下列情形之一的,撤销权消灭:

(一)当事人自知道或者应当知道撤销事由之日起一年内、重大误解的当事人自知道或者应当知道撤销事由之日起九十日内没有行使撤销权;

(二)当事人受胁迫,自胁迫行为终止之日起一年内没有行使撤销权;

(三)当事人知道撤销事由后明确表示或者以自己的行为表明放弃撤销权。

当事人自民事法律行为发生之日起五年内没有行使撤销权的,撤销权消灭。

第一百七十一条 行为人没有代理权、超越代理权或者代理权终止后,仍然实施代理行为,未经被代理人追认的,对被代理人不发生效力。

相对人可以催告被代理人自收到通知之日起三十日内予以追认。被代理人未作表示的,视为拒绝追认。行为人实施的行为被追认前,善意相对人有撤销的权利。撤销应当以通知的方式作出。

行为人实施的行为未被追认的,善意相对人有权请求行为人履行债务或者就其受到的损害请求行为人赔偿。但是,赔偿的范围不得超过被代理人追认时相对人所能获得的利益。

相对人知道或者应当知道行为人无权代理的,相对人和行为人按照各自的过错承担责任。

《民法典》合同编

第五百四十一条 撤销权自债权人知道或者应当知道撤销事由之日起一年内行使。自债务人的行为发生之日起五年内没有行使撤销权的,该撤销权消灭。

第六百六十三条 受赠人有下列情形之一的,赠与人可以撤销赠与:

(一)严重侵害赠与人或者赠与人近亲属的合法权益;

(二)对赠与人有扶养义务而不履行;

(三)不履行赠与合同约定的义务。

赠与人的撤销权,自知道或者应当知道撤销事由之日起一年内行使。

第六百六十四条　因受赠人的违法行为致使赠与人死亡或者丧失民事行为能力的,赠与人的继承人或者法定代理人可以撤销赠与。

赠与人的继承人或者法定代理人的撤销权,自知道或者应当知道撤销事由之日起六个月内行使。

《民法典》婚姻家庭编

第一千零五十二条　因胁迫结婚的,受胁迫的一方可以向人民法院请求撤销婚姻。

请求撤销婚姻的,应当自胁迫行为终止之日起一年内提出。

被非法限制人身自由的当事人请求撤销婚姻的,应当自恢复人身自由之日起一年内提出。

《民事诉讼法司法解释》

第一百二十七条　民事诉讼法第五十六条第三款、第二百零五条以及本解释第三百七十四条、第三百八十四条、第四百零一条、第四百二十二条、第四百二十三条规定的六个月,民事诉讼法第二百二十三条规定的一年,为不变期间,不适用诉讼时效中止、中断、延长的规定。

《买卖合同司法解释》

第十二条　人民法院具体认定民法典第六百二十一条第二款规定的"合理期限"时,应当综合当事人之间的交易性质、交易目的、交易方式、交易习惯、标的物的种类、数量、性质、安装和使用情况、瑕疵的性质、买受人应尽的合理注意义务、检验方法和难易程度、买受人或者检验人所处的具体环境、自身技能以及其他合理因素,依据诚实信用原则进行判断。

民法典第六百二十一条第二款规定的"二年"是最长的合理期限。该期限为不变期间,不适用诉讼时效中止、中断或者延长的规定。

《民事案件诉讼时效规定》

第五条　享有撤销权的当事人一方请求撤销合同的,应适用民法典关于除斥期间的规定。对方当事人对撤销合同请求权提出诉讼时效抗辩的,人民法院不予支持。

合同被撤销,返还财产、赔偿损失请求权的诉讼时效期间从合同被撤销之日起计算。

《民法典婚姻家庭编司法解释一》

第十九条　民法典第一千零五十二条规定的"一年",不适用诉讼时效中止、中断或者延长的规定。

受胁迫或者被非法限制人身自由的当事人请求撤销婚姻的,不适用民法典第一百五十二条第二款的规定。

第十章 期间计算

第二百条 【期间的计算单位】

民法所称的期间按照公历年、月、日、小时计算。

【条文对照】

《民法典》总则编	《民法通则》
第二百条　民法所称的期间按照公历年、月、日、小时计算。	第一百五十四条第一款　民法所称的期间按照公历年、月、日、小时计算。

【条文释义】

期限,是指民事法律关系产生、变更和终止的时间。

期限分为期日和期间。期日是指不可分割的一定时间,以静态的某一点作为表示时间的一种方式。因此期日常被称为"时间点",表现为某时、某日。期间,是指从某一时间点到另一时间点所经过的时间。实际上,期间是期日与期日之间的间隔时间。由于我国存在公历和农历两套历法和计时单位,因此必须对民法中期间的计算单位予以明确规定,确定公历的年、月、日、小时作为我国民法中期间的计算单位。

第二百零一条 【期间的起算】

按照年、月、日计算期间的,开始的当日不计入,自下一日开始计算。

按照小时计算期间的,自法律规定或者当事人约定的时间开始计算。

【条文对照】

《民法典》总则编	《民法通则》
第二百零一条　按照年、月、日计算期间的,开始的<u>当日不计入</u>,自<u>下一日</u>开始计算。 按照小时计算期间的,自**法律规定或者当事人约定**的时间开始计算。	第一百五十四条第二款　规定按照小时计算期间的,从规定时开始计算。规定按照日、月、年计算期间的,开始的<u>当天不算入</u>,从<u>下一天</u>开始计算。

【条文释义】

本条对期间的起算进行了规定。

如果是按照年、月、日计算的期间,其起算日为开始当日的下一日,如果是以小时计算的期间,其开始起算的时间,本条未作一般性规定,应当按照法律规定的时间或当事人约定的时间起算。

本条规定较之《民法通则》第154条第2款,统一了"天"和"日"的表述,值得赞许。

【关联法规】

《民事诉讼法》

第八十二条　期间包括法定期间和人民法院指定的期间。

期间以时、日、月、年计算。期间开始的时和日,不计算在期间内。

期间届满的最后一日是节假日的,以节假日后的第一日为期间届满的日期。

期间不包括在途时间,诉讼文书在期满前交邮的,不算过期。

《民事诉讼法司法解释》

第一百二十五条　依照民事诉讼法第八十二条第二款规定,民事诉讼中以时起算的期间从次时起算;以日、月、年计算的期间从次日起算。

第二百零二条　【期间到期日的确定】

按照年、月计算期间的,到期月的对应日为期间的最后一日;没有对应日的,月末日为期间的最后一日。

【条文对照】

《民法典》总则编	《民通意见》
第二百零二条　按照年、月计算期间的,到期月的对应日为期间的最后一日;没有对应日的,月末日为期间的最后一日。	198. 当事人约定的期间不是以月、年第一天起算的,一个月为三十日,一年为三百六十五日。 期间的最后一天是星期日或者其他法定休假日,而星期日或者其他法定休假日有变通的,以实际休假日的次日为期间的最后一天。

【条文释义】

本条对按照年、月计算的期间的到期日的确定标准进行了规定。

基本的规则是,以起算日为标准,到期月与起算日对应的那一日为到期日,也就是期间的最后一日。如果到期月没有起算日的对应日,那么到期月的月末为期间的最后一日。比如说,起算日为3月31日,而到期月为6月,由于6月没有31号,那么期间的最后一日应当是6月30日。

第二百零三条　【期间计算的特殊规定】

期间的最后一日是法定休假日的,以法定休假日结束的次日为期间的最后一日。

期间的最后一日的截止时间为二十四时;有业务时间的,停止业务活动的时间为截止时间。

【条文对照】

《民法典》总则编	《民法通则》
第二百零三条　期间的最后一日是法定休假日的,以**法定休假日结束**的次日为期间的最后一日。 期间的最后一日的截止时间为二十四时;有业务时间的,停止业务活动的时间**为截止时间**。	第一百五十四条第三款、第四款　期间的最后一天是星期日或者其他法定休假日的,以休假日的次日为期间的最后一天。 期间的最后一天的截止时间为二十四点。有业务时间的,到停止业务活动的时间截止。

【条文释义】

本条规定了期间计算的特殊规定。

如果期间的最后一日是法定休假日的,由于基本上所有的单位都在休息,很多民事活动无法实施,所以以法定休假日结束的次日为期间的最后一日。期间的最后一日按照公历日计算,应该截止到该日的 24 时,如果期间所涉及的民事活动与特定单位的业务相关的,而业务有停止时间的,以该日业务停止时间为该日截止时间。

需要指出的是,《民法通则》第 154 条第 3 款规定:"期间的最后一天是星期日或者其他法定休假日的,以休假日的次日为期间的最后一天。"该款使用"其他"法定休假日的表述,应该理解为当时的立法者将"星期日"纳入了"法定休假日"。根据 1995 年修订后的《国务院关于职工工作时间的规定》,"星期六和星期日为周休息日"。《民法典》总则编第 203 条第 1 款规定:"期间的最后一日是法定休假日的,以法定休假日结束的次日为期间的最后一日。"以"法定休假日"包括了"周休息日"和其他各类法定休假日,从立法术语的沿革来讲,是可以接受的。但我国《劳动法》第 44 条第(2)项和第(3)项区分了"休息日"和"法定休假日",并适用不同的工资报酬计算比例,应当予以区分。

【关联法规】

《劳动法》

第四十四条　有下列情形之一的,用人单位应当按照下列标准支付高于劳动者正常工作时间工资的工资报酬：

（一）安排劳动者延长工作时间的，支付不低于工资的百分之一百五十的工资报酬；

（二）休息日安排劳动者工作又不能安排补休的，支付不低于工资的百分之二百的工资报酬；

（三）法定休假日安排劳动者工作的，支付不低于工资的百分之三百的工资报酬。

第四十五条　国家实行带薪年休假制度。

劳动者连续工作一年以上的，享受带薪年休假。具体办法由国务院规定。

《民事诉讼法》

第八十二条　期间包括法定期间和人民法院指定的期间。

期间以时、日、月、年计算。期间开始的时和日，不计算在期间内。

期间届满的最后一日是节假日的，以节假日后的第一日为期间届满的日期。

期间不包括在途时间，诉讼文书在期满前交邮的，不算过期。

《全国年节及纪念日放假办法》

第一条　为统一全国年节及纪念日的假期，制定本办法。

第二条　全体公民放假的节日：

（一）新年，放假1天（1月1日）；

（二）春节，放假3天（农历正月初一、初二、初三）；

（三）清明节，放假1天（农历清明当日）；

（四）劳动节，放假1天（5月1日）；

（五）端午节，放假1天（农历端午当日）；

（六）中秋节，放假1天（农历中秋当日）；

（七）国庆节，放假3天（10月1日、2日、3日）。

第三条　部分公民放假的节日及纪念日：

（一）妇女节（3月8日），妇女放假半天；

（二）青年节（5月4日），14周岁以上的青年放假半天；

（三）儿童节（6月1日），不满14周岁的少年儿童放假1天；

（四）中国人民解放军建军纪念日（8月1日），现役军人放假半天。

第四条　少数民族习惯的节日，由各少数民族聚居地区的地方人民政府，按照各该民族习惯，规定放假日期。

第五条　二七纪念日、五卅纪念日、七七抗战纪念日、九三抗战胜利纪念日、九一八纪念日、教师节、护士节、记者节、植树节等其他节日、纪念日，均不放假。

第六条　全体公民放假的假日，如果适逢星期六、星期日，应当在工作日补假。部分公民放假的假日,如果适逢星期六、星期日,则不补假。

第七条　本办法自公布之日起施行。

《国务院关于职工工作时间的规定》

第七条　国家机关、事业单位实行统一的工作时间,星期六和星期日为周休息日。

企业和不能实行前款规定的统一工作时间的事业单位,可以根据实际情况灵活安排周休息日。

第二百零四条　【期间计算方法的例外】

期间的计算方法依照本法的规定,但是法律另有规定或者当事人另有约定的除外。

【条文对照】

本条为《民法典》总则编"新增条文",无可对照编纂对象。

【条文释义】

期间的计算方法一般应当适用《民法典》总则编第十章的规定。但由于期间主要影响的是双方当事人之间的期限利益,对他人的权利义务关系没有影响,因此允许当事人做出特别的约定。当然,如果法律有特别规定的,应遵照其规定。

【关联法规】

《国家工商行政管理总局商标局关于调整商标注册工作流程等有关事宜的通知》

三、关于异议期间的计算方法

根据《民法通则》和《民事诉讼法》关于期间的有关规定,商标异议期间从初步审定公告的次日开始计算,为期三个月。

为了充分保证异议申请人对初步审定公告的商标在法律规定的三个月内提出异议,同时避免商标异议期间与商标专用权产生日重合,我局决定调整初步审定公告时间。自第1096期(含该期)商标公告起,各期初步审定公告日由原来的每月7日、14日、21日和28日调整为每月6日、13日、20日和27日;注册公告日期以及注册商标专用期不变。

第三部分

编纂对象反查《民法典》总则编条文对照表

一、《民法通则》

《民法通则》条文	《民法典》总则编对应条文	《民法通则》条文	《民法典》总则编对应条文
第一章 基本原则		16	27、31、32
1	1	17	28、31、32
2	2	18	34、35、36
3	4	19	24
4	5、6、7	第三节 宣告失踪和宣告死亡	
5	3		
6	10	20	40、41
7	8	21	42、43
8	12	22	45
第二章 公民(自然人)		23	46
		24	49、50
第一节 民事权利能力和民事行为能力		25	53
		第四节 个体工商户、农村承包经营户	
9	13	26	54
10	14	27	55
11	17、18	28	无《民法典》总则编对应条文
12	19、20		
13	21、22	29	56
14	23	第五节 个人合伙	
15	25	30	无《民法典》总则编对应条文
第二节 监护			

《民法通则》条文	《民法典》总则编对应条文	《民法通则》条文	《民法典》总则编对应条文
31	无《民法典》总则编对应条文	51	无《民法典》总则编对应条文
32	无《民法典》总则编对应条文	52	无《民法典》总则编对应条文
33	无《民法典》总则编对应条文	53	无《民法典》总则编对应条文
34	无《民法典》总则编对应条文	第四章 民事法律行为和代理	
35	无《民法典》总则编对应条文	第一节 民事法律行为	
第三章 法人		54	133
第一节 一般规定		55	143
36	57、59	56	135
37	58	57	136
38	61	58	144、146、154
39	63	59	147、148、150、151
40	70、72	60	156
第二节 企业法人		61	157
41	77	62	158、159
42	无《民法典》总则编对应条文	第二节 代理	
43	62、170	63	161、162
44	64、67	64	163
45	68	65	165
46	72	66	164、171
47	70	67	167
48	60	68	169
49	无《民法典》总则编对应条文	69	173
第三节 机关、事业单位和社会团体法人		70	175
		第五章 民事权利	
50	88、90、97	第一节 财产所有权和与财产所有权有关的财产权	
第四节 联营			

《民法通则》条文	《民法典》总则编对应条文	《民法通则》条文	《民法典》总则编对应条文
71	114	87	无《民法典》总则编对应条文
72	无《民法典》总则编对应条文	88	无《民法典》总则编对应条文
73	无《民法典》总则编对应条文	89	无《民法典》总则编对应条文
74	无《民法典》总则编对应条文	90	无《民法典》总则编对应条文
75	113	91	无《民法典》总则编对应条文
76	124	92	122
77	无《民法典》总则编对应条文	93	121
78	无《民法典》总则编对应条文	第三节 知识产权	
79	无《民法典》总则编对应条文	因体系对照需要,第 94－96、118 条合并处理	123
80	无《民法典》总则编对应条文	97	无《民法典》总则编对应条文
81	无《民法典》总则编对应条文	第四节 人身权	
82	无《民法典》总则编对应条文	因体系对照需要,第 98－103 条合并处理	109、110
83	无《民法典》总则编对应条文	104	112
第二节 债权		105	无《民法典》总则编对应条文
84	118	第六章 民事责任	
85	无《民法典》总则编对应条文	第一节 一般规定	
86	无《民法典》总则编对应条文	106	176

《民法通则》条文	《民法典》总则编对应条文	《民法通则》条文	《民法典》总则编对应条文
107	180	123	无《民法典》总则编对应条文
108	无《民法典》总则编对应条文	124	无《民法典》总则编对应条文
109	183	125	无《民法典》总则编对应条文
110	无《民法典》总则编对应条文	126	无《民法典》总则编对应条文
第二节 违反合同的民事责任		127	无《民法典》总则编对应条文
111	无《民法典》总则编对应条文	128	181
112	无《民法典》总则编对应条文	129	182
113	无《民法典》总则编对应条文	130	无《民法典》总则编对应条文
114	无《民法典》总则编对应条文	131	无《民法典》总则编对应条文
115	无《民法典》总则编对应条文	132	无《民法典》总则编对应条文
116	无《民法典》总则编对应条文	133	无《民法典》总则编对应条文
第三节 侵权的民事责任		第四节 承担民事责任的方式	
117	无《民法典》总则编对应条文	134	179
119	无《民法典》总则编对应条文	第七章 诉讼时效	
120	无《民法典》总则编对应条文	因体系对照需要,第135、137、141条合并处理,并调整了相应顺序	188
121	无《民法典》总则编对应条文	136	本条文不再适用
122	无《民法典》总则编对应条文	138	192

《民法通则》条文	《民法典》总则编对应条文
139	194
140	195
第八章 涉外民事关系的法律适用	
142	无《民法典》总则编对应条文
143	无《民法典》总则编对应条文
144	无《民法典》总则编对应条文
145	无《民法典》总则编对应条文
146	无《民法典》总则编对应条文
147	无《民法典》总则编对应条文

《民法通则》条文	《民法典》总则编对应条文
148	无《民法典》总则编对应条文
149	无《民法典》总则编对应条文
150	无《民法典》总则编对应条文
第九章 附则	
151	无《民法典》总则编对应条文
152	无《民法典》总则编对应条文
154	200、201、203
155	无《民法典》总则编对应条文
156	无《民法典》总则编对应条文

二、《民通意见》

《民通意见》条文	《民法典》总则编对应条文
1	15
15	30
29	47
36	48
37	51

《民通意见》条文	《民法典》总则编对应条文
38	52
39	53
66	140
82	174
198	202

三、其他法律法规

其他法律法规条文	《民法典》总则编对应条文	其他法律法规条文	《民法典》总则编对应条文
《物权法》		《侵权责任法》	
2	114、115	2、3	120
4	113	4	187
5	116	5	11
7	8	12	177
8	11	13、14	178
《合同法》		《婚姻法》	
5	6	11	152
6	7	21、23	26
7	8	《继承法》	
8	119	28	16
16	137	《公司法》	
45	158、159	3	76
46	160	5	86
47	145	7	78
49	172	11	79
50	170	14	74
52	146、153、154	20	83
54	147、148、150、151	21	84
55	152	22	85
56	155	180	69
58	157	188	72
90	67	《个人独资企业法》	
95	199	2	102、104
122	186	《合伙企业法》	
123	11	2	102、104
125	142		

其他法律法规条文	《民法典》总则编对应条文
《网络安全法》	
44	111
《慈善法》	
10	92
12	93
18	95
《老年人权益保障法》	
26	33
《环境保护法》	
4	9
《国家赔偿法》	
7	98
《村民委员会组织法》	
2	101
《仲裁法》	
74	198
《城市居民委员会组织法》	
2	101
《公益事业捐赠法》	
21	94
《社会团体登记管理条例》	
2	91

其他法律法规条文	《民法典》总则编对应条文
《合同法解释（二）》	
14	153
《精神损害赔偿司法解释》(2001)	
3	185
《民事案件诉讼时效规定》(2008)	
2	197
3	193
5	189
20	194
《国有土地上房屋征收与补偿条例》	
2	117

附录

《民法典》总则编与编纂对象、关联法规简全称对照表

简称	全称	最后一次公布时间及文号
一、法律		
《保险法》	《中华人民共和国保险法》	2015年4月24日主席令第26号
《残疾人保障法》	《中华人民共和国残疾人保障法》	2018年10月26日主席令第16号
《草原法》	《中华人民共和国草原法》	2013年6月29日主席令第5号
《产品质量法》	《中华人民共和国产品质量法》	2018年12月29日主席令第22号
《城市房地产管理法》	《中华人民共和国城市房地产管理法》	2019年8月26日主席令第32号
《城市居民委员会组织法》	《中华人民共和国城市居民委员会组织法》	2018年12月29日主席令第21号
《慈善法》	《中华人民共和国慈善法》	2016年3月16日主席令第43号
《村民委员会组织法》	《中华人民共和国村民委员会组织法》	2018年12月29日主席令第21号
《大气污染防治法》	《中华人民共和国大气污染防治法》	2018年10月26日主席令第16号
《档案法》	《中华人民共和国档案法》	2020年6月20日主席令第47号
《道路交通安全法》	《中华人民共和国道路交通安全法》	2011年4月22日主席令第47号

简称	全称	最后一次公布时间及文号
《电力法》	《中华人民共和国电力法》	2018年12月29日 主席令第23号
《电子签名法》	《中华人民共和国电子签名法》	2019年4月23日 主席令第29号
《电子商务法》	《中华人民共和国电子商务法》	2018年8月31日 主席令第7号
《对外贸易法》	《中华人民共和国对外贸易法》	2016年11月7日 主席令第57号
《反不正当竞争法》	《中华人民共和国反不正当竞争法》	2019年4月23日 主席令第29号
《反家庭暴力法》	《中华人民共和国反家庭暴力法》	2015年12月27日 主席令第37号
《防沙治沙法》	《中华人民共和国防沙治沙法》	2018年10月26日 主席令第16号
《妇女权益保障法》	《中华人民共和国妇女权益保障法》	2018年10月26日 主席令第16号
《高等教育法》	《中华人民共和国高等教育法》	2018年12月29日 主席令第23号
《个人独资企业法》	《中华人民共和国个人独资企业法》	1999年8月30日 主席令第20号
《工会法》	《中华人民共和国工会法》	2009年8月27日 主席令第18号
《公司法》	《中华人民共和国公司法》	2018年10月26日 主席令第15号
《公益事业捐赠法》	《中华人民共和国公益事业捐赠法》	1999年6月28日 主席令第19号
《公证法》	《中华人民共和国公证法》	2017年9月1日 主席令第76号
《固体废物污染环境防治法》	《中华人民共和国固体废物污染环境防治法》	2020年4月29日 主席令第43号
《广告法》	《中华人民共和国广告法》	2018年10月26日 主席令第16号

简称	全称	最后一次公布时间及文号
《国防动员法》	《中华人民共和国国防动员法》	2010年2月26日主席令第25号
《国防法》	《中华人民共和国国防法》	2009年8月27日主席令第18号
《国防交通法》	《中华人民共和国国防交通法》	2016年9月3日主席令第50号
《国家赔偿法》	《中华人民共和国国家赔偿法》	2012年10月26日主席令第68号
《海关法》	《中华人民共和国海关法》	2017年11月4日主席令第81号
《海警法》	《中华人民共和国海警法》	2021年1月22日主席令第71号
《海商法》	《中华人民共和国海商法》	1992年11月7日主席令第64号
《海事诉讼特别程序法》	《中华人民共和国海事诉讼特别程序法》	1999年12月25日主席令第28号
《海洋环境保护法》	《中华人民共和国海洋环境保护法》	2017年11月4日主席令第81号
《合伙企业法》	《中华人民共和国合伙企业法》	2006年8月27日主席令第55号
《合同法》	《中华人民共和国合同法》	1999年3月15日主席令第15号
《红十字会法》	《中华人民共和国红十字会法》	2017年2月24日主席令第63号
《户口登记条例》	《中华人民共和国户口登记条例》	1958年1月9日
《护照法》	《中华人民共和国护照法》	2006年4月29日主席令第50号
《环境保护法》	《中华人民共和国环境保护法》	2014年4月24日主席令第9号
《环境噪声污染防治法》	《中华人民共和国环境噪声污染防治法》	2018年12月29日主席令第24号
《婚姻法》	《中华人民共和国婚姻法》	2001年4月28日主席令第51号

简称	全称	最后一次公布时间及文号
《继承法》	《中华人民共和国继承法》	1985年4月10日主席令第24号
《加强网络信息保护决定》	《全国人民代表大会常务委员会关于加强网络信息保护的决定》	2012年12月28日
《建筑法》	《中华人民共和国建筑法》	2019年4月23日主席令第29号
《教育法》	《中华人民共和国教育法》	2015年12月27日主席令第39号
《节约能源法》	《中华人民共和国节约能源法》	2018年10月26日主席令第16号
《精神卫生法》	《中华人民共和国精神卫生法》	2018年4月27日主席令第6号
《境外非政府组织境内活动管理法》	《中华人民共和国境外非政府组织境内活动管理法》	2017年11月4日主席令第81号
《居民身份证法》	《中华人民共和国居民身份证法》	2011年10月29日主席令第51号
《科学技术进步法》	《中华人民共和国科学技术进步法》	2007年12月29日主席令第82号
《矿产资源法》	《中华人民共和国矿产资源法》	2009年8月27日主席令第18号
《劳动法》	《中华人民共和国劳动法》	2018年12月29日主席令第24号
《劳动合同法》	《中华人民共和国劳动合同法》	2012年12月28日主席令第73号
《劳动争议调解仲裁法》	《中华人民共和国劳动争议调解仲裁法》	2007年12月29日主席令第80号
《老年人权益保障法》	《中华人民共和国老年人权益保障法》	2018年12月29日主席令第24号
《立法法》	《中华人民共和国立法法》	2015年3月15日主席令第20号
《旅游法》	《中华人民共和国旅游法》	2018年10月26日主席令第16号

简称	全称	最后一次公布时间及文号
《律师法》	《中华人民共和国律师法》	2017年9月1日主席令第76号
《煤炭法》	《中华人民共和国煤炭法》	2016年11月7日主席令第57号
《民办教育促进法》	《中华人民共和国民办教育促进法》	2018年12月29日主席令第24号
《民法典合同编》	《中华人民共和国民法典合同编》	2020年5月28日主席令第45号
《民法典婚姻家庭编》	《中华人民共和国民法典婚姻家庭编》	2020年5月28日主席令第45号
《民法典继承编》	《中华人民共和国民法典继承编》	2020年5月28日主席令第45号
《民法典侵权责任编》	《中华人民共和国民法典侵权责任编》	2020年5月28日主席令第45号
《民法典人格权编》	《中华人民共和国民法典人格权编》	2020年5月28日主席令第45号
《民法典物权编》	《中华人民共和国民法典物权编》	2020年5月28日主席令第45号
《民法典总则编》	《中华人民共和国民法典总则编》	2020年5月28日主席令第45号
《民法通则》	《中华人民共和国民法通则》	2009年8月27日主席令第18号
《民事诉讼法》	《中华人民共和国民事诉讼法》	2017年6月27日主席令第71号
《民用航空法》	《中华人民共和国民用航空法》	2018年12月29日主席令第24号
《母婴保健法》	《中华人民共和国母婴保健法》	2017年11月4日主席令第81号
《农村土地承包法》	《中华人民共和国农村土地承包法》	2018年12月29日主席令第17号
《农村土地承包经营纠纷调解仲裁法》	《中华人民共和国农村土地承包经营纠纷调解仲裁法》	2009年6月27日主席令第14号

简称	全称	最后一次公布时间及文号
《农民专业合作社法》	《中华人民共和国农民专业合作社法》	2017年12月27日主席令第83号
《农业法》	《中华人民共和国农业法》	2012年12月28日主席令第74号
《拍卖法》	《中华人民共和国拍卖法》	2015年4月24日主席令第24号
《票据法》	《中华人民共和国票据法》	2004年8月28日主席令第22号
《企业国有资产法》	《中华人民共和国企业国有资产法》	2008年10月28日主席令第5号
《企业破产法》	《中华人民共和国企业破产法》	2006年8月27日主席令第54号
《企业所得税法》	《中华人民共和国企业所得税法》	2018年12月29日主席令第23号
《侵权责任法》	《中华人民共和国侵权责任法》	2009年12月26日主席令第21号
《清洁生产促进法》	《中华人民共和国清洁生产促进法》	2012年2月29日主席令第54号
《全民所有制工业企业法》	《中华人民共和国全民所有制工业企业法》	2009年8月27日主席令第18号
《森林法》	《中华人民共和国森林法》	2019年12月28日主席令第39号
《商标法》	《中华人民共和国商标法》	2019年4月23日主席令第29号
《商业银行法》	《中华人民共和国商业银行法》	2015年8月29日主席令第34号
《设立烈士纪念日的决定》	《全国人民代表大会常务委员会关于设立烈士纪念日的决定》	2014年8月31日
《涉外民事关系法律适用法》	《中华人民共和国涉外民事关系法律适用法》	2010年10月28日主席令第36号
《食品安全法》	《中华人民共和国食品安全法》	2018年12月29日主席令第22号

简称	全称	最后一次公布时间及文号
《水法》	《中华人民共和国水法》	2016年7月2日主席令第48号
《水土保持法》	《中华人民共和国水土保持法》	2010年12月25日主席令第39号
《水污染防治法》	《中华人民共和国水污染防治法》	2017年6月27日主席令第70号
《税收征收管理法》	《中华人民共和国税收征收管理法》	2015年4月24日主席令第23号
《特种设备安全法》	《中华人民共和国特种设备安全法》	2013年6月29日主席令第4号
《铁路法》	《中华人民共和国铁路法》	2015年4月24日主席令第25号
《统计法》	《中华人民共和国统计法》	2009年6月27日主席令第15号
《突发事件应对法》	《中华人民共和国突发事件应对法》	2007年8月30日主席令第69号
《土地管理法》	《中华人民共和国土地管理法》	2019年8月26日主席令第32号
《土壤污染防治法》	《中华人民共和国土壤污染防治法》	2018年8月31日主席令第8号
《网络安全法》	《中华人民共和国网络安全法》	2016年11月7日主席令第53号
《未成年人保护法》	《中华人民共和国未成年人保护法》	2012年10月26日主席令第65号
《物权法》	《中华人民共和国物权法》	2007年3月16日主席令第62号
《宪法》	《中华人民共和国宪法》	2018年3月11日全国人民代表大会公告第1号
《乡镇企业法》	《中华人民共和国乡镇企业法》	1996年10月29日主席令第76号
《消费者权益保护法》	《中华人民共和国消费者权益保护法》	2013年10月25日主席令第7号

简称	全称	最后一次公布时间及文号
《信托法》	《中华人民共和国信托法》	2001年4月28日 主席令第50号
《刑法》	《中华人民共和国刑法》	2017年11月4日 主席令第80号
《行政处罚法》	《中华人民共和国行政处罚法》	2017年9月1日 主席令第76号
《行政复议法》	《中华人民共和国行政复议法》	2017年9月1日 主席令第76号
《行政诉讼法》	《中华人民共和国行政诉讼法》	2017年6月27日 主席令第71号
《行政许可法》	《中华人民共和国行政许可法》	2019年4月23日 主席令第29号
《循环经济促进法》	《中华人民共和国循环经济促进法》	2018年10月26日 主席令第16号
《药品管理法》	《中华人民共和国药品管理法》	2019年8月26日 主席令第31号
《野生动物保护法》	《中华人民共和国野生动物保护法》	2018年10月26日 主席令第16号
《义务教育法》	《中华人民共和国义务教育法》	2018年12月29日 主席令第22号
《英雄烈士保护法》	《中华人民共和国英雄烈士保护法》	2018年4月27日 主席令第5号
《邮政法》	《中华人民共和国邮政法》	2015年4月24日 主席令第25号
《渔业法》	《中华人民共和国渔业法》	2013年12月28日 主席令第8号
《预防未成年人犯罪法》	《中华人民共和国预防未成年人犯罪法》	2012年10月26日 主席令第66号
《证券法》	《中华人民共和国证券法》	2019年12月28日 主席令第37号
《证券投资基金法》	《中华人民共和国证券投资基金法》	2015年4月24日 主席令第23号

简称	全称	最后一次公布时间及文号
《执业医师法》	《中华人民共和国执业医师法》	2009年8月27日主席令第18号
《治安管理处罚法》	《中华人民共和国治安管理处罚法》	2012年10月26日主席令第67号
《种子法》	《中华人民共和国种子法》	2015年11月4日主席令第35号
《仲裁法》	《中华人民共和国仲裁法》	2017年9月1日主席令第76号
《注册会计师法》	《中华人民共和国注册会计师法》	2014年8月31日主席令第14号
《著作权法》	《中华人民共和国著作权法》	2010年11月11日主席令第62号
《专利法》	《中华人民共和国专利法》	2020年10月17日主席令第55号
二、行政法规		
《城镇集体所有制企业条例》	《中华人民共和国城镇集体所有制企业条例》	2016年2月6日国务院令第666号
《公司登记管理条例》	《中华人民共和国公司登记管理条例》	2016年2月6日国务院令第666号
《商标法实施条例》	《中华人民共和国商标法实施条例》	2014年4月29日国务院令第651号
《外资保险公司管理条例》	《中华人民共和国外资保险公司管理条例》	2019年9月30日国务院令第720号
《外资银行管理条例》	《中华人民共和国外资银行管理条例》	2019年9月30日国务院令第720号
《植物新品种保护条例》	《中华人民共和国植物新品种保护条例》	2014年7月29日国务院令第653号
《著作权法实施条例》	《中华人民共和国著作权法实施条例》	2013年1月30日国务院令第633号
《专利法实施细则》	《中华人民共和国专利法实施细则》	2010年1月9日国务院令第569号

简称	全称	最后一次公布时间及文号
三、司法解释		
《保险法司法解释三》	《最高人民法院关于适用〈中华人民共和国保险法〉若干问题的解释(三)》	2020年12月29日法释〔2020〕18号
《裁判文书引用法律、法规等规范性法律文件规定》	《最高人民法院关于裁判文书引用法律、法规等规范性法律文件的规定》	2009年10月26日法释〔2009〕14号
《道路交通事故司法解释》	《最高人民法院关于审理道路交通事故损害赔偿案件适用法律若干问题的解释》	2020年12月29日法释〔2020〕17号
《公司法司法解释二》	《最高人民法院关于适用〈中华人民共和国公司法〉若干问题的规定(二)》	2020年12月29日法释〔2020〕18号
《公司法司法解释三》	《最高人民法院关于适用〈中华人民共和国公司法〉若干问题的规定(三)》	2020年12月29日法释〔2020〕18号
《公司法司法解释四》	《最高人民法院关于适用〈中华人民共和国公司法〉若干问题的规定(四)》	2020年12月29日法释〔2020〕18号
《海上保险纠纷规定》	《最高人民法院关于审理海上保险纠纷案件若干问题的规定》	2020年12月29日法释〔2020〕18号
《环境侵权责任纠纷司法解释》	《最高人民法院关于审理环境侵权责任纠纷案件适用法律若干问题的解释》	2020年12月29日法释〔2020〕17号
《计算机网络域名民事纠纷司法解释》	《最高人民法院关于审理涉及计算机网络域名民事纠纷案件适用法律若干问题的解释》	2020年12月29日法释〔2020〕19号
《建设工程施工合同司法解释一》	《最高人民法院关于审理建设工程施工合同纠纷案件适用法律问题的解释(一)》	2020年12月29日法释〔2020〕25号
《精神损害赔偿司法解释》	《最高人民法院关于确定民事侵权精神损害赔偿责任若干问题的解释》	2020年12月29日法释〔2020〕17号
《军事法院管辖民事案件规定》	《最高人民法院关于军事法院管辖民事案件若干问题的规定》	2020年12月29日法释〔2020〕20号
《劳动争议案件司法解释一》	《最高人民法院关于审理劳动争议案件适用法律问题的解释(一)》	2020年12月29日法释〔2020〕26号
《旅游纠纷司法解释》	《最高人民法院关于审理旅游纠纷案件适用法律若干问题的规定》	2020年12月29日法释〔2020〕17号

简称	全称	最后一次公布时间及文号
《买卖合同司法解释》	《最高人民法院关于审理买卖合同纠纷案件适用法律问题的解释》	2020年12月29日法释〔2020〕17号
《民法典担保制度司法解释》	《最高人民法院关于适用〈中华人民共和国民法典〉有关担保制度的解释》	2020年12月31日法释〔2020〕28号
《民法典婚姻家庭编司法解释一》	《最高人民法院关于适用〈中华人民共和国民法典〉婚姻家庭编的解释（一）》	2020年12月29日法释〔2020〕22号
《民法典继承编司法解释一》	《最高人民法院关于适用〈中华人民共和国民法典〉继承编的解释（一）》	2020年12月29日法释〔2020〕23号
《民法典时间效力司法解释》	《最高人民法院关于适用〈中华人民共和国民法典〉时间效力的若干规定》	2020年12月29日法释〔2020〕15号
《民法典物权编司法解释一》	《最高人民法院关于适用〈中华人民共和国民法典〉物权编的解释（一）》	2020年12月29日法释〔2020〕24号
《民间借贷案件规定》	《最高人民法院关于审理民间借贷案件适用法律若干问题的规定》	2020年12月29日法释〔2020〕17号
《民事案件诉讼时效规定》	《最高人民法院关于审理民事案件适用诉讼时效制度若干问题的规定》	2020年12月29日法释〔2020〕17号
《民事诉讼法司法解释》	《最高人民法院关于适用〈中华人民共和国民事诉讼法〉的解释》	2020年12月29日法释〔2020〕21号
《民事诉讼法执行程序司法解释》	《最高人民法院关于适用〈中华人民共和国民事诉讼法〉执行程序若干问题的解释》	2020年12月29日法释〔2020〕21号
《民事执行中变更、追加当事人规定》	《最高人民法院关于民事执行中变更、追加当事人若干问题的规定》	2016年11月7日法释〔2016〕21号
《民通意见》	《最高人民法院关于贯彻执行〈中华人民共和国民法通则〉若干问题的意见（试行）》	1988年4月2日法（办）发〔1988〕6号
《农村土地承包经营纠纷调解仲裁案件司法解释》	《最高人民法院关于审理涉及农村土地承包经营纠纷调解仲裁案件适用法律若干问题的解释》	2020年12月29日法释〔2020〕17号
《票据纠纷案件规定》	《最高人民法院关于审理票据纠纷案件若干问题的规定》	2020年12月29日法释〔2020〕18号
《企业改制民事纠纷案件规定》	《最高人民法院关于审理与企业改制相关的民事纠纷案件若干问题的规定》	2020年12月29日法释〔2020〕18号

简称	全称	最后一次公布时间及文号
《企业破产法司法解释二》	《最高人民法院关于适用〈中华人民共和国企业破产法〉若干问题的规定（二）》	2020年12月29日法释〔2020〕18号
《侵犯公民个人信息刑事案件司法解释》	《最高人民法院、最高人民检察院关于办理侵犯公民个人信息刑事案件适用法律若干问题的解释》	2017年5月8日法释〔2017〕10号
《人民法院赔偿委员会适用质证程序审理国家赔偿案件规定》	《最高人民法院关于人民法院赔偿委员会适用质证程序审理国家赔偿案件的规定》	2013年12月19日法释〔2013〕27号
《人民法院网络司法拍卖规定》	《最高人民法院关于人民法院网络司法拍卖若干问题的规定》	2016年8月2日法释〔2016〕18号
《人身损害赔偿司法解释》	《最高人民法院关于审理人身损害赔偿案件适用法律若干问题的解释》	2020年12月29日法释〔2020〕17号
《商标纠纷司法解释》	《最高人民法院关于审理商标民事纠纷案件适用法律若干问题的解释》	2020年12月29日法释〔2020〕19号
《商品房买卖合同纠纷司法解释》	《最高人民法院关于审理商品房买卖合同纠纷案件适用法律若干问题的解释》	2020年12月29日法释〔2020〕17号
《商业秘密案件司法解释》	《最高人民法院关于审理侵犯商业秘密民事案件适用法律若干问题的规定》	2020年9月10日法释〔2020〕7号
《食品药品纠纷司法解释》	《最高人民法院关于审理食品药品纠纷案件适用法律若干问题的规定》	2020年12月29日法释〔2020〕17号
《外商投资企业纠纷规定一》	《最高人民法院关于审理外商投资企业纠纷案件若干问题的规定（一）》	2020年12月29日法释〔2020〕18号
《无正本提单交付货物规定》	《最高人民法院关于审理无正本提单交付货物案件适用法律若干问题的规定》	2020年12月29日法释〔2020〕18号
《虚假诉讼刑事案件司法解释》	《最高人民法院、最高人民检察院关于办理虚假诉讼刑事案件适用法律若干问题的解释》	2018年9月26日法释〔2018〕17号
《医疗损害责任纠纷司法解释》	《最高人民法院关于审理医疗损害责任纠纷案件适用法律若干问题的解释》	2020年12月29日法释〔2020〕17号
《依法处理监护人侵害未成年人权益行为意见》	《最高人民法院、最高人民检察院、公安部、民政部关于依法处理监护人侵害未成年人权益行为若干问题的意见》	2014年12月18日法发〔2014〕24号
《在民事审判工作中适用工会法司法解释》	《最高人民法院关于在民事审判工作中适用〈中华人民共和国工会法〉若干问题的解释》	2020年12月29日法释〔2020〕17号

简称	全称	最后一次公布时间及文号
《植物新品种权纠纷案件规定》	《最高人民法院关于审理侵害植物新品种权纠纷案件具体应用法律问题的若干规定》	2020年12月29日 法释〔2020〕19号
《著作权纠纷司法解释》	《最高人民法院关于审理著作权民事纠纷案件适用法律若干问题的解释》	2020年12月29日 法释〔2020〕19号
《专利纠纷案件规定》	《最高人民法院关于审理专利纠纷案件适用法律问题的若干规定》	2020年12月29日 法释〔2020〕19号
《专利权纠纷司法解释二》	《最高人民法院关于审理侵犯专利权纠纷案件应用法律若干问题的解释(二)》	2020年12月29日 法释〔2020〕19号
《专利权纠纷司法解释一》	《最高人民法院关于审理侵犯专利权纠纷案件应用法律若干问题的解释》	2009年12月28日 法释〔2009〕21号
《民事、行政诉讼中司法赔偿案件司法解释》	《最高人民法院关于审理民事、行政诉讼中司法赔偿案件适用法律若干问题的解释》	2016年9月7日 法释〔2016〕20号
《人民法院办理执行异议和复议案件规定》	《最高人民法院关于人民法院办理执行异议和复议案件若干问题的规定》	2020年12月29日 法释〔2020〕21号
《人民法院在互联网公布裁判文书的规定》	《最高人民法院关于人民法院在互联网公布裁判文书的规定》	2016年8月29日 法释〔2016〕19号
《申请人民法院强制执行国有土地上房屋征收补偿决定案件规定》	《最高人民法院关于办理申请人民法院强制执行国有土地上房屋征收补偿决定案件若干问题的规定》	2012年3月26日 法释〔2012〕4号
《利用信息网络侵害人身权益纠纷案件规定》	《最高人民法院关于审理利用信息网络侵害人身权益民事纠纷案件适用法律若干问题的规定》	2020年12月29日 法释〔2020〕17号
四、部门规章		
《企业法人登记管理条例施行细则》	《中华人民共和国企业法人登记管理条例施行细则》	2019年8月8日 国家市场监督管理总局令第14号
五、其他		
《工商总局对浙工商法〔1995〕25号请示的答复》	《国家工商行政管理局对浙工商法〔1995〕25号请示的答复》	1995年10月10日 工商企字〔1995〕第255号

疫情突发莫等闲、正是收心读书时（代后记）

今年上半年，由于疫情原因，寂静而清闲，不禁令我回想起在国外访学的日子。2020年8月27日，教育部表示："秋季学期已经具备了全面正常开学、恢复正常教育教学秩序的条件，但是疫情防控的压力还依然存在，各项防控措施的落实仍然不能放松。"①终于开学了，也应该收心了！

一、取消的聚会和新增的闲暇是规划的绝佳机遇

（一）教学科研再出发，正是规划绝佳时

每学期开学前，我都会作一下规划，一般包括如下五个方面：

第一，年度备课。当老师应该把备课放在第一位。例如2020年秋季学期，因为《民法典》的出台，整个民法课程都需要全面重新备课。

第二，项目进展。这是签了合同花了纳税人的钱的，要放在第二位。检查自己承担的项目是否在按计划进行，并规划今年的项目开展。

第三，会议筹备。因为涉及其他学者和协作单位，要放在第三位。尽早确定由自己协助和负责筹备的会议需要做的准备工作，例如我主要负责协助筹备的"世界侵权法学会双年会"和"东亚侵权法学会年会"，以及我负责组织的"民法典青年沙龙"。

第四，著作编写。由于周期较长，要比论文优先规划。新书出版需要集中时间统稿，旧作更新需要全面阅读修改，合著则需要相互配合，学生协助整理资料和校对本身的组织工作也是需要提前规划展开的。

第五，论文撰写。这个需要灵感和积累，规划只能解决选题，具体落实情况还得看时间安排，尤其怕缺乏整块的时间来落实和定稿。计划往往没有变化快，去年规划的文章，如果还有继续写作的必要，则要在今年尽早完成。我的经验是，写文章这种事情，拖久了，就拖黄了。

---

① 参见中华人民共和国教育部网：http://www.moe.gov.cn/fbh/live/2020/52320/mtbd/202008/t20200828_481687.html，最后访问日期：2020年9月30日。

(二)一、三、五、七,找准自己的规划定位

同学们应该利用因取消聚会新增的闲暇,作好如下中长期规划:

一年规划论文答辩。在我和各位同仁的建议下,四川大学法学院已经全面启动"预答辩"机制,所以我指导的博士生和硕士生的开题和预答辩都是在12月底或者1月初,本科毕业论文和学年论文也已经确定题目。如果已经开题,那么未来一年的规划核心就是如何写好一篇论文并最终能够通过答辩。

三年规划攻读学位。四川大学的硕士学位和博士学位的一般学制都是三年,窃以为硕士三年稍微长了一点,博士三年稍微短了一点,但更长的硕士学位攻读时间意味着读书的时间更多,更短的博士学位攻读时间则对学生提出了更高的要求。按照现在的培养方案,认真投入就可以顺利拿到硕士学位,但如果思考不够深入,博士学位就难以企及。

五年规划硕博连读。我更鼓励硕博连读,这样便于制定更为连续的培养计划,也可以解决硕士和博士学位时间的不合理隔断问题。没有了硕士学位压力的硕博连读生应该有更长远的五年规划,至少应该包括到海外交流一年,能够尽量学习一门二外。

七年规划本硕博连读。现在大三就可以确定本硕博连读,包括本科一共是八年,有这种学习规划的同学在大二就应该确定这一目标,并找到合适的导师。我的本硕博连读生原则上应该到海外再攻读一个学位,也应该有更长远的学术规划和更高的学术目标。

(三)规划有困惑,主动找导师

作为导师,协助学生制定学术规划也是分内之事。培养计划是学位点为同一类型学生制定的骨干规划,个人研究计划还需要学生与导师协商确定。之所以对博士生导师和硕士生导师有相应的学位资格要求,就是因为过来人的经验和教训也是指导学生攻读学位的必备条件。研究生指导要因材施教,应该以制定和执行研究计划为核心。这一点,我个人之前指导学生的重心在论文,规划指导方面做得还不够好,希望利用今年新增的闲暇所带来的规划机会,和同学们一起做得更好。

二、消失的干扰和延长的假期是读书的美好时光

(一)享受检索乐趣,跟上学术时代

检索资料本身也是一种学术乐趣。因为法学期刊大多是双月刊,所以我每

两个月会浏览一下主流期刊目录,看有没有自己所关注领域的论文发表。我有个习惯,就是每个季度打开"京东"或者"当当"看看我所关注的领域,有什么新书面世。建议各位同学也去搜索你研究或者论文写作的领域,看看去年,甚至过去几年,有什么新书可供参考。

(二) 正是收心读书时,墨香自从书中来

忙碌的学习和生活,电子化资料查找的便利,可能使得不少同学很久都没有认真读过纸质图书了。感谢各大核心期刊给我邮寄来的样刊,由于中国期刊网的便利,我的确更多地选择在电脑上阅读期刊。但用电脑看书的确不太习惯,也费眼睛。有段时间 Kindle 收录了一些学术著作(包括我的《侵权责任分担论》),但似乎销量惨淡,现在已经下架。所以收心读书之时,不妨从书架上选一两本学术名著,或专业书籍,或社科精品,或哲学巨著,泡上一杯清茶,享受闲暇时光里的一丝墨香。

(三) 慕课更新,备战疫情

不是王婆卖瓜,我真的不能保证我每次"肉讲"的课,比我的慕课讲得更好。自从 2013 年接触慕课以来,我逐步摸索出了现在被教育部称为"线上线下混合课堂"或者 SPOC 反转课堂的授课方式。这种授课方式对于习惯了课堂上"被填鸭"的同学来说,可能有些摸不着头脑;但对于愿意投入时间先看慕课,然后在课堂上交流或者参与模拟法庭对抗的同学来说,学习的深度和广度都能提高不少。我们川大的民法学教学团队利用暑假时间已经完成了"马工程"《民法学》慕课的更新工作,力争在 2020 年秋季学期上线。

三、安静的环境是写作的黄金时段

(一) 疫情可能会再来,但答辩不会延期

疫情可能会再来,但我个人预计,即使疫情会影响现场论文答辩的举行,以今天的网络速度和技术水平,应该也会通过网络组织论文答辩,类似现在的互联网法院审判。所以各位同学不要奢望疫情会导致延期答辩,而是应该认识到疫情可能会给就业带来更大的压力。论文在手,心中不慌,才是硬道理!

(二) 把社交工具都设置为勿扰模式,让写作环境真正安静下来

各类聚会的取消只能让物理环境安静下来,社交工具对写作思路的打扰仍是显而易见的。学会把手机上的社交软件设置为勿扰模式,电脑右下角的闪烁图标无法阻止的就退出吧,让写作环境的最后一方净土真正安静下来,回到那个读书写作的桃花岛。

(三)仔细观察疫情对社会的影响,可能会有新的思路和视角

在安静的环境中人的认知能力会变得更加敏锐,疫情对社会的影响是全新而广泛的,这对于我们发现非常态的社会现象和全新的研究视角,酝酿新的研究思路是绝佳机会。虽然不是每个人的研究方向都与疫情对社会的影响直接相关,但如果学会举一反三,就会有更大的收获。

四、逐渐接受生活新常态,主动学会以不变应万变

(一)生活新常态:气候变化、雾霾和疫情

借用名著《枪炮、病菌与钢铁》的格式,我近期隐隐约约感觉到"气候变化、雾霾和疫情"逐渐成为了我们生活的新常态。

长期的气候变化。2008—2009年我在美国访学的时候,就感觉伊萨卡的积雪已经没有之前在照片上看到的厚了,这和此前近十年我在北京生活体验的暖冬是较为一致的。回成都十年,儿时记忆中的润雨成为了偶遇,气候明显变得干燥。新闻上全球各地百年一遇的洪水也比比皆是。近二十年全球气候不一定都"变暖"了,但似乎都"变乱"了。

中期的雾霾。我本科的时候北京的风沙还很厉害,记得恩师杨立新教授的女儿结婚的前一天竟然下了黄土,我本科的导师杨昌举教授那天上课都没心情了。结果治沙几年之后,雾霾又出现了,至今我也没在公开渠道上看到令我信服的雾霾产生原因,更多的是天灾暗示。由于PM2.5数据的缺失,我也无法确定小时候成都湿润的晨雾到底是雾还是霾,只是每天早上开机第一件事就是看不同渠道发布的污染指数差距,然后自行估计今天的空气质量。

短期的疫情。我在北京经历过非典,在纽黑文经历过猪流感(当时我还建议"swine flu"翻译为"彘瘟"更贴切),印象中病毒的尾巴都长不了。这次新冠病毒肺炎疫情出现后,平时在我坚持下家里储备的油盐米和为雾霾储备的口罩终于得到了正名。这波疫情终将会散去,但也不会离我们太远,更不要误以为下次换个地方爆发,我们就会应对得更从容。疫情应对不仅是医学问题,还应该有更多的社会科学研究并确保在紧急状态下这些研究能够得到及时、正确的采纳。

(二)以不变应万变:锻炼身体、多吃水果和多喝茶

被病毒感染的自愈病例大多源于患者自身的抵抗力,这是以不变应万变的最佳措施。我能够做到"三不":不抽烟、不喝酒、不熬夜。"三多"能够做到两项,多吃水果和多喝茶,但锻炼身体只能尽量,还有待加强。

锻炼身体。在雾霾围城的时候,我选择到有新风的室内游泳池游泳;雾霾略微消散的时候,我就打打乒乓球。如果不是国家重点研发计划项目事务缠身,我还会坚持每个月至少带学生去爬一次青城后山("好意同乘"加"自甘风险")。

多吃水果。环境污染之后所谓的有机蔬菜大多只是心理安慰,做熟之后主要起到补充纤维素的作用,多吃水果才是补充维生素的正道。学生都知道我喜欢吃橘子,好吃不贵,易剥不脏手。10点、15点、20点分时间段补充点水果也爽口。国内水果物美价廉,这种生活习惯导致我在国外访学时的水果花销比吃菜还多。

多喝茶。在中国人民大学读书的时候喝的是从成都带去的"三花牌"茉莉花茶,当时有人和我开玩笑说,法学院院长都不像你那样每天背着手捏个茶杯。茶叶泡开4小时后就全部氧化了,所以平时上午一杯,下午一杯,如果晚上必须写作再泡一杯,但还是坚持绝不泡浓茶熬夜。这种生活习惯从初中开始已有25年。每年清明节前陪父母到蒙顶山采购一批新茶,性价比高,够一年之用。偶有朋友送茶,也不细分品种,乌龙茶、红茶就用茶具冲泡,绿茶、花茶就用双层玻璃杯冲泡,按照夫人的说法,我这叫"口粮茶"。

王竹

初稿:庚子年 正月初四 于 书房

定稿:庚子年 中秋 于 大竹老宅